本书列入

2017年国家社会科学基金重大委托项目

“十三五”国家重点图书出版规划项目

中华传统文化百部经典

论衡（节选）

王充　著
邵毅平　解读

国家图书馆出版社

图书在版编目（C I P）数据

论衡：节选 /（汉）王充著；邵毅平解读．— 北京：国家图书馆出版社，2019.6（2025.10 重印）
（中华传统文化百部经典 / 袁行霈主编）
ISBN 978-7-5013-6748-1

Ⅰ．①论… Ⅱ．①王… ②邵… Ⅲ．①古典哲学－中国－东汉时代 ②《论衡》－注释 Ⅳ．① B234.82

中国版本图书馆 CIP 数据核字（2019）第 086366 号

国家图书馆出版社官方微信

书　　名　论衡（节选）
著　　者　（汉）王充 著　邵毅平 解读
责任编辑　于春媚
重印编辑　苗文叶
特约编辑　吴麒麟
封面设计　敬人设计工作室

出版发行　国家图书馆出版社（北京市西城区文津街 7 号　100034）
　　　　　010-66114536　63802249　nlcpress@nlc.cn（邮购）
网　　址　http://www.nlcpress.com
印　　装　北京科信印刷有限公司
版次印次　2019 年 6 月第 1 版　2025 年 10 月第 3 次印刷

开　　本　710×1000　1/16
印　　张　26.75
字　　数　292 千字
书　　号　ISBN 978-7-5013-6748-1
定　　价　54.00 元（平装）

本册审订

周桂钿　　许殿才　　洪修平

中华传统文化百部经典

编纂办公室

张　洁　　梁葆莉　　张毕晓　　马　超

编纂缘起

文化是民族的血脉，是人民的精神家园。党的十八大以来，围绕传承发展中华优秀传统文化，习近平总书记发表了一系列重要讲话，深刻揭示出中华优秀传统文化的地位和作用，梳理概括了中华优秀传统文化的历史源流、思想精神和鲜明特质，集中阐明了我们党对待传统文化的立场态度，这是中华民族继往开来、实现伟大复兴的重要文化方略。2017 年初，中共中央办公厅、国务院办公厅印发《关于实施中华优秀传统文化传承发展工程的意见》，从国家战略层面对中华优秀传统文化传承发展工作作出部署。

我国古代留下浩如烟海的典籍，其中的精华是培育民族精神和时代精神的文化基础。激活经典，熔古铸今，是增强文化自觉和文化自信的重要途径。多年来，学术界潜心研究，钩沉发覆、辨伪存真、提炼精华，做了许多有益工作。编纂《中华传统文化百部经典》（简称《百部经典》），就是在汲取已有成果基础上，力求编出一套兼具思想性、学术性和大众性的读本，使之成为广泛认同、传之久远的范本。《百部经典》所选图书上起先秦，下至辛亥革命，包括哲学、文学、历史、艺术、科技等领域的重要典籍。萃取其精华，加以解读，旨在搭建传统典籍与大众之间的桥梁，激活中华优秀传统文化，用优秀传统文化滋养当代中国人的精神世界，提振当代中国人的文化自信。

这套书采取导读、原典、注释、点评相结合的编纂体例，寻求优秀传统文化与社会主义核心价值观之间的深度契合点；以当代眼光审视和解读古代典籍，启发读者从中汲取古人的智慧和历史的经验，借以育人、资政，更好地为今人所取、为今人所用；力求深入浅出、明白晓畅地介绍古代经典，让优秀传统文化贴近现实生活，融入课堂教育，走进人们心中，最大限度地发挥以文化人的作用。

《百部经典》的编纂是一项重大文化工程。在中宣部等部门的指导和大力支持下，国家图书馆做了大量组织工作，得到学术界的积极响应和参与。由专家组成的编纂委员会，职责是作出总体规划，选定书目，制订体例，掌握进度；并延请德高望重的大家耆宿担当顾问，聘请对各书有深入研究的学者承担注释和解读，邀请相关领域的知名专家负责审订。先后约有500位专家参与工作。在此，向他们表示由衷的谢意。

书中疏漏不当之处，诚请读者批评指正。

2017年9月21日

凡　例

一、《中华传统文化百部经典》的选书范围，上起先秦，下迄辛亥革命。选择在哲学、文学、历史、艺术、科技等各个领域具有重大思想价值、社会价值、历史价值和学术价值的一百部经典著作。

二、对于入选典籍，视具体情况确定节选或全录，并慎重选择底本。

三、对每部典籍，均设“导读”“注释”“点评”三个栏目加以诠释。导读居一书之首，主要介绍作者生平、成书过程、主要内容、历史地位、时代价值等，行文力求准确平实。注释部分解释字词、注明难字读音，串讲句子大意，务求简明扼要。点评包括篇末评和旁批两种形式。篇末评撮述原典要旨，标以“点评”，旁批萃取思想精华，印于书页一侧，力求要言不烦，雅俗共赏。

四、原文中的古今字、假借字一般不做改动，唯对异体字根据现行标准做适当转换。

五、每书附入相关善本书影，以期展现典籍的历史形态。

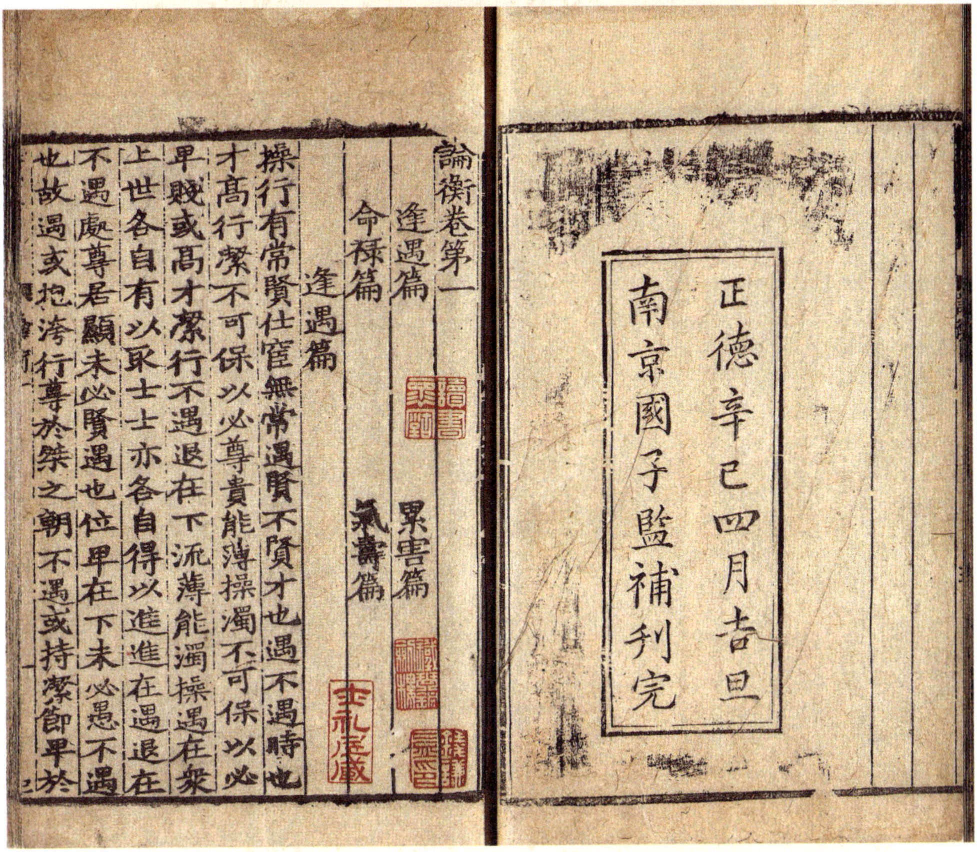
正德辛巳四月吉旦
南京國子監補刊完

論衡卷第一
逢遇篇　累害篇
命祿篇　氣壽篇
逢遇篇
操行有常賢仕宦無常遇賢不賢才也遇不遇時也
才高行潔不可保以必尊貴能薄操濁不可保以必
卑賤或高才潔行不遇退在下流薄能濁操遇在衆
上世各自有以取士士亦各自得以進進在遇退在
不遇處尊居顯未必賢遇也位卑在下未必愚不遇
也故遇或抱洿行尊於桀之朝不遇或持潔節卑於

论衡三十卷　（汉）王充撰　宋乾道三年（1167）绍兴府刻宋元明递修本
国家图书馆藏

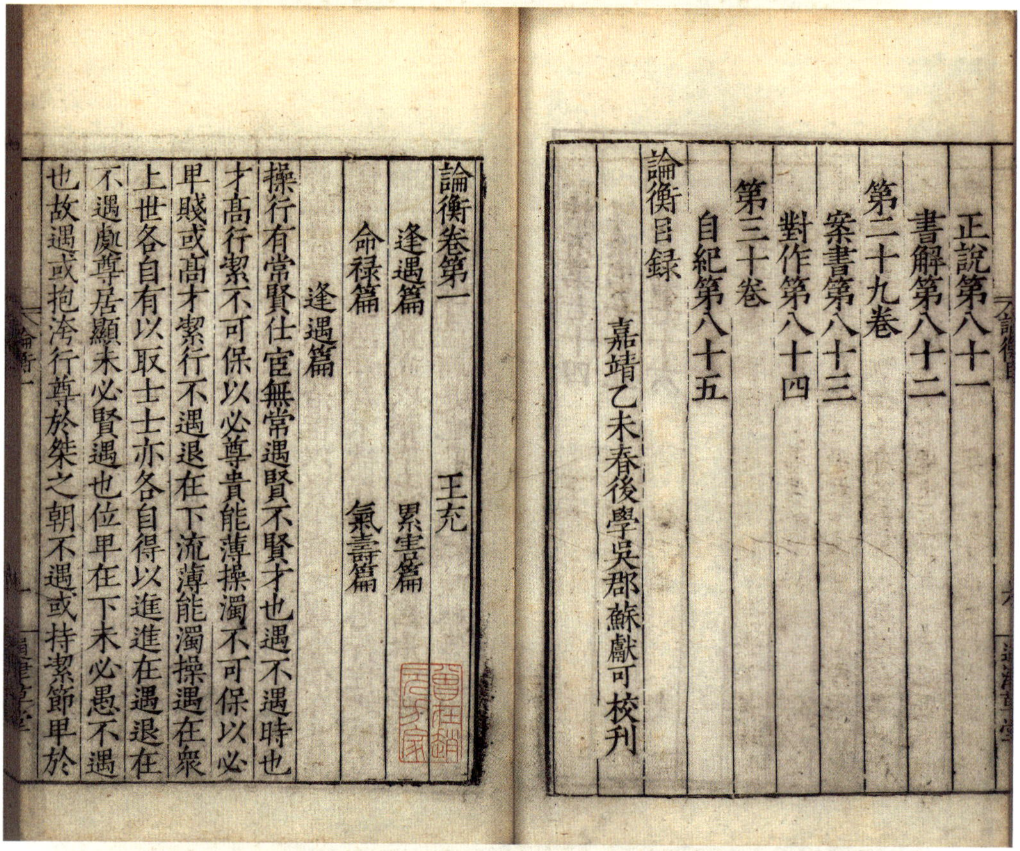
正說第八十一
書解第八十二
第二十九卷
案書第八十三
對作第八十四
第三十卷
自紀第八十五
論衡目録
嘉靖乙未春後學吳郡蘇獻可校刊

論衡卷第一　王充
逢遇篇　累害篇
命祿篇　氣壽篇
逢遇篇
操行有常賢仕宦無常遇賢不賢才也遇不遇時也才高行潔不可保以必尊貴能薄操濁不可保以必卑賤或高才潔行不遇退在下流薄能濁操遇在衆上世各自有以取士士亦各自得以進進在遇退在不遇處尊居顯未必賢遇也位卑在下未必愚不遇也故遇或抱洿行尊於桀之朝不遇或持潔節卑於

论衡三十卷　（汉）王充撰　明嘉靖十四年（1535）苏猷可通津草堂刻本
国家图书馆藏

目　录

导　读

论　衡

导读

东汉王充（27—约97）的《论衡》（作于约74—约84），是中国思想史上的一部名著，自问世以来近两千年间，因其百科全书式的知识，“疾虚妄”“求实诚”的精神，而广受读者的喜爱，所以流传不绝，成为一部传统文化经典。

一、王充的家世、生平与著述

（一）家世与生平

王充，字仲任，会稽上虞（今浙江上虞）人，生于汉光武帝建武三年（27），卒于汉和帝永元八年（96）至十六年（104）间（其《论衡·自纪篇》提到自己“年渐七十”，是后人所知其最大年龄，则其去世当在七十岁左右或以后）。

王充祖籍魏郡元城（今河北魏县、河南元城一带），祖上曾以军功封会稽乌程欧阳亭侯，但“一岁仓卒国绝”（《自纪篇》，以下提到《论衡》中的篇名，不再加书名），就此定居在了会稽。此后，王家从乌程到钱塘再到上虞，迁徙路线一路往东南，但均不出会稽郡范围。先是“以农桑为业”，到了祖父辈，开始“以贾贩为事”（《自纪篇》）。从以军功封侯，到务农，再到经商，从汉代的社会地位来说，应该是每况愈下了。这是因为在汉代，商人阶层社会地位较低，政府有种种歧视政策。但另一方面，商人阶层一般比较富裕，在实际生活中受人羡慕，又有较大的自由度。王充后来能不事生产，一意读书游学，或屏居教授，闭门著书立说，应受惠于较好的经济条件；其思想开放，能打破常规，不合于众，也应得力于较自由的生活。但是，他的家族毕竟属于“细族孤门”（《自纪篇》），这在东汉，也就意味着不能像班彪父子那样出入宫廷，不能进入国家图书馆“兰台”修史。这成了他一生最大的遗憾。

据王充自己说，他自幼聪敏过人，早慧早熟，“父未尝笞，母未尝非，闾里未尝让”（《自纪篇》）。但童年幸福好景不长，建武十四年（38），会稽大疫，死者万数，王充的父亲或双亲也许死于那年，其时王充年仅十二岁，即《后汉书》充本传所云：“充少孤，乡里称孝。”少年失怙造成的不安全感，或许对他性格的形成、处世的态度有很大影响。他在乡里受完启蒙、基础教育，大约十七八岁时，就到首都洛阳去上太学。在洛阳，他有幸拜班彪为师，经常得到班彪的指点。班彪的儿子班固小王充五岁，十三岁时，被王充看出前程远大，后来果然成了大史学家。不过，比起太学的课程和老师的教诲来，王充所受的教育，更多的是在洛阳的书肆里完成的。“家贫无书，常游洛阳市肆，阅所卖书，一见辄能诵忆，遂博通众流百家之言。”（《后汉书》充本传）“家贫”是相对而言的，这里指的不是吃不上饭，而是难以买书或雇人抄书。因为当时纸张虽已发明，却还没有普及，书都得抄写在简帛上。简帛当然不会便宜，抄写又很费工费时，所以书在当时是奢侈品，只有富贵人家才能拥有，比如东汉后期的蔡邕，就曾拥书近万卷。王充家条件显然还不具备。但这反而成了一件好事，逼他练就了“立读”的本领，培养了过目成诵的能力。我们读他的《论衡》，看到他学问那么渊博，征引那么繁富，想到这些大都奠基于他早年在洛阳书肆的“立读”，就不禁深感佩服并赞叹其功夫。当然，从《论衡》的引书大都准确无误来看，王充二三十年后写作《论衡》时，他身边应该还是聚拢了一些书的。此外，他在洛阳书肆“立读”所养成的“好博览”的读书习惯，大概也造就了他“不守章句”的治学风格，这迥异于当时一班只会“寻章摘句”的儒生，最终孕育出了《论衡》这部另类的“异书”。

王充的人生道路颇不平坦，总是遭受挫折与失败。他出身于“细族孤门”，很早就失去了父亲，又生活于偏远之地，主要时间屏居教授，一生没有做过大官，大都只是长官的僚属（一般都是掾史级别，岁入仅百石左右），仕宦时间也很短暂。其原因大抵不在于他不能干，而是因为他性格独立不群，不善与人相处。据《自纪篇》说，还在小的时候，他便表现出不合群的倾向：“为小儿，与侪伦遨戏，不好狎侮。侪伦好掩雀、捕蝉、戏钱、林熙，充独不肯。诵奇之。”大概正因其自幼即表现得克肖父祖，所以才会受到他那“勇势凌人”的父亲的赏识吧！他“非其人，终日不言”，这也注定了他不会受到上司的赏识。“充为人清重，游必择友，不好苟交。所友位虽微卑，年虽幼稚，行苟离俗，必与之友。好杰友雅徒，不泛结俗材。”就常情而论，没人会自认为是“俗材”，故被他视为“俗材”者，必会心怀不满，所以“俗材因其微过，蜚条陷之”，也就是可以想到的结果了。由于他性格独立不群，不善与人相处，因而常常遭受挫折和失败；又因为常常遭受挫折和失败，因而他对“他人”就更觉得可怕。在《累害篇》中，他连篇累牍地列举了“他人”的种种可怕之处，在《言毒篇》中，他更是对“小人之口”的可怕做了淋漓尽致的描绘。这大抵是他亲身经历的写照。

王充的早年失怙，他的“任气”性格，他的独立不群，他的不善与人相处，他的一再遭受挫折，他对人际关系的历练，都影响到了他的人生观：一方面，促成了他的命定论倾向，认为一切都是命中注定的，人为努力是无济于事的；另一方面，也加深了他对于社会人生的认识，养成了远过常人的洞观能力，激发了他“疾虚妄”“求实诚”的精神。任何玄妙高深的人生哲学，其实都可以从哲学家的个人遭遇中找到间接或直接的原因，王充自然也不例外。

王充晚年似乎时来运转，《后汉书》充本传说：“友人同郡谢夷吾上书荐充才学，肃宗特诏公车征。”那是章和二年（88）之事，那年王充六十二岁。这本来是王充梦寐以求的机会，可惜来得晚了点，他因病无法成行。又过了若干年，他“病卒于家”。

（二）王充的著作

生活不遂心，仕途不顺利，促使王充把全部精力投入到著书立说中去。“乃闭门潜思，绝庆吊之礼，户牖墙壁，各置刀笔。”（《后汉书》充本传）在中国传统的“人情”社会中，“绝庆吊之礼”意谓着杜绝人际交往，这是很需要一些勇气的，但王充为了专心著述，就这么做了。这样，从三十岁左右，到年近七十，他著述不辍，除了《六儒论》《备乏》《禁酒》等单篇文章外，先后著有《讥俗》《节义》之书、《政务》之书、《论衡》之书、《养性》之书等四部著作，文章总篇数超过一百。可惜流传下来的只有《论衡》，共八十五篇（一篇有目无文）。在《自纪篇》中，他历数自己的全部著作道：“志俗人之寡恩，故闲居作《讥俗》《节义》十二篇。……充既疾俗情，作《讥俗》之书；又闵人君之政，徒欲治人，不得其宜，不晓其务，愁精苦思，不睹所趋，故作《政务》之书；又伤伪书俗文多不实诚，故为《论衡》之书。……历数冉冉，庚辛域际，虽惧终徂，愚犹沛沛，乃作《养性》之书，凡十六篇。”从其记述先后来看，王充各书的写作顺序应是《讥俗》《节义》之书，《政务》之书，《论衡》

之书，《养性》之书。《论衡》之书且留待下节再讲，这里先介绍一下他的其他三书。

《讥俗》《节义》之书十二篇。关于它的宗旨，据《自纪篇》说："俗性贪进忽退，收成弃败。充升擢在位之时，众人蚁附；废退穷居，旧故叛去。志俗人之寡恩，故闲居作《讥俗》《节义》十二篇。""充既疾俗情，作《讥俗》之书。"可见是"疾俗情"，是"志俗人之寡恩"，是揭露世俗"贪进忽退，收成弃败"的势利性之作。《节义》的"义"，是下忠于上、知恩报恩之义。《节义》与《讥俗》的关系，一是正说，一是反说。据此可以推测，《讥俗》《节义》之书的内容，一方面是对于势利的俗人的讥讽，另一方面是对于有义的高士的赞扬。王充之所以作这部书，一方面固然和他遭受的"升擢在位之时，众人蚁附；废退穷居，旧故叛去"的世态炎凉和人情冷暖有关，另一方面也和东汉时期重视节义的社会风气有关，这一点我们读《后汉书》是会有深刻印象的。

《政务》之书篇数不详。关于它的宗旨，王充自己谈论得较多。《自纪篇》说："又闵人君之政，徒欲治人，不得其宜，不晓其务，愁精苦思，不睹所趋，故作《政务》之书。"《对作篇》说："其《政务》言治民之道。""《政务》为郡国守相、县邑令长陈通政事所当尚务，欲令全民立化，奉称国恩。"可见这是一部论述人君及地方长官统治术的书，内容皆与政事有关，其书名本身也显示了这一点。《政务》之书的体裁，与《论衡》一样，也属于"造论著说"之文，故从现在的《论衡》，亦可稍稍想见《政务》之书的大致风貌。

《养性》之书十六篇。有关它的历史记载较多，这是其不同于《讥俗》《节义》之书和《政务》之书的地方。《自纪篇》说："历数冉冉，庚辛域际，虽惧终徂，愚犹沛沛，乃作《养性》之书，凡十六篇。养气自守，适食节酒，闭明塞聪，爱精自保，适辅服药引导，庶冀性命可延，斯须不老。"《后汉书》充本传说："年渐七十，志力衰耗，乃造《养性书》

十六篇，裁节嗜欲，颐神自守。”可见《养性》之书的宗旨，是“养气自守”以下所说的有关老年人保养身心的一些方法，包括节制饮食、适当地服药和运动等方面。《后汉书》充本传将其宗旨归结为“裁节嗜欲，颐神自守”，应该是对的。王充之所以作《养性》之书，正如《自纪篇》所云：“年渐七十，时可悬舆。仕路隔绝，志穷无如。事有否然，身有利害。发白齿落，日月逾迈。俦伦弥索，鲜所恃赖。贫无供养，志不娱快。”是因为他已进入了迟暮之年，不能不对生命感到强烈的眷恋。而他作《养性》之书的目的，自然是为了“庶冀性命可延，斯须不老”。

综上所述，关于王充的《讥俗》《节义》之书，《政务》之书，《养性》之书，我们今天所能知道的是：它们是依上述顺序被先后写成的。《养性》之书的写作时间大致能够确定，是王充晚年六十余岁时；《讥俗》《节义》之书的写作时间，由于王充为掾史的年代已无法确定，所以只能大致假定是在光武帝建武中元年间至明帝永平初年；《政务》之书的写作时间，只能大致假定是在明帝永平年间。《讥俗》《节义》之书有十二篇，宗旨是批评“俗人”的势利，表彰有“义”的高人；《政务》之书篇数不详，宗旨是论述政治得失，内容近于王充的上书奏记之文《备乏》《禁酒》（但不能说《备乏》《禁酒》属于《政务》之书）；《养性》之书有十六篇，宗旨是论述养生的方法，篇目有《养气》等篇。所有这些书后来都已亡佚不存，其具体亡佚时间已不得而知，但至迟不晚于南北朝时期[①]。

（三）《论衡》的著述

《太平御览》卷六〇二引《论衡·自纪篇》佚文云：“《论衡》造于永平末，定于建初之年耳。”明确说《论衡》作于永平末至建初末的十余年间（约 74—约 84），确定了《论衡》的大致成书时间。

不过，《讲瑞篇》末附记云：“为此论草于永平之初。……至元和、章和之际，……此篇已成，故不得载。”过去有学者对此附记的性质和意义有一些误解，所以在承认《论衡》主要作于永平末至建初中的同时，又把《论衡》作年的上下限各往前后推了若干年，以致成了自永平初至章和末或永元初的近三十年间（约58—约88）。

但是我们经过考证以后确认：一、元和以后王充未作《论衡》；二、《论衡》各篇多作于永平后期至建初年间；三、《讲瑞篇》末附记说的是《讲瑞篇》的写作情况，而不是《论衡》全书的写作情况，所以与“《论衡》造于永平末”之说并不矛盾。因此，《太平御览》引《论衡·自纪篇》佚文在确定《论衡》作年方面具有可信性，从而可以认为《论衡》确实作于永平末至建初末的十余年间②。

至于王充在这十来年间具体是怎么写作《论衡》的，我们认为，今本《论衡》八十五篇的篇目排列，保存了王充写作《论衡》时的原貌；其所依据的排列原则就是写作时间的先后（其中偶尔也有个别插入的原本不属于《论衡》之书的单篇文章，如《讲瑞篇》，不是按照写作时间的先后排列的，但那是特例）。

《论衡》八十五篇（《招致篇》有目无文），按照内容可以分为七组。

从《逢遇篇》第一至《奇怪篇》第十五等十五篇，是第一组文章，这是一组系统论述性命问题的文章。

从《书虚篇》第十六至《说日篇》第三十二等十七篇，是第二组文章，这是一组系统论述书传和传说中各种虚妄之言的文章。

从《答佞篇》第三十三至《状留篇》第四十等八篇，是第三组文章，这是一组系统论述人才问题的文章。

从《寒温篇》第四十一至《感类篇》第五十五等十五篇，是第四组文章，这是一组系统论述天人感应问题的文章。

从《齐世篇》第五十六至《佚文篇》第六十一等六篇，是第五组文章，这是一组系统论述汉代功德的文章。

从《论死篇》第六十二至《祭意篇》第七十七等十六篇，是第六组文章，这是一组系统论述迷信陋俗的文章。

从《实知篇》第七十八至《自纪篇》第八十五等八篇，是第七组文章，它们可以说是对于《论衡》已完成的七十七篇文章的补充和总结，其中包括了《论衡》的自序《对作篇》、王充的自传《自纪篇》。

正如每组文章内部的篇目排列是按照写作时间的先后一样，这七组文章之间也是完全按照写作时间的先后排列的。最有力的证据是，各组文章之间经常互相提及，一般都是排列在后的提及排列在前的，绝没有相反的现象。

《论衡》的每组文章内部都有较为一致的中心议题，但每组文章之间却往往既有联系又有区别（当然，从宏观的角度来看，全书具有建立在"疾虚妄""求实诚"精神上的统一性）。究其原因，盖是因为《论衡》的篇幅比较大，前后大概写了十来年时间，其间王充的兴趣不能没有转移，而社会生活本身也会对他产生影响。比如第三组文章的写作应和王充的仕宦生涯有关，第五组文章的写作应和东汉明、章二帝时期的歌功颂德之风有关。这样，在《论衡》中就出现了各组文章之间既相互独立又互有联系的现象。

总之，由于王充是有计划地写作《论衡》的，所以，全书各组文章的内部大致显示了连贯性与统一性，其衔接和过渡的脉络是相当清楚的；又由于王充在写作《论衡》时兴趣时有转移，所以《论衡》的各组文章之间也就具有了相对独立性。由于《论衡》的篇目排列显示了王充写作时的思路，因而对于《论衡》写作的过程、《论衡》全书的结构和王充思想的发展的研究有着重要价值，所以必须受到尊重而不能随便加以改编；又由于王充的兴趣和思路时有大的变化，所以有必要区别对待处理《论衡》的各组文章，不能一概而论。也就是说，我们对于《论衡》全书的连贯性、统一性及各组文章之间的相对独立性都不能忽视。

关于《论衡》的篇数，《佚文篇》记王充自称"《论衡》篇以十数"，《书解篇》载有人说王充"成篇八十数"，三国吴谢承《后汉书》充本传载王充“著《论衡》八十五篇”，晋葛洪《抱朴子外篇·喻蔽》说王充“作《论衡》八十余篇”，南朝宋范晔《后汉书》充本传载“《论衡》八十五篇，二十余万言”……依据以上史料来看，尽管有人主张《论衡》原本有百余篇之多（其实那是王充所有著作的总篇数），但一般认为今本《论衡》八十五篇，除阙《招致》一篇，以及有些佚文外，基本保存了原来的面貌，并无其他残缺。

二、《论衡》的思想内容

（一）百科全书式的知识与“疾虚妄”“求实诚”的精神

《论衡》继承《吕氏春秋》《淮南子》以来的杂家传统，而将其发扬光大，尤其是以破为立，以一人之力（《吕氏春秋》《淮南子》都是集体著作），成就了一部包罗万象、百科全书式的著作。

这里，我们姑且以日本学者编撰的《论衡事类索引》[③]的分类，来鸟瞰一下《论衡》的大致内容。该《索引》把《论衡》的内容分成哲学、自然科学、古典解释、历史、法刑、政治、经济、社会生活、文艺等九部；每一部里又作细分，哲学部分为哲学、逻辑、伦理、宗教、教育、社会等六门，自然科学部分为通论、生理、医药、动物、植物、矿物、天文历法、地理、气象等九门，古典解释部分为通论、经书、史书、子书、其他各书等五门，历史部分为史观、史传、传说等三门，法刑部分为通论、其他各书、刑法等三门，政治部分为通论、君主、国家、制度、军事等五门，经济部分为通论、土地、租税、产业、货币、交通等六门，社会生活部分为家族、习惯、民俗、生活技术、生活指针等五门，文艺部分为文字、文学、艺术、批评、自传等五门；每一门下又细分为若干类，大约共有一百五十三类。而每一部后，又各附“自说”，以概括王充有关该部类的思考和评论。

这个分类，显示了王充作为一个独立于各家各派的思想家，对于当时整个文化和所有知识的把握和批判。“《六略》之录万三千篇，虽不尽见，指趣可知，略借不合义者，案而论之。”（《案书篇》）“上自黄、唐，下臻秦、汉而来，折衷以圣道，析理于通材，如衡之平，如鉴之开，幼老生死古今，罔不详该。”（《自纪篇》）也就是说，王充的意图，是凭着自己的见识和方法，整理在他之前的整个文化遗产，无论各家，无论各派，凡有错误，在所必究。所以也有学者称《论衡》是“批判哲学”，王充是“批判哲学家”。其实与其说是“批判”，毋宁说是“求是”，“批判”乃是为了“求是”。而就其“离经叛道”的独立性而言，王充堪称名副其实的“异端”思想家。

王充的批判求是精神，一言以蔽之，曰“疾虚妄”“求实诚”。王充对此有明确的自觉。在《佚文篇》中，他仿效孔子“《诗》三百，一言以蔽之，曰思无邪”（《论语·为政》）之语说：“《论衡》篇以十数，亦一言也，曰疾虚妄。”在《自纪篇》中他又说：“又伤伪书俗文多不实诚，故为《论衡》之书。”在《对作篇》中，他对《论衡》的写作动机和基本特征作了更详细的介绍：“是故《论衡》之造也，起众书并失实，虚妄之言胜真美也。”“故《论衡》者，所以铨轻重之言，立真伪之平，非苟调文饰辞为奇伟之观也，其本皆起人间有非，故尽思极心，以讥世俗。”“今《论衡》就世俗之书，订其真伪，辩其实虚。”“况《论衡》细说微论，解释世俗之疑，辩照是非之理，使后进晓见然否之分。”“《论衡》九虚三增，所以使俗务实诚也；《论死》《订鬼》，所以使俗薄丧葬也。”简言之，《论衡》就是一部众书之书，所以就古代的学术分类而言，《论衡》难以归入任何一派，而只能归入“百科全书派”——杂家。

王充的“疾虚妄”“求实诚”精神锋芒所至，可以说遍及方方面面，但主要指向迷信陋俗、天人感应论和“圣贤”经传这三个方面。

（二）清算迷信陋俗

关于《论衡》中所载各种文字记载、口头流传的迷信陋俗和天人感应论，我们认为可以借鉴法国学者列维 - 布留尔关于原始思维的理论[④]来理解其含义。王充以“疾虚妄”“求实诚”的精神挑战迷信陋俗和天人感应论，其实质便是用理性思维来清算原始思维的残迹。

原始思维的基本要素是原始表象。原始表象有两个基本特征，一个是它的“神秘性”，一个是它的“集体性”。在《论衡》中我们可以看到，在中国古代的传说记载中，保留了不少典型的具有神秘性的原始表象。如古人认为，时间是神秘的，岁星（纪年者）和月亮（纪月者）都不是纯粹的自然现象，而是具有某种神秘力量的东西，可以危及人类的生活与生命。而在这种对于岁、月、日的神秘看法的基础上，民间产生并流传着形形色色有关岁、月、日的禁忌之书。不仅时间是神秘的，而且方位也是神秘的。中国古代的方位皆与五行相配，不仅是纯粹的方位概念，还具有神秘的五行属性，能够对人产生神秘的威力。如古人认为起土兴功的地方如果正当岁、月所在的方位，则另外一些地方的人便会受到祸害；迁徙不能面对着或背对着太岁所在的方位，否则也会受到祸害；不能在房子的西面加盖房子，否则就会死人；等等。此外，在古人看来，自然界的雷电不仅是一种纯粹的自然现象，也是一种具有神秘威力的东西。

在《论衡》中我们还可以看到，古人的原始表象具有“集体性”。《论衡》中经常批判的“世俗”和“传书”，其实就是集体性和社会性的东西。相信这些原始表象的，不是个别人的个别行为，而是整个社会的集体行为。每一个人在相信这些原始表象时，不是通过个人的感觉，而是受到“世俗”和“传书”的影响，在未经理性思考的情况下接受的。而且，这些原始表象，还是通过“世俗”和“传书”世代相传的。

《论衡》从《论死篇》到《祭意篇》等一组十六篇文章，运用理性思维、类比推理乃至生活常识，全面清算了这些具有“神秘性”和“集体性”的原始表象。王充先以《论死篇》从理论上阐述了“人死不为鬼，无知，不能害人”的思想，然后以《死伪篇》对史书所载世上所传十四件人死后变鬼有知害人的事例逐个予以批驳，又以《纪妖篇》考订史书所载八种离奇古怪的迷信传说。考订批驳完这些具体事例后，王充又以《订鬼篇》再次从理论上对世上所传各类鬼说进行了批判，同时系统地阐述了《死伪篇》《纪妖篇》中关于鬼神的观点。接着，《薄葬篇》批判了关于厚葬的迷信陋俗，在思想上与《论死篇》等一脉相承，《四讳篇》批判了四种世俗忌讳的迷信陋俗，《调时篇》批判了关于岁、月、日禁忌的迷信陋俗，《讥日篇》批判了关于择时日、定吉凶的迷信陋俗，《卜筮篇》批判了关于卜筮的迷信陋俗，《辨祟篇》批判了关于凶神恶鬼害人的迷信陋俗，《难岁篇》批判了关于迁徙忌岁的迷信陋俗，《诘术篇》批判了关于推算住宅吉凶的迷信陋俗，《解除篇》批判了关于祭祀驱邪的迷信陋俗，《祀义篇》与《祭意篇》则批判了关于祭祀的迷信陋俗。至此，通过对于各种迷信陋俗的批判，王充完成了对于当时流行的一些主要原始表象的清算，正如《解除篇》所说：“夫论解除，解除无益；论祭祀，祭祀无补；论巫祝，巫祝无力。竟在人不在鬼，在德不在祀，明矣哉。”

（三）批判天人感应论

原始表象不仅具有“神秘性”和“集体性”的特征，而且在表象的关联上也不同于逻辑思维。原始表象关联的这种原逻辑特征，列维-布留尔称之为“互渗”，其实就是我们通常所说的“感应”。《论衡》中记载了各种原始表象间的“感应”现象。而在古人所相信的各种“感应”现象中，出现得最多的就是天与人之间的“感应”，也就是所谓的“天人感应”。比如，古人认为人的喜怒哀乐能引起天的寒温，引起星象的变化，人的坏行为能导致灾异的产生，人的善恶能带来天的祸福，人行为的好坏会招来不同动物的不同行为，人有阴过便会遭到雷击，人的行为能使天象发生奇怪的变化。除天人感应之外，古人还认为人与自然界也存在着广泛的感应，人的行为因而能影响自然界，如人能使太阳停止移动，人的一些创造性行为也会引起自然界的奇异变化。

《论衡》以“九虚”为主的一组文章，运用理性思维、类比推理乃至生活常识，全面清算了这种具有原逻辑特征的天人感应论。《书虚篇》首先批判了古书记载的各种虚妄之事；《变虚篇》从“书虚”中举出“宋景公之时荧惑守心”一事，着重从“变虚”的角度予以批判；《异虚篇》从“书虚”中举出“殷高宗之时桑谷俱生于朝”一事，着重从“异虚”的角度加以批判；《感虚篇》批判了十四件天人感应之事；《福虚篇》与《祸虚篇》重点批判了“祸”“福”方面的天人感应论。接着，王充又将“感虚”从观念领域引向习俗领域，《龙虚篇》《雷虚篇》就“龙”与“雷”这两个具体事例说明“感虚”，分别批判了天龙的“感虚”和天人的“感虚”。《道虚篇》批判了人可以得道成仙、度世不死的道教虚妄之言。

《论衡》中从《寒温篇》到《感类篇》等一组十五篇文章，或从自然现象，或从生物现象，或从灾异角度，或从祥瑞角度，批判了天人感应论的各种表现。《寒温篇》批判了人君喜怒决定气候寒温的天人感应论；《谴告篇》批判了人君为政失道，天用灾异（尤其是寒温）谴告之的天人感应论；《变动篇》批判的“变动”的主要现象仍是“寒温”；《招致篇》自明代以后有目无文，然而从题目即可知道，其内容与《寒温》《谴告》《变动》诸篇相同。上述四篇都批判了“寒温”方面的天人感应论，《明雩篇》以下三篇则批判了“求雨”方面的天人感应论。《明雩篇》是关于以雩求雨的批判，《顺鼓篇》是关于击鼓求雨的批判，《乱龙篇》是关于设龙招雨的批判。接着，《遭虎篇》批判了老虎吃人乃是天降灾异以谴告奸官的天人感应论，《商虫篇》批判了虫食谷物象征地方官吏侵渔百姓的天人感应论。如果说从《寒温篇》到《商虫篇》等九篇是从“灾异”的角度批判天人感应论的，那么从《讲瑞篇》到《治期篇》等四篇则是从“瑞应”的角度批判天人感应论的。王充从吉凶两个方面批判了天人感应论以后，又以《自然篇》和《感类篇》加以总结，实际上是从“天”（《自然篇》）和“人”（《感类篇》）两个方面否定了天人感应论，为以上十三篇的批判作了总结。至此，通过对各种天人感应论事例的批判，王充完成了对于原始表象关联的原逻辑特征的清算，从而为理性思维的发展奠定了更加坚实的基础。

（四）质疑“圣贤”经传

除了用理性思维清算原始思维的残迹外，王充“疾虚妄”“求实诚”精神的另一矛头所向，就是所谓的“圣贤”经传，即到王充为止的所有文献，尤其是圣人的经典。正如《书虚篇》开头所说：

> 世信虚妄之书，以为载于竹帛上者，皆贤圣所传，无不然之事，故信而是之，讽而读之。睹真是之传与虚妄之书相违，则并谓短书不可信用。夫幽冥之实尚可知，沉隐之情尚可定，显文露书，是非易见，笼总并传非实事，用精不专，无思于事也。

除了《书虚篇》以外，在“三增”及以下诸篇中，王充批判了“圣贤”经传里的各种“虚”（夸大其词）、“增”（言过其实）。《语增篇》批判了“传语”之“增”，共十一条；《儒增篇》批判了“儒书”（王充所谓的“儒书”，非尽指儒家之书）之“增”，共十六条；《艺增篇》批判了“经艺”之“增”，共八条。《问孔篇》《非韩篇》《刺孟篇》主要批判了“儒书”中一些最知名的“圣贤”，如孔子、韩非子和孟子书中的“虚”“增”。接着，王充将书传中有关“天”“日”的“虚”“增”单独列出，加以批判，这就是《谈天篇》《说日篇》。《谈天篇》批判了关于“天”的两种谬说，一种是“儒书言”，一种是“邹衍之书言”；《说日篇》批判了“儒者”有关日月星辰的种种谬说，提出了王充自己的天文学说。

“圣贤”经传之所以广为人所信服，是因为一般人往往迷信圣人，以为他们有生而知之的能力："前知千岁，后知万世，有独见之明，独听之聪，事来则名，不学自知，不问自晓。"（《实知篇》）王充则指出，人不可能生而知之，一切皆从学习中来："不学自知，不问自晓，古今行事，未之有也。""人才有高下，知物由学，学之乃知，不问不识。""天地之间，含血之类，无性知者。"（《实知篇》）最重要的是，王充认为，圣人是"圣"而非"神"："所谓神者，不学而知；所谓圣者，须学以圣。以圣人学，知其非神。""圣贤不能性知，须任耳目以定情实。"（《实知篇》）一般人则恰恰混淆了"圣"与"神"的区别。圣人之所以比凡人厉害，是因为圣人"阴见默识，用思深秘"，而"众人阔略，寡所意识"，所以"见圣人之名物，则谓之神"（《实知篇》）。也就是说，圣人之所以比一般人更聪明、更有智慧，是因为他们好学深思、触类旁通："凡圣人见祸福也，亦揆端推类，原始见终，从闾巷论朝堂，由昭昭察冥冥。""先知之见，方来之事，无达视洞听之聪明，皆案兆察迹，推原事类。"（《实知篇》）所以王充主张不应盲从"圣贤"，更不要把"圣贤"看作是"神"，而是要保持怀疑和审慎的态度。他的上述诸篇就是这种态度的体现。

综上所述，王充以其百科全书式的知识和彻底无畏的"疾虚妄""求实诚"精神，对各种社会现象、文化知识作了总体检视和重审，清算了一切他认为虚妄不实的东西，构建起了他那独特的批判求是哲学。章炳麟《检论》卷三《学变》说："作为《论衡》，趣以正虚妄，审乡背，怀疑之论，分析百耑，有所发擿，不避上圣。汉得一人焉，足以振耻，至于今，亦鲜有能逮者也。"⑤ 他说得一点没错，在发扬"疾虚妄""求实诚"的精神方面，王充不仅可以说是汉代第一人，也可以说是两千年来第一人。

（五）元气论

王充发扬"疾虚妄""求实诚"的精神，清算迷信陋俗，批判天人感应论，质疑"圣贤"经传，依据的是他自己的理论工具，其中最重要的就是"元气论"。

王充所谓的“气”，是一种泛指生命本源的东西，来自作为物质实体的天地。王充认为，天地各有其“气”，天地之“气”相合，便产生了万物。《自然篇》说：“天地合气，万物自生。”“天者，普施气万物之中。”“天之动行也，施气也，体动气乃出，物乃生矣。”“夫天覆于上，地偃于下，下气烝上，上气降下，万物自生其中间矣。”《物势篇》也说：“天地合气，物偶自生矣。”人类也是天地之“气”相合的产物。《物势篇》说：“夫天地合气，人偶自生也。”

所谓“天地合气，万物自生”究竟是什么意思呢？它并不是现代科学所认为的那种通过自然界的各种物理、化学、生物作用而导致生物出现的意思，而是类似于男女由于交合而怀上孩子的意思。所以，王充一再用男女交合来比喻“天地合气”，用男女交合会怀上孩子来比喻“天地合气”会产生万物。如《物势篇》说：“犹夫妇合气，子则自生也。……因气而生，种类相产。万物生天地之间，皆一实也。”《自然篇》也说：“犹夫妇合气，子自生矣。”“由人动气也，体动气乃出，子亦生也。”也就是说，就像男女通过交合而怀上孩子一样，天地也是通过“合气”而产生万物的。

王充认为，天道自然无为，《自然篇》说：“谓天自然无为者何？气也。恬澹无欲，无为无事者也。”所以天地是自发地“合气”，而不是有意识地“合气”的。“天地合气”后产生的万物，天地本身并不知道，就像男女交合后怀上孩子，父母本身也不知道一样（指受精之初）。《自然篇》说：“当其生也，天不须复与也，由子在母怀中，父不能知也。物自生，子自成，天地父母何与知哉！”王充认为，就像父母交合之时并非是为了生孩子一样，“天地合气”之时也并非是为了产生万物，但孩子和万物却作为交合或“合气”的结果自然出现了。这是一个自然而然的无意识的过程，正如《自然篇》所说：“天动不欲以生物，而物自生，此则自然也；施气不欲为物，而物自为，此则无为也。”王充通过对天道自然无为的论证，否定了“天地故生人”的目的论，否定了天道有为的天人感应论，而这是当时一般的儒者，尤其是董仲舒等人所竭力主张的。同时，天道自然无为的观点，也为清算迷信陋俗提供了理论工具。

人禀天地之气而生，之所以能超越万物，是因为人有“精神”（意识），它来自“精气”，共生于形体。王充认为，精神依赖形体而存在，人死了形体朽败不存，精神也就随之寂灭。《论死篇》说：“形须气而成，气须形而知。天下无独燃之火，世间安得有无体独知之精？”“人之所以生者，精气也，死而精气灭。能为精气者，血脉也。人死血脉竭，竭而精气灭，灭而形体朽，朽而成灰土，何用为鬼？”这就正确地揭示了“形”与“神”的关系，批判了“人死为鬼，有知、能害人”的世俗观念，从而也就否定了灵魂不灭论和人死为鬼论。

在“气”的概念中，王充在承认有性质差异的同时，排除了时间变化的因素。也就是说，王充认为，由于天地是永恒不变的，是不受时间限制的，所以天地之气也是永恒不变的，是不受时间限制的。一般人认为气是有时间性的，是有古今变化的；王充则认为气是没有时间性的，是没有古今变化的。《齐世篇》说：“和气不独在古先，则圣人何故独优？”基于这样的认识，王充否定了厚古薄今的历史观，而提倡古今同视的历史观。

王充认为，人所禀之气的厚薄，不是天地有意识决定的，而是在冥冥之中随意完成的；并且一旦禀气完毕，人便终身无法以自己的努力将其改变，这就为他的命定论埋下了伏笔。

（六）命定论

王充所谓的“命”，类似于今天所说的“宿命”或“命运”之类的东西，是一种在人出生之前就已经决定了的、任何人为努力都无法改变的、左右人生各个方面的支配性力量，实际上是人对影响人类生活的自己努力之外的各种力量和因素的一个集中表现。

中国历史上一直有着言“命”的传统，王充曾对此做过详尽的总结。首先是孔子，其次是孟子，《命禄篇》评论道：“孔子圣人，孟子贤者，诲人安道，不失是非，称言命者，有命审也。”该篇接着又枚举了汉代以后言命的例子，如《淮南子》之说、贾谊之说、项羽之说、刘邦之说、韩信之说、司马迁之说、扬雄之说等，王充评论这一切说法道：“前世明是非归之于命也，命审然也。”用前世言命的传统为自己的“命”的概念作佐证，表明了王充的“命”的概念乃是对前世言命传统的一个继承，同时也说明了他的命定论的历史文脉与时代背景。

王充认为从生物到人类都有“命”。一切人生大事，如寿夭、贫富、贵贱、祸福等，都是由“命”决定的。《命禄篇》说：“凡人遇偶及遭累害，皆由命也。……自王公逮庶人，圣贤及下愚，凡有首目之类，含血之属，莫不有命。”《解除篇》说：“案天下人民，夭寿贵贱，皆有禄命；操行吉凶，皆有衰盛。”将“命”的决定作用普及到人生的一切方面，这无疑是对此前言命传统的一个发展。

王充认为“命”和“性”一样，也来源于人出生时所禀受的天地自然之气。《初禀篇》说：“命，谓初所禀得而生也。”“人生性命，……初禀自然之气。”“命”之与生俱来和先天决定，犹如生物之先天决定雌雄一样：“禀命定于身中，犹鸟之别雄雌于卵壳之中也。”在王充看来，人在降生之前，便已通过禀受自然之气的厚薄，一切方面都已由先天决定了，怀性的善恶是如此，命运的吉凶是如此，寿命的长短是如此，生活的福祸是如此，禄命的好坏是如此，形体的美丑等等也是如此。

王充认为，就人的生理方面而言，有的人所禀的气厚，他的“命”“性”、形体、面貌就好，寿命就长；有的人所禀的气薄，他的“命”“性”、形体、面貌就不好，寿命就短。王充的这种说法有一定的科学根据，暗合了现代的遗传、基因理论。不过，人后天的生存环境也是非常重要的，将其全部归结为先天决定，有其片面之处。

不仅人的生理方面，王充认为人的贫富贵贱等，也是由禀气的厚薄决定的，而与人的贤愚善恶无关。如《幸偶篇》说：“俱禀元气，或独为人，或为禽兽；并为人，或贵或贱，或贫或富；富或累金，贫或乞食；贵至封侯，贱至奴仆。非天禀施有左右也，人物受性有厚薄也。”《命义篇》也说：“物之贵贱，不在丰耗；人之衰盛，不在贤愚。”王充以自然原因解释社会现象，未能认识到社会制度的作用，自不免有牵强附会之处，但他试图以此否定人的贵贱贫富由道德决定的善恶因果论，努力解释善人遇祸、恶人得福的社会难题，间接地对不合理的社会秩序提出抗议，这是有现实意义的。

另外，王充主张命定论的目的之一，也是为了批判天人感应论。比如，他用“禄命”等命定论来证明祭祀的无用，《解除篇》说：“案天下人民，夭寿贵贱，皆有禄命；操行吉凶，皆有衰盛。祭祀不为福，福不由祭祀。”他用“命”的禀受的必然性与实现的偶然性，来否定其他有目的的“厌胜感动”，《偶会篇》说：“命，吉凶之主也。自然之道，适偶之数，非有他气旁物厌胜感动使之然也。”他用“死生有命，富贵在天”的命定论，来证明岁、月、日、时禁忌的无用，《辨祟篇》说：“然而祸福之至，时也；死生之到，命也。人命悬于天，吉凶存于时。命穷，操行善，天不能续；命长，操行恶，天不能夺。……世间不行道德，莫过桀、纣；妄行不轨，莫过幽、厉。桀、纣不早死，幽、厉不夭折。由此言之，逢福获喜，不在择日避时；涉患丽祸，不在触岁犯月，明矣。孔子曰：‘死生有命，富贵在天。’苟有时日，诚有祸祟，圣人何惜不言？何畏不说？”“人之于世，祸福有命；人之操行，亦自致之。其安居无为，祸福自至，命也；其作事起功，吉凶至身，人也。”从上述例子可以看出，在批判天人感应论的种种表现，如祭祀，厌胜感动，岁、月、日、时禁忌等方面，王充的命定论也是起了积极作用的。

（七）人性论

王充所谓的“性”，是决定一个人本质的最基本的东西，是相对于“表”的内在的东西。王充认为，可以将“性”分为三类，《命义篇》说：“亦有三性：有正，有随，有遭。正者，禀五常之性也；随者，随父母之性；遭者，遭得恶物象之故也。”王充尽管把“性”分为这三类，但他所关心的，始终只是“禀五常之性”的“正性”，而不太关心“随父母之性”的“随性”和“遭得恶物象之故”的“遭性”，所以他的“性”论也只是以“正性”为中心展开的。

王充认为“性”是有善恶的，即人生来就有善有恶，正如命有贵贱、才有高下一样，这是与生俱来、先天决定的。《本性篇》说：“实者，人性有善有恶，犹人才有高有下也。高不可下，下不可高。谓性无善恶，是谓人才无高下也。禀性受命，同一实也。命有贵贱，性有善恶。谓性无善恶，是谓人命无贵贱也。”他又以土地、水流、身体为喻，说明人性是有善恶的，并且是禀自天地且无法改变的。《本性篇》说：“九州田土之性，善恶不均，故有黄赤黑之别，上中下之差；水潦不同，故有清浊之流，东西南北之趋。人禀天地之性，怀五常之气，或仁或义，性术乖也；动作趋翔，或重或轻，性识诡也。面色或白或黑，身形或长或短，至老极死，不可变易，天性然也。皆知水土物器形性不同，而莫知善恶禀之异也。”

王充认为，“性”之所以有善恶贤愚，乃是由于人禀气有厚薄。《率性篇》说：“禀气有厚泊，故性有善恶也。”“人之善恶，共一元气。气有多少，故性有贤愚。”善人禀气厚，故善而贤；凡人禀气薄，故不及善人。《率性篇》说：“人受五常，含五脏，皆具于身。禀之泊少，故其操行不及善人。”《自然篇》说：“天地为炉，造化为工，禀气不一，安能皆贤。”善人因禀气厚，故不仅善而贤，而且还自然无为，因为其所禀之气便是自然无为的；凡人因禀气薄，故不能善而贤，也不能自然无为。人一旦禀气为性，便不可复变易。《非韩篇》说：“凡人禀性也，清浊贪廉，各有操行，犹草木异质，不可复变易也。”

王充一方面坚持元气论，认为人性善恶是由禀气厚薄决定的，因而是无法“变易”的（这里的意思是无法互相交换的），同时又认为善恶之性是可以经由人为努力改变的，即禀性善的人可由于坏的影响而渐趋于恶，禀性恶的人可由于好的影响而渐趋于善。《率性篇》说：“论人之性，定有善有恶。其善者，固自善矣；其恶者，故可教告率勉，使之为善。凡人君父，审观臣子之性，善则养育劝率，无令近恶；恶则辅保禁防，令渐于善。善渐于恶，恶化于善，成为性行。”“人之性，善可变为恶，恶可变为善。”“夫人之性，犹蓬纱也，在所渐染而善恶变矣。”“夫性恶者，心比木石。木石犹为人用，况非木石？”“性恶之人，亦不禀天善性，得圣人之教，志行变化。”在王充看来，根据禀气的厚薄，人可以分为上中下三等：生来就善的是上等，生来就恶的是下等，无善无恶或有善有恶的是中等。其中以中等占绝大多数，教育尤其适用于他们。《本性篇》说：“夫中人之性在所习焉，习善而为善，习恶而为恶也。”这样，“性”的禀受虽说是先天的、宿命的、不可以人力影响的，但其实现却是后天的、非宿命的、可以人力影响的。在这里，王充为教育的可能性留下了一席之地，说明王充对教育并没有完全失望，从而透露出他对人性仍抱有希望。

（八）人生论

王充的人生观相对来说是比较消极悲观的，其中两个最重要的概念是“命”与“时”，代表了对人生的两种支配性力量。

王充所谓的“时”，是指来自外界的、不取决于自己的、不可预测的、变化多端的力量。这种力量仅次于“命”，对人生有巨大的支配作用。“时”与“命”的不同之处在于，“命”是在每个人的内部起支配作用的力量，“时”是在每个人的外部起支配作用的力量；它们的相同之处在于，都是与人的操行无关的、非人所能控制的力量。王充认为，穷达祸福之来，不仅取决于“命”，而且取决于“时”。也就是说，“时”和“命”一样，是一种不可抗拒的力量，与人的操行没有关系，它主要来自人周围的环境，和“命”一起支配着人的一生。如果说贫富、贵贱、寿夭、吉凶、盛衰、祸福等主要取决于“命”的话，那么遭、遇、幸、偶、累、害等则更多地取决于“时”。

“遭”是指意外灾难，这种意外灾难和《气寿篇》所说的那种来源于“所当触值之命”的意外灾难不一样，后者是命中注定的，是不可抗拒的，而前者则是偶然遇到的，是否为害取决于此人命禄情况与灾难程度的对比。命善禄盛之人，能够摆脱灾难较轻之祸；但如果所遭之祸更大，便不能逃过灾难了。

“遇”是指与主相投的机会，也是实现禄命的条件。《命义篇》说：“遇者，遇其主而用也。虽有善命盛禄，不遇知己之主，不得效验。”可见“遇”在实现禄命方面的重要性。《逢遇篇》说：“不求自至，不作自成，是名为遇。”可见“遇”是与努力无关的，是偶然得到的一种机会。世俗之见认为，“遇”者都是有才能品行的人，“不遇”者都是无才能品行的人，因而誉遇者，毁不遇者。王充则认为，“遇”“不遇”取决于“时”，而不是取决于才能品行。

“幸”的概念，是指遭遇与努力相反的情况。好人遇祸为“不幸”，坏人得脱为“幸”。它也取决于“时”的偶然作用，尽管有些情况下“命”也能起作用。与“幸”相似的概念还有“偶”。“偶”是指与君主相投，和“遇”的概念差不多。“幸”“偶”是指同做一件事，却由于不可预见的外力而得到完全不同的结果的偶然情况，而且是与人的才能品行无关的。总之，“幸”“偶”是一种偶然性概念，与人的操行无关，却影响人类生活甚巨。

“累”“害”的概念，是指人们遭到来自周围环境的损害，这也是与人的品行好坏没有关系的。一般世俗认为，人有不幸是因为才下行悖智昏策昧，而有幸是因为才高行合智高策明。王充不同意这种看法，他认为人是否遭受累害不是由他个人努力与否决定的，而是由外来的、偶然的、非人力所能控制的因素造成的。

在“祸”“福”方面，王充在强调“命”的决定力量的同时，也强调了“时”的决定力量。世俗的看法认为，善有善报，恶有恶报，天道公正，赏罚无私。因此，只要努力为善，便会有好的命运；如果恣意为恶，便会有坏的命运。这种善恶因果论，既植根于一般人的天真与善良，也来源于“圣贤”经传的影响。但王充所看到的现实图景却远非如此明朗，他认为人命运的好坏并不取决于他个人行为的善恶，而是取决于不以他的意志为转移的“命”与“时”，而“命”与“时”是不受人控制的，反而是控制人的。因而在《治期篇》中，他下结论说：“祸福不在善恶，善恶之证不在祸福。”

那么，“命”与“时”的关系如何呢？王充认为，只有“命”好“时”利时，人才会有好的命运，否则，仍会有坏的命运。但这种“命”好“时”利的情况，在人生中是相当罕见的，因而人生也就只能是以不幸为主了。“命”和“时”一起，成了决定人生的两大主因，这就是王充的认识。

说到底，王充之所以反复强调“命”与“时”的支配性力量，反对将人的遭、遇、幸、偶、累、害与人的道德品质挂钩，就是因为看到了太多善人遇祸、恶人得福等不合理的社会现象，却又找不到导致它们产生的社会制度等方面的原因，也提不出什么解决的良方或解脱的道路，所以只能把一切都归之于“命”与“时”了。就此意义而言，王充的人生论虽然有其消极悲观的一面，但同时也是一种社会批判论，是对于不合理的社会秩序的质疑和抗议。

（九）文论

王充是中国早期重要的文论家，其文论具有功利主义特色[⑥]，在中国文论史上影响很大。

在中国文论史上，王充是最早提出“文”“德”之论的人之一，正如章炳麟《国故论衡》中卷《文学总略》所说：“文德之论，发诸王充《论衡》。”⑦所谓“文”“德”之论，就是关于文与人关系的看法，亦即关于文的本质的看法。王充的“文”“德”之论认为，“文”与“德”（或“质”“情”“才”）是相辅相成、缺一不可的两个方面，“德”是“文”的基础，“文”是“德”的表现，“文”的根本作用就是使“德”得到完成。换句话说，“文”只是外在的东西、枝叶的东西、次要的东西，“德”才是内在的东西、根本的东西、首要的东西。王充的本意固然是强调“文”的重要性，但他并不认为“文”具有独立的价值，而是只承认它的工具性作用。这种对于“文”的本质的看法，无疑和“言之无文，行而不远”（《左传》襄公二十五年）的儒家文论一样，是非常具有功利性的。

王充把“文”看作是衡量“德”的尺度和手段，将“文”的等差与人的“愚、杰”联系起来。因为“文”是人的“德”的表现，因此可以成为识别人之“愚、杰”的标志。将“文”的高下与人的“愚、杰”结合起来考虑，成为后来中国文化所特有的肯定性的“文德合致”论或否定性的“文人无行”论的滥觞。“德”既然有待于“文”才能表现，“文”既然是衡量“德”的尺度，则有“德”有“位”之人自应有“文”，这也是从汉代开始形成的选拔官吏重视文化修养的传统的一个理论阐述；同时，既然“文”是“德”的表现，“德”是“文”的内核，则文人不能无德，无德不成文人，这也成为后来日趋严厉的责备“文人无行”的传统的一个理论阐述。可以说，王充对于“文”的本质的看法，为中国文化强调“文德合致”或“文位合致”的传统提供了理论依据。

王充认为，所有的作者都是为了劝善惩恶的教化目的而写作的，所有的著作也都是为了劝善惩恶的教化目的而被写成的。王充对于“文”的起因的这种功利主义解释，显然来自他自己的写作实践。他的《论衡》和其他著作，都是为了“以觉俗失”这样的功利动机而写成的。王充的著作大都具有直接的功利目的，并非为文学感染力而作，王充正是因此而推论所有的著作都起源于实际的功利目的。但这显然是不符合实际的，也难以解释文学的真正起源。

王充认为，“文”应该是具有实际功用的东西，而不能仅仅是美辞丽句的堆砌；人的善恶有赖于“文”才能得到发扬或遏止，而“文”也只有在具备劝善惩恶功能时才有其价值。王充否定了“文”的“调墨弄笔为美丽之观”的审美价值，如《超奇篇》说：“岂徒雕文饰辞，苟为华叶之言哉。”《对作篇》说：“非苟调文饰辞为奇伟之观也。”而肯定了文“载人之行，传人之名”的实用价值。王充还认为，普通人会因为“文”的这种“劝善惩恶”作用而受到约束，并为文人能起到如此大的道德教化作用而感到自豪。从中可以看到从汉代开始出现的文人为文自豪的告白，并成为三国时曹丕“文章，经国之大业，不朽之盛事”（《典论·论文》）这一宣言的先声。

王充在“文”的各种体裁中，比较重视实用性文体，而相对轻视非实用性文体。所谓实用性文体，是指经传、诸子、论说、书奏、颂赞等各类具有教化作用或实际功用的文体；所谓非实用性文体，是指辞赋这样的仅以传达美感为目标的文体。从王充肯定“造论著说”之文、上书奏议之文和“著作”之文的理由来看，也就不难理解他为什么要否定辞赋之文了。这是因为辞赋之文是以语言的美感为目标的文体，而不是以功利作用为目标的文体。王充在《佚文篇》中将文分为五等，即五经六艺之文、诸子传书之文、造论著说之文、上书奏记之文、文德之操之文，却没有汉代最流行的辞赋之文的位置，由此也可以看出他对辞赋之文的否定态度。也许在王充看来，辞赋之文由于没有功利性，所以是不入流的文体吧。

王充在“文”的各种风格中，比较重视通俗易懂的文风，而相对轻视深覆典雅的文风。之所以这样，是因为王充认为，前一种风格能够直接显示文章的宗旨，因而有助于道德教化作用的圆满实现；而后一种风格则不能直接显露文章的宗旨，因而有碍于道德教化作用的圆满实现。也就是说，前者有利于实现文章的功利目的，后者则不利于实现文章的功利目的。从文风与文体的关系来看，实用性文体的风格自然容易倾向于前者，而非实用性文体的风格则容易倾向于后者。出于同样的考虑，王充反对精巧纯美的文风，肯定质实朴拙的文风；反对文章必须合类于古的要求，而主张必须根据实际功利需要加以创新。总之，王充的功利主义风格论的核心，是让文章风格为文章的功利目的服务，为此就必须通俗易懂、质实朴拙、不合于古。

王充在评价文人时，也相应地根据其文章实际功用的大小而作出轩轾。文章有实际功用的文人，就是值得肯定的文人；文章无实际功用的文人，就是应该否定的文人；其文章的实际功用越大，就越应该受到推崇；其文章的实际功用越小，就越应该受到贬低。这种功利主义的文人观，可以说是王充评价前当代文人的主要标准。

综上所述，王充在有关文的本质、文的起因、文的作用、文类等级、文章风格、文人轩轾等方面，都发表了富于功利性或实用性的看法。这些看法不仅来源于源远流长的儒家文论传统，也来源于王充自己的写作实践，并且对后世的文论产生了深远影响。

（十）《论衡》的地位与影响

汉代思想继先秦思想之后，达到了中国思想史上的第二个高峰，而王充则是其中最杰出的代表。他综合吸收了先秦老子、宋子、尹文子、荀子、韩非子，汉代陆贾、贾谊、《淮南子》、司马迁、扬雄、桓谭等思想中的合理因素，开创了元气论，并将其贯彻到思想的各领域，在自然观、认识论、道德观、人性论、形神论、历史观等方面，反对天人感应论、目的论，清算迷信陋俗，质疑“圣贤”经传，取得了杰出的成就。他的学说又被东汉中后期的王符、仲长统，魏晋南北朝时期的杨泉、戴逵、何承天、范缜等继承，在中国思想史上产生了巨大影响。

王充在思想史上最大的贡献，是以元气论反对天人感应论、目的论，这是其思想的核心，也是《论衡》一书的灵魂。天人感应论、目的论认为，天是有意志的，天有目的、有意识地创造万物和人类，天按照自己的面貌塑造人类，天是人类的主宰，天为了人类而创造万物，天与人的行为可以互相影响，等等。《论衡》以元气论对此进行否定，强调天道自然无为，天人之间没有感应。王充的元气论影响了东汉末的仲长统，他在继承王充元气论的基础上，又修正了由此导出的命定论，强调了人的主观能动性，主张“人事为本，天道为末”，“审我已善，而不复恃乎天道，上也”（《群书治要》引《昌言》），补充和发展了王充的元气论。

基于元气论，王充发展了此前的形神论，如宋尹学派的精气说，荀子的“形具而神生”，司马迁的“形神离则死”，桓谭的“人死神灭”等，认为“神”不能离开“形”而独立存在，以此来反对灵魂不灭论、人死为鬼论等。到了魏晋南北朝时期，如嵇康的《养生论》，杨泉的《物理论》，戴逵的《释疑论》《答周居士难释疑论》，何承天的《报应问》，范缜的《神灭论》等，大都继承了王充这一派的思想，并纠正了其理论上的某些缺陷，以此来反对佛教的因果报应论。

王充的元气论也导出了命定论，王充以此来反对善恶报应论，反对天人感应论。命定论尽管在汉初，甚至早在先秦时期即已出现，但是对于它的理论阐述和全面总结，却是由王充来完成的。王充的命定论，受到乃师班彪《王命论》的影响[8]，只不过更变本加厉而已。而王充的理论阐述和全面总结，又开了六朝时期讨论命运风气的先河。南朝刘孝标的《辩命论》，全面继承了王充的命定论，以此来批判善恶报应论。刘孝标说：“所谓命者，死生焉，贵贱焉，贫富焉，理乱焉，祸福焉，此十者天之所赋也。”又把“愚智善恶”分了出来，认为“此四者人之所行也”，从而给人为努力留下了更多的可能性，是对王充命定论的发展。正是在这种承先启后及集大成的意义上，王充对于命定论的理论阐述和全面总结，才是值得重视并具有历史意义的。

在中国文论史上，王充在强调“文”的功利性的时候，充分肯定了“文”的价值，这对于提高“文”的地位具有促进作用，在这一方面，他站在了发端于孔子、壮大于汉代、成熟于魏晋的文学意识的同一面。但是，王充在强调“文”的功利性的时候，也否定了“文”的审美性，这对于以审美价值为目的的纯文学的发展具有阻碍作用，在这一方面，他又站在了从汉代开始觉醒的审美性文学意识的对立面。从对后世的影响来说，王充文论的作用也具有两重性：一方面，它作为中国处于正统地位的功利主义文论史上的一环，发挥着对文学的否定作用；同时，又经常为中国处于非正统地位的唯美主义文论所吸收（典型的例子如刘勰《文心雕龙》关于文学发生论的自然主义观点所受王充文论的影响），从而对文学的发展产生了积极影响。

此外，王充继承了扬雄、桓谭对于迷信陋俗的批判，而做得更加彻底。以古今同视的历史观反对厚古薄今的历史观，以重视效验的认识论反对原始神秘的认识论，等等。总之，在思想的各个领域都取得了重要的成果。

由于上述的种种成就，《论衡》成为中国思想史上的一部经典名著，两千年来一直受到广大读者的喜爱。

三、《论衡》的流传、评论与版本

（一）《论衡》的早期流传

后世学者一般认为，《论衡》在王充当时及东汉中后期一直未获流传，直到东汉末蔡邕、王朗入吴以后始得流传。这其实是由于轻信葛洪《抱朴子》和袁山松《后汉书》的有关记载而产生的错觉。而且，即使从葛洪《抱朴子》和袁山松《后汉书》的记载来看，也不能得出这样的结论，因为它们都只是说《论衡》“北方都未有得之者”或“中土未有传者”，而没有说南方也没有流传；更何况说“北方”或“中土”没有流传，也是不符合事实的。在王充当时及东汉中后期，《论衡》事实上已经获得了流传，尽管流传范围不是很广。

《论衡》首先流传于越中地区。在看到《论衡》的越人中间，有王充的同乡好友谢夷吾。据范晔《后汉书》充本传李贤注引谢承《后汉书》充本传说：“夷吾荐充曰：‘充之天才，非学所加，虽前世孟轲、孙卿，近汉扬雄、刘向、司马迁，不能过也。’”范晔《后汉书》充本传也说：“友人同郡谢夷吾上书荐充才学，肃宗特诏公车征，病不行。”不言而喻，谢夷吾肯定是读过《论衡》的，并对王充的才学非常佩服。因此，至少在越中地区，《论衡》肯定获得了流传。

而且，谢夷吾“上书荐充才学”，他不能空口无凭吧？肃宗“特诏公车征”王充，也不能仅听一纸荐书吧？那么，谢夷吾上书时（此事约在88年，《论衡》已经成书），是否提到甚至附上了包括《论衡》在内的王充的若干著作呢？《论衡》是否因此而为北方人所知或传入“中土”、“北方”、京师甚至宫廷呢？肃宗是否也因此而知道甚至浏览过《论衡》呢？

东汉后期的蔡邕，是最早明确引用过《论衡》的人，其《独断》云：“王仲任曰：‘君子无幸，而有不幸；小人有幸，而无不幸。’”这是《论衡·幸偶篇》中王充引孔子语，蔡邕《独断》（撰于172年之前）误引作王充语，但由此也使我们得知当时蔡邕已经读过《论衡》，时间早在他入吴（179）的七年之前，更早在他由吴返长安（189）的十七年之前。可见当时长安已经有了《论衡》，《论衡》并非由蔡邕初次传入北方。

进入魏晋南北朝以后，《论衡》由于许多文人学士的表彰介绍而名声渐显，开始成为一部具有全国性影响的著作。

三国吴史学家谢承，是第一个私撰《后汉书》的人。在《东观汉记》是否为王充立传情况不明的情况下，谢承的《后汉书》成了第一部为王充立传的后汉史著作，而且第一次明确记载了王充著《论衡》八十五篇。谢承《后汉书》为范晔《后汉书》所采摘，从现存谢承《后汉书》充本传的佚文来看，范晔《后汉书》充本传几乎与之完全相同，可见范晔《后汉书》充本传是沿袭谢承《后汉书》充本传的。范晔《后汉书》后来取代各家《后汉书》，成为现存唯一的后汉正史著作，王充也因范晔《后汉书》而得以“名垂青史”，为世人所稔知，然究其始，实自谢承创之。所以，谢承《后汉书》对于扩大王充的影响和促进《论衡》的流传，具有相当大的贡献。

到了两晋时期，出现了一个大学者葛洪（283—343），他的著作《抱朴子·外篇》，模仿、介绍和表彰了《论衡》，对于促进《论衡》的流传、扩大《论衡》的影响做出了贡献。此外，《抱朴子》中记载的关于蔡邕读《论衡》而“谈论更远”，置于“帐中隐处”，“秘玩以为谈助”的态度和“唯我与尔共之，勿广也”的告诫，反映了晋人，尤其是葛洪，对《论衡》价值和意义的看法，这种看法既是当时时代风气的产物，又反过来提升了当时人对于《论衡》的兴趣，促进了《论衡》的流传。连东晋史学家袁山松都可能受其影响，将这些材料采入《后汉书》中，唐代李贤注范晔《后汉书》时，又将袁山松《后汉书》的这些材料采入注释中，一直流传到今天，这对于整个《论衡》的流传和评论史都产生了很大影响。

南朝梁代的文论家刘勰，其所著《文心雕龙》（成书于约公元500年）中的《神思篇》《时序篇》《养气篇》等，多次提到并评论了王充和《论衡》。刘勰将王充上与司马相如、扬雄、桓谭，下与班固、张衡、蔡邕、左思等人相提并论，并称王充为“磊落宏儒”，称《论衡》为“巨文”，足见其对于王充和《论衡》的评价之高。由此可见，在南朝时，《论衡》已成为一部世所公认的“巨文”，王充也成为一个世所公认的“磊落宏儒”，所以刘勰才会给《论衡》这么高的评价；同时，由于刘勰在《文心雕龙》中将《论衡》置于“巨文”之列，所以更提高了《论衡》的地位，扩大了《论衡》的影响，促进了《论衡》的流传。此外，正如许多学者所指出的，《文心雕龙》在许多方面还曾受过《论衡》的影响。

也就是说，在魏晋南北朝时期，《论衡》的流传更为广泛，影响更为扩大，地位更为提高，已经成为一部名著。

隋唐宋初时期，《论衡》作为一部东汉的古典著作，已经获得了稳定的地位。一般的学者文人，多知道《论衡》；一般的书籍类书，多摘引《论衡》；一般的读书人家，也多收藏《论衡》。

这一时期，最好地继承和发扬《论衡》理性精神的人，要数唐代史论家刘知幾（661—721）了。在史论名著《史通》中，刘知幾一再提到《论衡》。他对《论衡》的理性精神评价甚高，自认为《史通》是继承《论衡》的传统而写成的，并表示要继承和发扬《论衡》的怀疑精神。作为史论家的刘知幾对于《论衡》的兴趣，正与文论家刘勰对于《论衡》的兴趣遥相呼应，从而更有助于扩大《论衡》的影响，促进《论衡》的流传。

如果说葛洪是从思想家的角度，谢承等是从史学家的角度，刘勰是从文论家的角度，刘知幾是从史论家的角度，分别对《论衡》的流传做出贡献的话，那么，韩愈（768—824）就是从文学家的角度对《论衡》的流传做出了贡献。韩愈写了一篇《后汉三贤赞》，其中就有关于王充的赞语。值得注意的是，韩愈为王充作赞这件事本身所具有的重要意义，就是它反映了《论衡》的影响甚至波及“文起八代之衰”的古文大家韩愈身上来了。与此同时，《论衡》也由于韩愈的提倡而产生了更大的影响。

到了北宋庆历五年（1045）杨文昌第一次刊刻《论衡》时，《论衡》已经成为一部地位稳固的古典著作。自此以后，《论衡》进入了靠版本流传的新阶段，为其垂诸久远创造了良好的条件。

（二）《论衡》的评论史

从《论衡》成书到现在，已经有一千九百多年了。在这一千九百多年里，《论衡》的遭遇是颇为坎坷的。它的声誉时而上升，被褒为天下奇书；时而下跌，被贬为名教罪人。一部名著的评论史，不仅反映了著作本身地位的升降浮沉，也反映了各个时期思想意识的演化变迁，《论衡》的评论史尤其是一个典型的例子。

从东汉到唐代，《论衡》一直受到高度的评价，王充被看作是一个无愧于前贤的大学者，《论衡》被认为是一部齐肩于古典的大著作。而善评的理由，或因为推崇王充的学问才气，或因为《论衡》的可资谈助，或因为此书有矫枉辨伪之功。对《论衡》的批评意见，或出自道家，或出自儒家，但在这个时期都未能占据上风。一般认为，《论衡》即使有缺点，也只是“小疵”，无伤大雅。

从东汉至唐代这一历史时期，是佛教思想传播、道教思想兴盛的时期，儒学独尊的局面逐渐被打破，对“圣贤”偶像的崇拜观念较为薄弱，伦理纲常尚未完全控制社会生活。在这种情况下，敢于批评前人、发表己见的《论衡》，势必会受到人们的广泛欢迎。这是《论衡》在东汉至唐代的八九百年间受到高度评价的根本原因。

但是到了宋代，《论衡》的命运却发生了一个重大的转折。《论衡》的怀疑精神，《论衡》的“非圣无法”，《论衡》的文章风格，注定了它将不容于儒学独尊的宋代，尤其是理学兴盛的南宋。

首先，随着宋人思想的渐趋正统、保守，宋人对此前一直为魏晋人所津津乐道的《论衡》的“新奇”已变得不敏感，甚至反感了。《论衡》在魏晋人眼里一直是一部奇书，而在宋人眼里就不稀奇了。这是因为经过儒学熏陶的宋人的眼光不一样了，他们已不能感受魏晋人读《论衡》时的心情。

其次，经历过唐宋古文运动以后，“八代之文”的地位骤然下降，作为东汉文章的《论衡》也蒙受其殃，受到了宋人的批评。如晁公武说："世谓汉文章温厚尔雅，及其东也，已衰。观此书与《潜夫论》《风俗通义》之类，比西京诸书骤不及远甚，乃知世人之言不诬。"（《郡斋读书志》卷十二子部杂家类《论衡》提要）

再次，宋代对《论衡》评论的最大特点，就是对其"非圣""不孝"的批评，这是儒学占统治地位的宋代必然会出现的现象。"不孝"的批评发自唐代刘知幾，"非圣"的批评发自宋人自己。"非圣""不孝"在魏晋人眼里，是全然不成其为问题的；但在崇拜"圣贤"、强调纲常的宋人眼里，则成了原则性的大问题。这是时代思想的变化所造成的结果。宋人对《论衡》"非圣""不孝"的批评，对后世的影响很大，尤其到了清代，《论衡》更因此而大受挞伐。

元代对《论衡》的评论较为少见，比较重要的只有韩性的《〈论衡〉序》，其总体基调是宋人的延续。

明代对于《论衡》的评论，依古文辞运动的盛衰，可以分为前后两个阶段，即古文辞运动影响下的阶段，反古文辞运动影响下的阶段。

在轰轰烈烈的古文辞运动中，有不少人注意到了《论衡》。不过由于受到"文必秦汉"（"汉"主要是指西汉）这一文学主张的影响，在关于《论衡》文章的评论方面，当时人大都继承了唐宋古文运动以来的观点，因《论衡》属于东汉之文而对其颇有微辞。

随着反古文辞运动的蓬勃兴起，人们打破了"文必秦汉"的僵化教条，对历代文章采取了更为灵活宽容的态度。在这样的情况下，自王充当时直到晚明以前几乎一直为人们所诟病的《论衡》的文章，也开始受到晚明文人的喜爱和赞扬，而这种对于《论衡》文章的善评，在此前的《论衡》评论史上是看不到的。

《论衡》的命运在明代虽略有好转，但到了清代则是一蹶不振。宋代对《论衡》"非圣""不孝"的批评，到了清代是有增无减，口气也更为严厉。清代凡谈到《论衡》的人，几乎没有不骂它几句的，甚至像乾隆皇帝这样的君主也加入进来。这一片责骂之声就是清代对《论衡》评论的基调，它反映了封建末世思想的僵化和专制的加强。

但是在清代对《论衡》的评论中也可以看到一个特异现象，那就是熊伯龙等人对《论衡》在扫除迷信陋俗方面作用的推崇。熊伯龙的《无何集》就是用《论衡》的材料编成的。对《论衡》的这种肯定，反映了人们要求破除迷信陋俗的愿望，这种愿望的出现，是与理性精神的进步分不开的。

不过，他们对于《论衡》的肯定，却有着严重的局限性。他们取于《论衡》的，只是其中对迷信陋俗的批判，却不能容忍《论衡》对孔、孟的批评，乃至把《问孔篇》《刺孟篇》说成是"小儒伪作"而加以删削，并把《论衡》的思想曲解成是"发明孔子之道"的。这些都说明，熊伯龙等人对《论衡》的评论，仍然不逆清代《论衡》评论的潮流，不出传统儒学思想的范畴。

《论衡》的命运，在近代产生了根本性的变化。近代中国，已经不再像过去那样是一个封闭的文化圈，而是一个东西方文化碰撞交融的反应场。西方近代思想的传入，使人们开始用全新的眼光重新认识传统文化。近代《论衡》评论的质的变化，就是这种重新认识的产物。

近代《论衡》评论最重要的特点，就是肯定王充敢于发表己见，敢于批评"圣贤"。《论衡》因为"非圣"被骂了近千年，到了近代，第一次因为"非圣"而受到赞扬。从"非圣"之不成问题，到"非圣"罪莫大焉，到"非圣"非得好，近两千年来对《论衡》评论的这个三段式变化，充分证明时代的变迁对人们观念的影响和制约。当然，根据《论衡》对儒家的态度来决定《论衡》的价值，表明近代的《论衡》评论尚未完全摆脱儒学一家得失的纠缠，也可以说是近代《论衡》评论的一个局限。

由于打破了儒学思想的束缚，近代对《论衡》的评论出现了多姿多彩的局面，各种西方近代思想在《论衡》的评论中都有所反映。有用西方哲学范畴来评论《论衡》的，有将《论衡》置于中国思想发展史长河中去把握的，有以西方文体为标准来重新评论《论衡》的文章的，有从地理环境角度来评论《论衡》的，有用实用主义哲学来评论《论衡》的，还有用现代科学发现来探讨《论衡》所载之传说的。凡此种种，都是近代思想解放的产物，远非古代的《论衡》评论所及。

由于打破了儒学思想的束缚，对《论衡》的价值有了新的认识，因此对这部书的整理也就日渐受到重视了。

（三）《论衡》的主要版本

如上所述，《论衡》的第一个刊本，是北宋庆历五年（1045）杨文昌刊本。当时《论衡》抄本的情况，正如杨文昌《〈论衡〉序》所说："然其篇卷脱漏，文字踳驳，鲁鱼甚众，亥豕益讹，或首尾颠踬而不联，或句读转易而不纪，是以览者不能通其读焉。"于是他搜求《论衡》的各种抄本："余幼好聚书，于《论衡》尤多购获，自一纪中，得俗本七，率二十七卷。……又得史馆本二，各三十卷。"然后对这些本子进行校勘整理："余尝废寝食，讨寻众本，虽略经修改，尚互有阙遗。意其誊录者误有推移，校勘者妄加删削，致条纲紊乱，旨趣乖违，倘遂传行，必差理实。今研核数本之内，率以少错者为主，然后互质疑谬，沿造本源，讹者译之，散者聚之，亡者追之，俾断者仍续，阙者复补。惟古今字有通用，稍存之。又为改正涂注凡一万一千二百五十九字。"接着又把这一整理本刊刻出来。这可以说是《论衡》流传千年以后，第一次全面认真的整理，因为后来的各种版本都是源出于杨文昌刊本的，可以说其整理结果直接决定了今本《论衡》的面貌。

继杨文昌刊本之后，现在所知的第二个刊本，是一百多年后，南宋孝宗乾道三年（1167）洪适的重刊本。元代韩性《〈论衡〉序》云："诸本缮写互有同异，宋庆历中进士杨文昌所定者号称完善。番阳洪公重刻于会稽蓬莱阁下。”张宗祥认为，杨文昌刊本早无传本，后世各本都源出于洪适刊本：“其后元、明修补，今所谓宋本以及元本、通津草堂本，皆自此出。盖北宋本早无传本，传世之《论衡》皆出南宋洪刻矣。”[⑨] 目前所知洪适刊本存世者仅有一部，即藏于日本宫内厅书陵部图书寮者，是目前存世之《论衡》最早最善版本[⑩]。但该本仅存二十五卷七十七篇，卷二十六至卷三十阙[⑪]。

国内迄今尚未发现完整的宋刊本，现存的仅有宋刊元明递修本（简称“递修本”“三朝本”），其宋本部分为翻刻洪适刊本。此本现藏国家图书馆，2006 年、2017 年曾由国家图书馆出版社影印出版。国内学界整理《论衡》时，一般均据该本校勘。

明代以后，《论衡》刊本众多，流传最广的是明嘉靖十四年（1535）吴郡苏献可所刻的通津草堂本，它据上述宋刊元明递修本翻刻，后来的明清各种刊本大都源出于该本。该本有 1922 年上海商务印书馆《四部丛刊》初编影印本，1990 年上海古籍出版社影印本。在仅存于日本的洪适刊本不容易看到的情况下，一般认为明通津草堂本为目前最善之本（但也有不同看法），故现代各种《论衡》的整理校注本大都以它为工作底本。

四、既有整理成果、本书选目与凡例

（一）既有整理成果

清代考据学兴盛，但正如黄晖《论衡校释·自序》所说：“清儒，尤其是乾、嘉时代，校勘古书是一代的伟绩。但对于《论衡》，如卢文弨、王念孙等，都是手校群书二三十种的人，而没有一及此书。……俞樾虽然是校正数十条，想是以余力致此，所以不像所校他书那样精当。”[⑫] 俞樾的《曲园杂纂》（第二十三《读论衡》），孙诒让的《札迻》，其中有些关于《论衡》的考证，也就是清代仅有的成果了。和整个清代考据学的成果相比，清人对《论衡》的整理工作做得不多。究其原因，清代对于《论衡》"非圣""不孝"的评论，在根本上限制了学者们的工作热情。可以想象，如果没有这样的恶评，清代一定会出现一个较好的《论衡》整理本，而不必把这个工作留给近人来做。

对《论衡》真正的整理工作始于20世纪初期，至今不过百年。自1930年代开始，出现了许多有成就的《论衡》整理者，以及好几部有分量的《论衡》校注本。1920年代中期，梁启超在清华国学研究院讲授"中国近三百年学术史"时，呼吁学者整理"汉代批评哲学第一奇书"《论衡》。当时的清华国学研究院研究生刘盼遂响应导师号召，经过七年的努力，终于在1932年完成了《论衡集解》(北京古籍出版社，1957年)；与此约略同时，黄晖也经过七年努力，于1935年完成了《论衡校释》(长沙商务印书馆，1938年)。这两部著作，尤其是黄晖之作，成为现代《论衡》整理的奠基作。此外，杨树达有《论衡》的校读本，吴承仕有《论衡校释》，刘师培有《论衡校补》，胡适有《论衡校录》，齐燕铭有《论衡札记》，刘文典有《论衡斠补》(《三余札记》二)，章士钊有《论衡校读》，孙人和有《论衡举正》，张宗祥有《论衡校注》，马宗霍有《论衡校读笺识》，一代名流学者，纷纷措手于《论衡》之整理(惜大多未能及时问世)。在此前后，又有陈益的《评注论衡》(上海扫叶山房，1924年)，许德厚的《详注论衡》(上海真美书社，1928年)，高魁光的《论衡集解》(抄本，1939年)，等等。此外，标点本或影印本《论衡》更多达二十余种。短短数十年间，竟有这么多的《论衡》校本或注本出现，与清代《论衡》的整理状况相比有了显著的进展。

1949年以后，因被目为"唯物主义"思想家，王充的《论衡》相对受到重视。而在"文革"期间，因为"评法批儒"的关系，《论衡》的研究热闹了一阵子，其实却是走了一段弯路。北京大学历史系《论衡》

注释小组的《论衡注释》（中华书局，1979年），作为《论衡》的第一个普及性全注本，虽然带有明显的时代烙印，但仍是这时期《论衡》整理的重要成果。

进入新时期以后，《论衡》的研究进入了稳定时期，出现了若干比较重要的整理著作，这里列举几种主要的：袁华忠、方家常译注的《论衡全译》（贵州人民出版社，1993年），是继《论衡注释》之后，既全面吸收其注释成果，又努力消除其时代烙印的第二个普及性全注全译本，为一般读者提供了方便；程湘清等编的《论衡索引》（中华书局，1994年），不仅完成了篇幅浩大的字词索引，也吸收了此前的整理成果，提供了一个新的"《论衡》原文"（但该书出版后的整理成果，尚有待在修订时补入）；杨宝忠的《论衡校笺》（河北教育出版社，1999年），对此前各家的校勘成果作了一个全面的总结，又富于自己的独到之见，是《论衡》整理的一部力作；郑文的《论衡析诂》（巴蜀书社，1999年），作为第三个普及性全注本，特点是简明实用，篇后有分析点评；时永乐、王景明编的《论衡词典》（人民出版社，2005年），重在字词的解释，是一本有用的工具书。此外，蒋礼鸿、裘锡圭、郭在贻、陈霞村等人有关《论衡》校勘的一些单篇论文，也提供了许多富有启发的见解。

一些既有校注成果的出版问世，也有助于推动《论衡》研究的深入。如黄晖的《论衡校释》（附刘盼遂的《论衡集解》，中华书局，1990年），作为最重要的学术性全注本，相隔半个多世纪或三十多年，终于得以重版；吴承仕的《论衡校释》（北京师范大学出版社，1986年）、孙人和的《论衡举正》（上海古籍出版社，1990年）等，均曾搁置箧笥数十年，也终于公开出版了；在完成半个多世纪后，张宗祥的《论衡校注》（上海古籍出版社，2010年）、马宗霍的《论衡校读笺识》（中华书局，2010年）虽姗姗来迟，却也均作为遗稿而公诸于世。后两种书与杨宝忠的《论衡校笺》一起，为《论衡》文本提供了最新整理成果。

拙著《论衡研究》（韩国蔚山大学校出版部，1995 年；复旦大学出版社，2009 年修订版，2018 年修订第二版），则在《论衡》的成书时间和过程、《论衡》篇目排列的内在联系、《论衡》颂汉诸篇的写作动因、《论衡》与王充其他各书的关系、《论衡》的早期流传影响史、《论衡》的两千年评论史等方面提出了一些一孔之见，也可供《论衡》的读者和研究者参考，本书《导读》及篇末点评等多采用其中的观点。

（二）本书选目与凡例

《论衡》共八十五篇（《招致篇》有目无文），如上所述，大致可以分为七组，各组之间既相对独立，又互有联系。为了让读者全面了解《论衡》，我们既依照各组的重要程度，也考虑到各组间的平衡，以及各篇的具体内容，而选取有代表性的篇目如下：

第一组共十五篇，选《逢遇篇》《累害篇》等两篇。此组大都为谈"性"论"命"之文，主要反映了王充的命定论。但其所谈"命""性""气"等概念，与现代读者已相距较远，故仅选取开头两篇，一正一反，以便了解王充如何看待人生处境。

第二组共十七篇，选《感虚篇》《艺增篇》《问孔篇》《刺孟篇》等四篇，在各组中选取比例较高。以"九虚三增"体现王充的"疾虚妄""求实诚"精神，为《论衡》中最重要的一组，而《问孔篇》《刺孟篇》则在历史上影响极大。"九虚"选《感虚篇》，主要考虑到该篇的代表性；"三增"选《艺增篇》，因其批判的是"经"，最能体现王充的怀疑精神，且"三增"小序也位于该篇中。

第三组共八篇，选《答佞篇》一篇。此篇抨击"佞人"，体现了王充的"小人"观，与全书开头两篇遥相呼应。

第四组共十五篇，皆为批判天人感应论之作，选《自然篇》一篇。在批判天人感应论方面，《自然篇》是最重要的篇目，故选取该篇。

第五组共六篇，选《齐世篇》一篇。此组各篇，虽为歌颂汉王朝及避祸进取而作，但其中所体现的古今同视思想，则又有可取之处。其中《齐世篇》多后者而少前者，故选取该篇。

第六组共十六篇，皆为批判迷信陋俗之作，选《论死篇》一篇。此篇论述“人死不为鬼，无知，不能害人”，为这组文章的核心论点，故选取该篇。

第七组共八篇，选《书解篇》《案书篇》《对作篇》《自纪篇》等四篇，在各组中选取比例最高。《书解篇》《案书篇》反映了王充对于典籍和著述的看法；《对作篇》实为《论衡》的自序，《自纪篇》则为王充的自传。这几篇都很重要，故都选入。

以上共选取十四篇，在全书八十五（四）篇中，约占六分之一，以供读者尝鼎一脔。

按照本丛书编委会的要求：“关于原典录文版本的选择……较为稳妥的做法，是选择史有定评的晚近注释本或当代名家的整理本（含今译本）作为底本。”北京大学历史系《论衡》注释小组《论衡注释》以明通津草堂本为底本，以其他各本作为参校，又全部转写为简体字，校勘精审，比较符合本选本的需要，故选择之以为工作底本。

除该本外，在文字（包括繁简转换）、标点、分段、校勘等方面，本书还参考了国家图书馆出版社影印出版的宋本《论衡》（即通常所说的“递修本”“三朝本”）、《四部丛刊》初编影印明通津草堂本、上海人民出版社据通津草堂本排印的简体字本、吴承仕《论衡校释》、孙人和《论衡举正》、黄晖《论衡校释》、刘盼遂《论衡集解》、杨宝忠《论衡校笺》、张宗祥《论衡校注》、马宗霍《论衡校读笺识》等各本，以及蒋礼鸿、裘锡圭、郭在贻、陈霞村诸家之说，择善而从，以期为读者提供一个较好的文本。

在注释、串讲等方面，本书主要参考《论衡注释》，同时参考黄晖《论衡校释》，刘盼遂《论衡集解》，袁华忠、方家常《论衡全译》，杨宝忠《论衡校笺》，马宗霍《论衡校读笺识》等，以充分吸收现代各家校注本、译注本的研究成果。

以上所参各书，均择善而从，不一一注明。因本书面向一般读者，并非专门的校勘著作，为阅读顺畅起见，凡有讹误，径行改正。但凡改动文字，或引异见之说，则必注明依据，著其名氏，以示尊重；但不著书名，可参见书后所附参考文献，以免繁琐。如各家所见略同，则依其著作公开出版时间为序。

又因本书是选本，考虑到读者未必会按前后顺序依次阅读（其实也无必要），故注释不惮每篇重出，而不采用“参见”法，以省读者翻检之劳。但首次出现时注释较详，以后出现时注释较略。

本书凡引用古代文献，均据通行可靠版本覆按，以杜绝转引所致之讹传。

本书异体字、俗字统一为正体字，古今字、通假字、人名地名用字不强作统一。其他具体书写体例，依照本丛书“书写条例”。

① 也有人认为这些书并未亡佚，而是保存在今本《论衡》之中，如张右源、朱谦之、吴则虞等皆持此说，但其理由似均难以成立。详见拙著《论衡研究》等。

② 详见拙著《论衡研究》。

③ [日本]山田胜美等编：《论衡事类索引》，东京：大东文化研究所，1958年。

④ [法国]列维－布留尔：《原始思维》，丁由译，北京：商务印书馆，1985年。

⑤ 《章太炎全集》(三)，上海：上海人民出版社，1984年，第444页。

⑥ 文论中所谓的“功利主义”(也说“实用主义”)概念，意指“基于文学是达到政治、社会、道德或教育目的的手段这种概念”，也就是把文学看作一种具有“实际功用”的东西。参见[美国]刘若愚：《中国文学理论》，杜国清译，台北：联经出版事业公司，1981年，第227页。又，《论衡》中所

谈到的“文”，尽管含有诸如辞赋这样的在今天看来也属于文学范畴的文体，但主要指的是包括汉代以及汉代以前各种文字样式在内的广义上的文章，而非现代意义上的“文学”（literature），甚至也非六朝时萧统《文选序》所谓“事出于沉思，义归乎翰藻”意义上的“文”。这是在讨论王充文论时必须注意的。

⑦ 章炳麟：《国故论衡》，上海：上海古籍出版社，2003年，第55页。

⑧ 如张宗祥云：“仲任学于班叔皮，叔皮有《王命论》，仲任言命，往往合于师训。”“《吉验篇》用意极似班彪《王命论》。”“至若言贵贱，则归之命时；谈贫富，则属之幸偶；此则班氏《王命》之旨，受师门之遗训。”（见其《论衡校注》，上海：上海古籍出版社，2010年，第600页、第603页、序言第3页）

⑨ 但他认为洪适刊本并非源出于杨文昌刊本，而是也像杨文昌刊本一样依据抄本校刻的。见其《论衡校注》，《论衡》诸序第2页、第4页。

⑩ 该本[日本]岛田翰《古文旧书考》卷二《宋椠本考》“《论衡》二十五卷（残，宋光宗时刻本。附明修本、通津草堂本、程荣本）”著录为南宋光宗时（1190—1194）刊本，但张宗祥认为实乃孝宗乾道时（1165—1173）洪适刊本，而非光宗时刊本。见其《论衡校注》，第596页、第598页。

⑪ 曹元忠《笺经室所见宋元书题跋》称其曾以重值购得一《论衡》残本，仅剩卷二十六至卷三十共五卷，判断为宋洪适刊本，间有元时修补者，其行款格式、刻工姓名等，均与日藏南宋本同，或即为该本之另一部分，合之则成全璧云。张宗祥则不以为然。见其《论衡校注》，第598页。

⑫ 黄晖：《论衡校释》，北京：中华书局，1990年，《自序》第7页。

逢遇篇

操行有常贤[1]，仕宦无常遇[2]。贤不贤，才也[3]；遇不遇，时也[4]。才高行洁，不可保以必尊贵；能薄操浊[5]，不可保以必卑贱。或高才洁行[6]，不遇，退在下流[7]；薄能浊操，遇，进在众上[8]。世各自有以取士[9]，士亦各自得以进[10]。进在遇，退在不遇。处尊居显[11]，未必贤，遇也；位卑在下，未必愚，不遇也。故遇，或抱洿行[12]，尊于桀之朝[13]；不遇，或持洁节，卑于尧之廷[14]。

所以遇不遇非一也[15]：或时贤而辅恶[16]；或以大才从于小才；或俱大才[17]，道有清浊；或无道德[18]，而以技合；或无技能[19]，而以色幸。

概括介绍几种“遇”的情况。

［注释］

[1] 常贤：一贯优良。 [2] 仕宦：做官。遇：遇合，投合，指受到赏识和重用。 [3] 才：指才能和操行。 [4] 时：时势，时运。 [5] 能薄操浊：才能低下，操行恶劣。 [6] 或：有的人。 [7] 退：贬黜。下流：低下的地位。 [8] 进在众上：地位升迁在众人之上。进，升迁，原无，据杨守敬、陈霞村、杨宝忠说补。 [9] 世各自有以取士：不同的时世各有选拔士的标准。取，选拔，任用。士，这里泛指读书人。 [10] 士亦各自得以进：士也各有猎取功名利禄的途径。 [11] 居显：处于显赫的地位。 [12] 抱：持有。洿（wū）：同“污”，浊。 [13] 尊于桀（jié）之朝：在夏桀的朝廷上受到尊重。桀，夏朝的最后一个君主，传说是一个暴君，后被商汤击败，出奔南方而死。 [14] 尧：名放勋，史称唐尧，陶唐氏部落的酋长，炎黄联盟的首领，传说中的上古帝王。 [15] 所以遇不遇非一也：导致遇不遇的原因不止一种。所以，导致……的原因。 [16] 或时贤而辅恶：或者身为贤臣却辅佐残暴的君主。或时，或以。 [17]“或俱大才”二句意谓：有的臣子和君主都很有才干，而道德却有高低的差别。 [18]“或无道德”二句意谓：有的臣子虽然没有道德，却因一技之长而称了君主的心。 [19]“或无技能”二句意谓：有的臣子虽然没有技能，却以容貌姣好而受到君主的宠幸。

伍员、帛喜[1]，俱事夫差[2]，帛喜尊重[3]，伍员诛死。此异操而同主也[4]。

或操同而主异，亦有遇不遇，伊尹、箕子是也[5]。伊尹、箕子才俱也[6]，伊尹为相，箕子为奴；伊尹遇成汤[7]，箕子遇商纣也[8]。夫以贤事贤君，君欲为治，臣以贤才辅之，趋舍偶合[9]，其遇固宜[10]；以贤事恶君，君不欲为治，臣以忠行佐之[11]，操志乖忤[12]，不遇固宜。

异操同主，操同主异，是决定遇不遇的两种重要因素。

［注释］

[1] 伍员（yún）：即伍子胥（？—前 485），春秋末期楚国人，因父兄被楚平王杀害而逃往吴国，成为吴国的大臣，后遭伯嚭陷害而自杀。其事参见《史记・伍子胥列传》。帛喜（pǐ）：即伯嚭，又作白喜、帛否、伯喜，皆同一人，春秋末期吴国大臣。吴承仕说“喜”“否”皆“嚭”字之残。 [2] 事：事奉。夫差：春秋末期吴国君主，前 495—前 473 年在位，越灭吴后自杀。 [3] 尊重：位尊权重。 [4] 此异操而同主也：这是不同操行的人事奉同一君主的情况。 [5] 伊尹：名挚，一名伊，一说是官名，辅助汤王灭夏，被尊为阿衡（宰相）。箕子：名胥余，商纣王的亲戚，封于箕地，故称为“箕子”，因规劝纣王，纣王不听，佯狂为奴，被纣王囚禁。其事参见《史记・殷本纪》《史记・宋微子世家》。 [6] 俱：同，相等。 [7] 成汤：卜辞作“唐”，又称“汤”“成唐”，原名履，又名天乙，卜辞作太乙、高祖乙，子姓，商朝的开国君主。其事参见《史记・殷本纪》。 [8] 纣：名辛，商朝的末代君主，史上被视为暴君，故称为“纣”（残暴的意思）。周武王率诸侯攻商，在牧野（今河南淇县西南）之战中，纣王兵败自

焚。其事参见《史记·殷本纪》。[9]趋舍：取舍，好恶。偶合：相合。[10]固：本来。宜：理所当然。[11]忠行：忠贞之操行。佐：辅助。[12]操志乘忤（wǔ）：操行和志向正好相反。乖，违背。忤，抵触。

或以贤圣之臣，遭欲为治之君，而终有不遇，孔子、孟轲是也[1]。孔子绝粮陈、蔡[2]，孟轲困于齐、梁[3]，非时君主不用善也，才下知浅[4]，不能用大才也。夫能御骥騄者[5]，必王良也[6]；能臣禹、稷、皋陶者[7]，必尧、舜也[8]。御百里之手[9]，而以调千里之足[10]，必有摧衡折轭之患[11]；接具臣之才[12]，而以御大臣之知[13]，必有闭心塞意之变[14]。故至言弃捐[15]，圣贤距逆[16]，非憎圣贤，不甘至言也[17]，圣贤务高[18]，至言难行也[19]。夫以大才干小才[20]，小才不能受，不遇固宜。

操同主同，殊为难得，但以大才干小才，还是不能遇。进一层说。

[注释]

[1]孔子（前551—前479）：名丘，字仲尼，春秋末期鲁国人，儒家创始人，其主要言论见于《论语》。孟轲（约前372—前289）：字子舆，受业于孔子之孙子思（前483—前402）的门人，其主要言论见于《孟子》。[2]陈：春秋时期的小国，在今河南淮阳一带。蔡：春秋时期的小国，在今河南新蔡一带。绝

粮陈、蔡，指的是前489年，孔子从陈、蔡到楚国去，途中被陈、蔡人包围，七天没吃上一顿饱饭。其事参见《论语·卫灵公》《荀子·宥坐篇》《史记·孔子世家》。 [3] 齐：战国时期的齐国，在今山东北部。梁：指大梁（在今河南开封），是魏国的都城，因此魏国也称为“梁”。困于齐、梁，指孟子在齐、魏两国进行游说，遭到拒绝，陷入困境。其事参见《孟子·梁惠王上》《孟子·公孙丑下》。 [4] 才下知（zhì）浅：才智浅陋。知，通“智”。 [5] 御：驾驭。骥（jì）：千里马。騄（lù）：騄耳，即“绿耳”，周穆王的八骏之一，参见《穆天子传》《列子·周穆王》。 [6] 王良：春秋后期晋国驾御车马的能手。 [7] 臣：以……为臣。禹：传说是夏朝的开国君主，夏后氏部落的领袖，姒姓，史称“禹”“大禹”“夏禹”“戎禹”，奉舜命治水有功，被舜选为继承人，舜死后担任部落联盟领袖。稷（jì）：后稷，姬姓，名弃，传说是周朝的始祖，善种各种粮食作物，曾在尧、舜时代做过农官，教民耕种。皋陶（gāo yáo）：一作咎繇，偃姓，传说是东夷族的首领，又传说是尧的贤臣，舜时掌管刑罚。 [8] 舜：传说中的上古帝王。 [9] 御百里之手：只能驾驭百里马的人。 [10] 而以调千里之足：却任用他去驾驭千里马。调，调理，驾驭。 [11] 摧：折。衡：缚在车辕上的横木。轭（è）：绑在衡下的曲木，驾车时安放在马颈上。 [12] 接具臣之才：只具备使用“具臣”的才能。接，接纳，使用。“接”上原有“有”字，据杨守敬、杨宝忠说删。具臣，备位充数之臣，尸位素餐之臣。 [13] 而以御大臣之知：却让他去驾驭具有大臣才智的人。 [14] 闭心塞意：使心意遭到堵塞。变：患。 [15] 至言：善言。弃捐：抛弃，舍弃不用。 [16] 距：通“拒”，拒绝，抗拒。逆：违背，排斥。 [17] 甘：喜欢，爱听。 [18] 圣贤务高：圣贤追求的理想太高。 [19] 至言难行也：善言实行起来困难。 [20] 干（gān）：求。

或以大才之臣[1]，遇大才之主，乃有遇不王充这里意在解释司马迁《史记·伯夷列传》里提出的疑问："或曰：天道无亲，常与善人。若伯夷、叔齐，可谓善人者非耶？积仁絜行如此而饿死。……余甚惑焉，傥所谓天道，是邪非邪？"

古人似皆持九斤老太式历史退化论，"皇""帝""王""霸"，一代不如一代。

"尧溷舜浊""同浊皆粗"，王充可真敢说，史观相当大胆。

操同主同，虽以大才干大才，仍有遇不遇。再进一层说。

遇，虞舜、许由、太公、伯夷是也[2]。虞舜、许由俱圣人也，并生唐世[3]，俱面于尧[4]，虞舜绍帝统[5]，许由入山林。太公、伯夷俱贤也，并出周国，皆见武王[6]，太公受封，伯夷饿死。夫贤圣道同，志合、趋齐[7]，虞舜、太公行耦[8]，许由、伯夷操违者[9]，生非其世，出非其时也。道虽同，同中有异；志虽合，合中有离[10]。何则？道有精粗，志有清浊也。许由[11]，皇者之辅也，生于帝者之时；伯夷[12]，帝者之佐也，出于王者之世。并由道德[13]，俱发仁义[14]，主行道德[15]，不清不留，主为仁义[16]，不高不止，此其所以不遇也。尧溷舜浊[17]，武王诛残[18]，太公讨暴，同浊皆粗，举措钧齐[19]，此其所以为遇者也。故舜王天下[20]，皋陶佐政，北人无择深隐不见[21]；禹王天下，伯益辅治[22]，伯成子高委位而耕[23]。非皋陶才愈无择，伯益能出子高也[24]，然而皋陶、伯益进用，无择、子高退隐，进用行耦，退隐操违也。退隐势异[25]，身虽屈，不愿进；人主不须其言，废之，意亦不恨，是两不相慕也。

[注释]

[1]“或”，原无，据黄晖说补。 [2]虞舜：即舜。许由：一作许繇，相传尧要让位给他，他拒不接受，逃至箕山隐居。尧又请他做九州长官，他到颍水边洗耳朵，表示不愿意听。其事参见《史记·伯夷列传》及张守节“正义”引皇甫谧《高士传》。太公：吕尚，姜姓，吕氏，名尚，一名牙，一名望，字牙，一字子牙，有太公之称，俗称姜太公，商末隐居渭水（今陕西中部）边，受到周文王的赏识和重用，后辅佐周武王伐纣，因功封于齐（今山东北部）。其事参见《史记·齐太公世家》。伯夷：墨胎氏，名允，字公信，商朝末年人，反对周武王伐纣，商朝灭亡以后，不吃周朝的粮食，饿死在首阳山。其事参见《史记·伯夷列传》。 [3]并生唐世：都生活在唐尧统治时期。 [4]俱面于尧：都见过尧。面，面向，面对。 [5]虞舜绍帝统：传说尧年老时把帝位让给了舜。绍，继承。帝统，这里指帝位。 [6]武王：周武王姬发，西周的开国君主。 [7]趋齐：目标一致。 [8]行耦（ǒu）：操行一致。耦，偶。 [9]“许由、伯夷”三句意谓：许由、伯夷与当时君主的操行相违背，原因在于与其成长的社会和所处的时代不相容。操违，操行不一致。 [10]离：背离，这里指差别。 [11]“许由”三句意谓：许由是上古“皇者”的辅佐之才，却生在“帝者”的时代。帝者，指传说中的“五帝”，其说法不一，一般指黄帝、颛顼（zhuān xū）、帝喾（kù）、尧、舜。参见《史记·五帝本纪》。这里的“帝者”具体指尧。皇者，指传说中的“三皇”，说法不一，一般指伏羲（xī）氏、神农氏、燧（suì）人氏。参见《白虎通·号》。 [12]“伯夷”三句意谓：伯夷是“帝者”的辅佐之才，却处于“王者”的时代。王者，指夏、商、周三代的夏禹、商汤、周文王和周武王。这里的“王者”具体指周武王。 [13]由：遵循。 [14]发：实行。 [15]“主行道德”二句意谓：君主实行德政，如果不够完

美就不愿留下当辅佐。 [16]“主为仁义”二句意谓：君主实行仁义，如果不够理想也不愿留下当辅佐。 [17]尧溷（hùn）舜浊：尧的道德污浊，舜的道德也污浊。溷，污浊。 [18]诛残：指武王伐纣。诛，讨伐。残，残暴。 [19]举措钧齐：行动措施都一样。钧，通“均”。 [20]王（wàng）：统治。 [21]北人无择：上古人名，传说舜想让位给他，他感到受了羞辱，便自投深渊而死。其事参见《庄子·让王》《吕氏春秋·离俗览》。 [22]伯益：又称大费，古代嬴姓各族的祖先，相传善畜牧和狩猎，助夏禹治水有功，后为禹所重用，成为主要辅臣。 [23]伯成子高：上古人名，传说是尧立的诸侯，禹在位时，因对禹不满，而辞去诸侯改去务农。其事参见《庄子·天地》《吕氏春秋·长利》。委位：抛弃职位。 [24]出：超出。 [25]“退隐势异”七句意谓：退隐和进用相比，地位低下，（但由于和君主合不来）而宁愿受这种委屈，也不愿去当官；君主不听取他们的意见，不任用他们，心里也不后悔，这是双方互不稀罕啊！势异，地位不同，这里指地位低下。慕，思慕，追求。

“故说者不在善，在所说者善之；才不待贤，在所事者贤之。”四句乃精辟之言。

商鞅三说秦孝公[1]，前二说不听，后一说用者，前二，帝王之论[2]，后一，霸者之议也[3]。夫持帝王之论，说霸者之主，虽精见距[4]；更调霸说[5]，虽粗见受。何则？精，遇孝公所不欲得[6]；粗，遇孝公所欲行也。故说者不在善[7]，在所说者善之；才不待贤，在所事者贤之。马圄之说无方[8]，而野人说之[9]；子贡之说有义[10]，野人不听。吹籁工为善声[11]，因越王不喜，更为野声[12]，越王大说[13]。故为善于不欲得善之主，虽善不见爱；为不善于欲得不善之主，虽不善不见憎。此以曲伎合[14]，合则遇，不合则不遇。

说话要看对象，有技巧就遇，否则不遇。

［注释］

[1] 商鞅（？—前 338）：即公孙鞅，战国中期卫国人，故又称“卫鞅”，后到秦国辅佐秦孝公，因变法有功，被封于商，号“商君”，所以又叫“商鞅”，其政治主张见于《商君书》。说（shuì）：劝说别人采纳自己的主张。秦孝公：战国时期秦国君主，前 361—前 338 年在位。 [2] 帝王之论：成就“帝业”“王业”的理论，即“帝道”“王道”。 [3] 霸者之议：成就“霸业”的理论，即“霸道”。其事参见《史记·商君列传》。 [4] 距：通“拒”，拒绝，抗拒。 [5] 更调：调换，改弦更张。 [6] 遇：张宗祥说读若“偶”，下句“遇”同。“欲”，原无，据《论衡全译》、杨宝忠说补。得：取，喜欢。 [7]“故说者不在善”四句意谓：所以不在于劝说的人说得多么好，而在于所劝说的对象认为好；才能不需要多么高明，而在于所侍奉的对象认为高明。贤，认为高明。 [8] 马圄（yǔ）：即马圉，养马的人。方：道理。据《淮南子·人间》记载，孔子的马吃了农民的庄稼，被扣留起来。孔子先派弟子子贡去要，子贡说了一大堆的仁义道德，农民根本不予理睬。孔子让替他养马的人去要，养马的人没说什么大道理，只是说了农民的好话，却很快把马要回来了。其事又见《吕氏春秋·必己》。 [9] 野人：居住在城外郊野地区的人，这里指农民。说（yuè）：通“悦”，喜欢。 [10] 子贡：端木（“木”一作“沐”）赐，字子贡，孔子弟子，小孔子三十一岁。他能言善辩，善于经商，家累千金，所至之处与王侯贵族

分庭抗礼，曾任鲁、卫相。有义：符合大道理。 [11] 吹籁（lài）工：吹籁的人。籁，古代一种管乐器。为：演奏。善声：优美的乐曲。 [12] 野声：指民间乐曲。 [13] 其事参见《吕氏春秋·遇合》。 [14] 曲伎：小技。

哪怕没有技巧，对人有用就遇，否则不遇。进一层说。

或无伎，妄以奸巧合上志[1]，亦有以遇者，窃簪之臣[2]，鸡鸣之客是也[3]。窃簪之臣，亲于子发[4]；鸡鸣之客，幸于孟尝[5]。子发好偷臣，孟尝爱伪客也[6]。以有补于人君[7]，人君赖之，其遇固宜。

哪怕没有用，长得好就遇，否则不遇。再进一层说。

或无补益，为上所好，闳孺、邓通是也[8]。闳孺幸于孝惠[9]，邓通爱于孝文[10]，无细简之才[11]，微薄之能，偶以形佳骨娴[12]，皮媚色称[13]。夫好容，人所好也，其遇固宜。

哪怕长得不好，有人喜欢就遇，否则不遇。再进一层说。

或以丑面恶色称媚于上[14]，嫫母、无盐是也[15]。嫫母进于黄帝[16]，无盐纳于齐王[17]。

“进者未必贤，退者未必愚。”这两句才是王充最想说的话。

故贤不肖可豫知[18]，遇难先图[19]。何则？人主好恶无常，人臣所进无豫[20]，偶合为是[21]，适可为上。进者未必贤，退者未必愚，合幸得进[22]，不幸失之。

[注释]

[1] 妄：胡乱。奸巧：不正当的手段。上：指君主或上司。志：意图。 [2] 窃簪之臣：指春秋时期楚宣王的大将司马子发的一个部下，善于偷盗。有一次，齐楚交战，楚军三战三败，他就连续三夜，把齐将的帷帐、枕头、簪子偷了回来，这使得齐军非常害怕，便立即撤兵了。其事参见《淮南子·道应》。簪，用来卡住头发的一种饰物，有时也用它把帽子别在头发上。 [3] 鸡鸣之客：指战国时期齐国贵族孟尝君手下一个善于学鸡叫的门客。孟尝君曾出使秦国，秦昭王将其囚禁并要杀他，他带领门客出逃，半夜到达边境函谷关时，由于秦边塞规定，要天明鸡叫才能开门，孟尝君的这个门客便学鸡叫，引得附近的鸡也跟着叫了起来，孟尝君这才侥幸逃出秦国。其事参见《史记·孟尝君列传》。“也”，原无，据杨守敬、吴承仕说补。 [4] “子发”，原作“子反”，据马宗霍说改。下句“子反”同改。《淮南子·道应》也作“子发”。 [5] 孟尝：即田文，战国时期齐国贵族，袭封于薛（今山东滕县东南），称薛公，封号“孟尝君”，齐湣（mǐn）王时任相国，门下食客数千人。参见《史记·孟尝君列传》。 [6] 伪客：弄虚作假的门客，这里指能学鸡叫的这类人。 [7] 补：益，好处。人君：主人，长官。 [8] “闳孺”，原作“籍孺”，或为王充误记，据《论衡注释》说改。下文“闳孺”同改。籍孺（名叫“籍”的少年）得宠于汉高祖，闳孺（名叫“闳”的少年）得宠于汉惠帝。其事参见《史记·佞幸列传》。邓通：汉文帝时曾为驾船的黄头郎，文帝梦见有黄头郎推他上天，梦醒后根据衣着寻找此人，找到邓通，遂宠幸之。其事参见《史记·佞幸列传》。 [9] 孝惠：汉惠帝刘盈，前 194—前 188 年在位。 [10] 孝文：汉文帝刘恒，前 179—前 157 年在位。 [11] 细简之才：形容学问浅薄。简，简略。 [12] 偶：双方一致，指称君主的心。骨娴（xián）：体型妖

治。 [13] 媚、称：皆美好之义。 [14] 称媚于上：被君主所宠爱。 [15] 嫫（mó）母：亦作“嫫姆”，传说是黄帝的妃子，相貌极丑，但秉性贤德。其事参见《吕氏春秋·遇合》。无盐：即钟离春，传说战国时期齐国无盐（今山东东平东）人，相貌极丑，三十岁还未嫁人，自请见齐宣王，陈述齐国的四点危难，被宣王采纳，遂被立为王后。其事参见《新序·杂事》。 [16] 进：这里指选为妃子。黄帝：传说中的“五帝”之一，少典之子，为中央之神，传说是中原各族的共同祖先，姬姓，号轩辕氏、有熊氏，以云为官。 [17] 纳：这里指娶以为妻。齐王：指齐宣王，战国初期齐国君主，前 320—前 302 年在位。 [18] 不肖（xiào）：不贤，不成材。豫知：预知。 [19] 先图：预测。图，算计。 [20] 人臣所进无豫：人臣究竟要进献什么意见、技能才符合君主的心意，无法预知。 [21]“偶合为是”二句意谓：偶然合于君主的喜好，就算是好；碰巧称了君主的心意，就算上等。 [22]“合幸得进”二句意谓：君主满意便被任用，君主不满意便被斥退。

这种“世俗之议”，我们耳熟能详，王充一生大概听得太多。

世俗之议曰[1]：“贤人可遇[2]，不遇，亦自其咎也[3]。生而希世准主[4]，观鉴治内[5]，调能定说[6]，审伺际会[7]，能进有补赡主[8]，何不遇之有？今则不然[9]，进无益之能[10]，纳无补之说，以夏进炉，以冬奏扇[11]，为所不欲得之事，献所不欲闻之语，其不遇祸，幸矣，何福祐之有乎[12]？”

[注释]

[1] 世俗之议：社会上一般的见解。 [2] 可：应当。 [3] 亦

自其咎（jiù）也：也是由于他自己的过错。咎，过错。 [4]“而”，原作“不”，据刘盼遂说改。希世：迎合社会风气。准主：揣摩君主意图。 [5]观鉴治内：察言观色于阉宦（以此为进身之阶）。治内，阉宦。 [6]调（tiáo）能：指为了适应需要而调整、改变自己的专长。定说：确定自己的主张。 [7]审伺（sì）：详细周密地窥测。伺，窥测，原作“词”，据胡适、黄晖、刘盼遂、张宗祥说改。际会：时机。 [8]能进有补赡（shàn）主：能进献对君主有用的东西。赡，供给人财物，这里指给予好处。“主”，张宗祥说一作“士”，属下读。 [9]然：如此。 [10]“进”，原作“作”，据黄晖说改。 [11]奏：进献。 [12]何福祐之有乎：怎么还能得福呢？

进能有益[1]，纳说有补，人之所知也。或以不补而得祐[2]，或以有益而获罪。且夏时炉以炙湿[3]，冬时扇以翣火[4]。世可希[5]，主不可准也；说可转[6]，能不可易也。世主好文[7]，已为文则遇；主好武，已则不遇。主好辩，已有口则遇[8]；主不好辩，已则不遇。文主不好武[9]，武主不好文；辩主不好行[10]，行主不好辩。文与言，尚可暴习[11]；行与能，不可卒成[12]。学不宿习[13]，无以明名[14]；名不素著[15]，无以遇主。仓猝之业[16]，须臾之名[17]，日力不足[18]。名不预闻[19]，何以准主而纳其说，进身而托其能哉[20]？

［注释］

[1] 进能：贡献才能。 [2] 不补：无益。 [3] 炙（zhì）：烘烤。湿：潮湿，这里指潮湿的东西。 [4] 翣（shà）：大扇子，这里指扇风。 [5] “世可希”二句意谓：社会的风气可以迎合，君主的意图却难以揣摩。希，迎合。 [6] “说可转”二句意谓：意见可随君主的好恶改换，才能却难以随意地改变。 [7] 世主：当时的君主。 [8] “己”，原无，据杨宝忠说补。 [9] “主”，原作“王”，据杨守敬、黄晖、刘盼遂、杨宝忠、张宗祥说改。 [10] 行：行为，品行。 [11] 暴习：迅速地学会。 [12] 卒（cù）：同“猝”，突然。 [13] 宿习：长期学习和积累。 [14] 明名：显名，成名。 [15] 名不素著：不是长久地积累名声。素，一向。著，显著。 [16] 仓猝之业：匆匆忙忙学到的本领。 [17] 须臾之名：短时间内树立的名声。 [18] 日力不足：时间和功夫都不够。 [19] 名不预闻：事先没能使君主对自己有所了解。“名”，原无，据马宗霍说补。 [20] 进身：使自己得到任用。托其能：发挥才能。托，寄托。

昔周人有仕数不遇[1]，年老白首，泣涕于涂者[2]。人或问之：“何为泣乎？”对曰：“吾仕数不遇，自伤年老失时[3]，是以泣也[4]。”人曰：“仕奈何不一遇也[5]？”对曰：“吾年少之时，学为文，文德成就，始欲仕宦，人君好用老。用老主亡，后主又用武，吾更为武。武节始就[6]，用武主又亡[7]。少主始立，好用少年，吾年又老，是以未尝一遇。”仕宦有时，不可求也。夫希世准

《文选·思玄赋》注引《汉武故事》载颜驷事与此相似。

主，尚不可为[8]，况节高志妙[9]，不为利动，性定质成[10]，不为主顾者乎[11]？

“节高志妙，不为利动，性定质成，不为主顾”，乃王充的夫子自道。

［注释］

[1] 数（shuò）：屡次。 [2] 涂：通“途”，道路。 [3] 伤：悲痛。失时：错失时机。 [4] 是以：因此。 [5] 奈何：如何，为什么。 [6] 武节始就：武艺刚学好。 [7] “用”，原无，据孙人和说补。 [8] 尚不可为：尚且不能达到目的。 [9] 况节高志妙：何况节操高尚，志向远大。 [10] 性定质成：性格品质已经定型。 [11] 不为主顾者乎：不被君主重视的人呢。顾，顾惜，这里指重视。

且夫遇也[1]，能不预设[2]，说不宿具[3]，邂逅逢喜[4]，遭触上意[5]，故谓之遇。如准主调说[6]，以取尊贵，是名为揣[7]，不名曰遇。春种谷生，秋刈谷收，求物物得[8]，作事事成，不名为遇；不求自至，不作自成，是名为遇。犹拾遗于涂，摭弃于野[9]，若天授地生，鬼助神辅，禽息之精阴荐[10]，鲍叔之魂默举[11]，若是者，乃遇耳。今俗人既不能定遇不遇之论[12]，又就遇而誉之[13]，因不遇而毁之[14]，是据见效[15]，案成事，不能量操审才能也。

俗人“就遇而誉之，因不遇而毁之”，两句说尽世情。

[注释]

[1] 且夫：发语词。 [2] 能不预设：才能不是预先（根据君主的需要）训练好的。设，安排，部署。 [3] 说不宿具：意见不是早就（根据君主的需要）准备好的。具，准备。 [4] 邂逅（xiè hòu）：偶然碰上。 [5] 遭触：恰好符合。“触”，一作“合”。 [6]“准”后原有“推”字，据孙诒让、吴承仕、张宗祥说删。 [7] 揣：揣摩。 [8]“物得”，原作“得物”，据刘盼遂说乙。下句“作事事成”句式同。 [9] 摭（zhí）弃于野：在郊外拾起别人遗弃的东西。摭，拾取。弃，遗弃之物。 [10] 禽息：春秋时期秦国大夫，曾向秦穆公举荐百里奚，因未被接受，而以头撞车，脑浆迸出，秦穆公有所感悟，于是任用百里奚，秦国得以强盛。其事参见《后汉书·循吏列传·孟尝》李贤注引《韩诗外传》。阴荐：暗中推荐。“荐（薦）”，原作“庆（慶）”，据黄晖说改。 [11] 鲍叔：鲍叔牙，春秋时期齐国大夫，曾向齐桓公举荐管仲，后管仲被任为齐相，使齐国称霸。其事参见《史记·管晏列传》。默举：暗中举荐。 [12] 定：判断。 [13] 就：根据。誉：称赞。 [14] 因：根据。毁：诋毁。 [15]“是据见效”三句意谓：这种依据现有效果和既成事实判断是非的做法，是不可能衡量操行、考察才能的。见效，已经出现的效果，指是否当官或被重用。案，考察，根据。成事，已经形成的事实，指是否当官或被重用。

[点评]

《论衡》自本篇至《奇怪篇》等十五篇，内容皆有关人的“性”“命”，为一组有系统的文章。在这组文章的开头，王充首先探讨了“遇”“不遇”的问题。本篇探讨了佞人的“遇”和贤者的“不遇”，下篇《累害篇》则探讨了“不遇”的贤者所招致的“累害”，因此这开头两篇可以说是姐妹篇，为王充的命定论砌下了前两块砖。

在王充的命定论中，“遇”“不遇”是一对重要的概念。所谓“遇”“不遇”，是指与人主（上司）相投的机缘，也是实现禄命的条件。《命义篇》说：“遇者，遇其主而用也。虽有善命盛禄，不遇知己之主，不得效验。”可见“遇”在实现禄命方面的重要性。本篇说：“不求自至，不作自成，是名为遇。”可见“遇”是与人为努力无关而偶然得到的一种机缘。

王充总结了历史人物的各种遭遇，指出了“遇”“不遇”的八种情况：(1) 或异操而同主；(2) 或操同而主异；(3) 或以贤圣之臣，遭欲为治之君，而终有不遇；(4) 或以大才之臣，遇大才之主，乃有遇不遇；(5) 或以佞合，合则遇，不合则不遇；(6) 或无佞，妄以奸巧合上志，亦有以遇者；(7) 或无补益，为上所好；(8) 或以丑面恶色称媚于上。

这些“遇”“不遇”的情况虽说都能找到原因，却取决于“时”的偶然运作，所以王充说：“故贤不肖可豫知，遇难先图。何则？人主好恶无常，人臣所进无豫，偶合为是，适可为上。进者未必贤，退者未必愚，合幸得进，不幸失之。”“世可希，主不可准也；说可转，能不可易也。”在这里，“时”具体表现为人主（上司）的非理性权力运作，代表了不合理的社会秩序对个人的压迫，虽说不是命中注定的，但同样是支配人的，不可以人为努力改变的。

对于“遇”“不遇”的情况，世俗认为，“遇”者都是有才能品行的人，不遇者都是无才能品行的人，因而誉遇者，毁不遇者。这其实是将不合理的社会秩序合理化。王充则认为，“遇”“不遇”既然取决于“时”，就与才能品行无关，故他批评世俗的看法道：“今俗人既不能定遇不遇之论，又就遇而誉之，因不遇而毁之，是据见效，案成事，不能量操审才能也。”又提出自己的看法道：“操行有常贤，仕宦无常遇。贤不贤，才也；遇不遇，时也。才高行洁，不可保以必尊贵；能薄操浊，不可保以必卑贱。或高才洁行，不遇，退在下流；薄能浊操，遇，进在众上。……处尊居显，未必贤，遇也；位卑在下，未必愚，不遇也。故遇，或抱洿行，尊于桀之朝；不遇，或持洁节，卑于尧之廷。”这也就意味着，既然遇不遇与个人才能品行无关，则贤者不遇而不贤者遇，显然就是社会秩序有问题了。说这些话的时候，王充不仅联想到了自己的不遇以及一生的坎坷，其实也是在为所有像他那样的“贤人”打抱不平。

所以，世俗的这种论调，其本质是维护当时不合理的社会秩序。王充批判这种论调，客观上也是在批判不合理的社会秩序。后来南朝刘孝标的《辩命论》说“福善祸淫，徒虚言耳”，对“高才而无贵仕，饕餮而居大位”的不合理的社会秩序表示愤慨，其实也是继承了王充的这种观点的。

累害篇

凡人仕宦有稽留不进[1]，行节有毁伤不全[2]，罪过有累积不除[3]，声名有闇昧不明[4]，才非下[5]，行非悖也，又知非昏[6]，策非昧也，逢遭外祸[7]，累害之也。非唯人行[8]，凡物皆然，生动之类[9]，咸被累害[10]。累害自外，不由其内[11]。夫不本累害所从生起[12]，而徒归责于被累害者[13]，智不明[14]，闇塞于理者也。物以春生，人保之；以秋成，人必不能保之[15]。卒然牛马践根[16]，刀镰割茎，生者不育，至秋不成。不成之类[17]，遇害不遂，不得生也。夫鼠涉饭中[18]，捐而不食[19]。捐饭之味[20]，与彼不污者

“累害”与“逢遇”一样，皆由外来。“累害自外，不由其内”，二句为一篇主旨。

钧，以鼠为害，弃而不御[21]。君子之累害，与彼不育之物，不御之饭，同一实也[22]，俱由外来，故为累害[23]。

[注释]

[1]稽留不进：指长期保持原状，不被任用或升迁。稽留，停留。 [2]行节有毁伤不全：品行节操遭到毁谤而被认为是不完美的。 [3]不除：不能免除。 [4]闇（àn）昧不明：不清不白。 [5]“才非下”二句意谓：这既不是由于他们才能低下，也不是因为他们胡作非为。悖，违反情理，胡作非为。 [6]“又知非昏”二句意谓：也不是因为头脑愚笨，主意不高明。知，通“智”。昏，糊涂。策，计谋。昧，昏，糊涂。 [7]“逢遭外祸”二句意谓：而是碰上了外来的灾祸，受到了损害的缘故。累，毁伤。害，损害。 [8]非唯人行：（这种遭受累害的情况）不仅存在于人世间。人行，人类。 [9]生动之类：凡是有生命能活动的东西。 [10]咸被：全都遭遇。 [11]不由其内：不是从他们自身产生的。 [12]夫不本累害所从生起：不去追究累害产生的原因。本，追究原因。 [13]徒：仅仅。 [14]“智不明”二句意谓：这是一些头脑糊涂、不明事理的人啊。闇塞，愚昧不明。 [15]“物以春生”四句意谓：使庄稼在春天萌芽生长，这是人力可以保证的；但是使庄稼在秋天有好收成，却是人力一定不能保证的。 [16]卒（cù）然：突然，不知什么时候。卒，同“猝”。 [17]“不成之类”三句意谓：没有好收成的庄稼，是因为遭到祸害，得不到正常发育，而未能长成。不遂，指不能正常发育。 [18]涉：入，这里指爬进。 [19]捐：抛弃，扔掉。 [20]“捐饭之味”二句意谓：被扔掉的饭的味道，和那些没有被弄脏的饭，其实是一样的。钧，通“均”。 [21]御：进用，这里指吃。 [22]同一实也：情形相同。实，实质，实情。 [23]为：谓，称为。

修身正行[1]，不能来福[2]；战栗戒慎[3]，不能避祸。祸福之至，幸不幸也[4]。故曰：得非己力，故谓之福；来不由我，故谓之祸。

王充认为，祸福与操行无关，它们的到来完全是偶然的。遇到祸是不幸，遇到福是幸。参见《论衡·幸偶篇》。

不由我者，谓之何由？由乡里与朝廷也。夫乡里有三累，朝廷有三害。累生于乡里，害发于朝廷。古今才洪行淑之人，遇此多矣[5]！

何谓三累三害？凡人操行[6]，不能慎择友，友，同心恩笃[7]，异心疏薄[8]，疏薄怨恨[9]，毁伤其行，一累也。人才高下，不能钧同，同时并进[10]，高者得荣，下者惭恚[11]，惭恚怨恨[12]，毁伤其行，二累也。人之交游，不能常欢[13]，欢则相亲，忿则疏远，疏远怨恨，毁伤其行，三累也。

人际关系的三种常见问题。

位少人众，仕者争进，进者争位，见将相毁[14]，增加傅致，将昧不明[15]，然纳其言，一害也。将吏异好[16]，清浊殊操[17]，清吏增郁郁之白[18]，举涓涓之言，浊吏怀恚怨恨[19]，徐求其过，因纤微之谤，被以罪罚[20]，二害也。将或幸佐吏之身[21]，纳信其言[22]，佐吏非清节[23]，必拔人越次，迕失其意[24]，毁之过度，清正之仕[25]，抗

仕途上的三种常见祸害。

行伸志[26]，遂为所憎，毁伤于将，三害也。

夫未进也身被三累[27]，已用也身蒙三害[28]，虽孔丘、墨翟不能自免[29]，颜回、曾参不能全身也[30]。

[注释]

[1] 正：端正。 [2] 来：招来。 [3] 战栗：战战兢兢。戒慎：小心谨慎。“慎”，一作“惧”。 [4] 幸：侥幸，幸运。 [5] 洪：大。淑：贤。 [6]“凡人操行”二句意谓：就一个人的操行来说，在结交朋友的时候往往不能慎重选择。 [7] 同心恩笃（dǔ）：朋友思想一致，感情就亲密。恩笃，感情深厚。笃，厚。 [8] 疏薄：疏远，冷淡。 [9] 疏薄怨恨：疏远冷淡就会产生怨恨。 [10] 同时并进：一起去做官。 [11] 下者惭恚（huì）：才能低下的（由于没有当上高官）就会惭愧怨恨。恚，怨恨。 [12]“惭恚怨恨”，原无，据杨宝忠说补。 [13] 欢：指感情融洽。 [14]“见将相毁”二句意谓：见到州郡长官，就说对方坏话，夸大捏造事实。将，泛指州郡长官。傅，通“附”，附益。致，加。 [15]“将昧不明”二句意谓：州郡长官糊涂不明，相信并接受了那些意见。然，相信。 [16] 将吏异好：州郡长官与辅佐之吏爱好不同。 [17] 清浊殊操：操行好坏也不一样。清，清高，这里指操行好。浊，污浊，这里指操行坏。殊，不同。 [18]“清吏增郁郁之白”二句意谓：清吏名声越来越清白，不断提出良好的建议。郁郁，茂密，盛多。涓涓，纯洁。 [19]“浊吏怀恚怨恨”二句意谓：浊吏惭愧怨恨，慢慢等待时机，寻找清吏的过失。“怨”，原无，据黄晖、张宗祥说补。 [20] 被：施加。 [21] 幸：宠爱，信任。 [22]“信”，一作“受”。 [23]“佐吏非清节”二句意谓：佐吏操行不清白的，一定会任意提拔亲近的人。越次，不守常规，任意提拔。 [24]“迕（wǔ）失其意”二句意谓：谁和他的意见不和，他就对谁大肆攻击。迕，违背，不顺

从。失，不符合。其，指“佐吏”。 [25] 仕：通“士”，这里指官吏。 [26] 抗：通“亢”，高。亢行，品行高尚。伸志：志向远大。伸，展开。 [27] 未进：还没有做官。 [28] 已用：已经做了官。 [29] 墨翟（dí）：墨子（约前 468—前 376），名翟，战国初期鲁国人，墨家的创始人，其思想学说见于《墨子》。 [30] 颜回：即颜渊，字子渊，孔子弟子，小孔子三十岁，孔子称赞其德行。曾参（shēn）：字子舆，孔子弟子，小孔子四十六岁，讲孝道，一般认为《孝经》为其所作。全身：保全自己。

动百行，作万事，嫉妒之人，随而云起[1]，枳棘之刺[2]，钩挂容体，蜂虿之党[3]，啄螫怀操[4]，岂徒六哉[5]！六者章章[6]，世曾不见[7]。夫不原士之操行有三累[8]，仕宦有三害，身完全者谓之洁[9]，被毁谤者谓之辱[10]，官升进者谓之善，位废退者谓之恶。完全升进，幸也[11]，而称之；毁谤废退，不遇也，而訾之[12]。用心若此，必为三累三害也[13]。

类似萨特说的“他人就是地狱”。

世俗看人多半如此。王充大概经常亲历。

[注释]

[1] 云起：大量出现。 [2]“枳棘（zhǐ jí）之刺”二句意谓：就像枳棘之刺钩挂人体一样。枳，一种灌木，枝多芒刺。棘，荆棘，枝多芒刺。“之刺”，原无，据张宗祥说补。容体，面容和身体。 [3] 虿（chài）：蝎子一类的毒虫。 [4] 啄：叮，咬。螫（shì）：有毒腺的虫子用尾针刺人畜。怀操：有操守的人。 [5] 岂徒六哉：岂止三累三害啊！六，指三累三害。 [6] 章：同“彰”，明显，显

著。[7]曾：却，乃。[8]“夫不原士”二句意谓：不分析士的操行会受到三累，做官又会遭到三害。原，分析，考察。士，泛指读书人。[9]完全：完美无缺，这里指没有受到毁谤的。[10]辱：污，脏。[11]幸：侥幸。[12]訾（zǐ）：诋毁。[13]必为（wèi）三累三害也：一定会助长三累三害的。为，助长。

论者既不知累害所从生，又不知被累害者行贤洁也[1]，以涂搏泥[2]，以墨点缁，孰有知之？清受尘[3]，白取垢，青蝇所污，常在练素。处颠者危[4]，势丰者亏[5]，颓坠之类[6]，常在悬垂。屈平洁白[7]，邑犬群吠[8]，吠所怪也[9]。非俊疑杰[10]，固庸能也，伟士坐以俊杰之才[11]，招致群吠之声。夫如是[12]，岂宜更勉奴下，循不肖哉？不肖奴下，非所勉也[13]。岂宜更偶俗全身以弭谤哉[14]？偶俗全身，则乡原也[15]。乡原之人，行全无阙[16]，非之无举[17]，刺之无刺也。此又孔子之所罪[18]，孟轲之所愆也[19]。

《老子》第九章：“持而盈之，不如其已。”

《论语·阳货》：“乡原，德之贼也。”（孔子认为乡愿是危害道德的人）《孟子·尽心下》：“非之无举也，刺之无刺也。同乎流俗，合乎污世。居之似忠信，行之似廉洁，众皆悦之，自以为是，而不可与入尧、舜之道，故曰‘德之贼’也。”（孟子意谓“乡愿”是见风使舵的人）

［注释］

[1]“所从生，又不知被累害”，原无，据朱宗莱、张宗祥说补。《初学记》卷二一引《论衡》文有此九字。[2]“以涂搏泥”三句意谓：稀泥抹在了泥土上，墨玷污了黑色的丝帛，又有谁知道呢？涂，稀泥。搏：附着，抹上去，裘锡圭说当读为“傅”，附着，抹上去。“墨”，原作“黑”，据朱宗莱、杨宝忠、张宗祥说

改。点，污。“缁”，原作“缯（zēng）”，据裘锡圭说改，黑色之帛。有（yòu），通“又”。 [3]“清受尘”四句意谓：干净的东西容易有灰尘，洁白的东西容易被弄脏，容易被苍蝇玷污的，常常是洁白的丝绢。练，熟绢。素，洁白的生绢。 [4] 处颠者危：居于高处的容易掉下来。颠，顶端，高处。 [5] 势丰者亏：处于饱满状态的容易亏损。丰，大，满。 [6]“颓坠之类”二句意谓：物体的倒塌坠落，总是由于悬挂的缘故。颓，倾，倒塌。在，由于。悬，倒挂，吊在空中。 [7] 屈平：即屈原（约前340—约前278），战国时期楚国大夫、诗人和政治家，楚怀王时主张联齐抗秦，后遭诬谄被放逐，顷襄王时再遭谗毁，流放江南，他见楚国政治腐败，无力挽救，遂投汨（mì）罗江（在今湖南东北）而死，主要作品有《离骚》等。洁白：指品德高尚。 [8] 邑犬群吠：村里的狗成群地对他狂叫，比喻遭到许多坏人的诽谤。邑，村。“邑犬群吠”四句参见《九章·怀沙》。 [9] 所怪：被看成是奇怪的东西。 [10]“非俊疑杰”二句意谓：反对和怀疑具有卓越才能的人，这本来就是庸人的常态。固，本来。能（tài），通“态（態）”。 [11] 坐以：由于。 [12]“夫如是”三句意谓：既然是这样，难道还要去劝慰那些蠢材，说服那些不贤的人（不再对自己进行毁伤）吗？勉，勉励，劝告。奴下，蠢材。奴，通“驽”，愚笨。下，才能低劣。循，抚循，慰问，这里指说服。 [13] 非所勉也：是不可能接受劝慰的。 [14] 岂宜更偶俗全身以弭（mǐ）谤哉：难道还应该再去和俗人同流合污，保全自身，以求消除毁谤吗？弭，止，息。 [15] 乡原（yuàn）：即乡愿，指是非不分、同流合污的人。 [16] 行全无阙：行为好像完美无缺。全，完善。阙，通“缺”，过错，缺点。 [17]“非之无举”二句意谓：想批评他，又似乎找不出毛病；想讥刺他，又似乎无可指责。刺，讥刺，讥讽。 [18] 此又孔子之所罪：这又是孔子所谴责的人。罪，谴责。 [19] 孟轲之所愆（qiān）也：孟子所批评的人。愆，批评。

古贤美极[1]，无以卫身，故循性行以俟累害者[2]，果贤洁之人也！极累害之谤[3]，而贤洁之实见焉。立贤洁之迹[4]，毁谤之尘安得不生[5]？弦者思折伯牙之指[6]，御者愿摧王良之手[7]。何则？欲专良善之名[8]，恶彼之胜己也[9]。是故魏女色艳，郑袖鼻之[10]；朝吴忠贞，无忌逐之[11]。戚施弥妒[12]，蘧除多佞[13]。是故湿堂不洒尘[14]，卑屋不蔽风；风冲之物不得育[15]，水湍之岸不得峭[16]。夫如是[17]，牗里、陈、蔡可得知[18]，而沉江、蹈河不足怪也[19]。以轶才取容媚于俗[20]，求全功名于将，不遭邓析之祸[21]，取子胥之诛，幸矣！孟贲之尸[22]，人不刃者[23]，气绝也；死灰百斛[24]，人不沃者[25]，光灭也。动身章智[26]，显光气于世[27]，奋志敖党[28]，立卓异于俗，固常通人所谗嫉也[29]。以方心偶俗之累[30]，求益反损，盖孔子所以忧心，孟轲所以惆怅也。

在王充看来，“累”“害”必定伴随贤者。

这也是王充的夫子自道。而以孔子、孟轲并举，已开宋以后同尊的先河。

［注释］

[1]“古贤美极”二句意谓：古代贤人操行极高，也还没有办法保全自己。极，到达极点。 [2]“故循性行以俟（sì）累害者”二句意谓：因此那些按照自己的本性和操行去行动以等待累害到

来的人，才真是贤良、纯洁的人啊。循，遵循，按照。俟，等待。果，果真。 [3]“极累害之谤”二句意谓：遭受的累害、毁谤达到极点，操行的贤良、纯洁也就愈加明显。见（xiàn），同“现”，显露。 [4]迹：事迹。 [5]安得：怎能。 [6]弦者思折伯牙之指：弹琴的人想折断伯牙的手指。弦者，弹琴的人。伯牙，春秋时期楚国人，以擅长弹琴著称。 [7]王良：春秋末期晋国人，擅长驾驭车马。摧：折断。 [8]专：专有，独占。 [9]恶（wù）：憎恨。 [10]魏女色艳，郑袖鼻之：据《战国策·楚策四》记载，楚怀王得到一个魏国美女，夫人郑袖十分嫉妒，就在怀王面前说她的坏话，说她嫌怀王体味太臭。怀王听后大怒，下令将魏女的鼻子割掉。其事又见《韩非子·内储说下·六微》。郑袖，战国时期楚怀王夫人。鼻，这里用作动词，意思是“劓（yì）”，古代一种割掉鼻子的刑罚。 [11]朝吴忠贞，无忌逐之：据《左传》昭公十五年记载，蔡国朝吴有功于楚平王，楚大夫费无忌离间之，蔡人驱逐朝吴，朝吴出奔郑国。朝吴，春秋时期蔡国大夫。无忌，费无忌，春秋时期楚国大夫。 [12]戚施（yì）：丑八怪，一说指驼背，出于《诗经·邶风·新台》的“燕婉之求，得此戚施”，这里指心怀嫉妒的人。弥：充满，多。 [13]蘧（qú）除：同“籧篨（qú chú）”，丑八怪，一说指鸡胸，出于《诗经·邶风·新台》的“燕婉之求，籧篨不鲜”，这里指看人脸色行事、善于奉承拍马的人。佞（nìng）：花言巧语，谄媚。 [14]“是故湿堂不洒尘”二句意谓：所以潮湿的堂屋不需要洒水除尘，低矮的小屋用不着挡风设备。卑，低矮的。 [15]冲：冲击。不得育：得不到正常的生长。 [16]水湍之岸不得峭：经常受到激流冲刷的堤岸不会陡峭。湍，水流很急。峭，坡度很陡。 [17]“夫”，原无，据黄晖说补。上文“夫如是，岂宜更勉奴下”，下文“夫如是，市虎之讹”，皆有“夫”字。 [18]牖（yǒu）里、陈、蔡可得知：（周文王为何被囚在）羑里，（孔子为何被困在）陈、蔡，就可以理解了。牖里，即羑（yǒu）里，古地名，在今河南汤阴北，传说周文王曾被殷纣王囚禁于此。陈、蔡：春秋时期的两个小国，陈在今河南淮阳一带，蔡在今河南新蔡一带，孔子曾在陈、蔡边界被当地人困住。 [19] 沉江：指屈原自沉汨罗江而死。蹈河：传说殷末人申徒狄因谏纣王未被接受，乃抱石投河而死。其事参见《庄子·盗跖》《淮南子·说山》。“不足怪”，原无，据黄晖、杨宝忠说补。 [20] 轶（yì）才：超过常人的才能。取：求得。容：容纳。媚：喜爱。 [21] 邓析（前545—前501）：春秋时期郑国人，曾作刑律，书于竹简，称《竹刑》，为主政者所用，本人却被杀害。其事参见《左传》定公九年。 [22] 孟贲（bēn）：传说是战国时期的大力士，与秦武王比试举鼎，秦武王膝盖骨折断而死。 [23] 刃：用刀砍。 [24] 死灰：燃烧后的灰烬。斛（hú）：古代容量单位，汉代以十斗为一斛。 [25] 沃：用水浇。 [26] 动身：指有所行动。章智：彰显智慧。 [27] 光气：形容才智很高。 [28] 敖党：傲视同类。敖，通“傲”。党，同类。 [29] 常通人：通常人，世俗人。 [30] 方心：心地正直。偶：遇。

德鸿者招谤[1]，为士者多口[2]。以休炽之声[3]，弥口舌之患[4]，求无危倾之害[5]，远矣[6]！臧仓之毁未尝绝也[7]，公伯寮之溯未尝灭也[8]，垤成丘山[9]，污为江河矣。夫如是，市虎之讹[10]，投杼之误[11]，不足怪；则玉变为石，珠化为砾[12]，不足诡也[13]。何则？昧心冥冥之知使之然也[14]。文王所以为粪土[15]，而恶来所以为金玉也[16]，非纣憎圣而好恶也，心知惑蔽[17]。蔽惑不能审[18]，则微子十去[19]，比干五剖，未足痛也。故三监谗圣人[20]，周公奔楚[21]。后母毁孝子，伯奇放流[22]。当时周世孰有不惑乎[23]？后《鸱鸮》作而《黍离》兴[24]，讽咏之者[25]，乃悲伤之[26]。故无雷风之变[27]，周公之恶不灭[28]；当夏不陨霜[29]，邹衍之罪不除[30]。德不能感天，诚不能动变[31]，君子笃信审己也[32]，安能遏累害于人[33]？圣贤不治名[34]，害至不免辟[35]，形章墨短[36]，掩匿白长[37]，不理身冤[38]，不弭流言，受垢取毁[39]，不求洁完[40]，故恶见而善不彰[41]，行缺而迹不显[42]。邪伪之人[43]，治身以巧俗，修诈以偶众，犹漆盘盂之工[44]，穿墙不见[45]，弄丸剑之倡[46]，手指不知也[47]。世不见短，故共称之；将不闻恶，故显用之。夫如是，世俗之所谓贤洁者，未必非恶；所谓邪污者，未必非善也。

这里只是借用二事来说明遭受诽谤是很难洗清的，并不代表王充此刻又相信“天人感应”了。

“世俗之所谓”以下四句，实乃王充对社会的批判，也是对自己一生不得意的申诉。

［注释］

[1] 鸿：大，高。 [2] 为士：假士人。为，通“伪”。多口：口舌多。 [3] 以休炽（chì）之声：依靠非常美好的声誉。休，美好。炽，盛。 [4] 弥口舌之患：想要消除别人的诽谤。弥，通

“弭”，止。 [5] 求无危倾之害：希望不遭受严重的祸害。危倾，形容祸害严重。倾，倒塌。 [6] 远矣：这是办不到的。 [7] 臧（zāng）仓：战国时期鲁国人，鲁平公的近臣，鲁平公要见孟子，臧仓说了孟子的不是，于是鲁平公未见孟子。其事参见《孟子·梁惠王下》。 [8] 公伯寮：即公伯缭，字子周，孔子弟子，他曾向季桓子诽谤子路，惹得孔子很不高兴。其事参见《论语·宪问》。遡：通“愬”，同“诉”，控告，诽谤。 [9] “垤（dié）成丘山”二句意谓：（长期积累的话）小土堆也会变成高山，小池子也会汇成江河。垤，小土堆。污，死水池。从“矣”字起，至下段“毛发之善”的“毛”字止，共四百字，通津草堂本缺，据递修本补（合递修本一页两面）。 [10] 市虎之讹：据《韩非子·内储说上·七术》记载，魏国人庞恭问魏王：“如果有一个人告诉你集市上有老虎，你信不信？”魏王回答说：“我不信。”“两个人来说呢？”“我也不信。”“三个人来说呢？”“我信。”庞恭说：“市本无虎，三人言而成虎。”讹，谣言。 [11] 投杼（zhù）之误：据《战国策·秦策二》记载，有个与曾参同名的人杀了人，有人来告诉曾参的母亲，说曾参杀了人，她不信，继续织布；第二个人来说，她还不信，继续织布；第三个人来说，她就害怕了，扔下手中的梭子，跳墙逃跑。杼，织布机上的梭子。 [12] 砾（lì）：碎石。 [13] 诡：奇异。 [14] 昧心冥（míng）冥之知使之然也：这是由于头脑糊涂、昏庸无知，才使他成为这个样子的。冥冥，形容无知。冥，昏暗。 [15] 文王：周文王姬昌，商纣王时的一个诸侯。 [16] 恶来：商纣王的大臣，传说他擅长进谗言，因而受宠幸，武王伐纣时被杀。 [17] 心知惑蔽：而是因为他头脑糊涂的缘故。知，通“智”。 [18] 审：明辨是非。 [19] “则微子十去”三句意谓：那么即使十个微子弃官出走，五个比干被剖心而死，纣王也不会感到痛心的。微子，名启，封于微（今山东梁山西北），商纣王同母庶兄，因屡次劝谏纣王，纣王不听，而弃官逃走。周灭商后，封微子于宋，为宋国始祖。其事参见《史记·殷本纪》《史记·宋微子世家》。比干，商纣王的亲戚，直言劝谏纣王，纣王不听，被剖心而死。孔子称其与箕子、微子为殷之三仁。其事参见《史记·殷本纪》《史记·宋微子世家》。 [20] 三监：周武王灭商以后，将商的王畿地区分给弟弟管叔、蔡叔、霍叔，让他们监管商朝的遗民，称为“三监”。其事参见《史记·周本纪》《汉书·地理志》。圣人：这里指周武王的弟弟周公旦。 [21] 周公：姬旦，周武王的弟弟，因封地在周，所以称周公。周公奔楚，传说周武王死后，因成王年幼，由周公执政，管叔、蔡叔散布流言，成王怀疑周公谋反，周公逃亡至楚国。其事参见《史记·鲁周公世家》《论衡·感类篇》。 [22] 伯奇：西周大夫尹吉甫之子，因后母谗言，被父亲放逐。其事参见《太平御览》卷五一一引《琴操》。 [23] 当时周世孰有不惑乎：当时周朝人又有谁不被迷惑呢？ [24]《鸱鸮（chī xiāo）》：《诗经·豳（bīn）风》中的篇名，传说是周公遭到谗言后，为表明自己的忠诚而作。《黍离》：《诗经·王风》中的篇名，传说是伯奇被放逐后，其弟伯封为思念他而作。其事参见《韩诗外传》卷八第九章。兴：作，产生。 [25] 讽咏：朗诵，读。之：指上述两首诗。 [26] 之：指周公、伯奇二人。 [27] 雷风之变：传说周武王生病，周公向神祈祷，愿意代替武王去死，并将祷词收藏起来。成王时，周公畏惧谗言而奔楚，时上天降下风雷，成王发现了周公的祷词，知其忠心，于是把他召了回来。其事参见《史记·鲁周公世家》《论衡·感类篇》。 [28] 灭：清除。 [29] 陨（yǔn）：降落。 [30] 邹衍（约前 305—前 240）：战国时期齐国人，阴阳五行家的代表人物，传说他曾为燕惠王效力，因受到谗害，而被投入狱中。他仰天长叹，感动了上天，夏天降了霜。其事参见《论衡·感虚篇》。“衍”，原作“行”，据黄晖、刘盼遂说改。 [31] 诚：诚心。动变：感动自然界使之出现奇异现象。变，变异，指自然界的奇异现象。 [32] 笃信：深信，这里指深信一切是“命”定的。审己：严格要求自己。[33]遏（è）：制止。[34]治名：追求名声。[35]免辟（bì）：逃避。辟，通“避”。[36]形章墨短：污点和短处被四处宣扬。形章，显露，宣扬。墨，污点。[37]掩匿白长：优点和长处却被掩盖起来。白，清白，这里指优点。[38]不理身冤：不辩护自己的冤屈。[39]受垢取毁：遭受污蔑和诽谤。垢，污垢，尘土。[40]不求洁完：不力求恢复自己高尚完美的声誉。[41]见（xiàn）：同“现”。[42]行缺而迹不显：只显出品行的缺陷，却看不到高尚的事迹。[43]“邪伪之人”三句意谓：奸诈虚伪的人，乔装打扮以迎合世俗，弄虚作假以讨好众人。治身，修饰自己。巧，取巧，迎合。[44]盂：盛水的器皿。工：手工艺人。[45]穿墙不见：指盘盂的边壁上原来有洞，一涂上漆就看不出来了。穿，洞。墙，墙壁，这里指“盘盂”的边壁。[46]弄丸剑之倡：耍弄小球和舞剑的艺人。倡，指艺人。[47]手指不知也：手指的动作别人看不出来。

《荀子·劝学》：“故言有召祸也，行有招辱也，君子慎其所立乎！”

或曰：“言有招患[1]，行有召耻[2]。患耻所在[3]，常由小人。”夫小人[4]，性患耻者也，含邪而生，怀伪而游[5]，沐浴累害之中[6]，何招召之有[7]！故夫火生者不伤燥[8]，水居者无溺患。火不苦热，水不痛寒，气性自然，焉招之[9]？君子也，以忠言招患，以高行招耻，何世不然！然而太山之恶[10]，君子不得名[11]；毛发之善[12]，小人不得有也。以玷污言之[13]，清受尘而白取垢；以毁谤言之，贞良见妒[14]，高奇见噪[15]；

以遇罪言之，忠言招患，高行招耻；以不纯言之，玉有瑕而珠有毁[16]。陈留焦君贶[17]，名称兖州[18]，行完迹洁，无纤芥之毁[19]，及其当为从事[20]，刺史焦康绌而不用[21]。何则[22]？众好纯誉之人，非真贤也。公侯已下[23]，玉石杂糅，贤士之行，善恶相苞[24]。夫采玉者破石拔玉[25]，选士者弃恶取善。夫如是，累害之人负世以行[26]，指击之者从何往哉[27]！

这是王充对从政者的要求。后来曹操的《举贤勿拘品行令》体现了这一观点。

［注释］

[1] 招：招致，招惹。患：祸。 [2] 召（zhào）：唤来，引来。以上二句引文，参见《大戴礼记·劝学》《荀子·劝学篇》，但均作“言有召祸，行有招辱”。《楚辞·招魂》王逸注：“以手曰招，以言曰召。”王充或“招”“召”混用，如下文又云“高行招耻”。 [3]“患耻”，原无，据蒋礼鸿说补。所在：原因所在。 [4]“夫小人”二句意谓：小人生来就带着祸患和耻辱。 [5] 怀伪而游：同人交往时心怀奸诈。 [6] 沐浴：这里指浸透。 [7] 何招召之有：怎么谈得上是惹祸招耻。 [8] 不伤：不怕。“燥”，原作“湿”，据刘盼遂、张宗祥说改。 [9] 上文“何招召之有”，是分承“言有招患，行有召耻”二句，故疑此句“招”前夺一“召”字，不然下文“以忠言招（召）患”失去照应。 [10] 太山之恶：这里形容罪大恶极。太山，即泰山，古人认为它是非常高大的山。 [11] 名：占，有。 [12] 毛发之善：形容善行小。 [13] 以玷（diàn）污言之：从被污染这一点

来说。玷污，使有污点。玷，白玉上的污点。 [14] 见：被，遭到。 [15] 噪：鼓噪，叫骂。 [16] 瑕（xiá）：玉上的斑点。毁：残缺，缺陷。 [17] 陈留焦君贶（kuàng）：原作“焦陈留君兄”，据张宗祥说改。陈留，郡名，在今河南东北部。焦贶，东汉人，做过博士、河东太守，有门徒数百人。然杨宝忠说，“兄”古有“贶”音，即古“贶”字；《论衡》用古字，《后汉纪》《后汉书》用今字，当各依其旧，不烦改。 [18] 名称：名见称于，出名。兖（yǎn）州：州名，在今山东西南部、河南东部。 [19] 纤芥：细微。芥，小草。 [20] 从事：官名，刺史的属吏。 [21] 刺史：西汉武帝以后，将全国分为十三个州，每州设立一名长官，监察地方，叫做刺史。焦康：人名。绌（chù）：通“黜”，斥退，罢免。 [22]“何则”上原有“夫未进也，被三累，已用也，蒙三害，虽孔丘、墨翟不能自免，颜回、曾参不能全身也”三十一字，上文已见，这里重出，使上下文意不能连贯，据黄晖说删。 [23] 已：通“以”。 [24] 善恶相苞：有善有恶。苞，通“包”。 [25] 破石拔玉：破开石头，取出美玉。 [26] 负世以行：不顾世俗的非议，坚持自己的操行。负，背弃，违反。 [27] 指击之者从何往哉：那些指责攻击他们的人，又向哪里去施展他们的手段呢？

［点评］

在王充的命定论中，“累”“害”是另一对重要的概念。所谓“累”“害”，是指人们遭到来自周围环境的损害。王充认为，这同样是与人的品行好坏、努力与否没有关系的。

一般的世俗观念认为，人有不幸，是因为才能低下、行事悖谬、智谋昏聩、策略愚昧；而幸，是因为才能高超、行事合理、智谋明断、策略英明。王充不同意这种看法：“夫不本累害所从生起，而徒归责于被累害者，智不明，闇塞于理者也。”他认为“累害自外，不由其内”，“俱由外来，故为累害”。换言之，即人是否遭受累害，不是由他个人品行高下、努力与否决定的，而是由外来的、偶然的、非个人所能控制的因素造成的：“凡人仕宦有稽留不进，行节有毁伤不全，罪过有累积不除，声名有闇昧不明，才非下，行非悖也，又知非昏，策非昧也，逢遭外祸，累害之也。”“修身正行，不能来福；战栗戒慎，不能避祸。祸福之至，幸不幸也。故曰：得非己力，故谓之福；来不由我，故谓之祸。”而且，不仅人类是这样，其他一切生物也莫不如此：“非唯人行，凡物皆然，生动之类，咸被累害。”王充以此否定了善有善报、恶有恶报的天人感应论。

人的累害主要来自哪里呢？王充认为主要来自乡里与朝廷：“不由我者，谓之何由？由乡里与朝廷也。夫乡里有三累，朝廷有三害。累生于乡里，害发于朝廷。古今才洪行淑之人遇此多矣！……夫未进也身被三累，已用也身蒙三害，虽孔丘、墨翟不能自免，颜回、曾参不能全身也。”乡里与朝廷，也可以说是“时”的组成部分，其实也就是不合理的社会秩序。古人进则在朝廷，退则在乡里，这是人生的两个主要舞台。王充家族的“光荣史”之一，就是每不见容于乡里，而不得不不停地迁徙；王充到了晚年，也曾一度离家避难；而王充仕宦不遇，则更不必说了。所以王充发此感叹，对于不合理的社会秩序，想必有切肤之痛。

由于身处不合理的社会秩序之中，因而常常遭受挫折和失败；又因为常常遭受挫折和失败，因而对“他人”就更感可怕。所以在本篇中，王充连篇累牍地列举了“他人”的种种可怕之处：“动百行，作万事，嫉妒之人，随而云起，枳棘之刺，钩挂容体，蜂虿之党，啄螫怀操，岂徒六哉！”王充的日子想必是很难过的，拯救他的也许只有写作了。而在这种情况下的“发愤著书”，也就成了《论衡》诞生的原因之一。王充通过著书立说，超越了自己所处的环境，取得了人生真正的成功。

不合理的社会秩序造成了人们的困境，这是古往今来的人们共同面临的难题。王充虽提不出解决之道，却通过仔细的分析，促使人们直面这一问题，从而思考怎样去改造社会。

感虚篇

儒者传书言[1]："尧之时，十日并出，万物燋枯[2]。尧上射十日，九日去，一日常出。"此言虚也。

夫人之射也，不过百步，矢力尽矣。日之行也，行天星度[3]，天之去人[4]，以万里数，尧上射之，安能得日？使尧之时，天地相近，不过百步，则尧射日，矢能及之，过百步，不能得也。

先以距离远近批驳之。

假使尧时天地相近，尧射得之，犹不能伤日，日何肯去[5]？何则？日，火也。使在地之火，附一把炬[6]，人从旁射之，虽中，安能灭之？地火不为见射而灭[7]，天火何为见射而去？

再以射火不灭批驳之。

解释此虚言之来由。

此欲言尧以精诚射之[8]，精诚所加，金石为亏[9]，盖诚无坚[10]，则亦无远矣。

三以射水不退类推之。

夫水与火[11]，各一性也，能射火而灭之，则当射水而除之。洪水之时，泛滥中国[12]，为民大害，尧何不推精诚射而除之[13]？尧能射日，使火不为害，不能射河，使水不为害？夫射水不能却水，则知射日之语，虚非实也。

对于这种天人感应论，王充曾在《论衡·异虚篇》中予以批驳。这里只是以毒攻毒，并非真的相信那些说法。

或曰："日，气也，射虽不及，精诚灭之。"夫天亦远，使其为气，则与日月同，使其为体，则与金石等。以尧之精诚，灭日亏金石，上射天[14]，则能穿天乎？世称桀、纣之恶[15]，射天而殴地[16]；誉高宗之德[17]，政消桑穀[18]。今尧不能以德灭十日，而必射之，是德不若高宗，恶与桀、纣同也，安能以精诚获天之应也？

［注释］

[1] 儒者：泛指读书人，非仅指儒家之徒。传书：泛指书籍文献。　[2] 燋（jiāo）：通"焦"。　[3] 行天星度：在天上二十八宿（xiù）间按照一定的度数运行。星，指二十八宿。　[4] 去：距离。　[5] "日"前原有"伤"字，据黄晖说删。　[6] 附一把炬：附着在一个火把上，意谓点着一个火把。　[7] 见：被。　[8] 精诚：真心诚意。　[9] 亏：毁坏。　[10] "盖诚无坚"二句意谓：精诚所

至，既然无坚不摧，也就无远弗届。 [11]“夫水与火”二句意谓：水和火分别具有同一种特性（都是物质实体）。 [12]“泛”，原作“流”，据黄晖说改。 [13] 推精诚：拿出精诚之心。 [14]“天”，原作“日”，据齐燕铭说改。 [15] 桀：夏朝的亡国之君。纣：商朝的亡国之君。 [16] 殴：击打。 [17] 高宗：殷高宗，即商朝的君主武丁。 [18] 桑：桑树。穀（gòu）：构树，也叫楮（chǔ）树。传说殷高宗武丁时，有桑树、穀树在朝廷里长出来，这被认为是天降的灾异，殷高宗马上改良政治，桑、穀不久就消失了。

传书言：“武王伐纣[1]，渡孟津[2]，阳侯之波[3]，逆流而击，疾风晦冥[4]，人马不见。于是武王左操黄钺[5]，右执白旄[6]，瞋目而麾之曰[7]：‘余在，天下谁敢害吾意者[8]！’于是风霁波罢[9]。”此言虚也。

武王渡孟津时，士众喜乐，前歌后舞[10]。天人同应。人喜天怒，非实宜也[11]。前歌后舞，未必其实；麾风而止之，迹近为虚。

以天人感应论批驳天人感应论，以毒攻毒。

夫风者，气也，论者以为天地之号令也[12]。武王诛纣是乎？天当安静以祐之；如诛纣非乎？而天风者，怒也。武王不奉天令，求索己过[13]，瞋目言曰：“余在，天下谁敢害吾意者[14]！”重天怒[15]，增己之恶也，风何肯止？父母怒，子如存在天人感应，则武王的做法适得其反。

如不存在天人感应，则武王的做法毫无用处。

以类推法证传说之误。

解释此虚言之来由，将原因归结为偶然。

不改过，瞋目大言，父母肯贯之乎[16]？

如风天所为[17]，祸气自然[18]，是亦无知[19]，不为瞋目麾之故止[20]。

夫风犹雨也，使武王瞋目，以旄麾雨，而止之乎[21]？武王不能止雨，则亦不能止风。

或时武王适麾之[22]，风偶自止[23]，世褒武王之德，则谓武王能止风矣。

［注释］

[1] 武王伐纣：前 1046 年，周武王以戎车三百乘、虎贲三千人、甲士四万五千人，与庸（在今湖北竹山）、蜀（在今川西、陕南）、羌（在今甘肃）、髳（在今山西平陆）、微（在今陕西眉县）、卢（在今湖北襄阳西南）、彭（在今湖北房县）、濮（在今川东、鄂西）等族组成联军，讨伐商纣王，双方战于牧野（在今河南淇县西南），纣王兵败自焚，商亡。 [2] 孟津：黄河南岸古渡口，在今河南孟津东。 [3] 阳侯：传说是古代陵阳国的诸侯，被水淹死后成为波涛之神。 [4] 晦冥（huì míng）：昏暗。 [5] 操：拿。钺（yuè）：古代兵器，形状像大斧。 [6] 旄（máo）：用牦牛尾装饰杆顶的旗子。 [7] 瞋（chēn）目：发怒时瞪大眼睛。麾（huī）：通“挥”。 [8] 害：妨碍，违反。 [9] 霁：风雨停息。罢：停。以上事参见《淮南子·览冥》。 [10] 其事参见《尚书大传·泰誓传》。 [11]“天人同应”三句意谓：（按照传书的说法，）天和人是互相感应的，那么人高兴而天发怒，那就不符合事实了。宜，事。 [12] 论者以为天地之号令也：议论的人认为风是天地发出的号令。 [13] 求索己过：寻找自己的过错。 [14] 此乃复述武王之

言。“意”，原无，据孙人和、张宗祥说补。 [15]重：加重。 [16]贳（shì）：赦免，饶恕。 [17]如风天所为：如果风是天（自然而然）刮的。 [18]祸气自然：那么祸气（指水波逆流、疾风晦冥等）也是自然形成的。 [19]是亦无知：它们就是没有意识的。 [20]不为瞋目麾之故止：不会因为武王瞪眼挥旄而停止。 [21]而：通“能”。 [22]或时：或许。适：正好。 [23]偶：偶然，碰巧。

传书言：“鲁阳公与韩战[1]，战酣，日暮，公援戈而麾之[2]，日为之反三舍[3]。”此言虚也。

凡人能以精诚感动天者[4]，专心一意，委务积神[5]，精通于天[6]，天为变动，然尚未可谓然；鲁阳公志在于战[7]，为日暮一麾，安能令日反？

处心积虑都未必能够动天，随便一挥就能使太阳听话？

使圣人麾日，日终不反，鲁阳公何人，而使日反乎？

圣人都使唤不动太阳，鲁阳公凭什么使唤得动呀！

《鸿范》曰[8]：“星有好风[9]，星有好雨[10]。日月之行，则有冬有夏。月之从星[11]，则有风雨。”夫星与日月同精[12]，日月不从星[13]，星辄复变，明日月行有常度[14]，不得从星之好恶也，安得从鲁阳公之所欲？

《荀子·天论》：“天行有常。”

日、月、星为一家子，日、月都不听星的，凭什么听鲁阳公的呀！

星之在天也，为日月舍[15]，犹地有邮亭[16]，为长吏廨也[17]。二十八舍有分度[18]，一舍十度，或增或减[19]。言日反三舍，乃三十度也[20]。日，日行一度，一麾之间，反三十日时所在度也。如谓舍为度[21]，三度亦三日行也，一麾之间，令日却三日也。宋景公推诚[22]，出三善言，荧惑徙三舍[23]，实论者犹谓之虚[24]；鲁阳公争斗，恶日之暮，以此一麾[25]，无诚心善言，日为之反，殆非其实哉[26]！

宋景公之事都不可靠，鲁阳公之事就更不用说了。

且日，火也，圣人麾火，终不能却，鲁阳公麾日，安能使反？

以类推法批驳之。

或时战时日正卯[27]，战迷[28]，谓日之暮，麾之转左[29]，曲道日若却[30]。世好神怪，因谓之反，不道所谓也[31]。

真相原来如此简单：根本就是打仗打迷糊了而产生的错觉！

［注释］

[1] 鲁阳公：春秋时期楚国鲁阳（今河南鲁山）县公，即鲁阳文子，楚平王孙，司马子期之子。楚君自封为王，其县尹都称公，故又称鲁阳公。鲁阳为地名，不当省称“阳公”，故以下从黄晖说，“阳公”前均加“鲁”字。“阳”，原作“襄”，据孙人和、黄晖、刘盼遂、张宗祥说改。《论衡·对作篇》作“鲁阳战而日暮”，《太平御览》卷四引《论衡》文亦作“阳”字。以下“鲁襄公”同改。韩：韩国，在今山西东南、河南中部。 [2] 援：执，持。 [3] 日为之反三舍：太阳因此退了三舍。反，同“返”。舍，古人认为二十八宿是日月五星运行中间停留休息的地方，所以每一星宿

叫一舍。以上事参见《淮南子·览冥》。 [4]“者”，原无，据黄晖、杨宝忠、张宗祥说补。《太平御览》卷四引《论衡》文有“者”字。 [5]委务：蓄积思虑（马宗霍说）。积神：积蓄精神。 [6]精通：感应。 [7]“于”，原无，据黄晖说补。 [8]《鸿范》：即《洪范》，《尚书》中的一篇，以下引文出之。 [9]星有好（hào）风：二十八宿中的箕宿（东方苍龙七宿的末宿）喜好刮风，月亮运行靠近它就要刮风。 [10]星有好（hào）雨：二十八宿中的毕宿（西方白虎七宿的第五宿）喜好下雨，月亮运行靠近它就要下雨。 [11]从：跟从，靠近。 [12]精：精气。 [13]“日月不从星”二句意谓：太阳月亮不靠近星，星总是在不断变化（意谓也要刮风下雨）。辄，往往，总是。 [14]“明日月行有常度”三句意谓：由此表明，太阳月亮的运行有一定的度数，是不会随着星的好恶（而靠近或离开）的，又怎么会顺从鲁阳公的愿望（而反三舍）呢？ [15]舍：旅舍，这里解释二十八宿之“宿”的含义，实为日月五星的二十八个旅舍。 [16]邮亭：古代供出巡官吏或传送文书的人在途中食宿和休息的馆舍。 [17]长吏：泛指地方官吏。廨（xiè）：官吏办公、休息的地方。 [18]分度：古代天文学家把一周天分为365度多，二十八宿各自所占的度数不同，据《淮南子·天文》记载：“星分度：角十二，亢九，氐十五，房五，心五，尾十八，箕十一四分一，斗二十六，牵牛八，须女十二，虚十，危十七，营室十六，东壁九，奎十六，娄十二，胃十四，昴十一，毕十六，觜嶲二，参九，东井三十三，舆鬼四，柳十五，星七，张、翼各十八，轸十七，凡二十八宿也。” [19]王充认为每个星宿所占的度数在十度上下，由上可见，其实这并不准确。 [20]乃三十度也：说三舍是三十度，也不准确。 [21]这里王充又把“舍”解释为“度”。 [22]推诚：发自诚心。 [23]荧惑：火星。徙：迁徙，移动。传说宋景公时，火星靠近心宿，这被认为是一种灾变，象征天要惩罚宋景公。但由于宋景公说了三句善言，终于消除了这一灾变。 [24] 实论者：指王充自己。对上述这种天人感应论，王充曾予以驳斥，参见《论衡·变虚篇》。 [25] “麾”前原有“戈”字，据杨宝忠说删。裘锡圭疑“戈麾”本作“麾戈”。 [26] “实”，原作“意”，据黄晖说改。“殆非其实”为《论衡》常用语，与上文“犹谓之虚”相对为文。 [27] 或时战时日正卯：也许打仗时，太阳正在东方。卯，古人用十二地支表示方位，卯表示正东。 [28] 战迷：打仗打迷糊了。 [29] 左：指东方。 [30] 曲道日若却：误以为太阳好像退回到了东方。曲道，误以为。 [31] 不道所谓也：不理解这到底是怎么一回事。道，知道，理解。

传书言：“荆轲为燕太子谋刺秦王[1]，白虹贯日[2]。卫先生为秦画长平之事[3]，太白蚀昴[4]。”此言精感天[5]，天为变动也。夫言白虹贯日、太白蚀昴，实也；言荆轲之谋、卫先生之画感动皇天，故白虹贯日、太白蚀昴者，虚也。

夫以箸撞钟[6]，以筭击鼓[7]，不能鸣者，所用撞击之者小也。今人之形不过七尺，以七尺形中精神，欲有所为，虽积锐意[8]，犹箸撞钟、筭击鼓也，安能动天？精非不诚，所用动者小也。且所欲害者，人也，人不动，天反动乎？问曰：“人之害气，能相动乎？”曰[9]：不能。曰[10]：“预让欲害赵襄子[11]，襄子心动；贯高欲篡高祖[12]，

大小比例不对。

没有这个道理。

高祖亦心动[13]。二子怀精，故两主振感。”曰：祸变且至，身自有怪，非适人所能动也[14]。何以验之？时或遭狂人于途，以刃加己，狂人未必念害己身也，然而己身先时已有妖怪矣。由此言之，妖怪之至，祸变自凶之象，非欲害己者之所为也。且凶之人[15]，卜得恶兆[16]，筮得凶卦[17]，出门见不吉，占候睹祸气[18]。祸气见于面，犹白虹、太白见于天也。变见于天，妖出于人，上下适然[19]，自相应也。

这怎么可能？难道有特异功能？

原来虚实还是相关，天人还是感应，只不过不是直接相关，直接感应，而是间接相关，间接感应——这里王充自己也犯糊涂了。

［注释］

[1] 荆轲：战国末期卫国人，为燕太子丹所收买，谋刺秦王，未遂被杀。燕太子：燕国的太子，名丹。秦王：嬴政，后统一中国，称秦始皇。 [2] 白虹贯日：古人认为，白虹象征兵器，太阳象征君主，白虹穿日而过，象征君主要遭凶杀。传说荆轲出发去秦国时，天上出现过这种现象。 [3] 卫先生：战国时期秦国人。画：谋画。长平之事：指前 260 年，秦、赵长平之战，秦将白起在长平把四十多万赵军围困四十六天，赵将赵括被箭射死，赵军全部被俘活埋。白起在长平之战大胜赵军以后，打算乘胜灭赵，这可能出于卫先生的建议，于是白起派卫先生回国请求秦昭王的支援，传说这时天空出现太白蚀昴的星象。其事参见《史记·鲁仲连邹阳列传》载邹阳狱中上书。长平，古地名，在今山西高平西北。 [4] 太白：太白星，即金星。昴（mǎo）：二十八宿之一，西方白虎七宿的第四宿，有较亮的星七颗，俗称“七姊妹星

团”。太白蚀昴，古人认为，太白是天将，在西方，象征秦，昴宿是赵国的分野，太白星侵蚀昴宿，象征秦将灭赵。 [5] 精感天：“精诚感天”之省文。下文“二子怀精”，“精”亦“精诚”之省文。 [6] 箸（zhù）：筷子。 [7] 筭（suàn）：一种计算用的筹码。《说文解字》竹部：“筭，长六寸，计历数者。” [8] 锐意：指精诚。 [9] 曰：这里是王充的回答。 [10] “曰”，原无，据刘盼遂说补。下文系责难之词，前当有“曰”字。 [11] 预让：即豫让，春秋末期晋国人，晋国大臣智伯的家臣，甚受尊宠。赵襄子与韩、魏共灭智氏，豫让欲为智伯报仇，多次谋杀赵襄子，每次都因赵襄子事先心动察觉而未能成功，最后被捕自杀。赵襄子：赵无恤，春秋末期晋国大夫。豫让刺杀赵襄子之事参见《战国策·赵策一》《史记·刺客列传》。 [12] 贯高：西汉初人，赵王张敖的相，汉高祖经过赵，责骂了张敖，贯高不顾年已六十余岁，要杀汉高祖为赵王报仇，因仇家揭发而被捕。篡：劫持。 [13] 高祖亦心动：传说刘邦事先也心动察觉。其事参见《史记·张耳陈余列传》。 [14] 適（dí）：通“敌（敵）”。 [15] 且凶之人：将要遇到灾祸的人。 [16] 卜得恶兆：去占卜就会得到凶兆。 [17] 筮（shì）：用蓍草算卦，预测吉凶。 [18] 占候：原指根据天象变化来预测吉凶，这里指通过看人脸上的气色来预测吉凶。“候”，原作“危”，据黄晖说改。 [19] 适然：碰巧如此。

传书言：“燕太子丹朝于秦[1]，不得去，从秦王求归。秦王执留之，与之誓曰：‘使日再中[2]，天雨粟[3]，令乌白头，马生角，厨门木象生肉足[4]，乃得归。’当此之时，天地祐之，日为再中，天雨粟，乌白头，马生角，厨门木象生肉足。秦王以为圣，乃归之[5]。”此言虚也。

燕太子丹何人，而能动天？圣人之拘，不能动天；太子丹，贤者也，何能致此？夫天能祐太子丹[6]，生诸瑞以免其身，则能和秦王之意，以解其难。见拘一事而易，生瑞五事而难，舍一事之易，为五事之难，何天之不惮劳也？汤困夏台[7]，文王拘羑里[8]，孔子厄陈、蔡[9]，三圣之困，天不能祐[10]，使拘之者睹祐知圣，出而尊厚之。

圣人都做不到，贤人更是免谈。

避一易就五难，天没有这么傻。

圣人做不到之三个例子。

或曰："拘三圣者不与之誓[11]，三圣心不愿[12]，故祐圣之瑞无因而至。天之祐人，犹借人以物器矣，人不求索，则弗与也。"曰：太子愿天下瑞之时，岂有语言乎？心愿而已。然汤闭于夏台、文王拘于羑里时，心亦愿出；孔子厄陈、蔡，心亦愿食[13]。天何不令夏台、羑里关钥毁败[14]，汤、文涉出[15]；雨粟陈、蔡，孔子食饱乎？

王充回答"三圣心不愿"的问题很充分，但并未回答"拘三圣者不与之誓"的问题。

太史公曰："世称太子丹之令天雨粟，马生角，大抵皆虚言也[16]。"太史公书汉世实事之人[17]，而云"虚言"，近非实也。

王充相信司马迁。

[注释]

[1] 朝：朝见，实则太子丹是去做人质。 [2] 使日再中：倘使西斜的太阳再回到天中央来。 [3] 雨（yù）：降。粟：谷子，去皮后称小米。 [4] 厨门木象生肉足：厨房门上雕刻的木象生出肉脚来。 [5] 以上事参见《史记·刺客列传》《风俗通义·正失》《博物志·史补》。 [6] “丹”，原无，据黄晖说补。 [7] 汤：成汤，商朝的开国君主。“困”，下文“汤闭于夏台”作“闭”，《论衡·命义篇》作“囚”，义皆相近。夏台：即均台，夏朝的监狱，成汤曾被夏桀囚禁在这里。其事参见《史记·夏本纪》。 [8] 文王：周文王。羑（yǒu）里：古地名，在今河南汤阴北，传说周文王曾被商纣王囚禁在这里。 [9] 孔子厄（è）陈、蔡：前 489 年，孔子从陈、蔡到楚国去，途中被陈、蔡人包围，七天没吃上一顿饱饭。其事参见《论语·卫灵公》《荀子·宥坐篇》《史记·孔子世家》。厄，困穷。陈，春秋时期小国，在今河南淮阳一带。蔡，春秋时期小国，在今河南新蔡一带。 [10]“天不能祐”三句意谓：上天不能保佑他们，不能使拘留他们的人看到上天的保佑而知道他们是圣人，释放并且尊重和厚待他们。 [11] 拘三圣者不与之誓：拘留三圣的人并没有与他们立誓。“之”，原作“三”，据吴承仕说改。上文“秦王执留之，与之誓”，文正相对。 [12] 三圣心不愿：三圣的心里也没有要上天保佑他们的愿望。 [13]“亦”，原无，据杨宝忠说补。 [14] 关：门闩。钥：锁。 [15] 涉出：走出来。刘盼遂、张宗祥疑“涉”为“步”之讹。 [16] 引文见《史记·刺客列传》。 [17]“太史公书汉世实事之人”三句意谓：太史公是记载汉朝真实情况的人，连他都说“虚言”（司马迁原话是“太过”），可见这些说法大都是不真实的了。

传书言：“杞梁氏之妻向城而哭[1]，城为之崩[2]。”此言杞梁从军不还，其妻痛之，向城而哭，至诚悲痛，精气动城，故城为之崩也。夫言向城而哭者，实也；言城为之崩者[3]，虚也。

其实最早的记载中连“向城而哭”之事也没有，王充已经上了后起的汉代文献的当。

夫人哭悲[4]，莫过雍门子，雍门子哭对孟尝君，孟尝君为之於邑[5]。盖哭之精诚，故对向之者凄怆感恸也[6]。夫雍门子能动孟尝之心，不能感孟尝衣者，衣不知恻怛[7]，不以人心相关通也[8]。今城，土也，土犹衣也，无心腹之藏[9]，安能为悲哭感恸而崩？

以衣类推批驳之。

使至诚之声能动城土，则其对草木哭[10]，能折草破木乎？向水火而泣，能涌水灭火乎[11]？夫草木水火与土无异，然杞梁之妻不能崩城[12]，明矣。

以草木水火类推批驳之。

或时城适自崩，杞梁妻适哭，下世好虚[13]，不原其实[14]，故崩城之名，至今不灭。

还是偶然所致。世人无事生非。

[注释]

[1] 杞（qǐ）梁（？—前 550）：杞，一作芑，名殖，一作植，春秋时期齐国大夫。杞梁氏之妻，即孟姜。 [2] 城为之崩：其事参见《孟子·告子下》《说苑·立节》《后汉书·刘瑜传》李贤注引《列女传》等。而据《左传》襄公二十三年记载，齐庄公伐莒（jǔ），杞梁战死。齐庄公率军回国时，遇杞梁妻于郊外，乃派人

向她表示吊唁，杞梁妻认为不合礼节而不受，其时并无哭城、投水之说。至西汉时，才传说她哭夫十天，城崩塌，然后她投淄水而死。后人更附会杞梁是秦朝人，称“范杞良”，并编出孟姜女哭倒长城的故事。 [3]“言”，原无，据黄晖说补。此句与上文相对为文。 [4]“夫人哭悲”二句意谓：人们哭声的悲哀，没有能超过雍门子的。夫，发语词。雍门子，即雍门周，战国时期齐国人，以善哭著名。《说苑·善说》则说他善鼓琴。 [5]於（wū）邑：呜咽。一说烦冤愁苦。其事参见《淮南子·览冥》。 [6]凄怆（chuàng）：凄惨。感恸（tòng）：感动，悲痛。 [7]恻怛（cè dá）：忧伤，悲痛。 [8]以：与，和。 [9]藏（zàng）：同“脏”，五脏。 [10]“草”，原作“林”，据黄晖说改。下文“折草破木”承此为文。 [11]涌水：使水冒出来。 [12]然：然则。 [13]下世：后世。 [14]原：追本溯源。

传书言：“邹衍无罪[1]，见拘于燕，当夏五月，仰天而叹，天为陨霜[2]。”此与杞梁之妻哭而崩城无以异也。言其无罪见拘，当夏仰天而叹，实也；言天为之雨霜[3]，虚也。

夫万人举口[4]，并解吁嗟[5]，犹未能感天；邹衍一人，冤而壹叹[6]，安能下霜？

以曾子、伯奇事类推邹衍事之非。

邹衍之冤，不过曾子、伯奇[7]，曾子见疑而吟，伯奇被逐而歌，疑、逐与拘同[8]，吟、歌与叹等，曾子、伯奇不能致寒，邹衍何人，独能雨霜？

以申生、子胥事类推邹衍事之非。

被逐之冤，尚未足言。申生伏剑[9]，子胥刎颈[10]，实孝而赐死[11]，诚忠而被诛，且临死时，皆有声辞[12]。声辞出口，与仰天叹无异。天不为二子感[13]，独为邹衍动，岂天痛见拘，不悲流血哉？何其冤痛相似[14]，而感动不同也！

夫熯一炬火爨一镬水[15]，终日不能热也；持一尺冰置庖厨中[16]，终夜不能寒也。何则？微小之感，不能动大巨也。今邹衍之叹，不过如一炬、尺冰，而皇天巨大，不徒镬水、庖厨之丑类也[17]，一仰天叹，天为陨霜，何天之易感，霜之易降也？

夫哀与乐同，喜与怒均。衍兴怨痛[18]，使天下霜；使衍蒙非望之赏[19]，仰天而笑，能以冬时使天热乎？

以喜怒冷热类推批驳之。

变复之家曰[20]：“人君秋赏则温，夏罚则寒。”寒不累时则霜不降[21]，温不兼日则冰不释[22]。一夫冤而一叹，天辄下霜，何气之易变，时之易转也！寒温自有时，不合变复之家[23]。

气候、时间哪是那么容易转变的，其变化有其自身的规律，变复之家的说法毫无道理。

且从变复之说[24]，或时燕王好用刑[25]，寒气应至；而衍囚拘而叹，叹时霜适自下。世见适叹而霜下，则谓邹衍叹之致也[26]。

还是偶然所致，世人无事生非。然据变复家言为说，则王充又自相矛盾矣。

［注释］

[1] 邹衍：战国时期齐国人。 [2] 其事参见《后汉书·刘瑜传》李贤注引《淮南子》。 [3] 雨霜：即“陨霜”。 [4] 举口：张口。 [5] 解：发出。吁嗟（xū jiē）：叹息。 [6] 壹：同“一”。 [7] 曾子：即曾参，字子舆，孔子弟子，小孔子四十六岁，性虽至孝，但受父母的歧视和虐待。其事参见《庄子·外物》。伯奇：西周大夫尹吉甫之子，因后母进谗言，被父亲放逐。其事参见《太平御览》卷五一一引《琴操》。 [8] “逐”，原无，据孙人和、张宗祥说补。上文言“曾子见疑而吟”“伯奇被逐而歌”，故本句“疑”下应有“逐”字，与下句“吟、歌与叹等”相对。 [9] 申生：春秋时期晋献公的太子，因被继母骊姬陷害而自杀。其事参见《国语·晋语二》《史记·晋世家》。伏剑：用剑自杀。 [10] 子胥：伍子胥，春秋末期吴国大臣，因遭伯嚭谗害而自杀。刎颈：割颈。其事参见《史记·吴太伯世家》。 [11] 赐死：君主、父亲迫令臣、子自杀的美化之说。 [12] 声辞：怨言。 [13] “感”字下原有“动”字，据黄晖说删。本句与下句“独为邹衍动”相对为文。 [14] “何其”，原作“伯奇”，据刘盼遂、张宗祥说改。 [15] 夫熯（hàn）一炬火爨（cuàn）一镬（huò）水：点燃一支火把去烧一大锅水。熯，焚烧，这里指点燃。一炬火，一支火把。爨，烧火煮东西。镬，古时指无足的鼎，相当于今天的大锅。 [16] “持”，原作“倚”，据孙人和、黄晖说改。《白孔六帖》卷三引《论衡》文作“持”。庖厨：厨房。 [17] 徒：只是，仅仅。丑类：同类。 [18] 兴：发出。 [19] 非望：意外。 [20] 变复之家：指主张用祭祀祈祷等手段来消除灾害或异常现象的人。变，指灾害或异常现象。复，指消除灾害或异常现象而恢复原状。 [21] 累时：累积多时。 [22] 兼日：连续多日。释：化。 [23] 不合：与……不相合。 [24] 且：姑且。 [25] 燕

王：指燕惠王。 [26] 之致：所致。

传书言："师旷奏《白雪》之曲[1]，而神物下降，风雨暴至，平公因之癃病[2]，晋国赤地[3]。"或言："师旷鼓《清角》之曲[4]，一奏之，有云从西北起；再奏之，大风至，大雨随之，裂帷幕，破俎豆[5]，堕廊瓦[6]，坐者散走。平公恐惧，伏乎廊室[7]。晋国大旱，赤地三年。平公癃病[8]。"夫《白雪》与《清角》，或同曲而异名，其祸败同一实也。传书之家，载以为是，世俗观见，信以为然。原省其实[9]，殆虚言也。

夫《清角》，何音之声，而能致此[10]？曰[11]："《清角》，木音也[12]，故致风而[13]。如木为风，雨与风俱。"三尺之木，数弦之声，感动天地，何其神也！此复一哭崩城、一叹下霜之类也。

"何其神也"，四字说尽。

师旷能鼓《清角》[14]，必有所受，非能质性生出之也。其初受学之时，宿昔习弄[15]，非直一再奏也[16]。审如传书之言，师旷学《清角》时，风雨当至也[17]。

［注释］

[1] 师旷：春秋时期晋国著名乐师。《白雪》：古乐曲名，商调曲，传说为师旷所作。 [2] 平公：晋平公，春秋时期晋国君主，前557—前532年在位。癃（lóng）病：一种手脚麻痹的病。 [3] 赤地：地上一无所有。其事参见《淮南子·览冥》。 [4] 鼓：演奏，原无，据杨宝忠说补。《清角》：古乐曲名。 [5] 俎（zǔ）豆：古代两种礼器，祭祀时用来装祭品。 [6] 堕：落下。廊：连接于正堂两侧的低屋。 [7] 乎：于。 [8] 其事参见《韩非子·十过》《史记·乐书》《论衡·纪妖篇》《风俗通义·声音》。 [9] 原省其实：考察它的实际情况。 [10]"能"，原无，据黄晖说补。上文"燕太子丹何人，而能动天"，与此句例同。 [11]"曰"，原无，据黄晖说补。 [12] 阴阳五行家将金、木、水、火、土五行跟宫、商、角、徵、羽五音相配，认为角属木，故说"《清角》，木音也"。 [13] 而：句终语助词。黄晖说为"雨"之讹。 [14]"师旷能鼓《清角》"三句意谓：师旷能鼓《清角》，肯定有所师从，不是生来就会的。质性，本性。 [15] 宿昔：素常，平素。习弄：练习。 [16] 非直：不只。一再奏：奏一两次。 [17] 风雨当至也：风雨也会来的。黄晖疑"当"当作"常"。

传书言："瓠芭鼓瑟[1]，渊鱼出听[2]；师旷鼓琴[3]，六马仰秣。"或言："师旷鼓《清徵》[4]，一奏之，有玄鹤二八[5]，自南方来，集于廊门之危[6]；再奏之，而列[7]；三奏之，延颈而鸣，舒翼而舞，音中宫商之声[8]，声吁于天[9]。平公大悦，坐者皆喜[10]。"《尚书》曰："击石拊石[11]，百兽率舞[12]。”此虽奇怪，然尚可信。何则？鸟兽好悲声[13]，耳与人耳同也。禽兽见人欲食，亦欲食之；闻人之乐，何为不乐？然而鱼听[14]，仰秣，玄鹤延颈，百兽率舞，盖其实[15]；风雨之至，晋国大旱，赤地三年，平公癃病，殆虚言也。

或时奏《清角》时，天偶风雨，风雨之后，晋国适旱；平公好乐，喜笑过度，偶发癃病。传书之家，信以为然，世人观见，遂以为实。

还是偶然所致，世人无事生非。

实者乐声不能致此。何以验之？风雨暴至，是阴阳乱也。乐能乱阴阳，则亦能调阴阳也。王者何须修身正行[16]，扩施善政[17]，使鼓调阴阳之曲，和气自至，太平自立矣。

以子之矛，攻子之盾，以一种天人感应论否定另一种，王充这里应该是反讽的意思吧？

[**注释**]

[1] 瓠（hù）芭：传说是楚国人，善弹琴。瑟（sè）：古代一种像琴的弦乐器。 [2] 渊鱼：深渊中的鱼。 [3]“师旷鼓琴”二句意谓：师旷鼓琴的时候，正在吃饲料的马也会抬起头来听。六马，很多马。仰，抬起头。秣（mò），喂马吃饲料。其事参见《荀子·劝学篇》《淮南子·说山》《韩诗外传》卷六第十四章，但鼓琴者皆作伯牙，而非师旷。传说伯牙是善于弹琴的人。 [4]“徵”，原作“角”，据黄晖说改。上文言奏“清角”，

则云起风雨至，此言玄鹤来，与奏“清角”是两回事。《韩非子·十过》《风俗通义·声音》均谓奏“清徵”之曲，有玄鹤来。 [5] 玄：黑色。二八：十六。 [6] 危：栋梁，屋脊。 [7] 列：列队，排成队。 [8] 宫商：这里以宫、商二音指代宫、商、角、徵、羽五音。 [9] 吁：惊。 [10] 其事参见《韩非子·十过》。 [11] 石：即石磬（qìng），一种石制乐器。拊（fǔ）：轻轻地敲击。 [12] 引文见《尚书·尧典》。 [13] 悲声：动听的声音。古人以声悲为美。 [14] 然而：然则。 [15]“盖”下原有“且”字，据杨宝忠说删。 [16] 修身：修养身心。正行：端正操行。 [17] 扩：广。

传书言：“汤遭七年旱，以身祷于桑林[1]，自责以六过[2]，天乃雨。”或言：“五年[3]。”“祷辞曰：‘余一人有罪，无及万夫[4]。万夫有罪，在余一人。无以一人之不敏[5]，使上帝鬼神伤民之命。’于是剪其发，丽其手[6]，自以为牲[7]，用祈福于上帝。上帝甚说[8]，时雨乃至[9]。”言汤以身祷于桑林自责，若言剪发丽手，自以为牲，用祈福于帝者，实也；言雨至，为汤自责以身祷之故，殆虚言也。

孔子疾病，子路请祷[10]。孔子曰：“有诸[11]？”子路曰：“有之。诔曰[12]：‘祷尔于上下神祇[13]。’”孔子曰：“丘之祷久矣[14]。”圣人修身正行，素祷之日久[15]，天地鬼神知其无罪，故曰“祷久矣”。《易》曰：“大人与天地合其德[16]，与日月合其明[17]，与四时合其叙[18]，与鬼神合其吉凶[19]。”此言圣人与天地鬼神同德行也，即须祷以得福[20]，是不同也。汤与孔子俱圣人也，皆素祷之日久。孔子不使子路祷以治病，汤何能以祷得雨？孔子素祷，身犹疾病；汤亦素祷，岁犹大旱。然则天地之有水旱，犹人之有疾病也，疾病不可以自责除，水旱不可以祷谢去，明矣。汤之致旱以过乎[21]？是不与天地同德也。今不以过致旱乎[22]？自责祷谢，亦无益也。

以孔子事类推之，知祷谢亦无益也。

人形长七尺，形中有五常[23]，有瘅热之病[24]，深自克责[25]，犹不能愈；况以广大之天，自有水旱之变，汤用七尺之形，形中之诚[26]，自责祷谢，安能得雨邪？

小犹不能，何况大乎？

人在层台之上[27]，人从层台下叩头，求请台上之物。台上之人闻其言，则怜而与之；如不闻其言，虽至诚区区[28]，终无得也。夫天去人，非徒层台之高也，汤虽自责，天安能闻知而与之

近犹不能，何况远乎？

雨乎？

夫旱，火变也[29]；湛[30]，水异也。尧遭洪水，可谓湛矣。尧不自责以身祷祈，必舜、禹治之，知水变必须治也。除湛不以祷祈，除旱亦宜如之。由此言之，汤之祷祈，不能得雨。

水灾须治理，旱灾亦如此。

或时旱久，时当自雨[31]，汤以旱久，亦适自责。世人见雨之下，随汤自责而至，则谓汤以祷祈得雨矣。

还是偶然所致，世人无事生非。

［注释］

[1] 以身祷于桑林：把自己作为牺牲（本该用牛、羊、猪）祷告于桑林。 [2] 自责以六过：列举六项过失来责备自己。 [3] 上面说大旱了七年，这里提出另一说五年。 [4] 无：不要。及：连累。万夫：万民，百姓。 [5] "无"，原作"天"，据孙诒让、张宗祥说改。不敏：昏庸。 [6] 丽其手：拶指。 [7] "自以为牲"二句意谓：把自己当作牺牲，以祈福于上帝。 [8] 说（yuè）：通"悦"，高兴。 [9] 其事参见《荀子·大略篇》《吕氏春秋·顺民》。 [10] 子路：仲由，字子路，一字季路，孔子弟子，小孔子九岁。请祷：请求为孔子祈祷。 [11] 诸："之乎"的合音。 [12] 诔（lěi）：祭文，这里指向鬼神祈求的祷辞。 [13] 祇：通"祇（qí）"。神祇，天神为神，地神为祇。 [14] 以上事参见《论语·述而》。 [15] 素：平素，一向。 [16] 大人：这里指圣人。合：同。 [17] 明：光。 [18] 四时：指春、夏、秋、冬。叙：顺序。 [19] 引文见《周易·乾卦·文言》。 [20] "即须祷以得福"二句意谓：如果说圣

人要祈祷才能得福，这就是说他和天地鬼神德行不同了。即，如果。 [21] 以：因为。 [22] 今：若。 [23] 五常：五行，这里指人体的五脏。古代医学把五脏分别配属于五行：肝属木，心属火，脾属土，肺属金，肾属水。 [24] 瘅（dàn）热之病：热病。 [25] 克责：责备。 [26] 诚：诚心。 [27] 层台：高台。 [28] 区区：忠诚勤恳的样子。 [29] 火变也：是火气造成的灾变。 [30] 湛：大水，涝。 [31] 时当：正巧遇上。

传书言："仓颉作书[1]，天雨粟，鬼夜哭[2]。"此言文章兴而乱渐见[3]，故其妖变致天雨粟、鬼夜哭也。夫言天雨粟，鬼夜哭，实也；言其应仓颉作书，虚也。

夫河出图[4]，洛出书[5]，圣帝明王之瑞应也。图书文章，与仓颉所作字画何以异[6]？天地为图书，仓颉作文字，业与天地同[7]，指与鬼神合[8]，何非何恶，而致雨粟、鬼哭之怪哉[9]？使天地、鬼神恶人有书，则其出图书，非也；天不恶人有书，作书何非，而致此怪？

以河图、洛书类推之。

或时仓颉适作书，天适雨粟，鬼偶夜哭。而雨粟、鬼哭[10]，自有所为[11]，世见应书而至[12]，则谓作书生乱败之象，应事而动也。

还是偶然所致，世人无事生非。

天雨谷，论者谓之从天而下，应变而生[13]。

王充解释雨雪生成机制，甚合科学原理。

以天降雨、雪类推之。

以草木、叶烧飞而集类推之。

“天雨谷”以下，专门解释其成因，属于“扯开去”的内容。

如以云雨论之，雨谷之变，不足怪也。何以验之？夫云雨出于丘山[14]，降散则为雨矣，人见其从上而坠，则谓之天雨水也。夏日则雨水，冬日天寒，则雨凝而为雪，皆由云气发于丘山，不从天上降集于地，明矣。夫谷之雨，犹复云雨之亦从地起[15]，因与疾风俱飘，参于天[16]，集于地。人见其从天落也，则谓之“天雨谷”。建武三十一年[17]，陈留雨谷[18]，谷下蔽地。案视谷形[19]，若粢而黑[20]，有似于稗实也[21]。此或时夷狄之地，生出此谷，夷狄不粒食[22]，此谷生于草野之中，成熟垂委于地[23]，遭疾风暴起，吹扬与之俱飞，风衰谷坠，集于中国[24]，中国见之，谓之天雨谷[25]。何以效之[26]？野火燔山泽，山泽之中，草木皆烧，其叶为灰，疾风暴起，吹扬之，参天而飞，风衰叶下，集于道路。夫“天雨谷”者，草木叶烧飞而集之类也。而世以为雨谷，作传书者以为变怪[27]。天主施气[28]，地主产物。有叶实可啄食者[29]，皆地所生，非天所为也。今谷非气所生，须土以成，虽云怪变，怪变因类[30]。生地之物，更从天集[31]；生天之物，可从地出乎？地之有万物，犹天之有列星也[32]。星不更生于地，谷何独生于天乎？

以星生于天喻谷生于地。

[注释]

[1]仓颉：传说中黄帝的史官。书：文字。传说汉字是由仓颉创造的。 [2]引文见《淮南子·本经》。 [3]文章：文字。见（xiàn）：同“现”。 [4]河出图：传说伏羲氏之时，黄河中有龙马负图而出。河，黄河。 [5]洛出书：传说大禹治水时，有神龟负文于背，在洛水中出现。洛，洛水。“河出图，洛出书”二语，始见于《周易·系辞上》，又见于《汉书·五行志上》。 [6]字画：同“书”，文字。《太平御览》卷六一八引《论衡》文作“图书文章，与书何异”。 [7]业：事业，工作。 [8]指：通“旨”，意旨，意图。 [9]“鬼”，原作“神”，据孙人和、黄晖说改。上文言“天雨粟，鬼夜哭”。又，此句原无“哉”字，据孙人和、黄晖说补。《太平御览》卷七四七引《论衡》文作“何非何恶，而致雨粟、鬼哭之怪哉”。 [10]“鬼”下原有“神”字，据孙人和、张宗祥说删。上文“天雨粟，鬼夜哭”，也不干神事。 [11]所为：这里表原因。 [12]应：跟随。 [13]“应”，原无，据刘文典、张宗祥说补。《太平御览》卷八三七引《论衡》文“变”上有“应”字。 [14]刘文典说“云”下“雨”字疑衍，刘盼遂说“云雨”当作“云气”，杨宝忠说“云雨”不误。 [15]犹复云雨之亦从地起：犹如云雨也是来自地上的。“雨”，原作“布”，据刘盼遂说改。 [16]参于天：高入云霄。参，高耸。 [17]建武：东汉光武帝的年号。建武三十一年，即55年。又，“年”下原有“中”字，据黄晖说删。《艺文类聚》卷八五、《太平御览》卷八三七引《论衡》文皆无“中”字。 [18]陈留：郡名，在今河南东北部。 [19]案视：察看。 [20]粢：稷，原作“茨”，据孙人和、

张宗祥说改。《艺文类聚》卷八五引《论衡》文作“粢”。 [21]稗实：稗子。 [22]粒食：以五谷为食。 [23]垂：落下。委：丢弃，散落。 [24]“坠集”，原作“集坠”，据杨宝忠说乙。中国：指中原地区。 [25]“天”，原无，据刘文典、张宗祥说补。上文言“则谓之天雨水”，句式同。《艺文类聚》卷八五引《论衡》文“之”作“天”字，《太平御览》卷八三七引《论衡》文“之”下亦有“天”字。 [26]“效”，一作“验”。 [27]“为”，原无，据黄晖、刘盼遂、张宗祥说补。 [28]主：主管。施气：散布气。 [29]啄：鸟吃东西。 [30]怪变因类：怪现象都是来源于同类事物的。 [31]更：变。从天集：即上文的“从天而下”。 [32]列星：群星。

传书又言：“伯益作井[1]，龙登玄云[2]，神栖昆仑[3]。”言作井有害[4]，故龙神为变也[5]。夫言龙登玄云，实也；言神栖昆仑，又言为作井之故，龙登神去，虚也。

以耕耘类推之。

夫作井而饮，耕田而食，同一实也。伯益作井，致有变动，始为耕耘者[6]，何故无变？神农之桡木为耒[7]，教民耕耨[8]，民始食谷，谷始播种。耕土以为田，凿地以为井，井出水以救渴，田出谷以拯饥[9]，天地鬼神所欲为也，龙何故登玄云？神何故栖昆仑？

王充倒是相信有龙的。

夫龙之登玄云，古今有之，非始益作井而乃登也。方今盛夏，雷雨时至，龙多登云。云雨与龙相应[10]，龙乘云雨而行，物类相致[11]，非有为也[12]。

尧时天下大和，百姓无事，有五十之民击壤于涂[13]。观者曰："大哉，尧之德也！"击壤者曰："吾日出而作，日入而息，凿井而饮，耕田而食，尧何等力[14]？"尧时已有井矣。

尧时已有井，非益始凿井。

唐、虞之时[15]，豢龙、御龙[16]，龙常在朝；夏末政衰，龙乃隐伏，非益凿井，龙登云也。

以龙的隐现史，证龙不为益作井登云。

所谓神者，何神也？百神皆是。百神何故恶人为井？使神与人同，则亦宜有饮之欲。有饮之欲，憎井而去，非其实也。

以神也要喝水，证神不为益作井逃难。

夫益殆不凿井，龙不为凿井登云，神不栖于昆仑，传书竟妄[17]，造生之也[18]。

以上述三证，推论传书虚妄。

[**注释**]

[1] 伯益：传说是尧、舜时代的贤臣。作井：凿井。传说井由伯益发明。 [2] 玄云：高空中的云。玄，幽远。 [3] 昆仑：山名，在今新疆、西藏间，西接帕米尔高原，东延入青海境内。引文见《淮南子·本经》。 [4] "作"，原作"龙"，据黄晖说改。此言龙、神因作井有害而离去，下文云"为作井之故，龙登神去"。 [5] 变：害。 [6] 耕耘者：指神农。 [7] 神农：神农氏，传说中的上古帝王，农业和医药的发明者。相传他用木制成耒（lěi）、耜（sì）

等农具，教民耕种；又传他曾尝遍百草，发现药材，教民治病。桡（náo）木：把木头弄弯。参见《周易·系辞下》。桡，弯曲，《周易》作“揉”。［8］耨（nòu）：耘，锄草。［9］拯：解救。［10］“雨与”，原无，据黄晖、张宗祥说补。《太平御览》卷二二引《论衡》文有“雨与”二字。［11］物类相致：同类之物互相招致。［12］非有为也：不是有意识的行为。［13］“天下大和，百姓无事，有”，原无，据黄晖说补。《文选·七命》六臣注引《论衡》文“尧时”下有此九字。击壤：相传尧时的一种游戏，把一块一头削尖的木片放在地上，用一根木棒去敲击它，让它跳到空中，然后用木棒去击打它，击打得越远越好，比赛时最远的就算赢。后世以“击壤”为歌颂太平盛世之典。涂：通“途”，道路。［14］尧何等力：这里边尧有什么力量呢？［15］唐：唐尧。虞：虞舜。［16］豢：饲养。《左传》昭公二十九年：“古者畜龙，故国有豢龙氏，有御龙氏。”［17］“竟”，原作“意”，据杨宝忠说改。［18］造生：生造。

传书言：“梁山崩[1]，壅河三日不流[2]，晋君忧之[3]。晋伯宗以辇者之言[4]，令景公素缟而哭之[5]，河水为之流通[6]。”此虚言也。

夫山崩壅河，犹人之有痈肿[7]，血脉不通也。治痈肿者，可复以素服哭泣之声治乎？

以痈肿类推之。

尧之时，洪水滔天，怀山襄陵[8]。帝尧吁嗟，博求贤者[9]。水变甚于河壅[10]，尧忧深于景公，不闻以素缟哭泣之声能厌胜之[11]。尧无贤人若辇者之术乎？将洪水变大[12]，不可以声服除也[13]？如素缟而哭[14]，悔过自责也，尧、禹之治水[15]，以力役，不以自责。梁山，尧时山也；所壅之河，尧时河也。山崩河壅，天雨水踊[16]，二者之变无以殊也。尧、禹治洪水以力役，辇者治壅河用自责，变同而治异，人钧而应殊[17]，殆非贤圣变复之实也[18]。

以尧时事类推之。

凡变复之道，所以能相感动者，以物类也[19]。有寒则复之以温，温复解之以寒。故以龙致雨，以刑逐暑[20]，皆缘五行之气用相感胜之[21]。山崩壅河，素缟哭之，于道何意乎[22]？

又据变复家言为说，王充再次自相矛盾矣。

此或时河壅之时，山初崩，土积聚，水未盛。三日之后，水盛土散，稍坏沮矣[23]，坏沮水流，竟注东去[24]。遭伯宗得辇者之言，因素缟而哭，哭之因流[25]，流则谓之河变起此而复[26]。其实非也。

这里解释堰塞湖及其决口的原因，符合科学原理。

还是偶然所致，世人无事生非。

何以验之？使山恒自崩乎[27]，素缟哭无益也；使其天变[28]，应之宜改政治。素缟而哭，何政所改而天变复乎[29]？

［注释］

[1] 梁山：指吕梁山，在今山西西部，位于黄河与汾河之

间。[2] 壅（yōng）：堵塞。河：黄河。[3] 晋君：春秋时晋国君主晋景公。[4] 伯宗：《穀梁传》作伯尊，晋景公时期大夫，贤而好直言。辇（niǎn）者：拉车的人。辇，古代一种人拉的车子。[5] 素缟（gǎo）：丧服。缟，白绢。[6] 引文见《穀梁传》成公五年。[7] 痈（yōng）：一种毒疮。[8] 怀山襄陵：水涨到山陵高处。怀，包围。襄，漫上。陵，山陵。其事参见《尚书·皋陶（gāo yáo）谟》。[9] 博：广泛。[10] 水变：水灾。[11] 厌胜：用迷信手段来制服。[12] 将：还是。[13] 声：指哭泣之声。服：指穿着丧服。[14]“如素缟而哭”二句意谓：如果说穿着丧服哭泣，是在悔过和责备自己。[15]“尧、禹之治水”三句意谓：然而尧、禹治水，靠的是人力，而不是自责。力役，人力。“不以自责”的“以”字原无，据杨宝忠说补。[16] 踊：上涨。[17] 人钧而应殊：同样是人，对付灾害的办法却不相同。钧，相同。[18] 殆非贤圣变复之实也：这大概不是圣贤使灾变消除而恢复正常状态的实际情况吧。[19] 以物类也：是因为事物同类相通的缘故。[20] 以刑逐暑：按照变复之家的说法，酷刑会带来严寒，赶走暑气。[21] 皆缘五行之气用相感胜之：都是因为五行之气相互感应、相互克制的缘故。[22] 于道何意乎：在道理上怎么解释呢？[23] 稍：逐渐。坏沮（jǔ）：败坏。[24] 竟注东去：终于向东流去。竟，终于。[25] 因：就。[26]“则”，原作“时”，据黄晖说改。起此：由此。[27] 使山恒自崩乎：如果山经常自动崩塌（是一种自然现象）。恒，经常。[28]“使其天变”二句意谓：如果山崩是一种天感应人事的灾变，那么就应该以改革政治来消除它。[29] 何政所改而天变复乎：又改变了什么政治而使灾变消除了呢？

传书言：“曾子之孝[1]，与母同气。曾子出薪于野[2]，有客至而欲去。曾母曰：‘愿留[3]，参方到。’即以右手搤其左臂[4]。曾子左臂立痛，即驰至[5]，问母：‘臂何故痛？’母曰：‘今者客来欲去，吾搤臂以呼汝耳。’盖以至孝[6]，与父母同气，体有疾病，精神辄感。”曰：此虚也。

夫“孝悌之至[7]，通于神明[8]”，乃谓德化至天地[9]。俗人缘此而说，言孝悌之至，精气相动[10]。如曾母臂痛，曾子臂亦辄痛，曾母病，曾子亦病乎[11]？曾母死，曾子辄死乎？考事[12]，曾母先死，曾子不死矣。此精气能小相动，不能大相感也。

以类推法驳斥之。

世称申喜夜闻其母歌[13]，心动，开关[14]，问歌者为谁，果其母[15]。盖闻母声，声音相感，心悲意动，开关而问，盖其实也。今曾母在家，曾子在野，不闻号呼之声，母小搤臂[16]，安能动子？

以申喜事类推之。

疑世人颂成[17]，闻曾子之孝天下少双，则为空生母搤臂之说也[18]。

解释此虚言来由。

[注释]

[1] 曾子：曾参，孔子弟子，事父母至孝。 [2] 薪：砍柴。 [3]“愿留”二句意谓：请稍等一会儿，曾参马上就到

了。[4]搤（è）：同“扼”，捏，掐。[5]驰：飞跑。[6]盖以至孝：这是因为曾子非常孝顺。[7]孝：孝顺父母。悌（tì）：敬重兄长。[8]神明：天神和地神。引文见《孝经·感应章》。[9]乃谓德化至天地：意谓德化可以感动天地。[10]精气相动：（人与人之间）精气可以互相感动。[11]“乎”，原在“曾母病”后，据孙人和、张宗祥说乙。下文“曾母死，曾子辄死乎”，句法同。[12]考事：考察事实。[13]申喜：春秋战国时期周人，自幼与母失散。[14]开关：开门。[15]其事参见《吕氏春秋·精通》《淮南子·说山》。[16]小：稍微。[17]颂成：歌颂成事。[18]空生：凭空捏造。

世称：“南阳卓公为缑氏令[1]，蝗不入界[2]。盖以贤明至诚，灾虫不入其县也。”此又虚也。

夫贤明至诚之化，通于同类，能相知心，然后慕服[3]。蝗虫，闽虻之类也[4]，何知何见，而能知卓公之化？使贤者处深野之中，闽虻能不入其舍乎？闽虻不能避贤者之舍，蝗虫何能不入卓公之县？

以闽虻类推之。

如谓蝗虫变，与闽虻异，夫寒温，亦灾变也，使一郡皆寒，贤者长一县[5]，一县之界能独温乎？夫寒温不能避贤者之县，蝗虫何能不入卓公之界？

以寒温类推之。

夫如是，蝗虫适不入界，卓公贤名偶称于世[6]，世则谓之能却蝗虫矣。

还是偶然所致，世人无事生非。

何以验之？夫蝗之集于野，非能普博尽蔽地也，往往积聚多少有处[7]。非所积之地，则盗跖所居[8]；所少之野，则伯夷所处也[9]，集地有多少[10]，不能尽蔽覆也。夫集地有多少，则其过县有留去矣[11]。多少不可以验善恶，有无安可以明贤不肖也[12]？

以集地有多少类推之。

盖时蝗自过，不谓贤人界不入[13]，明矣。

推测真实原因。

［注释］

[1] 南阳：郡名，在今河南西南部及湖北北部。卓公：卓茂（？—28），字子康，南阳宛人，西汉平帝时为密县令，东汉光武帝时官至太傅，封褒德侯。缑（gōu）氏：古县名，治所在今河南偃师东南。南阳卓公为缑氏令，《后汉书·卓茂传》："后以儒术举为侍郎，给事黄门，迁密令。"《后汉书·光武帝纪》建武元年（25）九月甲申，"以前密令卓茂为太傅"，李贤注："卓以平帝时为密令，故曰'前'。"《水经注》卷二二洧水"东南过其县南"："今县城东门南侧，有汉密令卓茂祠。"综合以上各条来看，王充或记述有误，"缑氏"当为"密县"。密县：古县名，汉置，治所在今河南密县东南。令：汉制，县长官，万户以上称"令"，万户以下称"长"。 [2] 蝗不入界：据《后汉书·卓茂传》："平帝时，天下大蝗，河南二十余县皆被其灾，独不入密县界。督邮言之，太守不信，自出案行，见乃服焉。" [3] 慕服：仰慕信服。 [4] 闽（wén）：通"蚊"。虻：牛虻一类昆虫。 [5] 长一县：做一县之长。 [6]"偶"，原无，据孙人和、张宗祥说补。"偶称

于世”与上文“适不入界”语气相同。《论衡》“偶”“适”并列之例甚多。 [7] 往往积聚多少有处：往往有的地方多，有的地方少。 [8] 跖：春秋时期有名的大盗，时人称“盗跖”。 [9] 伯夷：商末贵族，反对武王伐纣，商亡后，不吃周朝粮食，最终饿死在首阳山。 [10] 集：聚集。“地”，原作“过”，据孙人和、张宗祥说改。 [11] 其过县有留去矣：蝗虫飞过各县时有留下的，也有飞走的。 [12] 不肖：不贤。 [13] 不谓：不为。贤人界：贤人所治之县界。

［点评］

《论衡》从《书虚篇》到《艺增篇》这十二篇，简称“九虚三增”，为一组有系统的文章。这组文章的宗旨，是批判书传中的虚妄之言，也就是其首篇《书虚篇》开头所说的：“世信虚妄之书，以为载于竹帛上者，皆贤圣所传，无不然之事，故信而是之，讽而读之。睹真是之传与虚妄之书相违，则并谓短书不可信用。夫幽冥之实尚可知，沉隐之情尚可定，显文露书，是非易见，笼总并传非实事，用精不专，无思于事也。”这段开场白，既可以看作是《书虚篇》的小序，也可以看作是“九虚三增”的总序。这十二篇文章，可以说是从各个角度阐述这个宗旨的（除了《龙虚篇》和《雷虚篇》以外，其余“七虚三增”都是“书虚”；之所以分成各种名称，只是为了叙述方便而已）。本书在“九虚”中选取了本篇，在“三增”中选取了《艺增篇》。

本篇批判了十五件虚妄之事，其中有十四件是“传书言”，只有一件是“世称”，可见“感虚”也是“书虚”

的一个方面。但本篇所论大都是天人感应论方面的内容，而《书虚篇》却并非如此，所以“感虚”又不完全等同于“书虚”。

本篇保存了中国古代原始思维的宝贵资料，尤其是“天人感应论”的种种表现。如古人认为人的行为能使天象发生奇怪的变化；人的行为好坏会招来不同动物的不同行为，好人会招来好动物的好行为，坏人则会招来坏动物的坏行为，如果惩治了坏人，则坏动物的坏行为便会消失，如果起用了好人，则坏动物的坏行为便可防止；人与自然界之间也存在着广泛的感应，人的行为因而能影响自然界，如人能使风波止息，使太阳停止移动，使长城崩塌，使夏天陨霜，使河水流通，等等；人类的一些创造性行为，如奏乐、作书、作井，也会引起自然界的奇怪变化；不仅是刚出生不久的新生儿，即使是长大成人的孩子，也与父母之间存在着神秘的感应，并产生了基于这种观念的风俗。

但本篇更重要的价值是，在保存中国古代原始思维的宝贵资料的同时，王充又用理性思维对其作出了清算与批判。王充运用自己丰富的知识储备或是常识，用一般人容易接受的道理和类推等方法，驳斥了“天人感应论”的种种表现。他总是先来个当头棒喝，“此言虚也”，“殆虚言也”，“此虚言也”，“此虚也”，“此又虚也”，等等；再条分缕析地予以推理论证，如用人心相通才会发生感动，反推杞梁妻之哭不能崩城，用雨水的自然形成机制，来解释“天雨粟”并非灾异，等等；最后则试图用偶然来说明原因，如“或时武王适麾之，风偶自止，世褒武王之德，则谓武王能止风矣”，“或时旱久，时当自雨，汤以旱久，亦适自责。世人见雨之下，随汤自责而至，则谓汤以祷祈得雨矣”，“疑世人颂成，闻曾子之孝天下少双，则为空生母搤臂之说也”，“蝗虫适不入界，卓公贤名偶称于世，世则谓之能却蝗虫矣”，等等。王充的这些清算和批判都很有说服力，对于破除迷信陋俗具有积极意义。

艺增篇

世俗所患[1]，患言事增其实，著文垂辞[2]，辞出溢其真[3]，称美过其善[4]，进恶没其罪[5]。何则？俗人好奇，不奇，言不用也[6]。故誉人不增其美，则闻者不快其意；毁人不益其恶，则听者不惬于心[7]。闻一增以为十，见百益以为千。使夫纯朴之事[8]，十剖百判；审然之语[9]，千反万畔。墨子哭于练丝[10]，杨子哭于歧道[11]，盖伤失其本[12]，悲离其实也。蜚流之言[13]，百传之语，出小人之口，驰闾巷之间，其犹是也。

因信言不美，故美言不信。

个十百千，十百千万，王充对数字的运用很敏感，也很有修辞特色。

两个例子，活用于此，很是巧妙。

诸子之文，笔墨之疏[14]，人贤所著[15]，妙思所集，宜如其实，犹或增之，倘经艺之言[16]，从闾巷之言，到诸子之言，到经艺之言，层层递进。

如其实乎？言审莫过圣人，经艺万世不易，犹或出溢[17]，增过其实。增过其实[18]，皆有事为，不妄乱误，以少为多也。然而必论之者，方言经艺之增与传语异也[19]。经增非一，略举较著[20]，令恍惑之人[21]，观览采择[22]，得以开心通意，晓解觉悟。

以上这段话，既可以看作是本篇的小序，也可以看作是“三增”的小序，交代了本篇及“三增”的写作宗旨。

［注释］

[1]世俗：一般人。患：犯病。 [2]垂辞：作文著书。 [3]溢：超过。 [4]称：赞扬。 [5]进：进谏，这里指批评。没：漫过，超过。 [6]用：采用。 [7]惬：满足，痛快。 [8]“使夫纯朴之事”二句意谓：使那些本来很简单的事，分成了百十种离奇古怪的事情。纯朴，纯正而朴实，这里指简单。剖，割裂。判，分开。 [9]“审然之语”二句意谓：本来很明白的话，变成了千万种互相背离的说法。审，明白。畔，通“叛”，背离。 [10]墨子（约前468—前376），名翟（dí），战国初期鲁国人，墨家的创始人，其思想学说见于《墨子》。练丝：白色的丝。据《墨子·所染》记载，墨子看见有人染丝，感叹道，染什么颜色，就成什么颜色，再也变不回来了，因此，染东西不能不谨慎啊。人的操行也是如此。 [11]杨子：杨朱，战国时期魏国人。歧道：岔路口。据《荀子·王霸》记载，杨朱走到岔路口说，如果走错半步，误入歧途，继续走下去，就会和正道相差千里，后果不堪设想，于是就伤心地哭了起来。 [12]“盖伤失其本”二句意谓：大概都是痛心于失去人的本来面目。前句“其”字原无，据杨宝忠说补。 [13]蜚（fēi）流之言：流言蜚语。蜚，通“飞”。 [14]笔墨之疏：指对

经书的解释。疏，疏通，解释。[15] 人贤：同“贤人”，犹“人杰”“人豪”。[16] 经艺：指儒家经书。[17] 犹或出溢：有的地方还是说过了头。出溢，过头。[18]“增过其实”四句意谓：夸大事实都是有目的的，不会胡乱地把少的说成是多的。[19] 方言：正是为了说明。传语：百传之语，流言蜚语。[20] 较著：明显的事例。[21] 恍惑：糊涂迷惑。[22] 采择：采纳。

《尚书》曰[1]：“协和万国[2]。”是美尧德致太平之化，化诸夏并及夷狄也[3]。言协和方外[4]，可也；言万国，增之也。

[**注释**]

[1]“曰”，原无，据黄晖说补。依《论衡》文例，应有“曰”字。[2] 协和万国：使万国和睦相处。引文见《尚书·尧典》。[3] 诸夏：古时指居住在中原一带的各民族。夷狄：古时对中原周边各民族的蔑称。[4] 方外：域外。

夫唐之与周[1]，俱治五千里内[2]。周时诸侯千七百九十三国[3]，荒服、戎服、要服及四海之外不粒食之民[4]，若穿胸、儋耳、焦侥、跂踵之辈[5]，并合其数，不能三千[6]。天之所覆，地之所载，尽于三千之中矣。而《尚书》云万国，褒增过实，以美尧也。欲言尧之德大，所化者众，诸夏夷狄，莫不雍和，故曰万国。犹《诗》言“子孙千亿”矣[7]，美周宣王之德能慎天地[8]，天地祚之[9]，子孙众多，至于千亿。言子孙众多，可也；言千亿，增之也。夫子孙虽众，不能千亿，诗人颂美，增益其实。案后稷始受邰封[10]，讫于宣王[11]，以至外族内属，血脉所连，不能千亿。夫千与万[12]，数之大名也。欲言众多[13]，故《尚书》言万国，《诗》言千亿。

修辞格有所谓的“夸张”，王充似乎有点抬杠。如果数字一定要准确而不能夸张，那么本篇开头的个十百千、十百千万又怎么说呢？以上谈《尚书》的夸饰。

［注释］

[1] 唐：指尧统治的时期。周：指西周。 [2] 五千里：据《尚书·禹贡》记载，中国方圆五千里。 [3]“千七百九十三国”，《尚书大传·洛诰传》作“千七百七十三诸侯”，《礼记·王制》作“千七百七十三国”，王充多记了二十国，或为王充误记，或王充别有所据。 [4] 荒服、戎服、要服：据《尚书·禹贡》记载，古代以王都为中心，按同心圆的结构，由内向外依次是甸服、侯服、绥服、要服、荒服等五服（“服”是服侍君主之意），对君主分别承担不同的职责。王充这里只提到三服，应该是举例性质，但其中的“戎服”不见于现存古文献，或为王充误记，或王充别有所据。不粒食之民：指不吃五谷的人。 [5] 穿胸、儋（dān）耳、焦侥、跂踵（qì zhǒng）：我国古代传说中的四个远方国名。穿胸国，即贯匈国，《山海经·海外南经》：“贯匈国在其东，其为人匈有窍。一曰在载国东。”《山海经·大荒北经》：“有儋耳之国，任姓，禺号子，食谷。”儋耳国，即聂耳国，《山海经·海外北经》：

“聂耳之国在无肠国东，使两文虎，为人两手聂其耳。县居海水中，及水所出入奇物。两虎在其东。”焦侥国，即周饶国，《山海经·海外南经》：“周饶国在其东，其为人短小，冠带，一曰焦侥国在三首东。”又《山海经·大荒南经》：“有小人，名曰焦侥之国，几姓，嘉谷是食。”《山海经·海外北经》：“跂踵国在拘缨东，其为人大，两足亦大。一曰大踵。”“跂”，原作“跋”，据孙诒让、张宗祥说改。《山海经·海外北经》作“跂踵”。辈：类。 [6] 不能：不到。 [7] 子孙千亿：见《诗经·大雅·假乐》。 [8] 美周宣王之德能慎天地：今本《诗》序说，这首诗是赞美周成王的，王充却说是赞美周宣王的，疑是《毛诗》与《鲁诗》的不同。慎，一作“顺”，顺从，敬重。 [9] 祚（zuò）：降福。 [10] 案后稷（jì）始受邰（tái）封：考察一下，从周的始祖后稷受封于邰的时候起。后稷，即弃，传说是周朝的始祖。邰，古地名，在今陕西武功西南，传说舜封后稷于邰。 [11] 讫（qì）：通“迄”，至。“宣王”原重出，据杨宝忠说删。 [12] “夫千与万”二句意谓：“千”和“万”是数字中的大数。 [13] “欲”，原作“万”，据杨宝忠说改。

《诗》云：“鹤鸣九皋[1]，声闻于天[2]。”言鹤鸣九折之泽[3]，声犹闻于天，以喻君子修德穷僻[4]，名犹达朝廷也。言其闻高远[5]，可矣；言其闻于天，增之也。

［注释］

[1] 九皋（gāo）：指沼泽深处。九，表示众多，非确数。皋，沼泽。 [2] 引文见《诗经·小雅·鹤鸣》。 [3] 九折之泽：王充以此释“九皋”，即指沼泽深处。折，曲折。 [4] 修德穷僻：修

德于穷乡僻壤。　[5]“言”，原无，据黄晖、刘盼遂说补。上文“言协和方外”“言子孙众多”，句式皆同。

彼言声闻于天[1]，见鹤鸣于云中，从地听之，度其声鸣于地[2]，当复闻于天也[3]。夫鹤鸣云中，人闻声仰而视之，目见其形。耳目同力[4]，耳闻其声，则目见其形矣。然则耳目所闻见，不过十里，使参天之鸣[5]，人不能闻也。何则？天之去人以万数[6]，远则目不能见，耳不能闻。今鹤鸣，从下闻之，鹤鸣近也。以从下闻其声[7]，则谓其鸣于地，当复闻于天，失其实矣。其鹤鸣于云中，人从下闻之；如鸣于九皋，人无在天上者，何以知其闻于天也[8]？无以知[9]，竟徒准况之也。诗人或时不知[10]，至诚以为然[11]；或时知，而欲以喻事，故增而甚之[12]。

上文既说此诗意为“以喻君子修德穷僻，名犹达朝廷也”，则王充力辩“鹤鸣九皋，声闻于天”之不可能，其实也就是在隐喻“君子修德穷僻，名犹达朝廷”之不可能——这应是他的切身体会。以上谈《诗经》的夸饰。

[注释]

[1] 彼：指诗的作者。　[2] 度（duó）：推测，估计。　[3] 当：应当。复：也。　[4] 同力：能力相同。　[5] 使参天之鸣：如果鸣声高达于天。参天，高达于天。之，而。　[6] 以万数：以万里为单位计算。《论衡·谈天篇》认为，“天”是一种物质实体，距离地面有六万里。裘锡圭说“万”字下或脱“里”字，《论衡·纪

妖篇》:“天之去人，以万里数。” [7] 以：因为。 [8]“天”下原有“上”字，据杨宝忠说删。 [9]“无以知”二句意谓：没办法知道，只能是从类比中得出的想法。竟徒，只是。“竟”，原作“意”，据刘盼遂说改。“徒”，原作“从（從）”，据杨宝忠说改。准况，类比。 [10] 或时：或者，或许。 [11] 至诚：诚心诚意。 [12] 故增而甚之：所以夸张得非常厉害。

《诗》曰：“维周黎民[1]，靡有孑遗[2]。”是谓周宣王之时遭大旱之灾也。诗人伤旱之甚，民被其害，言无有孑遗一人不愁痛者。夫旱甚，则有之矣；言无孑遗一人。增之也。

［注释］

[1] 维：发语词。黎民：百姓。《论衡·治期篇》引作“周余黎民”，与《毛诗》同。吴承仕疑《鲁诗》自作“维周黎民”，与《毛诗》异。《治期篇》作“周余黎民”者，后人据《毛诗》改之。 [2] 靡（mǐ）：没有。孑（jié）遗：残余，剩余。引文见《诗经·大雅·云汉》。

夫周之民，犹今之民也。使今之民也[1]，遭大旱之灾，贫羸无蓄积[2]，扣心思雨[3]；若其富人谷食饶足者[4]，廪囷不空[5]，口腹不饥，何愁之有？天之旱也，山林之间不枯；犹地之水[6]，丘陵之上不湛也[7]。山林之间[8]，富贵之人，必有遗脱者矣，而言“靡有孑遗”，增益其文，欲确实，遇到自然灾害，赈灾时不能一刀切。以上谈《诗经》的夸饰。

言旱甚也。

［注释］

[1] 使：如果。　[2] 羸（léi）：瘦，弱。　[3] 扣心：捶胸。扣，通“叩”，敲，击。　[4] 若其：至于那些。　[5] 廪（lǐn）：粮仓。囷（qūn）：粮屯。　[6] 犹地之水：如同地上发大水。　[7] 湛（chén）：通“沉”，淹没。　[8]“山林之间”三句意谓：山林之间的人，富贵的人，一定有能幸存的。

《易》曰[1]：“丰其屋[2]，蔀其家，窥其户，阒其无人也。”非其无人也[3]，无贤人也。《尚书》曰：“毋旷庶官[4]。”旷，空；庶，众也。毋空众官[5]，置非其人，与空无异，故言空也。

［注释］

[1]《易》：指《周易》。　[2]“丰其屋”四句意谓：把屋顶盖得厚厚的，把屋子遮得严严的，使别人往门里一看，静悄悄地像没人一般。丰，厚。蔀（bù），蔽。阒（qù），寂静。引文见《周易·丰卦》上六爻辞。　[3]“非其无人也”二句意谓：不是那里没人，而是没有贤人。　[4] 毋（wú）旷庶官：不要让各种官位空着（意思是不要让无能的人做官）。毋，不要。引文见《尚书·皋陶谟》。　[5]“旷，空；庶，众也。毋空众官”九字是对“毋旷庶官”的解释，疑是宋元旧注误入正文者。

夫不肖者皆怀五常[1]，才劣不逮[2]，不成纯贤[3]，非狂妄顽嚚身中无一知也[4]。德有大小，材有高下，居官治职，皆欲勉效在官[5]。《尚书》之官[6]，《易》之户中，犹能有益，如何谓之空而无人？《诗》曰："济济多士[7]，文王以宁[8]。"此言文王得贤者多，而不肖者少也。今《易》宜言"阒其少人"[9]，《尚书》宜言"无少众官"。以少言之，可也；言空而无人，亦尤甚焉[10]。

人各有其才，当各尽其用，不必千军万马走独木桥。王充这里说得很有道理。

［注释］

[1] 不肖：不贤。五常：也称"五典""五信"，指仁、义、礼、智、信等五种道德规范，一指父义、母慈、兄友、弟恭、子孝等五种行为准则。参见《白虎通·情性》。 [2] 逮：及，到。 [3] 纯贤：完美无缺的贤人。 [4] 顽嚚（yín）：顽劣，愚蠢。知（zhì）：通"智"，这里泛指才能、道德。王充认为，不贤的人，只是秉受的气不如善人，但不是一点善性也没有的。 [5] 勉效：勉力效劳。 [6]"《尚书》之官"四句意谓：《尚书》所说的那些无能的官，《周易》所说的那些房子里的人，还是多少有点用处的，怎么能说空空的等于没有人呢？ [7] 济济：形容众多。士：指有才能的人。 [8] 文王：周文王。宁：安宁。引文见《诗经·大雅·文王》。 [9]"今《易》宜言'阒其少人'"二句意谓：现在看来，《周易》应该说"静悄悄地人很少"，《尚书》应该说"不要只安置少数几个有用的人做官"。 [10] 亦尤甚焉：也太过分了。

五谷之于人也，食之皆饱。稻粱之味[1]，甘以豆麦、竹杖为喻，很是日常亲切。以上谈《周易》《尚书》的夸饰。

而多腴[2]。豆麦虽粝[3]，亦能愈饥[4]。食豆麦者，皆谓粝而不甘，莫谓腹空无所食[5]。竹木之杖，皆能扶病[6]，竹杖之力，弱劣不及木。或操竹杖，皆谓不劲[7]，莫谓手空无把持。夫不肖之臣，豆麦、竹杖之类也。《易》持其具臣在户[8]，言无人者，恶之甚也。《尚书》众官亦容小材[9]，而云无空者[10]，刺之甚也[11]。

[注释]

[1]"粱"，原作"梁"，据《论衡注释》、张宗祥说改。 [2]腴（yú）：鲜美。 [3]粝：粗糙。 [4]愈饥：去饥。 [5]莫谓：不会说。 [6]扶病：指支撑病人走路。 [7]不劲：不给力。 [8]《易》持其具臣在户：《易》是说只有滥竽充数的官员在屋里。具臣，备员，指滥竽充数的官员。具，备。 [9]《尚书》众官亦容小材：《尚书》中提到的众官，也包括一些多少有点才能的人。容，容纳，包括。 [10]无空：即上文的"毋旷"。 [11]刺：讥刺。

《论语》曰："大哉[1]，尧之为君也！荡荡乎民无能名焉。"传曰[2]："有年五十击壤于路者[3]，观者曰：'大哉，尧之德乎[4]！'击壤者曰：'吾日出而作，日入而息，凿井而饮，耕田而食，尧何等力[5]！'"此欲言荡荡无能名之效也[6]。言荡荡，可也；乃言民无能名[7]，增之也。四海之大，万民之众，无能名尧之德者，殆不实也[8]。

[注释]

[1]“大哉”三句意谓：尧作为君主的功德如此之大，老百姓竟不知道该怎样来称颂他了。荡荡，形容广大的样子。引文见《论语·泰伯》。 [2] 传：泛指儒家经书以外及解释经书的书籍。 [3] 击壤：相传尧时的一种游戏，把一块一头削尖的木片放在地上，用一根木棒去敲击它，让它跳到空中，然后用木棒去击打它，击打得越远越好，比赛时最远的就算赢。 [4]“之”，原无，据黄晖说补。下文复述此语作“大哉，尧之德乎”。 [5] 尧何等力：这里边尧有什么力量呢！ [6] 此欲言荡荡无能名之效也：这种说法是要证明尧的功德广大，却没有一个人说得出来。“欲”，原无，据刘盼遂说补。效，证明。 [7]“乃”下原有“欲”字，据黄晖说删。 [8] 殆：大概。

夫击壤者曰“尧何等力”，欲言民无能名也；观者曰：“大哉，尧之德乎！”此何等民者[1]，犹能知之。实有知之者，云无，竟增之。

[注释]

[1]“此何等民者”二句意谓：连这个说“尧何等力”的观者，尚且能知道尧之德。“此何等民”是仿“尧何等力”的句式。

儒书又言：“尧、舜之民，可比屋而封[1]。”

言其家有君子之行[2]，可皆官也。夫言可封，可也；言比屋，增之也。

引出陆贾《新语》的话，是为了与《论语》对质。

[注释]

[1] 可比屋而封：挨家挨户都有资格封官。比，挨着。引文见陆贾《新语·无为》。又参见《论衡·率性篇》。 [2] 家：家家户户。

人年五十为人父，为人父而不知君，何以示子[1]？太平之世，家为君子，人有礼义，父不失礼，子不废行[2]。夫有行者有知[3]，知君莫如臣，臣贤能知君，能知其君，故能治其民。今不能知尧，何可封官？年五十击壤于路，与竖子未成人者为伍[4]，何等贤者？子路使子羔为郈宰[5]，孔子以为不可[6]。未学，无所知也。击壤者无知，官之如何[7]？称尧之荡荡，不能述其可比屋而封；言贤者可比屋而封，不能议其愚而无知[8]。夫击壤者难以言比屋[9]，比屋难以言荡荡[10]。二者皆增之[11]，所由起，美尧之德也。

以上谈《论语》的夸饰，并引《新语》以为质证。

[注释]

[1] 何以示子：拿什么来教育孩子呢？示，告诫。 [2] 行：德行。 [3] 知：指鉴别事物的能力。 [4] 竖子：小孩子。 [5] 子路：

仲由，字子路，一字季路，孔子弟子。子羔：高柴，字子羔，孔子弟子，小孔子三十岁。郈（hòu）：春秋时期鲁国叔孙氏邑，在今山东东平东南，《论衡·问孔篇》作“费”。宰：邑宰，地方官名。 [6]其事参见《论语·先进》《史记·仲尼弟子列传》。 [7]官之如何：怎么能让他做官呢？ [8]“议”下原有“让”字，据黄晖、杨宝忠说删。吴承仕说“议（議）”疑当作“讥（譏）”，形近而误。“知”下原有“之”字，据杨宝忠说删。 [9]夫击壤者难以言比屋：有击壤者这样无知的人存在，就不能说“可比屋而封”。 [10]比屋难以言荡荡：说“可比屋而封”，就不能说“荡荡乎民无能名”（二者是自相矛盾的）。 [11]“二者皆增之”三句意谓：两种说法都是言过其实的，之所以出现这两种说法，其目的是为了美化尧的德行。

《尚书》曰：“祖伊谏纣曰[1]：‘今我民罔不欲丧。’”罔，无也，我天下民无不欲王亡者。夫言欲王之亡，可也；言无不，增之也。

［注释］

[1]祖伊谏纣：西伯昌（周文王）打败了商的属国黎以后，纣王的贤臣祖伊惊慌失措，赶紧跑去禀报纣王，直言不讳地指出纣王荒淫无度，已遭到天怒人怨，情势危急，殷命将终，要纣王勤勉政事，为国家命运着想。引文见《尚书·西伯戡黎》。祖伊，商王祖乙的后代，商纣王的贤臣。

纣虽恶，民臣蒙恩者非一，而祖伊增语，欲以惧纣也。故曰：语不益[1]，心不惕[2]；心不惕，

“语不益，心不惕；心不惕，行不易。”四句诚为洞观之言。

行不易。增其语，欲以惧之，冀其警悟也。

［注释］

[1] 益：夸大。 [2] 惕：惧。

苏秦说齐王曰[1]：“临菑之中[2]，车毂击[3]，人肩磨[4]，举袖成幕，连衽成帷[5]，挥汗成雨[6]。”齐虽炽盛[7]，不能如此。苏秦增语，激齐王也[8]。祖伊之谏纣，犹苏秦之说齐王也。贤圣增文，外有所为[9]，内未必然[10]。何以明之？夫《武成》之篇[11]，言武王伐纣，血流浮杵[12]。助战者多[13]，故至血流如此。皆欲纣之亡也，土崩瓦解，安肯战乎？然祖伊之言“民无不欲”，如苏秦增语；《武成》言血流浮杵，亦太过焉。死者血流，安能浮杵？案武王伐纣于牧之野[14]，河北地高[15]，壤靡不干燥[16]，兵顿血流[17]，辄渗入土[18]，安得杵浮？且周、殷士卒，皆赍盛粮[19]，无杵臼之事[20]，安得杵而浮之？言血流浮杵[21]，欲言诛纣难[22]，兵顿士伤，故至浮杵。

以上谈《尚书》的夸饰。

[注释]

[1] 苏秦：战国时期纵横家。齐王：指齐宣王。 [2] 临菑（zī）：即临淄，齐国国都，在今山东淄博东北，因城临淄水而得名。 [3] 车毂（gǔ）击：车轮相碰。毂，车轮中心的圆木，中有圆孔可以插轴，泛指车轮。 [4] 人肩磨：人肩相摩。磨，摩。 [5] 衽（rèn）：衣袖。帷：帐幕。 [6] 引文见《战国策·齐策一》。 [7] 炽（chì）盛：强盛。 [8] 激齐王：据《战国策·齐策一》记载，苏秦在齐宣王面前赞扬齐国国富民强，目的在于激励齐王与秦国抗衡。 [9] 外：对外。 [10] 内：内心。 [11]《武成》：古文《尚书》的一篇，后佚失，现在流传的是伪书。 [12] 血流浮杵（chǔ）：血流成河，把杵都漂起来了。杵，舂米用的木棒。 [13] 助战者：指助纣王作战的人。 [14] 牧之野：即牧野，古地名，在今河南淇县南。 [15] 河北：指黄河以北地区。 [16] 壤靡不干燥：土壤没有不干燥的。 [17] 兵：兵器。顿：通“钝”。 [18]“渗”，原作“燥”，据杨宝忠说改。 [19] 赍（jī）：携带。盛粮：干粮。盛，成。以下原有“或作干粮”四字，孙诒让、张宗祥疑当是宋元人校语而误入正文者，从其说删。 [20] 无杵臼之事：用不着用杵臼舂米。臼，舂米用的石臼。 [21]“浮”，原无，据黄晖说补。上文有“血流浮杵”，“《武成》言血流浮杵”。 [22]“欲言诛纣难”三句意谓：想说讨伐纣王艰难，士兵伤亡惨重，血流成河，所以就说“浮杵”。“难”，原作“惟”，据杨宝忠说改。

《春秋》庄公七年[1]：“夏四月辛卯[2]，夜中恒星不见，星賈如雨[3]。”《公羊传》曰[4]：“如雨者何？非雨也。非雨则曷为谓之如雨[5]？不修《春秋》曰[6]：'雨星不及地尺而复[7]。'君子修之曰[8]：'星霣如雨。'"不修《春秋》者，未修《春秋》时鲁史记，曰："雨星不及地尺如复[9]。"君子者，谓孔子也。孔子修之曰[10]："星霣如雨。""如雨"者，如雨状也。山气为云，上不及天，下而为雨[11]。雨星[12]，星陨不及地，上复在天，故曰"如雨"，孔子正言也[13]。夫星霣或时至地[14]，或时不能，尺丈之数，难审也。史记言尺[15]，亦以太甚矣。夫地有楼台山陵，安得言尺？孔子言如雨，得其实矣。孔子作《春秋》，故正言"如雨"。如孔子不作，"不及地尺"之文，遂传至今。

以上谈"不修《春秋》"的夸饰。

［注释］

[1] 庄公：指鲁庄公，春秋时期鲁国君主，前 693—前 662 年在位。庄公七年，即前 687 年。 [2] 四月辛卯：据王韬《春秋朔闰表》，为周历四月五日。 [3] 霣（yǔn）：通"陨"，坠落。 [4]《公羊传》：又称《春秋公羊传》《公羊春秋》，儒家经书之一，是一部解释《春秋》的著作，相传为战国初齐国人公羊高撰，但其实公羊高只是子夏之后学，《公羊传》的一代传人而已。 [5] 曷（hé）：何，什么。 [6] 不修《春秋》：指未经孔子修订过的鲁国编年史《春秋》，即鲁国原来的编年史。 [7] 雨星不及地尺而复：星星像雨一样降下来，在距地面一尺的时候就回升上去了。"雨"前原有"如"

字，据孙人和说删。下文亦云“雨星不及地尺如复”。复，恢复，这里指回升。 [8] 君子：或说指孔子。“曰”，原无，据孙人和说补。 [9] 如：而。 [10]“曰”，原无，据孙人和说补。 [11]“雨”，原作“云”，据刘盼遂说改。《论衡·感虚篇》：“夫云雨出于丘山，降散则为雨矣。”与此同义。 [12]“雨星”四句意谓：星陨（似是流星雨）的时候，有些还没落到地上，有些又出现在天上，就像下雨一样。 [13] 正言：订正了的说法。正，订正。 [14]“夫星霣或时至地”二句意谓：星陨的时候，有些会落到地上，有些不会（因为途中就烧尽了）。或时，或许，有的。 [15] 史记：这里指未经孔子修订的鲁国编年史《春秋》。

光武皇帝之时[1]，郎中汝南贲光上书[2]，言：孝文皇帝时居明光宫[3]，天下断狱三人[4]。颂美文帝，陈其效实[5]。光武皇帝曰：“孝文时，不居明光宫，断狱不三人。”积善修德，美名流之[6]，是以君子恶居下流[7]。夫贲光上书于汉，汉为今世，增益功美，犹过其实，况上古帝王久远，贤人从后褒述，失实离本，独已多矣[8]。不遭光武论[9]，千世之后，孝文之事载在经艺之上，人不知其增，“居明光宫”“断狱三人”，而遂为实事也。

王充这里批评别人颂美当世增益失实，没想到后来自己也写了一组颂汉之文。

以上谈贲光上书中对当世的夸饰。

［注释］

[1] 光武皇帝：指汉光武帝刘秀，25—56 年在位。 [2] 郎

中：官名，在秦汉时是宫廷侍卫官。汝南：郡名，在今河南东南、安徽西北部。贲光：人名，事迹难考。[3]孝文皇帝：指汉文帝，前179—前157年在位。明光宫：汉代宫殿名。[4]断狱：判案。[5]陈：陈述。效实：这里指功绩。[6]流：流传。[7]下流：下游，指处于众恶所归的不利境地。[8]独已多矣：当然就更多了。独，特。已，太。[9]论：驳斥。

［点评］

“九虚”着眼于“虚”，“三增”着眼于“增”；“虚”是无中生有，“增”是言过其实。王充把“增”单列出来，于是就有了“三增”的写作，亦即《语增篇》《儒增篇》与本篇。本书在三者中选取了本篇。

本篇开头一段提纲挈领，指出了“增”的种种表现：“世俗所患，患言事增其实，著文垂辞，辞出溢其真，称美过其善，进恶没其罪。……蜚流之言，百传之语，出小人之口，驰闾巷之间，其犹是也。”由于前面的《语增篇》《儒增篇》都没有小序，所以，这既可以看作是本篇的小序，也可以看作是“三增”的小序（奇怪的只是其没有放在“三增”第一篇的开头，却放在最后一篇的开头）。其宗旨一言以蔽之，就是“美言不信”。

《语增篇》所处理的，是“传语”之“增”，共十一条；《儒增篇》所处理的，是“儒书”（王充所谓“儒书”，非尽指儒家之书，也包括史传诸子等）之“增”，共十六条；本篇所处理的，是“经艺”之“增”，共八条。王充写作“三增”，盖是由一般的“传语”及于“儒书”，进而及于“经艺”，这样便使这组文章产生了一种逐渐深入的气势。

就世俗而言，比起诸子之文来，一般更相信经艺之言，因为它出于圣人之手。但不仅诸子之文有“增”，经艺之言同样如此：“诸子之文，笔墨之疏，人贤所著，妙思所集，宜如其实，犹或增之，傥经艺之言，如其实乎？言审莫过圣人，经艺万世不易，犹或出溢，增过其实。”而且比起诸子之文来，经艺之言的“增”有其自身特点，所以需要特别加以剖析：“增过其实，皆有事为，不妄乱误，以少为多也。然而必论之者，方言经艺之增与传语异也。”而剖析经艺之“增”，其实也就是破除关于圣人的神话，觉悟关于经艺的迷信，还原造神之前的本来面目，本篇即为此而作：“经增非一，略举较著，令恍惑之人，观览采择，得以开心通意，晓解觉悟。”

在本篇中，王充不仅剖析了“增”的现象，还指出了“增”的心理基础：“俗人好奇，不奇，言不用也。故誉人不增其美，则闻者不快其意；毁人不益其恶，则听者不惬于心。闻一增以为十，见百益以为千。”其所导致的不良后果是：“使夫纯朴之事，十剖百判；审然之语，千反万畔。”而对于这种不良后果，前贤们也曾予以重视：“墨子哭于练丝，杨子哭于歧道，盖伤失其本，悲离其实也。”现在则轮到王充来进一步展开论述了。

在剖析各种“增”的现象时，王充运用了“矛盾律”与“效验法”，也就是针对同一件事情，把不同的说法放在一起，指出它们之间“不得两立”“不得两全”，从而得出“不得两全，则必一非”的结论，最后根据历史事实来判定其是非。“凡天下之事，不可增损，考察前后，效验自列。自列，则是非之实有所定矣。”（《语增

篇》)“凡论事者，违实不引效验，则虽甘义繁说，众不见信。……事有证验，以效实然。”(《知实篇》)

不过，如果把“增”一概看作是负面的，则未必是完全合理的，因为适当的“增”，其实也是一种修辞手段，王充自己也经常运用。即如本篇中也经常提到的：“诗人或时不知，至诚以为然；或时知而欲以喻事，故增而甚之。”“故曰：语不益，心不惕；心不惕，行不易。增其语，欲以惧之，冀其警悟也。”“贤圣增文，外有所为，内未必然。”说明王充心里也明白，诗人是以“增”来“喻事”的，大臣是以“增”来“惧之”的，贤圣是以“增”为手段的。就此而言，“增”与“虚”还不完全一样，前者作为一种修辞手段，有其一定的合理性。

问孔篇

世儒学者[1]，好信师而是古[2]，以为贤圣所言皆无非，专精讲习[3]，不知难问[4]。夫贤圣下笔造文，用意详审，尚未可谓尽得实，况仓卒吐言[5]，安能皆是？不能皆是，时人不知难；或是，而意沉难见[6]，时人不知问。案贤圣之言[7]，上下多相违，其文，前后多相伐者[7]，世之学者，不能知也。

一篇纲领，开门见山。

[注释]

[1] 世：世上。儒：儒生。 [2] 好（hào）：喜欢。是：肯定，这里指推崇。 [3] 专精：专心一意。 [4] 难（nàn）问：责难、质疑。 [5] 仓卒（cù）吐言：这里指《论语》，因为《论语》主要记录了孔子平日跟弟子的谈话，所以王充这么说。卒，同

“猝”。[6]沉：隐晦。见（xiàn）：同“现”。[7]案：考察。[8]相伐：自相矛盾。

“夫古人之才，今人之才也。”二句金玉良言。

论者皆云：“孔门之徒，七十子之才[1]，胜今之儒。”此言妄也[2]。彼见孔子为师，圣人传道，必授异才[3]，故谓之殊[4]。夫古人之才，今人之才也，今谓之英杰[5]，古以为圣神，故谓七十子历世希有。使当今有孔子之师，则斯世学者，皆颜、闵之徒也[6]；使无孔子，则七十子之徒，今之儒生也。何以验之？以学于孔子，不能极问也[7]。圣人之言，不能尽解；说道陈义[8]，不能辄形[9]。不能辄形，宜问以发之[10]；不能尽解，宜难以极之[11]。皋陶陈道帝舜之前[12]，浅略未极，禹问难之，浅言复深[13]，略指复分[14]。盖起问难[15]，此说激而深切，触而著明也。

孔门弟子不异当代儒生，皆不知问难也。

[注释]

[1]七十子：据说孔子有弟子三千，其中“身通六艺”的贤者共七十二人。[2]妄：荒谬。[3]异：特异。[4]殊：特殊。[5]“今谓之英杰”二句意谓：一样是有才能的人，现在的称为“英杰”，古代的称为“圣神”（明显是厚古薄今）。[6]颜：颜回，即颜渊，字子渊，孔子弟子。闵：闵损，字子骞（qiān），

孔子弟子，小孔子十五岁。二人在孔门中皆以德行著称。 [7] 极问：追根问底。极，穷尽。 [8] 陈：陈述。义：道理。 [9] 不能辄形：不能每次都说得浅显易懂。辄，每次，总是。形，详尽，明白。 [10] 发：弄明白，搞清楚。 [11] 难（nàn）：问难。极：弄清究竟。 [12] 皋陶（gāo yáo）：传说是舜的大臣。舜：传说中的上古帝王。 [13] 复：又。 [14] 指：通“旨”，意思，含意。分：分明，清楚。 [15]“盖起问难”三句意谓：正是由于禹的追问质疑，才使皋陶受到激发而讲得更深入，受到触动而说得更清楚。起，由于。此说，指皋陶讲的治国道理。激，激发。触，触动。

孔子笑子游之弦歌[1]，子游引前言以距孔子[2]。自今案《论语》之文，孔子之言，多若笑弦歌之辞，弟子寡若子游之难，故孔子之言遂结不解[3]。以七十子不能难，世之儒生不能实道是非也[4]。

王充并不把《论语》神化。

[注释]

[1] 孔子笑子游之弦歌：据《论语・阳货》记载，子游在武城做官，孔子到了武城，听见弹琴唱歌的声音，就讥笑说：“杀鸡何必用牛刀呢？”意谓治理这样一个小地方，用得着礼乐教化吗？子游反驳说：“从前我听老师说过：‘君子学了礼乐，就能够爱人；小人学了礼乐，就容易使唤。”孔子只好说：“我刚才的话不过是开玩笑罢了。”笑，讥笑。子游，言偃，字子游，孔子弟子，小孔子四十五岁。 [2] 前言：这里指孔子以前说过的话。距：通“拒”，抗拒，反驳。 [3] 故孔子之言遂结不解：所以孔子的话

就像绳子打了结一样难以解开。意思是难以理解。 [4] 实道是非：切实讲清楚是非。

王充说出了治学的根本原则。

凡学问之法，不畏无才[1]，难于距师[2]，核道实义，证定是非也。问难之道，非必对圣人及生时也[3]。世之解说说人者[4]，非必须圣人教告乃敢言也。苟有不晓解之问，追难孔子[5]，何伤于义？诚有传圣业之知[6]，伐孔子之说[7]，何逆于理？谓问孔子之言[8]，难其不解之文，世间弘才大知，生能答问解难之人[9]，必将贤吾问难之言[10]。

质问得气势磅礴，大义凛然。

[**注释**]

[1] 不畏无才：不怕没有才能。“畏”，原作“为”，据刘盼遂说改。 [2] 距：通“拒”，质疑。 [3] 对：面对。生时：活着的时候。 [4] 说（shuì）人：教导别人。 [5]“追”，原作“迢”，据黄晖、张宗祥说改。 [6] 知（zhì）：通“智”。下文“弘才大知”亦同。 [7] 伐：质疑，反驳。 [8]“谓问孔子之言”二句：杨宝忠说此十二字是“伐孔子之说”旧注而误入正文者。谓问，质问。 [9] 生：通“性”。 [10] 必将贤吾问难之言：必将称赞我问难孔子的话。贤，肯定，称赞。“贤吾”下原有“世间”二字，据黄晖、张宗祥、马宗霍说删。“问难”，原作“难问”，据杨宝忠说乙。“之言”下原有“是非”二字，据刘盼遂、张宗祥说删。

孟懿子问孝[1]，子曰[2]：“毋违[3]。”樊迟御[4]，子告之曰：“孟孙问孝于我，我对曰‘毋违’。”樊迟曰：“何谓也？”子曰：“生，事之以礼[5]；死，葬之以礼，祭之以礼[6]。”

［注释］

[1] 孟懿子：即孟孙何忌，也叫仲孙何忌，字子嗣，“懿”是他的谥号，春秋时期鲁国大夫。 [2] 子：孔子。 [3] 毋违：不要违背。 [4] 樊迟：即樊须，字子迟，孔子弟子，小孔子三十六岁。御：驾车。 [5] 事：侍奉。礼：指周礼。 [6]“祭之以礼”，原无，据黄晖、刘盼遂、张宗祥说补。一本有此句，下文孔子复述此话也有此句，《论语·为政》中也有此句。以上事参见《论语·为政》。

问曰[1]：孔子之言“毋违”者[2]，毋违礼也。孝子亦当先意承志[3]，不当违亲之欲。孔子言“毋违”，不言“违礼”，懿子听孔子之言[4]，独不畏嫌于无违志乎？樊迟问何谓，孔于乃言“生，事之以礼；死，葬之以礼，祭之以礼”，使樊迟不问，“毋违”之说，遂不可知也。懿子之才，不过樊迟[5]，故《论语》篇中不见言行，樊迟不晓，懿子必能晓哉？

[**注释**]

[1] 问曰：本篇凡以“问曰”开始的段落，均为王充之问难。 [2]“者”，原在下一个“毋违”下，据黄晖说乙。 [3]“孝子亦当先意承志”二句意谓：孝子也还应该事先体察并顺从父母的心意，不应该违背父母的愿望。承，顺承。志，心意，愿望。 [4]“懿子听孔子之言”二句意谓：难道就不怕懿子听了孔子的回答，误以为不要违背父母的愿望吗？“畏”，原作“为”，据文意改。下文“独不畏（为）子路言”句式同。《论衡》每以音近而误“畏”为“为”，参见黄晖、刘盼遂、裘锡圭诸说。嫌，疑惑，这里指误解。 [5] 过：超过。

孟武伯问孝[1]，子曰：“父母，唯其疾之忧[2]。”武伯善忧父母[3]，故曰“唯其疾之忧”。武伯忧亲，懿子违礼，攻其短，答武伯云“父母，唯其疾之忧”，对懿子亦宜言“唯水火之变乃违礼”。周公告小才形[4]，大材略。樊迟大材也[5]，孔子告之形[6]，懿子小才也，告之反略，违周公之志。攻懿子之短，失道理之宜，弟子不难，何哉？如以懿子权尊，不敢极言，则其对武伯，亦宜但言“毋忧”而已[7]。俱孟氏子也[8]，权尊钧同[9]，形武伯而略懿子，未晓其故也。使孔子对懿子极言“毋违礼”，何害之有？专鲁莫过季氏[10]，讥八佾之舞庭[11]，刺太山之旅祭[12]，不惧季氏憎邑不隐讳之害[13]，独畏答懿子极言之罪，何哉？且问孝者非一[14]，皆有御者，对懿子言，不但心服臆肯，故告樊迟。

王充认为孔子回答得过于简略，容易引起弟子的误解，可又想不通孔子的回答为何彼详此略。

［注释］

[1] 孟武伯：孟懿子的儿子孟孙彘（zhì），“武”是他的谥号。 [2] 其：他们的，这里指父母的。之：则、才、乃的意思。以上事参见《论语·为政》。 [3]“武伯善忧父母”二句意谓：武伯总是过度担心其父母，所以孔子说“只要担心父母的疾病就够了”。 [4] 周公：周武王的弟弟。形：详尽，明白，原作“敕”，据杨宝忠说改。 [5] 樊迟大材也：孔子把樊迟列为擅长“文学”的弟子，所以王充称他为“大才”。“樊迟”，原作“子游”，据孙人和、张宗祥说改。上文言“懿子之才，不过樊迟”，下文言“懿子小才也”，则“子游”系“樊迟”之误。“大”前原有“之”字，一本无“之”字，据孙人和、张宗祥说删。“樊迟大材也”与“懿子小才也”相对为文。 [6]“形”，原作“敕”，据杨宝忠说改。 [7] 但：仅，只。 [8]“俱”，原作“但”，据黄晖、刘盼遂、张宗祥、马宗霍说改。 [9] 钧：通“均”。 [10] 专鲁：垄断鲁国大权。季氏：春秋时期鲁国大夫季孙氏，与叔孙氏、孟孙氏为当时鲁国三大贵族，自鲁昭公五年（前 537）后，季孙氏一家独大，鲁国由季氏专权。 [11] 讥八佾（yì）之舞庭：据《论语·八佾》记载：季平子在庭院中演“八佾”之舞，孔子认为他违背了周礼，生气地说：“是可忍也，孰不可忍也！”八佾，即奏乐舞蹈用八行，八八六十四人，按周礼，这是只有天子才能用的，诸侯只能用六佾，大夫只能用四佾，所以四佾才是季氏该用的。佾，古代乐舞的行列，八个人为一行，一行为一佾。 [12] 刺太山之

旅祭：据《论语·八佾》记载：季康子去祭祀泰山，孔子认为他违背了礼制，问弟子冉有能否阻止，冉有回答说不能，孔子便讥刺说："难道泰山之神还不如林放（一个普通百姓）知礼吗？"意谓泰山之神是不会接受季氏祭祀的。冉有，即冉求，字子有，孔子弟子，小孔子二十九岁，当时在季氏那里做事，所以孔子希望他能阻止。太山，即泰山。旅，古代祭祀名山大川叫"旅"，只有天子、诸侯才有资格"旅"。 [13]"不惧季氏憎邑不隐讳之害"三句意谓：不惧怕由于季氏憎恶不为他隐瞒过错而带来的祸害，却偏偏害怕回答懿子说得详尽明白的祸害，这又是为什么呢？"憎"，原作"增"，据黄晖说改。邑，通"悒"，不高兴。憎悒，憎恶。 [14]"且问孝者非一"五句意谓：况且向孔子问孝的人不止一个，每次都有替孔子赶车的人在旁边，为什么孔子不仅自鸣得意于对懿子的回答，还偏偏要把这个回答告诉樊迟呢？心服臆肯，心满意足，这里指自鸣得意。臆，胸。

孔子曰："富与贵，是人之所欲也，不以其道得之[1]，不居也[2]；贫与贱，是人之所恶也，不以其道得之，不去也[3]。"此言人当由道义得富贵[4]，不当苟取也[5]；当守节安贫贱[6]，不当妄去也[7]。

［注释］

[1] 不以其道得之：不用正当手段得到它。 [2] 居：处，这里指接受。 [3] 去：离开。引文见《论语·里仁》。 [4]"富贵"，原无，据刘盼遂、张宗祥说补。与下文"不以其道得富贵"相对

为文。 [5] 苟：苟且，不正当。 [6]“贱”，原无，据刘盼遂说补。“富贵”“贫贱”相对为文。 [7] 妄：乱，不择手段地。

夫言“不以其道得富贵，不居”，可也；“不以其道得贫贱”，如何？富贵顾可去[1]，去贫贱何之[2]？去贫贱，得富贵也，不得富贵，不去贫贱。如谓得富贵不以其道，则不去贫贱邪？则所得富贵，不得贫贱也。贫贱何故当言“得之”？顾当言：“贫与贱，是人之所恶也，不以其道去之，则不去也。”当言“去”，不当言“得”。“得”者[3]，施于得之也；今去之，安得言“得”乎？独富贵当言“得”耳[4]。何者？得富贵，乃去贫贱也。是则以其道去贫贱如何[5]？修身行道，仕得爵禄富贵，得爵禄富贵，则去贫贱矣。不以其道去贫贱如何？毒苦贫贱[6]，起为奸盗，积聚货财，擅相官秩[7]，是为不以其道。七十子既不问，世之学者亦不知难。使此言意不解而文不分[8]，是谓孔子不能吐辞也[9]；使此言意结文又不解[10]，是孔子相示未形悉也[11]。弟子不问，世俗不难，何哉？

这个漏洞王充抓得厉害，“不以其道得贫贱”，这话确实不通。想来，“得”字确有可能是“去”字之讹。

［注释］

[1]顾：通“固”，乃，才。 [2]之：去，往。 [3]“‘得’者”二句意谓：“得”字是用于得到什么东西上的。施，用。 [4]独：唯独。 [5]“其”，原无，据杨宝忠说补。 [6]毒苦：痛恨。 [7]擅相官秩：擅相封赠官秩。 [8]使：假使。 [9]是谓孔子不能吐辞也：这说明孔子不会说话。吐辞，说话。 [10]结：打结，这里指纠缠不清。 [11]是孔子相示未形悉也：这是孔子向人表示得不明白、不详尽。形，显白。悉，详尽。

孔子曰：“公冶长可妻也[1]，虽在缧绁之中[2]，非其罪也。”以其子妻之[3]。

［注释］

[1]公冶长：字子长，孔子弟子、女婿，传说懂鸟语。妻（qì）：把女儿嫁给他。 [2]缧绁（léi xiè）：绳索，这里指监狱。 [3]子：古代儿、女都称“子”，这里指女儿。以上事参见《论语·公冶长》。

问曰：孔子妻公冶长者，何据见哉？据年三十可妻邪[1]？见其行贤可妻也？如据其年三十，不宜称“在缧绁”；如见其行贤，亦不宜称“在缧绁”。何则？诸入孔子门者[2]，皆有善行，故称备徒役[3]。徒役之中，无妻，则妻之耳，不须称也。如徒役之中多无妻，公冶长尤贤，故独妻之，则其称之，宜列其行[4]，不宜言其在缧继也。何则？世间强受非辜者多[5]，未必尽贤人也。恒人见枉[6]，众多非一。必以非辜为孔子所妻，则是孔子不妻贤，妻冤也。案孔子之称公冶长，有非辜之言，无行能之文[7]。实不贤，孔子妻之，非也；实贤，孔子称之不具[8]，亦非也。诚似妻南容云[9]：“国有道，不废[10]；国无道，免于刑戮[11]。”具称之矣[12]。

一般的理解是，公冶长或因懂鸟语而受到赏识，不过有吃过官司的“污点”，孔子以其无辜来为他开脱，以便排除嫁女给他的障碍。王充这里也许有点抬杠了。

[注释]

[1]年三十可妻：《周礼·地官·媒氏》：“令男三十而娶，女二十而嫁。” [2]诸：众，凡。 [3]故称备徒役：所以才说他们够得上充当门徒。备，充当。徒役，门徒。 [4]行：品行，这里指好的品行。 [5]世间强受非辜者多：世上无罪而被迫接受惩罚的人很多。非辜，无辜。 [6]恒人：平常人。见枉：被冤枉。 [7]行能：品行才能。 [8]具：完备，全面。 [9]诚：如果。南容：即南宫适（kuò），字子容，孔子弟子，孔子把侄女嫁给了他。孔子之兄叫孟皮，见《史记·孔子世家》司马贞“索隐”引《孔子家语》。杨伯峻说，此时孟皮可能已死，所以孔子替侄女主婚。 [10]废：废置不用，指不能做官。 [11]刑戮（lù）：刑罚。引文见《论语·公冶长》。两“国”字原均作“邦”，吴承仕、张宗祥说汉时《论语》非经，王充避汉讳，改“邦”为“国”。 [12]具称之矣：这才是全面的说法。

子谓子贡曰[1]：“汝与回也孰愈[2]？”曰：

“赐也何敢望回[3]？回也闻一以知十，赐也闻一以知二。”子曰：“弗如也，吾与汝俱不如也[4]。”是贤颜渊，试以问子贡也。

[注释]

[1]子贡：端木（“木”一作“沐”）赐，字子贡，孔子弟子。 [2]愈：贤。 [3]望：通“方”，比。 [4]以上事参见《论语·公冶长》。

问曰：孔子所以教者，礼让也。子路[1]“为国以礼，其言不让[2]”，孔子非之[3]。使子贡实愈颜渊，孔子问之，犹曰不如，使实不及，亦曰不如。非失对欺师[4]，礼让之言，宜谦卑也。今孔子出言，欲何趣哉[5]？使孔子知颜渊愈子贡，则不须问子贡；使孔子实不知，以问子贡，子贡谦让，亦不能知。使孔子徒欲表善颜渊，称颜渊贤，门人莫及，于名多矣[6]，何须问于子贡？子曰：“贤哉，回也[7]！”又曰：“吾与回言终日，不违，如愚[8]。”又曰：“回也，其心三月不违仁[9]。”三章皆直称[10]，不以他人激[11]；至是一章[12]，独以子贡激之，何哉？

[注释]

[1] 子路：仲由，字子路，一字季路，孔子弟子。 [2] 引文见《论语·先进》，是子路自吹三年治理好一个大国时，孔子在弟子面前批评他的话，意思是治理国家应该讲求礼让，而子路讲话却一点也不谦虚。 [3] 非：责备。 [4] 失对：回答错误。 [5] 趣：趣向，目的。 [6] 名：名目，说法。 [7] 引文见《论语·雍也》。 [8] 引文见《论语·为政》。 [9] 三月：形容时间长。三，古文中"三"常表示多数。引文见《论语·雍也》。 [10] 三章：指上引《论语》中的三句话（分处于三个章节）。章，章节。 [11] 不以他人激：不借由他人来感发。激，感发。 [12] 是：这。一章：指上引《论语·公冶长》的"子谓子贡曰"章。

或曰[1]："欲抑子贡也[2]。当此之时，子贡之名凌颜渊之上，孔子恐子贡志骄意溢，故抑之也。"夫名在颜渊之上，当时所为[3]，非子贡求胜之也。实子贡之知何如哉？使颜渊才在己上，己自服之，不须抑也；使子贡不能自知，孔子虽言，将谓孔子徒欲抑己。由此言之，问与不问，无能抑扬[4]。

孔子这么问的确有问题，让子贡无法回答。其实孔子心里早已有答案，只是想借子贡之口说出来。

[注释]

[1] 或曰：有人说，这里指为孔子辩解的人说，乃王充虚拟的论辩对象。 [2] 抑：压抑，贬低。 [3] 当时所为：这是当时的人造成的。 [4] 无能抑扬：都不能起到抑扬的作用。

宰我昼寝[1]。子曰：“朽木不可雕也，粪土之墙不可圬也[2]，于予予何诛[3]？”是恶宰予之昼寝。

[**注释**]

[1] 宰我：即宰予，字子我，孔子弟子，小孔子二十九岁。昼寝：白天睡觉。 [2] 圬（wū）：涂抹，刷白。 [3] 前一个“予”指宰予，后一个“予”指孔子自己。诛：责备。以上事参见《论语·公冶长》。

王充以孔子自己的言论批评孔子。

问曰：昼寝之恶也，小恶也；朽木粪土，败毁不可复成之物，大恶也。责小过以大恶，安能服人？使宰我性不善，如朽木、粪土，不宜得入孔子之门，序在四科之列[1]；使性善，孔子恶之，恶之太甚，过也。“人之不仁，疾之已甚，乱也[2]。”孔子疾宰予，可谓甚矣。使下愚之人涉耐罪之狱[3]，吏令以大辟之罪[4]，必冤而怨邪？将服而自咎也[5]？使宰我愚，则与涉耐罪之人同志[6]；使宰我贤，知孔子责之[7]，几微自改矣[8]。明文以识之[9]，流言以过之[10]，以其言示端而已自改[11]。自改不在言之轻重，在宰予能更与否[12]。

[注释]

[1] 序：列入。四科：孔子把他得意的弟子按特长分为德行、言语、政事、文学等四科，宰予属言语科。 [2] 引文见《论语·泰伯》。乱：出乱子。 [3] 涉：牵连，犯。耐：通“耏（nài）”，汉时一种剃掉犯人鬓角、胡须并服劳役的刑罚，在当时属于轻刑。张宗祥据《汉书·文帝纪》注引苏林说，二岁刑以上为“耐”。狱：罪案。 [4] 吏：司法官吏。令：下令，这里指判决。大辟：死刑。 [5] 将：还是。咎（jiù）：责备。 [6] 志：心意，这里指想法。 [7]“之”，原作“人”，据孙人和说改。 [8] 儿微：轻微之言，微讽。 [9] 明文：明说。识之：使他知道。 [10] 流言：传话。过之：责备他。 [11] 端：端倪。 [12] 更：改变，改过。

《春秋》之义[1]，采毫毛之善[2]，贬纤介之恶[3]。褒毫毛以巨大，以巨大贬纤介，观《春秋》之义，肯是之乎[4]？不是，则宰我不受；不受，则孔子之言弃矣[5]。圣人之言与文相副[6]，言出于口，文立于策[7]，俱发于心，其实一也。孔子作《春秋》，不贬小以大，其非宰予也，以大恶细，文语相违[8]，服人如何[9]？

宰予当年服不服不知道，但王充代之不服，认为孔子话说得太重了。

[注释]

[1] 义：意思，这里指原则。 [2] 采：采取。毫毛：形容细

小。 [3] 纤介：形容细小。介，通“芥”，小草。二句引文见《说苑·至公》。 [4] 肯是之乎：能认为这是对的吗？ [5] 弃：没用。 [6] 副：符合。 [7] 策：古代书写用的竹简。 [8] 文语相违：作文与说话自相矛盾。 [9] 服人如何：如何服人？

子曰：“始吾于人也[1]，听其言而信其行；今吾于人也，听其言而观其行。于予[2]，予改是。”盖起宰予昼寝[3]，更知人之术也[4]。

[注释]

[1] 始：起初，以前。 [2]“于予”二句意谓：从宰予开始，我改变了做法（指改为“听其言而观其行”）。引文见《论语·公冶长》。 [3] 起：由于。 [4] 更知人之术也：改变了了解人的方法。更，更改，改变。知，了解，识别。

问曰：人之昼寝，安足以毁行[1]？毁行之人，昼夜不卧，安足以成善？以昼寝而观人善恶，能得其实乎？案宰予在孔子之门，序于四科，列在赐上[2]。如性情怠，不可雕琢，何以致此？使宰我以昼寝自致此，才复过人远矣。如未成就，自谓已足，不能自知，知不明耳，非行恶也。晓敕而已[3]，无为改术也。如自知未足，倦极昼寝[4]，是精神索也[5]。精神索，至于死亡，岂徒寝哉！

［注释］

[1] 毁行：败坏品行。 [2] 列在赐上：《论语·先进》："言语：宰我、子贡。"赐，指子贡。 [3] 晓：说明。敕：命令，告诫。 [4] 极：倦。 [5] 精神索：筋疲力尽。索，尽。

且论人之法，取其行则弃其言，取其言则弃其行。今宰予虽无力行[1]，有言语。用言[2]，令行缺，有一概矣。今孔子起宰予昼寝，听其言，观其行，言行相应，则谓之贤，是孔子备取人也[3]。"毋求备于一人"之义何所施[4]？

王充用孔子所推崇的周公的话来批驳孔子。

［注释］

[1] 力行：努力做。 [2]"用言"三句意谓：其言可取，即使行或不足，也有一端可取。令，即使。一概，一端，一个方面。 [3] 备取人：以求全责备来判断人。备，完备。 [4] 毋求备于一人：见《论语·微子》，是周公告诫其子鲁公伯禽的话。施：运用。

子张问曰[1]："令尹子文三仕为令尹[2]，无喜色；三已之[3]，无愠色[4]。旧令尹之政，必以告新令尹。何如？"子曰："忠矣！"曰："仁矣乎？"曰："未知[5]，焉得仁[6]？"子文曾举楚子玉代己位而伐宋[7]，以百乘败而丧其众[8]，不知如此，安得为仁？

《国语·楚语下》："昔斗子文三舍令尹，无一日之积。"

［注释］

[1] 子张：颛孙师，字子张，孔子弟子，小孔子四十八岁。“曰”，原无，据黄晖说补。《论语》有“曰”字。　[2] 令尹：官名，春秋战国时期楚国的宰相。子文：即斗穀於菟（gòu wū tú），字子文，春秋时期楚国人。三：指多次。仕：做官。　[3] 已：止，这里指被罢免。　[4] 愠（yùn）：怒。　[5] 未知：连智者都算不上。知，通“智”。　[6] 焉得仁：怎么能算是仁人呢。仁，“仁”是孔子哲学的核心，“智”是“仁”的核心，孔子认为，不智不能为仁，要恭、宽、信、敏、惠于天下，始能为仁。以上事参见《论语·公冶长》。　[7] 子玉：即成得臣，字子玉，春秋时期楚国人，楚成王时伐陈有功，子文曾推荐他做令尹。其事参见《左传》僖公二十三年。宋：春秋时期的宋国，在今河南商丘一带。　[8] 乘（shèng）：古代称四匹马拉的一辆兵车为一乘。前 632 年，子玉带兵伐宋，在城濮一带与晋交战，兵败自杀。其事参见《左传》僖公二十八年。

问曰：子文举子玉，不知人也。智与仁，不相干也。有不知之性，何妨为仁之行？五常之道，仁、义、礼、智、信也。五者各别，不相须而成[1]，故有智人，有仁人者；有礼人，有义人者，有信人[2]。信者未必智，智者未必仁，仁者未必礼，礼者未必义。子文智蔽于子玉[3]，其仁何毁[4]？谓仁，焉得不可[5]？且忠者，厚也。厚人，仁矣。孔子曰：“观过，斯知仁矣[6]。”子文有仁之实矣[7]。孔子谓忠非仁，是谓父母非二亲，配匹非夫妇也。

王充不认同仁离不开智的观点，以为有仁之实比什么都重要，而忠厚其实是最接近仁的。他所打的两个比方很是生动有趣。世上也果真有不少循名忘实之人。

[注释]

[1] 须：依赖。成：成就，具备。 [2] “有信人”，原作“人有”，据杨宝忠说改。五常之人备举，不当独遗信人。 [3] 蔽：不明，有所不足。 [4] 毁：亏损。 [5] 焉：何，怎么。 [6]“观过”二句意谓：看一个人所犯的过失，就能知道他有无仁德。引文见《论语・里仁》。 [7] 子文有仁之实：王充认为，子文能推荐子玉为令尹，为国尽忠，为人厚道，实际上已经做到了“仁”。

哀公问[1]：“弟子孰谓好学[2]？”孔子对曰：“有颜回者[3]，不迁怒，不贰过[4]，不幸短命死矣。今也则亡[5]，未闻好学者也[6]。”

[注释]

[1] 哀公：鲁哀公，春秋时期鲁国君主，前 494—前 468 年在位。 [2] 谓：通“为”，是。 [3]《论语・雍也》“者”下有“好学”二字。 [4] 不贰过：不犯同样的错误。 [5] 亡（wú）：通“无”。 [6] 以上事参见《论语・雍也》。

夫颜渊所以死者，审何用哉[1]？令自以短命[2]，犹伯牛之有疾也[3]。人生受命，皆当全洁[4]，今有恶疾，故曰“无命”[5]；人生皆当受天长命，今得短命，亦宜曰“无命”。如命有短颜渊和伯牛承受了同样的恶命，孔子却采取了不同的说法，王充对此感到纳闷不解。

长[6]，则亦有善恶矣[7]。言颜渊“短命”，则宜言伯牛“恶命”；言伯牛“无命”，则宜言颜渊“无命”。一死一病，皆痛云“命”，所禀不异[8]，文语不同[9]，未晓其故也。

［注释］

[1] 审何用哉：到底是什么缘故呢？审，果真，到底。用，以，由于。 [2] 令：假如。自：本来，生来。 [3] 伯牛：冉耕，字伯牛，孔子弟子。孔子以为有德行，却不幸得了恶疾（据说即麻风病）。 [4] “当全”，原作“全当”，据黄晖说乙。下文“人生皆当受天长命”，也作“皆当”。全：健全。洁：洁净。 [5] 故曰“无命”：据《论语·雍也》记载，伯牛生了病，孔子去看望他，叹息道：“亡之，命矣夫！斯人也而有斯疾也！”王充这里的“无命”，是对“亡之，命矣夫”的概括，意思是没有得到“全洁”的命。 [6] “命”，原作“天”，据刘盼遂、张宗祥说改。吴承仕说“天”下夺一“命”字。此句承上文“长命”“短命”而言。 [7] 善恶：善命、恶命。 [8] 所禀不异：指颜渊和伯牛承受的命没什么差别。 [9] 文语不同：而（孔子所用的）言辞却不同。

哀公问孔子：“孰为好学？”孔子对曰：“有颜回者好学，今也则亡。不迁怒，不贰过。”何也？曰[1]：“并攻哀公之性迁怒、贰过故也[2]。因其问[3]，则并以对之，兼以攻上之短[4]，不犯其罚[5]。”

［注释］

[1] 曰：指有人回答说。 [2] 并：同，兼。攻：指摘。 [3] 因：顺着。 [4] 上：指君主，这里指鲁哀公。 [5] 不犯其罚：不至于受到鲁哀公的责罚。

问曰：康子亦问好学[1]，孔子亦对之以颜渊[2]。康子亦有短，何不并对以攻康子？康子非圣人也，操行犹有所失。成事[3]：康子患盗[4]，孔子对曰："苟子之不欲，虽赏之不窃[5]。"由此言之，康子以"欲"为短也，不攻，何哉？

对于鲁哀公与康子的同样的问题，孔子给予了相同的回答，说明孔子的回答里没有微言大义。

［注释］

[1] 康子：季康子，季孙肥，鲁国大夫，"康"是他的谥号。 [2] 以上事参见《论语·先进》。 [3] 成事：已有的事例。 [4] 患：担忧。 [5]"苟子之不欲"二句意谓：假使你自己不贪图财利，即使奖励别人来偷窃，也不会有人来偷窃。以上事参见《论语·颜渊》。

孔子见南子[1]，子路不悦[2]。子曰："予所鄙者[3]，天厌之[4]！天厌之[5]！"南子，卫灵公夫人也，聘孔子，子路不说[6]，谓孔子淫乱也。孔子解之曰[7]："我所为鄙陋者，天厌杀我！"至诚自誓，不负子路也[8]。

［注释］

[1] 南子：春秋时期卫灵公的夫人。 [2] 子路不悦：南子当时把持着卫国的国政，而且有淫乱的名声，所以孔子去见她，子路很不高兴。 [3] 予所鄙者：我如果做了卑鄙的事情。所，假如。“鄙”，一作“否”。 [4] 天厌（yā）之：天塌下来压死我。厌，通“压”。之，这里指孔子自己。 [5] 以上事参见《论语·雍也》。 [6] 说（yuè）：通“悦”。 [7] 解：解释，辩白。 [8] 负：欺骗。

问曰：孔子自解，安能解乎？使世人有鄙陋之行，天曾厌杀之，可引以誓。子路闻之，可信以解[1]；今未曾有为天所厌者也，曰“天厌之”，子路肯信之乎？行事[2]：雷击杀人，水火烧溺人，墙屋压填人[3]。如曰：“雷击杀我”“水火烧溺我”“墙屋压填我”，子路颇信之[4]；今引未曾有之祸，以自誓于子路，子路安肯晓解而信之[5]？行事：适有卧厌不悟者[6]，谓此为天所厌邪？案诸卧厌不悟者，未皆为鄙陋也。子路入道虽浅，犹知事之实。事非实，孔子以誓，子路必不解矣。

王充认为孔子之誓类儿戏。

［注释］

[1] 以：而。解：解除，指消除怀疑。 [2] 行事：成事，已有的事例。 [3] 填（zhèn）：通“镇”，压。 [4] 颇：略微，有可

能。 [5] 晓解：理解，谅解。 [6] 适：恰巧，偶然。厌（yǎn）：通“魇”，做恶梦而呻吟惊叫。不悟：醒不过来，即死去。

孔子称曰：“死生有命，富贵在天[1]。”若此者，人之死生自有长短，不在操行善恶也。成事：颜渊蚤死[2]，孔子谓之“短命”。由此知短命夭死之人，未必有邪行也[3]。子路入道虽浅，闻孔子之言，知死生之实。孔子誓以“予所鄙者，天厌之”，独不畏子路言[4]：“夫子惟命未当死[5]，天安得厌杀之乎？”若此，誓子路以天厌之，终不见信。不见信，则孔子自解，终不解也。

［注释］

[1] 引文见《论语·颜渊》，其实这话是子夏引的。 [2] 蚤：通“早”。 [3] “未”，原无，据黄晖、张宗祥说补。 [4] 独不畏子路言：难道就不怕子路说。“畏”，原作“为”，据黄晖说改。 [5] 夫子：古代对男子的尊称，这里指孔子。

《尚书》曰[1]：“毋若丹朱敖[2]，惟慢游是好[3]。”谓帝舜敕禹毋子不肖子也[4]。重天命，恐禹私其子，故引丹朱以敕戒之。禹曰：“予娶若时[5]，辛、壬、癸、甲，开呱呱而泣[6]，予弗子[7]。”陈已行事，以往推来，以见卜隐[8]，效己不敢私不肖子也[9]。不曰“天厌之”者，知俗人誓好引天也。孔子为子路所疑[10]，不引行事效己不鄙，而云“天厌之”，是与俗人解嫌[11]，引天祝诅[12]，何以异乎？

“子见南子”为千古悬案，孔子当时就已百口莫辩，王充还要纠结孔子发誓不当，要孔子“引行事效已不鄙”——可这种事情又怎么“引行事”呢？王充也委实太难为孔子了！

［注释］

[1]《尚书》：儒家经书之一。 [2]丹朱：传说是尧的儿子，由于品行恶劣，尧没有让他继承王位。敖（ào）：通“傲”，狂妄。 [3]惟：只，仅仅。慢游：懒惰放荡。引文见《尚书·皋陶谟》。 [4]“毋子”的“子”，用作动词，把……当做儿子，与下文“弗子”同义。不肖：没有出息。 [5]“予娶若时”二句意谓：我娶妻的那个时候，（过了）四天（就离开了）。若时，那个时候。若，其。辛、壬、癸、甲，古代把甲、乙、丙、丁、戊、己、庚、辛、壬、癸叫做“天干”，用来记日，这里指辛、壬、癸、甲四天。 [6]开：禹的儿子，名启，汉人因避汉景帝刘启的讳，而改称其为“开”。传说禹曾选定东夷族的伯益为继承人，但禹死后，启却继承了王位，杀了伯益，确立了传子制度。呱（gū）呱而泣：指婴儿诞生。呱呱，婴儿哭声。 [7]予弗子：我没有溺爱过他。 [8]见（xiàn）：同“现”，显现。卜：预料，推断。隐：指尚未发生的事情。 [9]效：证明。 [10]“所”前原有“行”字，据黄晖、刘盼遂说删。吴承仕说“行”字疑当作“解”。张宗祥说“行”字当移在“孔子”后。 [11]解嫌：释疑。 [12]祝诅：赌咒发誓。

孔子曰："凤鸟不至[1]，河不出图[2]，吾已矣夫[3]！"夫子自伤不王也[4]。己王，致太平[5]，太平，则凤鸟至，河出图矣。今不得王，故瑞应不至[6]，悲心自伤，故曰："吾已矣夫"！

孔子感叹自己生不逢辰，看不到凤鸟、河图的出现。王充对此却不以为然，认为孔子是本末倒置。不过王充最后提到了汉文帝，却似乎又暴露了自己的纠结：汉文帝时也没有出现凤鸟、河图，但又不能说汉文帝不是明王！

[注释]

[1] 凤鸟：即凤凰，古人认为是一种象征吉祥的鸟，传说在舜和周文王的时代出现过。 [2] 河：黄河。传说上古伏羲时代，黄河中有图出现。 [3] 矣：完了。引文见《论语·子罕》。 [4] 不王（wàng）：没有当王。王，当王。 [5] 致：招致。 [6] 瑞应：祥瑞，吉祥的征兆，这里指凤鸟、河图。

问曰：凤鸟、河图审何据[1]？如据始起[2]，始起之时，鸟图未至；如据太平，太平之帝，未必常致凤鸟与河图也。五帝、三王皆致太平[3]，案其瑞应，不皆凤皇为必然之瑞[4]。于太平，凤皇为未必然之应。孔子，圣人也，思未必然以自伤，终不应矣[5]。

[注释]

[1] 何据：根据什么（出现）。 [2] "如据"，原无，据《论衡注释》说补。裘锡圭也说"据"字当重。"如据始起"与下文"如据太平"相对为文。始起：初兴，这里指建立新王朝的帝王开

始兴起。 [3] 五帝：传说中的五个上古帝王，说法不一，一般指黄帝、颛顼（zhuān xū）、帝喾（kù）、尧、舜。三王：指夏、商、周三代的开国君主夏禹、商汤、周文王和武王。 [4] 凤皇：即凤凰。 [5] 应：应验。

或曰："孔子不自伤不得王也，伤时无明王[1]，故己不用也。凤鸟、河图，明王之瑞也。瑞应不至，时无明王，明王不存，己遂不用矣。"夫致瑞应，何以致之？任贤使能，治定功成[2]。治定功成，则瑞应至矣。瑞应至后，亦不须孔子[3]。孔子所望，何其末也[4]！不思其本，而望其末[5]，不相其主而名其物[6]。治有未定，物有不至，以至而效明王，必失之矣。孝文皇帝可谓明矣[7]，案其本纪[8]，不见凤鸟与河图。使孔子在孝文之世，犹曰："吾已矣夫！"

［注释］

[1] 时：当时。明王：圣明的君主。 [2] 治定功成：政治稳定，功业建立。 [3] 须：通"需"，需要。 [4] 何其末也：意思是不盼"明王"用自己治理天下，而盼（天下已经治理而）祥瑞出现，这是本末倒置。王充认为出现"明王"是"本"，"明王"治好天下而出现祥瑞是"末"。 [5]"末"后原有"也"字，据吴承仕、孙人和说删。 [6] 不相其主而名其物：不看当时的君主究竟贤不

贤，只说那些凤鸟、河图是否出现。相，看。名，说。物，东西，这里指凤鸟、河图。 [7] 孝文皇帝：即汉文帝。 [8] 本纪：这里指《史记·孝文本纪》。

子欲居九夷[1]，或曰：“陋[2]，如之何？”子曰：“君子居之，何陋之有[3]？”孔子疾道不行于中国[4]，恚恨失意[5]，故欲之九夷也。或人难之曰：“夷狄之鄙陋无礼义，如之何？”孔子曰：“君子居之，何陋之有？”言以君子之道居而教之，何为陋乎？

［注释］

[1] 九夷：即淮夷，散居于淮、泗之间，北与齐、鲁接壤。 [2] 陋：粗野，指不文明。 [3] 以上事参见《论语·子罕》。 [4] 疾：恨。中国：指中原地区。 [5] 恚（huì）：怨恨，原作“志”，据孙人和说改。

问曰[1]：孔子欲之九夷者，何起乎[2]？起道不行于中国，故欲之九夷。夫中国且不行，安能行于夷狄？“夷狄之有君，不若诸夏之亡[3]。”言夷狄之难，诸夏之易也。不能行于易，能行于难乎？且孔子云：“以君子居之者，何谓陋邪。”

谓修君子之道自容乎[4]？谓以君子之道教之也？如修君子之道苟自容[5]，中国亦可，何必之夷狄？如以君子之道教之，夷狄安可教乎？禹入裸国[6]，裸入衣出，衣服之制不通于夷狄也。禹不能教裸国衣服，孔子何能使九夷为君子？

［注释］

[1]“问”下原有“之”字，据黄晖说删。本篇文例皆作“问曰”。 [2]何起乎：是由什么引起的呢？ [3]诸夏：泛指当时居住在中原地区的华夏族。这句话是孔子讲的，见《论语·八佾》。 [4]容：存身。 [5]苟：姑且。 [6]“禹入裸国”二句意谓：禹到了裸国，（因为要随俗，于是）脱了衣服进去，出来后再穿衣服。其事参见《吕氏春秋·贵因》。

或孔子实不欲往，患道不行，动发此言[1]，或人难之，孔子知其陋，然而犹曰“何陋之有”者，欲遂已然[2]，距或人之谏也[3]。实不欲往，志动发言[4]，是伪言也[5]。“君子于言，无所苟矣[6]”。如知其陋，苟欲自遂，此子路对孔子以子羔也[7]。“子路使子羔为费宰[8]，子曰：‘贼夫人之子[9]。’子路曰：‘有社稷焉[10]，有民人焉，何必读书，然后为学？’子曰：‘是故恶夫佞者[11]！’”子路知其不可，苟对自遂，孔子恶之，比夫佞者；孔子亦知其不可，苟应或人，孔子、子路，皆以佞也[12]。

王充很讨厌为了自圆其说而不惜强词夺理的做法。

［注释］

[1] 动：激动。 [2] 遂：顺，坚持。已然：已经说出口的话。 [3] 距或人之谏也：拒绝接受别人对他的劝阻。距，通“拒”，拒绝。 [4] 志动发言：一时心情激动而说出来的话。志，心情。 [5] 伪言：假话。 [6] 引文见《论语·子路》。 [7] 子羔：高柴，字子羔，孔子弟子，小孔子三十岁。此语本事详下。 [8] 费：春秋时期鲁国叔孙氏邑，在今山东东平东南，《论衡·艺增篇》作“郈（hòu）”。宰：邑宰，地方官名。 [9] 贼夫人之子：这简直是害了人家的子弟。孔子强调“学而优则仕”，他认为子羔很笨，学习不好，而子路却叫他去做官，所以这么说。贼，害。夫，彼，那。夫人，别人。 [10] 有社稷焉，有民人焉：今传本《论语》作“有民人焉，有社稷焉”。子路的意思是有政权机构，有老百姓，就可以练习政事了，不必等书读好。社稷，古代祭土地神和谷神的地方，也作为国家或政权的代称。 [11] 是故恶夫佞（nìng）者：所以我最讨厌强词夺理的人。佞，巧言善辩，强词夺理。以上事参见《论语·先进》。 [12] 以：成了。

孔子曰：“赐不受命，而货殖焉[1]，亿则屡中[2]。”何谓“不受命”乎？说曰[3]：“不受当富之命[4]，自以术知[5]，数亿中时也[6]。”

［注释］

[1] 赐：子贡。不受命：没有承受上天赐予的发财命。货殖：经商。 [2] 亿：通“臆”，预测。引文见《论语·先进》。 [3] 说曰：有人解释道。说，解释。 [4]“不”，原无，据黄晖说补。 [5] 术：方法，指经商本领。 [6] 数（shuò）：屡次。中时：看准了时机。

夫人富贵，在天命乎？在人知也？如在天命，术知求之不能得[1]；如在人知[2]，孔子何为言“死生有命，富贵在天”？夫谓富不受命，而自以术知得之[3]，贵亦可不受命而自以努力求之？世无不受贵命而自得贵，知亦无不受富命而自得富者[4]。成事：孔子不得贵矣[5]，周流应聘[6]，行说诸侯[7]，智穷策困，还定《诗》《书》[8]，望绝无冀[9]，称“已矣夫”。自知无贵命，周流无补益也。孔子知已不受贵命，周流求之不能得，而谓赐不受富命，而以术知得富，言行相违，未晓其故。

［注释］

[1]“术知”，原作“知术”，据刘盼遂说乙。上文“不受当富之命，自以术知，数亿中时”，下文“不受富命，而以术知得富”，皆作“术知”。下句“知术”亦同乙。 [2]“知”，原无，据黄晖说补。上文“在人知”，有“知”字。 [3]“以”，原无，据黄晖

说补。下文“自以努力求之”，也有“以”字。 [4]“知亦”，原作“亦知”，据杨宝忠说乙。 [5]“贵”上原有“富”字，据黄晖说删。下文孔子“自知无贵命”，“孔子知己不受贵命”，皆无“富”字。又，这里是想以孔子不受贵命则不得贵，来证明子贡不受富命则不得富，所以“富贵”不当连言。 [6]周流应聘：周游列国，接受聘请。 [7]行说（shuì）：游说。 [8]还定《诗》《书》：返回鲁国，删定《诗》《书》。 [9]冀：希望，原作“异（異）”，据刘盼遂、杨宝忠说改。

或曰：“欲攻子贡之短也。子贡不好道德而徒好货殖，故攻其短，欲令穷服而更其行节[1]。”夫攻子贡之短，可言“赐不好道德而货殖焉”，何必立“不受命”[2]，与前言“富贵在天”相违反也？

王充自己是命定论者，所以孔子说“死生有命，富贵在天”，他很是听得进去；说子贡“不受命”而“以术知”，他就难以接受了。

［注释］

[1]欲令穷服而更其行节：想要让他理屈词穷而改变自己的行为。穷，词穷。服，信服。行节，行为。 [2]何必立“不受命”：何必提出“不受命”的说法。立，建立，这里指提出。

颜渊死，子曰：“噫！天丧予[1]！”此言人将起[2]，天与之辅[3]；人将废[4]，天夺其佑[5]。孔子有四友[6]，欲因而起[7]，颜渊早夭，故曰：

"天丧予！"

［注释］

[1] 天丧予：老天爷要我的命呀！其事参见《论语·先进》。 [2] 起：兴起。 [3] 与：给。辅：辅佐。 [4] 废：失败。 [5] 佑：辅佐。 [6] 四友：指孔子门下颜回、子贡、子张、子路等四个得意弟子。 [7] 因：凭借。

问曰：颜渊之死，孔子不王，天夺之邪？不幸短命，自为死也？如短命不幸，不得不死，孔子虽王，犹不得生。辅之于人[1]，犹杖之扶疾也[2]。人有病，须杖而行，如斩杖本得短[3]，可谓天使病人不得行乎？如能起行，杖短能使之长乎？夫颜渊之短命，犹杖之短度也[4]。

［注释］

[1] 人：这里指君主。 [2] 杖：拐杖。 [3] 如斩杖本得短：如果拐杖本来就砍得短。 [4] 度：尺度，尺寸。

且孔子言"天丧予"者，以颜渊贤也。案贤者在世，未必为辅也。夫贤者未必为辅，犹圣人未必受命也[1]。为帝有不圣，为辅有不贤。何则？禄命、骨法[2]，与才异也。由此言之，颜渊生未必为辅，其死未必有丧[3]，孔子云“天丧予”，何据见哉？

[注释]

[1] 受命：受命（当帝王）。 [2] 骨法：即骨相。王充认为，骨格相貌上的某些特征，体现了决定贫富贵贱的禄命。 [3] 丧：损失。

且天不使孔子王者，本意如何？本禀性命之时不使之王邪[1]？将使之王复中悔之也[2]？如本不使之王，颜渊死，何丧？如本使之王复中悔之，此王无骨法，便宜自在天也[3]。且本何善所见而使之王？后何恶所闻中悔不命？天神论议，误不谛也[4]。

王充认为一切都是命中注定的，所以颜渊的早死也是命中注定的，与孔子的事业兴衰并无必然的联系。

[注释]

[1] 禀：承受。性：生命。本禀性命之时，王充认为，禄命、寿命是和生命同时形成的，人一旦具有了生命，也就具备了禄命和寿命。参见《论衡·初禀篇》。 [2] 将：还是。复中悔：又中途反悔。 [3] 便宜：随意处置。自：本来。 [4]“天神论议”二句意谓：关于天很神灵这种议论（这里指孔子说的“天丧予”这句话），是错误而不准确的。谛（dì），准确，清楚。

孔子之卫[1]，遇旧馆人之丧[2]，入而哭之。出，使子贡脱骖而赙之[3]。子贡曰："于门人之丧[4]，未有所脱骖；脱骖于旧馆，毋乃已重乎[5]？"孔子曰："予乡者入而哭之[6]，遇于一哀而出涕[7]。予恶夫涕之无从也[8]，小子行之[9]！"孔子脱骖以赙旧馆者，恶情不副礼也[10]。副情而行礼，情起而恩效[11]。礼情相应，君子行之。

[注释]

[1] 卫：春秋时期的卫国，在今河南北部滑县一带。 [2] 旧：指以前认识的。馆人：馆驿中办事的人。馆，指馆驿。 [3] 脱：解下来。骖（cān）：古代驾车的几匹马中，旁边的马叫"骖"。赙（fù）：赠送财物给办丧事者。 [4] 门人之丧：这里指颜渊之丧。门人，门生，弟子。 [5] 已：甚，太。 [6] 乡（鄉）（xiàng）：通"向（嚮）"。乡者，刚才。 [7] 遇于一哀而出涕：正好心里一阵难过，因而流出了眼泪。 [8] 予恶（wù）夫涕之无从也：我讨厌只流眼泪而无所表示（所以才有脱骖而赙之之举）。恶，恨，讨厌。从，跟随，指相应的表示。 [9] 小子行之：你就这么去办吧。小子，是孔子对弟子的称呼。以上事参见《礼记·檀弓上》。 [10] 副：相称。 [11] 恩：恩惠，指礼物。效：致，证明，原作"动"，据吴承仕说改。下文言"是盖孔子实恩之效也"，"实恩之效"即"恩效"。

颜渊死，子哭之恸。门人曰："子恸矣。"曰[1]："吾非斯人之恸而谁为[2]？"夫恸，哀之至也。哭颜渊恸者，殊之众徒[3]，哀痛之甚也。死有棺无椁[4]，颜路请车以为之椁[5]，孔子不予，为大夫不可以徒行也[6]。吊旧馆[7]，脱骖以赙，恶涕无从；哭颜渊恸，请车不与，使恸无副。岂涕与恸殊，马与车异邪？于彼则礼情相副，于此则恩义不称[8]，未晓孔子为礼之意。

［注释］

[1]“曰”，原无，据刘盼遂说补。《论语·先进》有“曰”字。 [2]谁为：为谁。以上事参见《论语·先进》。 [3]殊之：异于。 [4]椁（guǒ）：古人的棺材有的有内外层，内层叫棺，外层叫椁。 [5]颜路请车以为之椁：颜路请求（孔子）把车卖掉，以给颜渊买椁。颜路，即颜无繇，字路，颜渊的父亲，也是孔子弟子。 [6]为：谓，认为。徒行：步行。以上事参见《论语·先进》。 [7]吊：吊唁。 [8]称：副，相称。

孔子曰：“鲤也死[1]，有棺无椁，吾不徒行以为之椁[2]。”鲤之恩深于颜渊，鲤死无椁，大夫之仪，不可徒行也。鲤，子也；颜渊，他姓也。子死且不礼，况其礼他姓之人乎？

［注释］

[1]鲤：孔鲤，字伯鱼，孔子的儿子。 [2]引文见《论

语·先进》。

或曰[1]："是盖孔子实恩之效也[2]。"副情于旧馆，不称恩于子，岂以前为士，后为大夫哉？如前为士，士乘二马；如为大夫，大夫乘三马[3]。大夫不可去车徒行，何不截卖两马以为椁[4]，乘其一乎？为士时，乘二马，截一以赙旧馆，今亦何不截其二以副恩，乘一以解不徒行乎？不脱马以赙旧馆，未必乱制；葬子有棺无椁，废礼伤法。孔子重副旧人之恩[5]，轻废葬子之礼，此礼得于他人，制失于亲子也[6]。然则孔子不粥车以为鲤椁[7]，何以解于贪官好仕恐无车[8]？而自云"君子杀身以成仁"[9]，何难退位以成礼？

在王充看来，孔子做事轻重失宜，疏者重而亲者轻。做事得体，有时候的确很难，连圣人都不一定能做到。但责备孔子"贪官好仕"，也的确批评得够狠的。

[注释]

[1]"或"，原无，据黄晖说补。 [2]实：据实。恩：施恩。效：证明。 [3]《后汉书·舆服志》刘昭注补引《逸礼·王度记》："天子驾六马，诸侯与卿驾四，大夫三，士二，庶人一。" [4]截卖两马：指三匹马中卖掉两匹。截，割。 [5]"副"，原作"赙"，据黄晖说改。 [6]"于"，原无，据黄晖、刘盼遂说补。 [7]粥（yù）：同"鬻（yù）"，卖。 [8]解：辩解，解释。 [9]"而自云'君子杀身以成仁'"二句意谓：孔子既自称可以杀身成仁，又为何不可以退位成礼呢？引文见《论语·卫灵公》。退位，降低等级。

子贡问政[1]，子曰：“足食，足兵[2]，民信之矣。”曰：“必不得已而去，于斯三者何先？”曰：“去兵。”曰：“必不得已而去，于斯二者何先？”曰：“去食。自古皆有死，民无信不立[3]。”信最重也。

［注释］

[1] 问政：问怎样治理政事。 [2] 兵：兵器，指军备。 [3] 以上事参见《论语·颜渊》。

问曰[1]：使治国无食，民饿，弃礼义。礼义弃，信安所立？传曰：“仓廪实，知礼节；衣食足，知荣辱[2]。”让生于有余[3]，争生于不足。今言“去食”，信安得成？春秋之时，战国饥饿[4]，易子而食[5]，析骸而炊[6]，口饥不食[7]，不暇顾恩义也[8]。夫父子之恩，信矣[9]，饥饿弃信，以子为食。孔子教子贡去食存信，如何？夫去信存食，虽不欲信，信自生矣；去食存信，虽欲为信，信不立矣。

“让生于有余，争生于不足。”二句金玉良言。

“夫去信存食，虽不欲信，信自生矣；去食存信，虽欲为信，信不立矣。”数句金玉良言。

［注释］

[1]“曰”，原无，据孙人和、张宗祥说补。本篇文例如此。 [2] 引文见《管子·牧民》。《管子》：后人汇集管仲的言

行并加以发挥和补充而成的一部著作。 [3] 让：谦让。生：产生。 [4] 战国：发生战争的国家。 [5] 易：交换。 [6] 枍（xī）骸而炊：把死人骨头劈开烧火煮东西。枍，同“析”，劈开。骸，骨头。 [7] 不：无。 [8] 不暇：无暇，没工夫。 [9] 信：可靠。

孔子陈义过高，又自相矛盾；王充实事求是，指出其漏洞。而“先富后教”“去信存食”，也更符合人性。

子适卫[1]，冉子仆[2]。子曰：“庶矣哉[3]！”曰：“既庶矣，又何加焉[4]？”曰：“富之。”曰：“既富矣，又何加焉？”曰：“教之[5]。”语冉子先富而后教之，教子贡去食而存信，食与富何别？信与教何异？二子殊教，所尚不同[6]，孔子为国，意何定哉[7]？

［注释］

[1] 适：往。 [2] 冉子：即冉求，字子有，孔子弟子。仆：驾车。 [3] 庶矣哉：人口真多啊！庶，众多，指人口众多。 [4] 又何加焉：还应该做些什么呢？ [5] 以上事参见《论语·子路》。 [6] 尚：倡导。 [7] 意：指政治主张。

《淮南子·原道》：“蘧伯玉年五十而有四十九年非。”

使节之语，明明是委婉地说蘧伯玉老犯错误，怎么就变成代蘧伯玉谦虚了呢？

蘧伯玉使人于孔子[1]，孔子曰：“夫子何为乎[2]？”对曰：“夫子欲寡其过而未能也[3]。”使者出，孔子曰：“使乎[4]！使乎[5]！”非之也[6]。说《论语》者曰：“非之者，非其代人谦也。”

[**注释**]

[1]蘧（qú）伯玉：名瑗，字伯玉，春秋时期卫国大夫，孔子在卫国时，曾住在他家里。 [2]夫子：这里指蘧伯玉。 [3]寡其过：减少自己的错误。寡，少。 [4]使乎：这样的使者呀！ [5]以上事参见《论语·宪问》。 [6]非：批评，指责。之：他，这里指使者。

夫孔子之问使者曰“夫子何为”，问所治为[1]，非问操行也。如孔子之问也[2]，使者宜对曰“夫子为某事，治某政”，今反言“欲寡其过而未能也”！何以知其对不失指[3]，孔子非之也？且实孔子何以非使者[4]？非其代人谦之乎？其非乎对失指也[5]？所非独有一实[6]，不明其过[7]，而徒云“使乎，使乎”，后世疑惑，不知使者所以为过。韩子曰[8]：“书约则弟子辨[9]。”孔子之言“使乎”，何其约也！

[**注释**]

[1]问所治为：问的是政治上的所作所为。 [2]如：按照。 [3]张宗祥疑“不”字衍。失指：不符合孔子问话的原意。 [4]实：到底，究竟。 [5]其：还是。对：应对。 [6]所非独有一实：孔子所批评的，二者必居其一。“独”，原作“犹”，据杨宝忠说改。实，事实。 [7]明：说清楚。过：过错。 [8]韩子：即韩非。 [9]约：简略。辨：通“辩”，争辩。引文见《韩非子·八说》。

或曰："《春秋》之义也[1]，为贤者讳[2]。蘧伯玉贤，故讳其使者。"夫欲知其子，视其所友[3]，欲知其君，视其所使。伯玉不贤，故所使过也。《春秋》之义，为贤者讳，亦贬纤介之恶。今不非而讳，"贬纤介"安所施哉？使孔子为伯玉讳，宜默而已[4]。扬言曰"使乎，使乎"，时人皆知孔子非之也[5]。出言如此，何益于讳？

孔子说话过于简略，引发后人各种猜测。王充的意思是，你要为贤者讳，你就什么都别说；你要是非分明，你就索性说清楚。你这样吞吞吐吐，反而引发各种猜测，以致对当事者不利。

［注释］

[1] 义：意思，这里指原则。 [2] 讳：避讳，隐瞒。 [3]"所"，原无，据刘盼遂、张宗祥说补。与下句"视其所使"相对为文。《说苑·杂言》："孔子曰：'不知其子，视其所友；不知其君，视其所使。'" [4] 默：沉默。 [5]"非之"，原作"之非"，据孙人和、张宗祥说乙。

佛肸召[1]，子欲往。子路不说[2]，曰："昔者，由也闻诸夫子曰[3]：'亲于其身为不善者[4]，君子不入也。'佛肸以中牟畔[5]，子之往也，如之何？"子曰："有是言也[6]！不曰坚乎[7]，磨而不磷；不曰白乎[8]，涅而不淄。吾岂匏瓜也哉[9]？焉能系而不食也[10]？"

[注释]

[1] 佛肸（bì xī）：晋国大夫范氏、中行氏的家臣，曾任中牟（在今河北邢台与邯郸之间）的长官。前 490 年，赵简子攻打范氏、中行氏，佛肸守城抗拒，曾招孔子前往帮助。 [2] 说：通“悦”。 [3] 由：子路自称。诸：“之于”的合音。 [4] 亲于其身为不善者：亲身做坏事的人。 [5] 畔：通“叛”。 [6]“言”，原无，据孙人和、张宗祥说补。下文“而曰‘有是言’者”,《论语·阳货》也有“言”字。 [7]“不曰坚乎”二句意谓：不是说坚硬的东西怎么磨也不会变薄吗？磷（lìn），薄。 [8]“不曰白乎”二句意谓：不是说洁白的东西怎么染也不会变黑吗？涅，本是一种矿物，古人用作黑色染料，这里指染黑。淄，通“缁”，黑色。 [9] 匏瓜：葫芦的一种。 [10] 以上事参见《论语·阳货》。

子路引孔子往时所言以非孔子也。往前孔子出此言，欲令弟子法而行之[1]。子路引之以谏，孔子晓之，不曰“前言戏若，非而不可行”[2]，而曰“有是言”者，审有[3]，当行之也。“不曰坚乎磨而不磷？不曰白乎涅而不淄？”孔子言此言者，能解子路难乎[4]？“亲于其身为不善者，君子不入也。”解之宜曰[5]：“佛肸未为不善，尚犹可入。”而曰：“坚，磨而不磷；白，涅而不淄。”如孔子之言，有坚白之行者可以入之，“君子”之行软而易污邪？何以独不入也[6]！

[**注释**]

[1] 法：效法。 [2] 前言戏若，非而不可行：以前说的是跟你开玩笑的，那句话是错误而不可实行的。若，汝。 [3] “审有”二句意谓：就是说确实有这句话，应该照办。 [4] 难：责难。 [5] 解之：解答这句话。宜曰：就应该说。“曰”，原无，据黄晖、刘盼遂说补。 [6] 何以独不入也：为什么唯独“君子”不可以（到亲身做坏事的人那里）去呢？

孔子不饮盗泉之水[1]，曾子不入胜母之闾[2]，避恶去污，不以义[3]，耻辱名也。盗泉、胜母有空名，而孔、曾耻之；佛肸有恶实，而子欲往。不饮盗泉是，则欲对佛肸非矣[4]。“不义而富且贵，于我如浮云。”[5]枉道食篡畔之禄[6]，所谓“浮云”者非也[7]？或权时欲行道也[8]？即权时行道[9]，子路难之，当云“行道”[10]，不当言“食”。有权时以行道，无权时以求食。“吾岂匏瓜也哉！焉能系而不食？”自比以匏瓜者，言人当仕而食禄。“我非匏瓜系而不食”，非子路也[11]。孔子之言，不解子路之难。子路难孔子，岂孔子不当仕也哉[12]，当择善国而入之也[13]。孔子自比匏瓜，孔子欲安食也[14]？且孔子之言，何其鄙也！何彼仕为食哉[15]？君子不宜言也。匏瓜系而不食，亦系而不仕等也。距子路[16]，可云："吾岂匏瓜也哉，系而不仕也？"今云"系而不食"[17]，孔子之仕，不为行道，徒求食也！人之仕也，主贪禄也，礼义之言[18]，为行道也；犹人之娶也，主为欲也，礼义之言，为供亲也。仕而直言食，娶可直言欲乎？孔子之言解情[19]，而无依违之意[20]，不假义理之名，是则俗人，非君子也。儒者说孔子周流应聘不济，闵道不行[21]，失孔子情矣[22]。

王充这里的话说得过于透彻，难怪宋、清学者对他有些恼火。但司马迁的《史记·货殖列传》就是不肯说"礼义之言"，而要直言"天下熙熙，皆为利来；天下壤壤，皆为利往"。相比之下，在说话坦率方面，孔子、司马迁似乎更甚。

由此看来，君子虚伪，反不如俗人坦率。

［注释］

[1] 盗泉：泉水名，在今山东泗水东北。据说孔子经过盗泉时，因为讨厌这个名字，宁可忍着口渴也不喝此泉的水。 [2] 胜母之间：取名胜母的闾巷。按照儒家思想，子女压倒父母就是不孝，所以曾子不肯走进胜母巷里去。以上事参见《说苑·谈丛》《淮南子·说山》《盐铁论·晁错》等。胜母，巷名。间，里巷的大门。 [3]"不以义"二句意谓：不是因为这两处地方真有什么不好，而是因为它们的名字起得难听。 [4] 对：面对，这里指会见。 [5] 引文见《论语·述而》。 [6] 枉道：背离正道。篡叛：篡权叛乱。 [7] 所谓"浮云"者非也：难道不就是所谓的"浮云"（不义而富且贵）吗？ [8] 权时：权衡时宜，随机应变。 [9] 即：如果，就算是。 [10]"当云'行道'"二句意谓：应该说是为了"行道"，而不应该说是为了"食"（俸禄）。"当"，原无，据孙人和说补。 [11] 非：非难，反驳。 [12] 岂孔子不当仕也哉：哪里是说孔子不应当做官呢？ [13] 当择善国而

入之也：而是说应当选择好的国家才去。 [14] 孔子欲安食也：孔子想到哪里去找饭吃呢？ [15] 何彼仕为食哉：难道他做官就是为了吃饭吗？彼，他，指孔子。 [16] 距：通“拒”，反驳。 [17]“云”，原作“吾”，据张宗祥说改。黄晖改作“言”，义同。 [18] 礼义之言：讲大道理的话。 [19] 解情：坦率直言，说明真情。 [20] 依违：首鼠两端，模棱两可。 [21] 闵道不行：说是为了担忧正道不行（其实却是为了吃饭）。闵，担忧。 [22] 失孔子情矣：反而违背孔子的真情实意了。

公山弗扰以费畔[1]，召，子欲往。子路曰：“末如也已[2]，何必公山氏之之也[3]。”子曰：“夫召我者，而岂徒哉[4]？如用我，吾其为东周乎[5]！”

［注释］

[1] 公山弗扰：一说即公山不狃（niǔ），季孙氏的属官，前 502 年，他以费城为据点，背叛了季孙氏，失败后逃往齐国。 [2] 末如也已：没有地方去就算了。末，无，这里指没有地方。如，往，到。已，止。 [3] 何必公山氏之之也：为何一定要去公山氏那里呢。前“之”，语助词。后“之”，往。 [4] 徒：平白无故。 [5] 其：表示推测的语气词。为东周：在东方建立一个周朝，指在鲁国复兴周礼。以上事参见《论语·阳货》。

为东周，欲行道也。公山、佛肸俱畔者，行道于公山，求食于佛肸，孔子之言，无定趋也[1]。言无定趋，则行无常务矣[2]。周流不用，岂独有以乎[3]？阳货欲见之[4]，不见，呼之仕，不仕，何其清也！公山、佛肸召之，欲往，何其浊也！公山不扰与阳虎俱畔[5]，执季桓子[6]，二人恶同[7]，呼召礼等，独对公山，不见阳虎，岂公山尚可，阳虎不可乎？子路难公山之召[8]，孔子宜解以尚及佛肸未甚恶之状也[9]。

［注释］

[1] 定趋：一定的准则。 [2] 常务：固定的目标。 [3] 岂独有以乎：难道不是有原因的吗？以，原因。 [4] 阳货：又叫阳虎，季孙氏的家臣。据《论语·阳货》记载：阳货想见孔子，孔子不肯见，他就送了孔子一头小猪，想要孔子到他家去道谢。孔子故意选择阳货不在家时去回拜，但两人恰巧在路上碰见了。阳货让孔子到他那里去做官，孔子当时表示愿意，但后来没有去。之：指孔子。 [5] 公山不扰：即公山弗扰。 [6] 执：拘禁，扣押。季桓子：季孙氏，鲁国大夫，“桓子”是他的谥号。 [7] 二人叛事参见《左传》定公五年、定公八年。张宗祥说王充所叙与《左传》不同，当别有所本。“恶同”，原作“同恶”，据黄晖说乙，与下文“礼等”相对为文。 [8]“召”，原作“名”，据黄晖说改。 [9] 孔子宜解以尚及佛肸未甚恶之状也：孔子应该用公山弗扰还比得上佛肸、还不算太坏这样的话来为自己辩解。

［点评］

本篇与《非韩篇》《刺孟篇》是姐妹篇。王充在写了“九虚三增”以后，尤其是在写了“三增”以后，注意到了“儒书”中最有名的一些贤圣，如孔子、韩非子和孟子，他们书中的“虚”“增”问题。虽说“九虚三增”中也有关于这三家的论述，但因为他们比较重要，且可以议论之处甚多，所以王充把他们单列了出来，以“问”“非”“刺”名之，表面看来与“九虚三增”不一样，其实宗旨是一脉相承的。

由于接着的《非韩篇》《刺孟篇》都没有小序，所以本篇开头的一大段话，不仅可以看作是本篇的小序，也可以看作是这三篇文章的小序。所谓“贤圣”，即指孔子、韩非子、孟子三人而言。

王充不满世儒学者一味“信师是古”，盲目崇拜“贤圣所言”，而不知难问的学风：“世儒学者，好信师而是古，以为贤圣所言皆无非，专精讲习，不知难问。”实则在他看来，贤圣认真写的文章尚且有漏洞，何况是传道授业解惑时的随意发言呢：“贤圣下笔造文，用意详审，尚未可谓尽得实，况仓卒吐言，安能皆是？”“贤圣之言，上下多相违，其文，前后多相伐。”“圣人之言，不能尽解；说道陈义，不能辄形。”这种时候，最重要的就是要勇敢问难，以弄清贤圣的真实意思：“不能辄形，宜问以发之；不能尽解，宜难以极之。”可是圣贤弟子却不知难问，放过了追求真理的大好时机：“不能皆是，时人不知难；或是，而意沉难见，时人不知问。”王充不满于圣人子弟的这种态度，尤其不满于汉儒将圣贤神化，所以自告奋勇、充满自信地起而问难：“苟有不晓解之问，追难孔子，何伤于义？诚有传圣业之知，伐孔子之说，何逆于理？”这是“吾爱吾师，吾更爱真理”的态度，并非真对圣贤有何不敬。王充更把这种态度上升为学问之根本："凡学问之法，不畏无才，难于距师，核道实义，证定是非也。"他相信"世间弘才大知，生能答问解难之人，必将贤吾问难之言"。

本篇主要就《论语》和《礼记·檀弓》，一共问难了孔子十八个问题。这里姑举一例。王充认为决定人死生的是命的寿夭，而不是品行的善恶；人的富贫贵贱，都是在出生之时由所禀气的厚薄所决定，并且在长大以后表现出来的。为了支持自己的观点，王充引用了孔子的话："死生有命，富贵在天。"但孔子有时候言命不彻底，于是王充又批评了他："孔子曰：'赐不受命而货殖焉，亿则屡中。'何谓'不受命'乎？说曰：'不受当富之命，自以术知，数亿中时也。'夫人富贵在天命乎？在人知也？如在天命，术知求之不能得；如在人知，孔子何为言'死生有命，富贵在天'？夫谓富不受命而自以术知得之，贵亦可不受命而自以努力求之？世无不受贵命而自得贵，知亦无不受富命而自得富者。"由此可见，王充对孔子有所继承和扬弃，而并非简单地抬杠挑刺。王充对孔子相当推崇，问难孔子，不是为了反对孔子，而是反对将孔子神化。

可是在保守的人眼里，即便这样也难以接受。《论衡》在历史上一向属于"异端"，在宋、清两代尤其饱受攻击。特别是对其中"非圣""不孝"的内容（"非圣"以本篇和《刺孟篇》为代表，"不孝"以《自纪篇》为代表），更是视为大逆不道，必欲口诛笔伐而后快。在宋、清人的种种声讨中，口气最严厉的是乾隆皇帝。不过，他又以为《问孔篇》《刺孟篇》与李贽的学说接近，倒是颇有些道理的，这也从一个侧面揭示了《论衡》在思想史上的巨大影响。《论衡》的怀疑精神的确是李贽们的先驱，影响了中国历史上诸多的“异端”思想家们。

刺孟篇

孟子见梁惠王[1]。王曰："叟[2]，不远千里而来，将何以利吾国乎？"孟子曰："仁义而已，何必曰利[3]？"

[注释]

[1] 梁惠王（前 400—前 319）：即魏惠王，名罃（yīng），"惠"是谥号，战国时期魏国君主，前 370—前 319 年在位。前 362 年，魏国都城由安邑（在今山西夏县西北）迁到大梁（在今河南开封），所以又叫梁惠王。他在位前期，梁国在战国中原诸雄中最为强大，所以他是首先自封为王的。 [2] 叟：古代对老年男子的称呼。 [3] 以上事参见《孟子·梁惠王上》。

夫利有二：有货财之利，有安吉之利[1]。惠王曰“何以利吾国”，何以知不欲安吉之利，而孟子径难以货财之利也[2]？《易》曰[3]：“利见大人[4]”，“利涉大川[5]”，“乾[6]，元亨利贞[7]”。《尚书》曰[8]：“黎民亦尚有利哉[9]。”皆安吉之利也[10]。行仁义得安吉之利。孟子不且诘问惠王[11]：“何谓‘利吾国’[12]？”惠王言货财之利，乃可答。若设令惠王之问未知何趣[13]，孟子径答以货财之利，如惠王实问货财，孟子无以验效也。如问安吉之利，而孟子答以货财之利，失对上之指[14]，违道理之实也[15]。

其实我们也可以反问王充：孟子只说“何必曰利”，也没说其“利”一定就是“货财之利”，你何以就认定他说的一定是“货财之利”，而不是“安吉之利”呢？

[注释]

[1] 安吉：平安吉祥。 [2] 径：直接。难：责难。 [3]《易》：《周易》，儒家经书之一。 [4] 利见大人：得此卦见大人吉利。引文见《周易·乾卦》九二爻辞。大人，圣人。 [5] 利涉大川：得此卦过大河吉利。引文见《周易·需卦》卦辞。涉，徒步过水。 [6] 乾：《周易》中的第一卦。 [7] 元亨利贞：占卜得乾卦大吉大利。元，大。亨，顺利。贞，卜问。引文见《周易·乾卦》卦辞。 [8]《尚书》：儒家经书之一。 [9] 黎民：庶民，百姓。尚：看重。引文见《尚书·秦誓》。 [10] 皆：指上文所举的“利”。 [11] 孟子不且诘问惠王：孟子也不姑且先问一下惠王。“诘”，原作“语”，据孙诒让、杨宝忠说改。 [12] 何谓“利吾国”：什么叫“利吾国”？ [13]“若设令惠王之问未知何趣”四句意

谓：在不了解梁惠王真实意图的情况下，孟子径直回答以货财之利，就好像梁惠王真的问了货财之利一样，其实孟子是没有根据证明这一点的。设令，假设。趣，旨趣。无以验效，没有根据证明。 [14] 失对上之指：回答问题不符合梁惠王的意图。失，不符合。对，回答。上，君主，这里指梁惠王。指，通“旨”，意旨。 [15] 违道理之实也：也违背了起码的道理。

齐王问时子[1]：“我欲中国而授孟子室[2]，养弟子以万钟[3]，使诸大夫、国人皆有所矜式[4]。子盍为我言之[5]？”时子因陈子而以告孟子[6]。孟子曰：“夫时子恶知其不可也[7]？如使予欲富[8]，辞十万而受万[9]，是为欲富乎[10]？”

[注释]

[1] 齐王：指齐宣王，战国时期齐国君主。时子：齐国大夫。 [2] 中国：国都之中，这里指齐国国都临淄城中。授：授予，给。室：房子。 [3] 养弟子以万钟：给他万钟俸禄来供养弟子。钟，古代容量单位，六十四斗为一钟。 [4] 矜式：效法。 [5] 盍（hé）：何不。 [6] 因：通过。陈子：陈臻（zhēn），孟子弟子。 [7] 恶（wū）：何，哪里。 [8] 如使：假使。予：我。 [9] 辞：推辞，拒绝。十万：即十万钟，指孟子在齐国做卿时的俸禄，这里极言其多，并不是确数。 [10] 是为：这是。以上事参见《孟子·公孙丑下》。

夫孟子辞十万，失谦让之理也。“夫富贵者，人之所欲也，不以其道得之[1]，不居也[2]。”故君子之于爵禄也，有所辞，有所不辞。岂以己不贪富贵之故[3]，而以距逆宜当受之赐乎[4]？

［注释］

[1] 不以其道得之：不用正当手段得到它。 [2] 居：处，这里指接受。引文见《论语·里仁》。这里是王充用孔子的话来批驳孟子。 [3] 以：因为。 [4] 距逆：拒绝。距，通“拒”。宜当：应当。

表面上相似的事情，其实内涵是不一样的，具体情况要具体处理。

陈臻问曰[1]：“于齐[2]，王馈兼金一百镒而不受[3]；于宋[4]，归七十镒而受[5]；于薛[6]，归五十镒而受。取前日之不受是[7]，则今受之非也；今日之受是，则前日之不受非也。夫子必居一于此矣[8]。”孟子曰：“皆是也。当在宋也，予将有远行，行者必以赆[9]，辞曰：‘归赆[10]。’予何为不受？当在薛也，予有戒心，辞曰：‘闻戒[11]，故为兵戒归之备乎[12]！’予何为不受？若于齐，则未有处也[13]。无处而归之，是货之也[14]，焉有君子而可以货取乎[15]？”

［注释］

[1] 问：指问孟子。 [2] 于：在。齐：战国时期的齐国，在今山东北部。 [3] 馈（kuì）：通“归”，赠送。下文“归七十镒

而受”“归五十镒而受”，皆作“归”。兼金：质量好的金子（古时所谓的“金”，实际上一般是铜），价值比一般的金子贵一倍。镒（yì）：古代重量单位，二十两为一镒。 [4] 宋：战国时期的宋国，在今河南东部商丘一带。 [5] 归：赠送。 [6] 薛：在今山东滕县东南，原为薛国，被齐国兼并后，成为齐相田婴、田文父子的封地。 [7] 取：采取，这里指承认或认为。然《孟子・公孙丑下》无“取”字。是：对。 [8] 夫子必居一于此矣：夫子受与不受必有一错。“子”前原有“君”字，据孙人和说删。《孟子・公孙丑下》亦无“君”字。陈臻为孟子弟子，故称孟子为“夫子”。 [9] 赆（jìn）：礼物，财物。 [10] 归赆：送上一点盘缠。 [11] 闻戒：听说你有戒心。 [12] 故为兵戒归之备乎：为便于有武器作防备，送你一点钱去准备吧。兵，兵器。 [13] 处：安排，这里指接受财物的理由。 [14] 货：用财物收买，贿赂。 [15] 焉：哪里。货取：收买。以上事参见《孟子・公孙丑下》。

夫金归[1]，或受或不受，皆有故，非受之时己贪，当不受之时己不贪也。金有受不受之义[2]，而室亦宜有受不受之理。今不曰“己无功”，若“己致仕[3]，受室非理”，而曰“己不贪富贵[4]”，引前辞十万以况后万[5]。前当受十万之多，安得辞之[6]？

[注释]

[1] 夫金归：金子送来了。夫，发语词。 [2] 义：道理。 [3] 若：或者。致仕：辞官。 [4] “贵”，原无，据黄晖说补。 [5] 况：

比。 [6]安：怎么。

彭更问曰[1]：“后车数十乘[2]，从者数百人，以传食于诸侯[3]，不亦泰乎[4]？”孟子曰：“非其道，则一箪食而不可受于人[5]；如其道，则舜受尧之天下[6]，不以为泰[7]。”受尧天下，孰与十万[8]？舜不辞天下者，是其道也。今不曰“受十万非其道”，而曰“己不贪富贵”，失谦让也，安可以为解乎[9]？

王充批评孟子辞谢馈赠时失谦让之理。

[注释]

[1]彭更：孟子弟子。 [2]后车：跟随的车辆。乘（shèng）：古代指四匹马拉的车。 [3]传（zhuàn）食：辗转接受供养。 [4]泰：甚，过分。 [5]箪（dān）：古代盛食物用的圆形竹器。 [6]舜：传说中的上古帝王。尧：传说中的上古帝王，年老时让位给了舜。 [7]以上事参见《孟子·滕文公下》。 [8]受尧天下，孰与十万：接受天下与接受十万钟俸禄，哪个多呢？孰与，相当于“与……相比，怎么样？” [9]解：辩解，原作“戒”，据杨宝忠说改。

沈同以其私问曰[1]：“燕可伐与[2]？”孟子曰：“可。子哙不得与人燕[3]，子之不得受燕于子哙[4]。有士于此，而子悦之，不告于王，而私与之子之爵禄[5]，夫士也[6]，亦无王命而私受之于子，则可乎[7]？何以异于是[8]？”齐人伐燕[9]。

或问曰[10]：“劝齐伐燕，有诸[11]？”曰：“未也。沈同问[12]：‘燕可伐与？’吾应之曰：‘可。’彼然而伐之[13]。彼如曰[14]：‘孰可以伐之[15]？’则应之曰：‘为天吏则可以伐之[16]。’今有杀人者，或问之曰：‘人可杀与[17]？’则将应之曰：‘可。’彼如曰：“孰可以杀之？’则应之曰：‘为士师则可以杀之[18]。’今以燕伐燕[19]，何为劝之也[20]？”

话不说尽，只说半句，以为事后卸责留有余地。

［注释］

[1] 沈同：战国时期齐国大夫。以其私：以个人身份，指凭借他与孟子的私交。 [2] 与：同“欤”，表示疑问的语气词。 [3] 子哙（kuài）不得与人燕：子哙不该把燕随便让给别人。子哙，战国时期燕国君主，前320—前312年在位。前318年，他把王位让给子之，自己退而为臣。与，给予，让给。 [4] 子之：原为燕王子哙的相，后接受子哙的让位。 [5] 而私与之子之爵禄：而私自把你的官位和俸禄让给他。 [6] 夫：那个。 [7] 则可乎：这样做可以吗？ [8]“何以异于是”意谓：子哙把王位让给子之，与你把爵禄让给你喜欢的士，二者有什么区别呢？是，这个。 [9] 齐人伐燕：孟子反对这种无视周天子、私相授受王位的做法，鼓动齐国进攻燕国，结果燕军大败，子之被剁成肉泥。其事参见《史记·燕召公世家》。 [10] 或：有人。 [11] 有诸：有这回事吗？诸，“之乎”的合音。 [12]“问”，原作“曰”，据黄晖、张宗祥说改。下文“沈同问燕可伐与”、《孟子·公孙丑下》均作“问”。 [13] 然：赞同。 [14]“彼”，原无，

据孙人和说补。下文“彼如曰”文例同,《孟子·公孙丑下》也作“彼如曰”。张宗祥说“如”当作“彼”。 [15] 孰:谁。 [16] 天吏:奉行天命的统治者,这里指周天子。 [17] 人:指杀人犯。 [18] 士师:古代掌管司法的官吏。 [19] 今以燕伐燕:作为像燕一样无道的齐要去讨伐燕。 [20] 何为劝之也:我为什么要去鼓动它呢?以上事参见《孟子·公孙丑下》。

夫或问孟子劝王伐燕,不诚是乎[1]?沈同问“燕可伐与”,此挟私意欲自伐之也[2]。知其意慊于是[3],宜曰:“燕虽可伐,须为天吏乃可以伐之。”沈同意绝[4],则无伐燕之计矣。不知有此私意而径应之,不省其语[5],是不知言也[6]。公孙丑问曰[7]:“敢问夫子恶乎长[8]?”孟子曰:“我知言。”又问:“何谓知言?”曰:“诐辞知其所蔽[9],淫辞知其所陷[10],邪辞知其所离[11],遁辞知其所穷[12]。生于其心[13],害于其政;发于其政,害于其事。虽圣人复起[14],必从吾言矣[15]。”孟子,知言者也,又知言之所起之祸[16],其极所致之害。见彼之问,则知其措辞所欲之矣[17],知其所之,则知其极所当害矣。

孟子推卸劝齐伐燕的责任,说自己只说燕可伐,却没说齐有资格伐,王充认为孟子是在狡辩。其事又见《史记·燕召公世家》。

[注释]

[1] 不诚是乎:事情不正是这样吗?诚,的确。 [2] 挟:怀,

带。 [3] 知其意慊（qiè）于是：知道他心里乐意做这件事。慊，满意，乐于。 [4] 意绝：念头打消。 [5] 省（xǐng）：明白。 [6] 知言：知道别人话里的意思。 [7] 公孙丑：孟子弟子。 [8] 恶（wū）乎长：擅长什么。 [9] 诐（pō）辞：偏颇的话。诐，通“颇”。蔽：阻碍，压抑。 [10] 淫：惑乱人心。陷：陷害。 [11] 邪辞：邪僻的话。离：离间。 [12] 遁辞：闪烁的话。穷：困屈，陷于困境。 [13] “生于其心”四句意谓：（这些东西）在思想上滋生了，就会危害他的政治；在政治上实行了，就会危害他的事业。 [14] 虽：即使。复起：重新出现。 [15] 以上事参见《孟子·公孙丑上》。 [16] “又知言之所起之祸”二句意谓：（听了沈同的问话，）就该知道他所要达到的目的，也该知道事情的终极危害了。极，终极。“害”，原作“福”，据黄晖、刘盼遂、张宗祥说改。下文“其极所当害”句式相同。 [17] 之：往，这里指达到的目的。

孟子有云[1]：“民举安[2]，王庶几改诸[3]？予日望之[4]。”孟子所去之王[5]，岂前所不朝之王哉[6]？而是[7]，何其前轻之疾[8]，而后重之甚也[9]？如非是，前王则不去，而于后去之，是后王不肖甚于前[10]。而去，三日宿[11]；于前不甚[12]，不朝而宿于景丑氏[13]。何孟子之操[14]，前后不同，所以为王[15]，终始不一也？

王充认为孟子自相矛盾，对前后王态度不一。

[注释]

[1] 有（yòu）：通“又”。 [2] 举：全，都。 [3] 王庶几改诸：

齐王也许会改变态度吧？王，指齐宣王。庶几，也许会。 [4] 此处引文疑有脱误。《孟子・公孙丑下》："王如用予，则岂徒齐民安，天下之民举安。王庶几改之，予日望之。"意谓：如果齐王能任用我，那么不仅齐国的百姓能够享受太平，天下的百姓也都能够享受太平。齐王也许会改变态度吧？我天天盼望着呢。 [5] 去：离开。 [6] 前所不朝之王：即齐宣王。据《孟子・公孙丑下》记载，一次，孟子本想去见齐宣王，可是又摆架子，装病不去。齐宣王派人来看他，他甚至躲到景丑氏的家里。 [7] 而：通"如"。 [8] 轻：轻视。疾：厉害。 [9] 重：重视。甚：厉害。 [10] 不肖：不贤，不好。 [11] 三日宿：指孟子离开齐国时，舍不得马上就走，在昼（齐国地名，在今山东淄博东北）住了三天，等待齐王回心转意，请他回去。 [12] 不甚：不太坏。 [13] 景丑氏：战国时期齐国大夫。 [14] 操：操行，品德。 [15] 为王：对待王。

且孟子在鲁，鲁平公欲见之[1]，嬖人臧仓毁孟子[2]，止平公[3]。乐正子以告[4]。曰："行，或使之；止，或尼之[5]。行止非人所能也。予之不遇鲁侯[6]，天也[7]。"前不遇于鲁，后不遇于齐，无以异也。前归之天，今则归之于王，孟子论称[8]，竟何定哉[9]？夫不行于齐[10]，王不用，则若臧仓之徒毁谗之也[11]，此亦"止，或尼之"也，皆天命不遇，非人所能也，去，何以不径行而留三宿乎[12]？天命不当遇于齐，王不用其言，天岂为三日之间，易命使之遇乎[13]？在鲁则归之于天，绝意无冀[14]；在齐则归之于王，庶几有望。夫如是[15]，不遇之议，一在人也[16]。

或曰："初去[17]，未可以定天命也。冀三日之间，王复追之，天命或时在三日之间[18]，故可也。"夫言如是，齐王初使之去者，非天命乎？如使天命在三日之间，鲁平公比三日[19]，亦时弃臧仓之议[20]，更用乐正子之言[21]，往见孟子。孟子归之于天，何其早乎？如三日之间公见孟子，孟子奈前言何乎[22]？

孟子把不遇的理由，时而归之于天，时而归之于人。坚信命定论的王充，对此很不以为然。

[注释]

[1] 鲁平公：战国时期鲁国君主。 [2] 嬖（bì）人：受宠幸的人。臧（zāng）仓：人名。毁：毁谤，说坏话。 [3] 止：劝阻。 [4] 乐（yuè）正子：即乐正克，孟子弟子，鲁平公的臣子。 [5] 尼：阻挠。 [6] 遇：遇合，这里指得到重用。 [7] 以上事参见《孟子·梁惠王下》。 [8] 论称：论述。 [9] 竟：究竟。定：标准。 [10] 行：施行。 [11] 毁馋：诽谤。 [12] 径行：直接离去。 [13] 易：改变。 [14] 绝意无冀：不抱希望。 [15] 夫如是：如此说来。 [16] 一在人也：完全在于本人（爱怎么说就怎么说）了。一，完全。 [17] 初去：指刚离开齐国国都。 [18] 天命或时在三日之间：天命或许在三日之间（才能确定）。或时，或许。 [19] 比：等到。 [20] 时：或。 [21] 更：改。 [22] 奈……何：对……怎么办。前言：指"予之不遇鲁侯，天也"这句话。

孟子去齐，充虞涂问曰[1]："夫子若不豫色然[2]。前日，虞闻诸夫子曰：'君子不怨天，不尤人[3]。'"曰："彼一时也，此一时也。五百年必有王者兴[4]，其间必有名世者矣[5]。由周以来，七百有余岁矣。以其数[6]，则过矣[7]；以其时考之[8]，则可矣。夫天未欲平治天下乎，如欲平治天下，当今之世，舍我而谁也[9]，吾何为不豫哉[10]！"

[注释]

[1] 充虞（yú）：孟子弟子。涂：通"途"，路上。 [2] 夫子若不豫色然：老师好像很不高兴的样子。豫，高兴。 [3] 尤：责怪。引文见《论语·宪问》。 [4] 王者：指能实行"王道"的所谓圣王。兴：兴起，出现。 [5] 名世者：指应"天命"而生的著名于世的人物。 [6] 数：年数。 [7] 则过矣：已经超过（五百年）了。 [8] 时：时势。考：考察。 [9] 舍：弃，除了。 [10] 以上事参见《孟子·公孙丑下》。

扬雄《法言·五百》："或问：'五百岁而圣人出，有诸？'曰：'尧、舜、禹，君臣也，而并；文、武、周公，父子也，而处；汤、孔子数百岁而生。因往以推来，虽千一，不可知也。'"可见汉朝人大都质疑此说。

夫孟子言"五百年必有王者兴"[1]，何以见乎？帝喾王者[2]，而尧又王天下[3]；尧传于舜，舜又王天下；舜传于禹，禹又王天下。四圣之王天下也，继踵而兴[4]。禹至汤且千岁[5]，汤至周亦然。始于文王[6]，而卒传于武王[7]。武王崩[8]，成王、周公共治天下[9]。由周至孟子之时，又七百岁而无王者。“五百岁必有王者”之验，在何世乎？云“五百岁必有王者”，谁所言乎？论不实事考验，信浮淫之语[10]，不遇去齐，有不豫之色，非孟子之贤效[11]，与俗儒无殊之验也[12]。

直斥孟子与俗儒无殊，难怪宋、清人受不了。

[注释]

[1]“必”，原无，据杨宝忠说补。 [2]帝喾（kù）：传说中的上古帝王，尧的父亲。 [3]王（wàng）：为王。 [4]继踵：一个跟着一个。踵，脚后跟。 [5]汤：商代第一个君主。且：将近。千岁：并非确数，经史所纪夏四百年。张宗祥疑王充取纬书之说，下句也是这样。 [6]文王：周文王。 [7]卒：终。武王：周武王。 [8]崩：古代称帝、后死为“崩”。 [9]成王：周成王，周武王的儿子。周公：周武王的弟弟。成王初即位时年幼，由周公摄政。 [10]浮淫：虚浮，荒诞。 [11]非孟子之贤效：并非孟子贤明的证明。效，效验，证明。 [12]与俗儒无殊之验也：恰好是他与俗儒毫无区别的证明啊。殊，区别。

云“五百年”者[1]，以为天出圣期也[2]。又言以“天未欲平治天下也”，其意以为天欲平治天下，当以五百年之间生圣王也。如孟子之言[3]，是谓天故生圣人也[4]。然则五百岁者，天生圣人之期乎？如是其期，天何不生圣？圣王非其期故

王充指出孟子的话本身不通：既然事实上不是五百年必出王者，则“五百年必有王者兴”这话不通，说白了不过是个虚假命题。

不生[5]，孟子犹信之[6]，孟子不知天也。

［注释］

[1]“云”，原无，据黄晖说补。 [2]期：期限。 [3]如：按照。 [4]故：有意识地。 [5]圣王非其期故不生：圣王的产生并不按照五百年的期限，所以没有出现。 [6]孟子犹信之：孟子还是相信“五百年”之说。

“自周已来，七百余岁矣。以其数，则过矣；以其时考之，则可矣。”何谓“数过”[1]？何谓“时可”乎[2]？数则时，时则数矣。数过，过五百年也。从周到今七百余岁，逾二百岁矣。设或王者生[3]，失时矣[4]，又言“时可”，何谓也？

孟子是模糊逻辑，王充是精确概念。

［注释］

[1]何谓“数过”：什么叫“超过了年数”。 [2]“时”，原无，据孙人和、张宗祥说补。下文“又言时可”也有“时”字。 [3]设或王者生：即使有王者产生。或，有。 [4]失时矣：时间也早就错过了。

云“五百年必有王者兴”，又言“其间必有名世”，与“王者”同乎[1]？异也？如同，何为再言之[2]？如异，“名世者”谓何等也[3]？谓孔子之徒，孟子之辈[4]，教授后生[5]，觉悟顽愚乎[6]？已有孔子，己又以生矣[7]。如谓圣臣乎？当与圣王同时[8]，圣王出，圣臣见矣[9]。言“五百年”而已，何为言“其间”？如不谓五百年时，谓其中间乎？是谓二三百年之时也，圣臣不与五百年时圣王相得[10]。夫如是，孟子言“其间必有名世者”，竟谓谁也？

“王者”与“名世者”的关系，也让王充困惑不解。

[注释]

[1]与“王者”同乎：（这里说的“名世者”）与圣王是一回事吗？ [2]何为再言之：何以把同一个意思又重复说了一遍？“何”，原无，据黄晖、张宗祥说补。 [3]何等：什么样的。 [4]辈：一类人。 [5]后生：青年。 [6]觉悟：启蒙，开导。 [7]己：自己，这里指孟子。以：通“已”，已经。 [8]“王”，原无，据黄晖、刘盼遂、张宗祥说补。下文“圣王出，圣臣见矣”，也有“王”字。 [9]见（xiàn）：同“现”，出现。 [10]“臣”，原无，据《论衡注释》、杨宝忠说补。相得：遇合，相逢。

“夫天未欲平治天下也。如欲治天下，舍予而谁也？”言若此者[1]，不自谓当为王者，有王者，若为王臣矣。为王者、臣[2]，皆天也。己命不当平治天下，不“浩然”安之于齐[3]，怀恨有不豫之色，失之矣[4]！

“不‘浩然’安之于齐”，王充这话说得促狭了。

[注释]

[1]“言若此者”四句意谓：说这种话，不是认为自己当为圣王，就是认为有圣王出现时，自己应当做圣臣了。若，则，就。 [2]“为王者、臣”二句意谓：做圣王和做圣臣，都是由天命决定的。 [3] 浩然：水势浩大，不可阻挡，比喻心胸宽阔，毫无牵挂。这是王充讥讽孟子的话，因为孟子曾表白“我善养吾浩然之气”（《孟子·公孙丑上》）、“浩然有归志”（《孟子·公孙丑下》）。 [4] 失之矣：违反自己关于天命的观点了。

彭更问曰[1]：“士无事而食[2]，可乎？”孟子曰：“不通功易事[3]，以羡补不足[4]，则农有余粟，女有余布。子如通之[5]，则梓匠、轮舆皆得食于子。于此有人焉，入则孝，出则悌[6]，守先王之道，以待后世之学者[7]，而不得食于子[8]。子何尊梓匠、轮舆而轻为仁义者哉[9]？”曰：“梓匠、轮舆，其志将以求食也[10]。君子之为道也，其志亦将以求食与[11]？”孟子曰：“子何以其志为哉[12]？其有功于子[13]，可食而食之矣[14]。且子食志乎[15]？食功乎？”曰：“食志。”曰：“有人于此，毁瓦画墁[16]，其志将以求食也，则子食之乎？”曰：“否。”曰：“然则子非食志，食功也[17]。”

[**注释**]

[1] 彭更：孟子弟子。 [2] 士无事而食：士不劳而食。士，读书人，这里指孟子及其弟子。 [3] 不通功易事：不交换劳动产品。通，交流。功，成果。易，交换。事，产品。 [4] 羡：有余。 [5] “子如通之”二句意谓：如果你能使他们互通有无，那么，木工和造车工就都能在你那里得到饭吃。子，你，这里是虚指。梓（zǐ）匠，木工。轮舆，造车工。 [6] 悌：尊敬兄长。 [7] 待：对待，这里指教育。 [8] 而不得食于子：却不能从你这里得到饭吃。 [9] 为仁义者：实行仁义的人，这里孟子指自己及弟子。 [10] 志：目的，动机。求食：谋生。 [11] 与：同“欤”，表示疑问的语气词。 [12] 子何以其志为哉：你为什么要考虑他们的动机呢？ [13] 功：用处。 [14] 后一个“食（sì）”：通“饲”，给人吃，这里指给予酬劳。 [15] “且子食志乎”二句意谓：那么你是酬劳动机呢，还是酬劳效果呢？ [16] 画：涂抹，弄脏。墁（màn）：涂饰墙壁，这里指粉饰好的墙壁。 [17] 以上事参见《孟子·滕文公下》。

夫孟子引毁瓦画墁者[1]，欲以诘彭更之言也[2]。知毁瓦画墁无功而有志，彭更必不食也。虽然[3]，引毁瓦画墁，非所以诘彭更也[4]。何则？诸志欲求食者[5]，毁瓦画墁者不在其中，不在其中，则难以诘人矣。夫人无故毁瓦画墁，此不痴狂则遨戏也[6]。痴狂之人志不求食[7]，遨戏之人亦不求食。求食者[8]，皆多人所共得利之事。以所作鬻卖于市[9]，得贾以归[10]，乃得食焉。今毁瓦画墁，无利于人，何志之有[11]？有知之人，知其无利，固不为也；无知之人，与痴狂比[12]，固无其志。夫毁瓦画墁，犹比童子击壤于涂[13]，何以异哉？击壤于涂者，其志亦欲求食乎？此尚童子[14]，未有志也。巨人博戏[15]，亦画墁之类也，博戏之人，其志复求食乎[16]？博戏者，尚有相夺钱财[17]，钱财众多，己亦得食，或时有志[18]；夫投石、超距[19]，亦画墁之类也，投石、超距之人，其志有求食者乎？然则孟子之诘彭更也，未为尽之也[20]。如彭更以孟子之言[21]，可谓“御人以口给”矣[22]。

孟子引喻失当，王充抓住把柄，以孔子的话来批评孟子。其实孟子的本意没错：人们支付报酬，不是依据动机，而是依据效果。

［注释］

[1] 引：引用，举。 [2] 诘（jié）：反驳。 [3] 虽然：尽管如此。 [4] 非所以诘彭更也：不能用来作为反驳彭更的依据。 [5] 诸：那些。 [6] 痴狂：傻子和疯子。遨（ào）戏：游戏。 [7]“之人”，原作“人之”，据吴承仕说乙。 [8]“求食者”二句意谓：求食的人，所做的大都是对别人有益的事情。“共”，原作“不”，据孙诒让、张宗祥说改。裘锡圭说当作“而”，通“能”。马宗霍说当作“必”。义皆近。 [9]“所作”，原作“作此”，据黄晖说改。鬻（yù）：卖。 [10] 贾（jià）：通“价”，代价，报酬。 [11] 何志之有：还谈得上什么求食的动机呢？ [12] 比：同。 [13] 犹比：好比。击壤：相传尧时的一

种游戏，把一块一头削尖的木片放在地上，用一根木棒去敲击它，让它跳到空中，然后用木棒去击打它，击打得越远越好，比赛时最远的就算赢。涂：通“途”。 [14]尚：还是。 [15]巨人：大人，成人。博戏：古代的一种棋类游戏。 [16]复：也是。 [17]夺：这里指赢。 [18]或时有志：或许是有目的的。 [19]超距：跳远。 [20]未为尽之也：不能算把道理讲透了。 [21]以：从，这里指采用、听从。 [22]可谓“御人以口给（jǐ）”矣：可以说是用狡辩来对付人啊。御，对付。口给，口才流利，善于争辩。引文见《论语·公冶长》。

匡章子曰[1]：“陈仲子岂不诚廉士乎[2]？居于於陵[3]，三日不食，耳无闻，目无见也。井上有李，螬食实者过半[4]，扶服往[5]，将食之[6]。三咽，然后耳有闻，目有见也。”

孟子曰：“于齐国之士，吾必以仲子为巨擘焉[7]！虽然，仲子恶能廉？充仲子之操[8]，则蚓而后可者也[9]。夫蚓，上食槁壤[10]，下饮黄泉。仲子所居之室[11]，伯夷之所筑与[12]？抑亦盗跖之所筑与[13]？所食之粟[14]，伯夷之所树与[15]，抑亦盗跖之所树与？是未可知也。”

曰：“是何伤哉[16]？彼身织屦[17]，妻辟纑，以易之也。”

曰：“仲子，齐之世家[18]，兄戴[19]，盖禄万钟[20]。以兄之禄为不义之禄，而不食也，以兄之室为不义之室，而弗居也[21]。辟兄离母[22]，处于於陵。他日归，则有馈其兄生鹅者也[23]，已频蹙曰[24]：‘恶用是鶃鶃者为哉[25]。’他日，其母杀是鹅也，与之食之。其兄自外至，曰：‘是鶃鶃之肉也。’出而吐之。以母则不食[26]，以妻则食之；以兄之室则不居，以於陵则居之，是尚能为充其类也乎[27]？若仲子者，蚓而后充其操者也。”

［注释］

[1] 匡章子：即匡章，战国时期齐国将军，曾退秦、败楚、取燕，其言行散见于《战国策·齐策》《战国策·燕策》及《吕氏春秋·不屈》《吕氏春秋·爱类》。杨伯峻说其年岁大致与孟子相当，两人当是朋友。 [2] 陈仲子：又叫田仲，战国时期齐国人，他认为其兄陈戴为齐相不义，不愿与兄共享富贵，故离家隐居於陵，自称“於陵仲子”，楚王聘他为相，他也不应召，而是逃往别处，为人浇灌菜园。其事参见《孟子·滕文公下》及《史记·鲁仲连邹阳列传》载邹阳从狱中上书。廉：廉洁。 [3] 於（wū）陵：齐国地名，在今山东邹平东南。 [4] 螬（cáo）：蛴（qí）螬，金龟子的幼虫，这里指金龟子。 [5] 扶服：同“匍匐”，爬行。 [6] 将：取，拿。 [7] 巨擘（bò）：大拇指，这里指首屈一指的人物。 [8] 充仲子之操：要把仲子的操行贯彻到底。充，扩充。 [9] 则蚓而后可者也：那只有变成蚯蚓才行。这里的意思是，陈仲子廉洁的标准，人世间是无法做到的，陈仲子自己也没

法做到，只有变成蚯蚓才能做到。蚓，蚯蚓。 [10] 槁（gǎo）：枯干。槁壤，干土。 [11]“所居之室”，原作“之所居室”，据黄晖、刘盼遂说乙。 [12] 伯夷：商末贵族，因反对武王伐纣，商朝灭亡以后，他不吃周朝的粮食，最终饿死在首阳山。 [13] 抑：还是。跖（zhí）：春秋时期有名的大盗，时人习称“盗跖”，柳下惠的兄弟。 [14] 粟：这里泛指谷物，粮食。 [15] 树：种植。 [16] 伤：妨碍。 [17]“彼身织屦（jù）”三句意谓：他们住的房子和吃的粮食，是用自己做的麻鞋和妻子搓的麻线换来的。身，自己。屦，麻鞋。辟纑（lú），搓麻绳和麻线。纑，练过的熟麻。 [18] 世家：世代为贵族之家。 [19] 戴：陈戴，陈仲子的哥哥，曾做过齐国的卿。 [20] 盖（gě）：齐国地名，陈戴的封地，在今山东沂水西北。禄：俸禄，这里指封地的收入。 [21] 弗：不。 [22] 辟：通“避”。 [23] 生鹅：活鹅。 [24] 频蹙（cù）：同“颦（pín）蹙”，皱眉，不高兴。 [25] 鶂（yì）鶂：鹅叫声。 [26] 以：由于。 [27]“是尚能为充其类也乎”三句意谓：这能说是彻底地贯彻了自己的操行吗？像陈仲子这样的人，只有变成了蚯蚓，才能彻底地贯彻自己的操行啊！以上事参见《孟子·滕文公下》。

夫孟子之非仲子也[1]，不得仲子之短矣[2]。仲子之怪鹅如吐之者[3]，岂为“在母则不食”乎[4]？乃先谴鹅曰：“恶用鶂鶂者为哉？”他日，其母杀以食之，其兄曰：“是鶂鶂之肉。”仲子耻负前言[5]，即吐而出之。而兄不告[6]，则不吐；不吐，则是食于母也。谓之“在母则不食”，失其意矣。使仲子执不食于母[7]，鹅膳至[8]，不当食也。今既食之，知其为鹅，怪而吐之。故仲子

"以母则不食"，孟子的确说漏嘴了，王充批评得有理。

之吐鹅也，耻食不合己志之物也，非负亲亲之恩而欲勿母食也[9]。

[注释]

[1] 非：非难。 [2] 不得仲子之短矣：没有抓住陈仲子真正的短处。 [3] 怪：厌恶。如：通"而"。 [4] "则"，原无，据黄晖、张宗祥说补。上下文皆有"则"字。 [5] 负：违背。 [6] 而：通"如"。告：告诉。 [7] 执：坚持。 [8] 膳：饭食。 [9] 非负亲亲之恩而欲勿母食也：不是违背母亲的恩情，不想吃母亲给的食物。

又言[1]："仲子恶能廉？充仲子之操[2]，则蚓而后可者也。夫蚓，上食槁壤，下饮黄泉。"是谓蚓为至廉也[3]，仲子如蚓，乃为廉洁耳。今所居之宅，伯夷之所筑，所食之粟，伯夷之所树，仲子居而食之，于廉洁可也[4]；或时食盗跖之所树粟，居盗跖之所筑室，污廉洁之行矣。用此非仲子[5]，亦复失之。室因人故[6]，粟以屦纑易之，正使盗跖之所树筑[7]，己不闻知[8]。今兄之不义，有其操矣[9]。操见于众[10]，昭晰议论[11]，故避於陵，不处其宅[12]，织屦辟纑，不食其禄也。而欲使仲子处於陵之地[13]，避若兄之宅[14]，吐若兄之禄[15]，耳闻目见[16]，昭晰不疑，仲子不处不食，明矣。今於陵之宅，不见筑者为谁，粟，不知树者为何[17]，得成室而居之[18]，得成粟而食之，孟子非之，是为太备矣[19]。仲子所居，或时盗之所筑，仲子不知而居之，谓之不充其操[20]，唯“蚓然后可者也”[21]；夫盗室之地中，亦有蚓焉，食盗宅中之槁壤，饮盗宅中之黄泉，蚓恶能为可乎[22]？充仲子之操[23]，满孟子之议[24]，鱼然后乃可[25]。夫鱼，处江海之中，食江海之土，海非盗所凿，土非盗所聚也。

孟子把人比作蚯蚓，王充把人比作鱼，用的都是归谬法，但都很有想象力。

［注释］

[1]“言”，原无，据黄晖说补。 [2]“操”，原作“性”，据黄晖说改。上文“充仲子之操”作“操”。 [3]是谓蚓为至廉也：这是认为蚯蚓是最为廉洁的了。至，最。 [4]于廉洁可也：可以称得上廉洁。 [5]“用此非仲子”二句意谓：（孟子）用这个观点指责陈仲子，也还是不正确的。 [6]室因人故：房子是承袭了人家的旧建筑。因，承袭。故，旧。 [7]正使：即使。“跖”，原无，据蒋礼鸿、张宗祥说补。 [8]己不闻知：自己并没有听说这种情况（所以无损于自己的廉洁）。 [9]有其操矣：是有他的操行为证的。 [10]操见于众：操行表现在众人面前。 [11]昭晰议论：大家看得清楚，议论纷纷。昭晰，清楚。 [12]处：居住。 [13]使：让，叫。“欲使”二字，黄晖疑是衍文，当删。 [14]避若兄之宅：不住像他哥哥那种人的房子。若，像。 [15]吐若兄之禄：不吃像他哥哥那种人的俸禄。 [16]“耳闻目见”四句意谓：那么只要这些东西是陈仲子耳闻目见的，清楚无疑的，陈仲子就不会去

住去吃，这是很明显的了。 [17]“何”上原有“谁”字，疑涉上句“谁”字而衍，故删。 [18]“得成室而居之”二句意谓：有现成的房子可住，有现成的粮食可吃。 [19]是为太备矣：这未免太求全责备了。备，完备。 [20]谓之不充其操：就说他没把自己的操行贯彻到底。 [21]唯“蚓然后可者也”：认为变成蚯蚓后才能做到这一点。 [22]蚓恶能为可乎：变成蚯蚓后又怎么能做得到呢？ [23]“充”，原作“在”，据黄晖、张宗祥说改。 [24]满：满足。 [25]鱼然后乃可：只有变成鱼才行。

然则仲子有大非，孟子非之不能得也[1]。夫仲子之去母辟兄，与妻独处於陵，以兄之宅为不义之宅，以兄之禄为不义之禄，故不处不食，廉洁之至矣。然则其从於陵归候母也[2]，宜自赍食而行[3]。鹅膳之进也，必与饭俱[4]。母之所为饭者，兄之禄也，母不自有私粟以食仲子，明矣。仲子食兄禄也。伯夷不食周粟，饿死于首阳之下，岂一食周粟而以污其洁行哉[5]？仲子之操[6]，近不若伯夷，而孟子谓之若蚓乃可[7]，失仲子之操所当比矣[8]。

王充认为，孟子对陈仲子求全责备，却比拟失伦，所以提出了自己的责备方案。

［注释］

[1]孟子非之不能得也：孟子指责陈仲子，却没有抓住要害。 [2]“从（從）”，原作“徙”，据黄晖、张宗祥说改。 [3]宜自赍（jī）食而行：应该自己带着食物去。赍，带着。 [4]必与饭俱：必定和饭一起端上来。俱，同。 [5]岂一食周粟而

以污其洁行哉：怎么肯吃一粒周朝的粮食而玷污自己廉洁的操行呢？ [6]“仲子之操”二句意谓：陈仲子的操行，就近（在人类当中）来说，还比不上伯夷。 [7]而孟子谓之若蚓乃可：而孟子却（抛开人类，）说只有蚯蚓才能做到。 [8]失仲子之操所当比矣：在陈仲子的操行应当与什么相比这个问题上，孟子完全弄错了。

孟子曰：“莫非命也[1]，顺受其正[2]。是故知命者不立乎岩墙之下[3]。尽其道而死者[4]，为正命也；桎梏而死者[5]，非正命也[6]。”

［注释］

[1]莫非命也：没有一件事不是由命决定的。“命”上原有“天”字，据黄晖说删。《孟子·尽心上》无“天”字。 [2]顺受其正：应当恭顺地承受上天赋予的正命。 [3]是故知命者不立乎岩墙之下：所以知道命的人不会站在危墙下面（以免危墙万一倒塌，死于非命）。是故，所以。岩墙，危墙。 [4]尽其道而死者：彻底遵守天道而死的。 [5]桎梏（zhì gù）而死者：因犯罪而被处死的。桎梏，脚镣手铐。 [6]引文见《孟子·尽心上》。

夫孟子之言，是谓人无触值之命也[1]。顺操行者得正命，妄行苟为得非正[2]，是命定于操行也[3]。夫子不王[4]，颜渊早夭[5]，子夏失明[6]，伯牛为疠[7]，四者行不顺与[8]？何以不受正命？比干剖[9]，子胥烹[10]，子路菹[11]，天下极戮[12]，非徒桎梏也[13]，必以桎梏效非正命[14]，则比干、子胥行不顺也。人禀性命[15]，或当压溺兵烧，虽或慎操修行，其何益哉！窦广国与百人俱卧积炭之下[16]，炭崩[17]，百人皆死，广国独济[18]，命当封侯也。积炭与岩墙何以异？命不当压[19]，虽岩崩，有广国之命者，犹将脱免。“行，或使之；止，或尼之。”命当压，犹或使之立于墙下[20]。孔甲所入主人子之天命当贱[21]，虽载入宫，犹为守者。不立岩墙之下，与孔甲载子入宫，同一实也[22]。

孟子说要小心谨慎，避免灾祸，做个好人，这没错；王充说天有不测风云，人有旦夕祸福，无关操行好坏，这也没错。

[注释]

[1] 触值之命：王充又称为“遭命”“所当触值之命”，指的是注定会遭遇横祸，即不可预测的意外事故（战争、火灾、压、溺）而死的“命”。参见《论衡·气寿篇》《论衡·命义篇》。 [2] 妄行苟为：胡作非为。非正：非正命，从上句省“命”字。 [3] 是命定于操行也：这是说命取决于操行的好坏了。王充并不同意这个观点，他认为“命”与操行好坏无关。参见《论衡·命义篇》。“命定”，原作“天命”，据张宗祥说改。 [4] 夫子：指孔子。王：当王。 [5] 颜渊：即颜回，字子渊，孔子弟子。早夭：短命。 [6] 子夏：卜商，字子夏，孔子弟子，小孔子四十四岁，因为儿子去世而哭瞎了眼睛。 [7] 伯牛：冉耕，字伯牛，孔子弟子，孔子以为有德行，却不幸得了恶疾。疠（lì）：

癞病，即麻风病。 [8] 四者行不顺与：难道这四个人的操行还不够好吗？ [9] 比干：殷末贵族，相传因劝谏纣王，被挖心而死。 [10] 子胥：伍子胥，春秋末期吴国大臣，遭伯嚭陷害而被逼自杀。烹：放在锅里煮，这里指烹尸。 [11] 子路：仲由，字子路，一字季路，孔子弟子，因参与卫国的一次政变，失败后被剁成肉泥。菹（zū）：肉酱，这里指被剁成肉泥。 [12] 极戮（lù）：最残酷的刑罚。 [13] 徒：仅仅。 [14]“必以桎梏效非正命”二句意谓：如果一定要用遭刑罚而死来证明他们得到的不是正命，那么比干、伍子胥就是操行也不好了。效，效验，证明。 [15] 禀：承受。性：生命。王充认为，人的生命，决定人的死生寿夭贫贱富贵的命，都是人偶然承受气而形成的，与人的操行无关。参见《论衡·初禀篇》《论衡·命义篇》。 [16] 窦广国：汉文帝时窦太后的弟弟，幼年因家贫被卖，入山烧炭，后来以姐贵而封侯。 [17] 崩：倒塌。 [18] 济：得救。 [19] 命不当压：命里注定不当被压死。“当”，原无，据孙人和说补。此句与下文“命当压”相对为文。 [20] 犹或使之立于墙下：那么就好像会有一股力量驱使他站到危墙下面（去被压死）。 [21]“孔甲所入主人子之天命当贱”三句意谓：传说有一次孔甲在一个老百姓家避风，恰巧这家生孩子，有人说这孩子将来一定富贵，有人说一定贫贱，孔甲说：给我当儿子，怎么会贫贱呢？于是就把孩子带入宫中。后来这个孩子因劈柴砍断了脚，结果只能当个看门人。其事参见《吕氏春秋·音初》《论衡·书虚篇》。孔甲，夏朝后期的一个王。守者，看门人。 [22] 同一实也：道理是一样的。

[点评]

针对《孟子》中的八处“失对答之旨，违道理之实”的漏洞，本篇进行了质疑和批评，其中有的很有道理。

今人注释《孟子》，本篇值得参考。

如孟子说“五百年必有王者兴，其间必有名世者矣”，乃是“天命论”和“目的论”的体现。王充一针见血地指出：“如孟子之言，是谓天故生圣人也。”他抓住了孟子的一个逻辑漏洞：“然则五百岁者，天生圣人之期乎？如是其期，天何不生圣？圣王非其期故不生，孟子犹信之，孟子不知天也。”并质问道：“‘五百岁必有王者’之验，在何世乎？云‘五百岁必有王者’，谁所言乎？”他批评孟子“论不实事考验，信浮淫之语”，加上孟子曾“不遇去齐，有不豫之色”，所以断定“非孟子之贤效，与俗儒无殊之验也”。对于孟子所信奉的“天命论”和“目的论”，王充这里的批判应该是很有说服力的。

又如，孟子特别强调顺命的重要性，主张“命定于操行”，亦即天命由操行决定的随命说，也就是“顺操行者得正命，妄行苟为得非正”，却没有顾及意外遭遇的情况。这种观点，支持了汉代天人感应论者所提倡的善有善报、恶有恶报的报应论，同时也变相地肯定了不合理的社会秩序。王充则通过主张“人有触值之命”，指出“人禀性命，或当压溺兵烧，虽或慎操修行，其何益哉”，从而反对了这种随命说和因果论，同时也控诉了不合理的社会秩序。“夫子不王，颜渊早夭，子夏失明，伯牛为疠，四者行不顺与？何以不受正命？比干剖，子胥烹，子路菹，天下极戮，非徒桎梏也，必以桎梏效非正命，则比干、子胥行不顺也。”王充的质问大义凛然，义正辞严，是足以驳斥孟子之说的。

本篇与《问孔篇》《非韩篇》是姐妹篇。王充是根据三人在当时人心目中的地位，而决定这三篇的先后顺序的。在王充生活的时代，孟子还没有仅次于孔子的地位，那是宋代以后的事情。

在历史上，本篇与《问孔篇》总是连在一起，一荣俱荣，一损俱损。而随着孟子地位的不断上升，对《刺孟篇》的态度也有所变化，不像对《问孔篇》那样一刀切。

比如，韩愈被誉为“文起八代之衰”的古文大家，对“后汉三贤”——王充、王符、仲长统的文章颇感兴趣，为此特地作了一篇《后汉三贤赞》。有意思的是，他以道统继承人自居，在《原道》中首倡道统说，理出了道统的路线图，让孟子直接传承孔子的衣钵，在历史上首次抬高了孟子的地位，并在宋代以后得到了普遍的认可，却对本篇与《问孔篇》未加非议，以致连宋代的邵博也奇怪道：“王充《刺孟》出《论衡》，韩退之赞其‘闭门潜思，《论衡》以修’矣，则退之于孟子‘醇乎醇’之论，亦或不然也。”（《邵氏闻见后录》卷十一）这与其传人非议王充“非圣”“不孝”的态度形成了有趣的对照。

而到了宋代，就有刘章出来，作《刺〈刺孟〉》，以反驳《刺孟篇》的观点，维护孟子的地位（参见明黄瑜《双槐岁钞》卷六“《非〈非国语〉》”条、郎瑛《七修续稿》辨证类“书名沿作”条）。此外，还有何涉的《删孟》，则似乎是受王充《刺孟篇》影响之作，因而也受到了宋人的批评（参见南宋邵博《邵氏闻见后录》卷十一）。

答佞篇

或问曰[1]："贤者行道[2]，得尊官厚禄矣，何必为佞[3]，以取富贵？"

曰[4]：佞人知行道可以得富贵，必以佞取爵禄者[5]，不能禁欲也。知力耕可以得谷，勉贸可以得货[6]，然而必盗窃，情欲不能禁者也[7]。以礼进退也[8]，人莫不贵[9]，然而违礼者众，尊义者希[10]，心情贪欲[11]，志虑乱溺也。夫佞与贤者同材，佞以情自败[12]；偷盗与田、商同知[13]，偷盗以欲自劾也[14]。

王充在这里农商等视，在当时却是难得的了。

［注释］

[1]或：有人。 [2]道：指"先王之道"。 [3]佞（nìng）：

花言巧语，谄媚奉承。上句末的“矣”字，一作“人”，从下读，为本句首，亦通。 [4] 曰：本篇以“曰”开始的论述，都是王充的解答。 [5]“必以佞取爵禄者”二句意谓：一定要以“佞”来取得高官厚禄，是因为不能克制贪婪的欲望。 [6] 勉贸：努力经商。“贸”，一作“商”。货：财富。 [7] 情：感情，指私心。 [8] 进退：当官或辞官。 [9] 莫：没有。贵：尊重。 [10] 希：少。 [11]“心情贪欲”二句意谓：这是由于私心贪得无厌，使得神智昏乱而执迷不悟的缘故啊。溺（nì），沉湎，执迷不悟。 [12] 佞以情自败：佞人由于贪心而自取灭亡。 [13] 田：农夫。知（zhì）：通“智”。 [14] 自劾（hé）：自陷法网。劾，获罪。

问曰：“佞与贤者同材，材行宜钧[1]，而佞人曷为独以情自败[2]？”

曰：富贵皆人所欲也，虽有君子之行，犹有饥渴之情。君子耐以礼防情[3]，以义割欲[4]，故得循道[5]，循道则无祸；小人纵贪利之欲[6]，逾礼犯义[7]，故得苟佞[8]，苟佞则有罪。夫贤者，君子也；佞人，小人也。君子与小人本殊操异行[9]，取舍不同[10]。

王充在这里说“循道则无祸”“苟佞则有罪”，在《幸偶篇》或其他篇中，却表达了“无德受恩，无过遇祸”的观点。为了不同的立论，他有时难免自相矛盾。

［注释］

[1] 材行宜钧：（佞与贤）才能和操行应该是相称的。钧，通“均”。 [2] 曷（hé）为：为什么。曷，何。 [3] 耐（néng）：通“能”，原作“则”，据黄晖、张宗祥说改。防：防止，克制。 [4] 割：一

作“制”，断绝，抑制。 [5] 循：遵循。 [6] 纵：放纵。 [7] 逾：越过，违犯。 [8] 故得苟佞：所以就会采取不正当的手段来献媚讨好。“得”前原有“进”字，据黄晖说删。上文“故得循道”句式同。苟，不正当。 [9] 本：本来。殊：不同。 [10] 取舍：指行为准则。取，追求。舍，放弃。

问曰：“佞与谗者同道乎[1]？有以异乎？”

曰：谗与佞，俱小人也，同道异材，俱以嫉妒为性，而施行发动之异[2]。谗以口害人，佞以事危人；谗人直道不违[3]，佞人依违匿端[4]；谗人无诈虑，佞人有术数[5]。故人君皆能远谗亲仁，莫能知贤别佞。

难曰[6]：“人君皆能远谗亲仁，而莫能知贤别佞，然则佞人竟不可知乎[7]？”

曰：佞可知，人君不能知。庸庸之君，不能知贤；不能知贤，不能知佞。唯圣贤之人，以九德检其行[8]，以事效考其言[9]。行不合于九德，言不验于事效，人非贤则佞矣[10]。夫知佞以知贤[11]，知贤以知佞；知佞则贤智自觉[12]，知贤则奸佞自得[13]。贤佞异行，考之一验[14]，情心不同，观之一实[15]。

以“贤”“佞”互相甄别。但说来容易做来难。

[注释]

[1] 谗：说坏话陷害别人。同道：一路（货色）。 [2] 而施行发动之异：但是做法和动机不一样。发动，动机。 [3]“谗人”下原有“以”字，据黄晖说删。此句与下句“佞人依违匿端”相对为文。直道：直言，公开地说。不违：不讳，不避，不隐藏自己的意见。 [4] 依违：首鼠两端，模棱两可。匿端：隐藏动机。 [5] 术数：权术，指阴谋诡计。 [6] 难曰：这里指有人提出责问。 [7]“竟”，原作“意”，据吴承仕、孙人和、张宗祥说改。知：觉察，识别。 [8] 九德：指用来考察一个人性情真伪的九项道德标准。典出《尚书·皋陶谟》：“行有九德……宽而栗，柔而立，愿而恭，乱而敬，扰而毅，直而温，简而廉，刚而塞，强而义。”检：检验。 [9] 以事效考其言：根据办事的效果来考察他的言论。事效，功效。 [10] 则：而是。 [11]“夫知佞以知贤”二句意谓：知佞乃能知贤，知贤乃能知佞。以，乃。 [12] 自觉：自会觉察。 [13] 自得：自能识别。 [14] 一验：同一个检验标准（指“九德”）。 [15] 一实：同一种实际效果。

问曰：“九德之法，张设久矣[1]，观读之者，莫不晓见，斗斛之量多少[2]，权衡之县轻重也。然而居国有土之君[3]，曷为常有邪佞之臣与常有欺惑之患[4]？”

曰[5]：不患无斗斛[6]，所量非其谷；不患无铨衡[7]，所铨非其物故也。在人君位者，皆知九德之可以检行，事效可以知情，然而惑乱不能见者，则明不察之故也[8]。人有不能行[9]，行无不还是眼光最重要。

可检；人有不能考[10]，情无不可知。

［注释］

[1] 张设：设立。 [2]“斗斛（hú）之量多少”二句意谓：好比用斗斛来量多少，用秤来称重量一样。斛，古代容量单位，一斛为十斗。权衡，这里指秤。权，秤砣。衡，秤杆。县（xuán），同“悬”，挂，称。 [3] 居国：在位。“居”，一作“君”。有土：拥有领地。 [4] 曷为常有邪佞之臣与常有欺惑之患：为什么自己身边常会出现邪恶的佞臣，而自己也常会有被欺骗受蒙蔽的祸害呢？ [5]“曰”，原无，据黄晖说补。本篇文例如此。 [6]“不患无斗斛”二句意谓：不怕斗斛本身不准确，问题在于所量的不是该量的谷物。“不患无斗斛”，原作“无患斗斛过”，据黄晖说改。与下文“不患无铨衡”相对为文。 [7]“不患无铨（quán）衡”二句意谓：不怕没有秤，问题在于所称的不是该称的东西的缘故啊。铨衡，同“权衡”。铨，称量。 [8] 明不察：眼睛不亮。意思是注意力没有放在佞人身上，没有用“九德”的标准对佞人进行考察。 [9]“人有不能行”二句意谓：只有不善于考察的人，没有不可以检验的行为。行，为，指考察。 [10]“人有不能考”二句意谓：只有不善于考察的人，没有不可以识别的动机。

问曰：“行不合于九德，效不检于考功[1]，进近非贤[2]，非贤则佞。夫庸庸之材，无高人之知[3]，不能及贤。贤功不效[4]，贤行不应[5]，可谓佞乎？”

曰：材有不相及[6]，行有不相追[7]，功有不相袭[8]。若知无相袭[9]，人材相什百[10]，取舍宜同[11]。贤佞殊行，是是非非[12]。实名俱立[13]，而效有成败[14]；是非之言俱当[15]，功有正邪[16]。言合行违[17]，名盛行废，佞人也。

言行不一、名实不副的是佞人。

［注释］

[1] 效不检于考功：办事的效果经不起用考核官吏的标准进行检验。效，功效。检，检验。考功，考核官吏功绩。 [2] 进近非贤：所进用而亲近者并非贤人。 [3] 无高人之知：没有高人的才智。“人”，原无，据蒋礼鸿说补。 [4] 贤功不效：没建立贤人应有的功绩。 [5] 贤行不应：不具备贤人应有的操行。不应，不具备。 [6] 不相及：及不上。 [7] 不相追：赶不上。 [8] 不相袭：比不上。 [9] 若：或。 [10] 人材相什百：才能高下相差十倍百倍。“人”字疑衍。 [11] 取舍宜同：但是行动的准则应该是相同的。 [12] 是是非非：好的就是好的，坏的就是坏的。 [13] 实名俱立：实际（操行）和名声都不错。 [14] 效有成败：效果也还会有成有败。 [15] 是非之言俱当：对是非的评论虽然都很恰当。 [16] 功有正邪：效果也还会有好有坏。 [17] “言合行违”三句意谓：只有那些言论符合而行为违反“道”，名气很大却品德败坏的人，才是佞人。废，败坏。“也”，原无，据刘盼遂、马宗霍说补。

问曰：“行合九德则贤，不合则佞，世人操行者可尽谓佞乎[1]？”

曰：诸非皆恶[2]。恶中之逆者[3]，谓之无道；恶中之巧者[4]，谓之佞人。圣王刑宪[5]，佞在恶中[6]；圣王赏劝[7]，贤在善中。纯洁之贤[8]，善中殊高[9]，贤中之圣也；恶中大佞[10]，恶中之雄也[11]。故曰：观贤由善，察佞由恶。善恶定成[12]，贤佞形矣[13]。

观贤由善，察佞由恶。

［注释］

[1] 世人操行者可尽谓佞乎：只具备社会上一般操行的人，可以说都是佞人吗？ [2] 诸非皆恶：凡是操行不好的都是恶人。 [3] 逆：犯上作乱。 [4] 巧：伪，指善于弄虚作假，一作“功”。 [5] 圣王刑宪：圣王制定刑法和法令。宪，法令。 [6] 佞在恶中：佞人被列在恶人当中。 [7] 劝：勉励。 [8] 本句与上下文不连贯，故刘盼遂疑是衍文。 [9] 殊：极，最。 [10] “恶”，原作“善”，据吴承仕、黄晖、刘盼遂说改。本句与上文“善中殊高”相对为文。 [11] 雄：魁首。杨宝忠疑“善中殊高”四句当作：“善中殊善，贤中之圣也；恶中大恶，佞中之雄也。” [12] 定成：断定。 [13] 形：显露。

问曰：“聪明有蔽塞[1]，推行有谬误[2]。今以是者为贤，非者为佞，殆不得贤之实乎[3]？”

曰：聪明蔽塞，推行谬误，人之所歉也[4]。故曰：“刑故无小[5]，宥过无大。”圣君原心省意[6]，故诛故贳误[7]。故贼加增[8]，过误减损[9]，一狱吏所能定也，贤者见之不疑矣。

同样犯错误，以“过”（无心的过失）、“故”（明知故犯）来鉴别贤佞。

[注释]

[1] 聪明：视听。蔽：被蒙蔽，看不清。塞：闭塞，听不见。 [2] 推行：指做事。 [3] 殆不得贤之实乎：大概没有抓住贤不贤的实质吧？ [4] 歉：欠缺。 [5]“刑故无小”二句意谓：明知故犯，罪行再小也要严办；无心的过失，错误再大也可宽赦。刑，惩罚。故，故意，这里指明知故犯的错误。小，指小罪。宥（yòu），宽赦。过，无心的过失。引文见《尚书·大禹谟》。 [6] 圣君原心省（xǐng）意：圣君考察犯罪的动机。原，推究。省，考察。 [7] 故诛故贳（shì）误：所以严惩故意犯罪的人，宽赦无心犯错的人。贳，宽赦。 [8] 故贼加增：故意犯法，加重惩罚。贼，危害，这里指犯法。 [9] 过误减损：过失犯错，减轻处罚。

问曰：“言行无功效，可谓佞乎？苏秦约六国为从[1]，强秦不敢窥兵于关外[2]；张仪为横[3]，六国不敢同攻于关内[4]。六国约从，则秦畏而六国强；三秦称横[5]，则秦强而天下弱。功著效明，载纪竹帛[6]，虽贤何以加之[7]？太史公叙言众贤[8]，仪、秦有篇[9]，无嫉恶之文[10]，功钧名敌[11]，不异于贤。”

曰[12]：夫功之不可以效贤[13]，犹名之不可实也。仪、秦，排难之人也[14]，处扰攘之世[15]，行揣摩之术[16]，当此之时，稷、契不能与之争计[17]，禹、皋陶不能与之比效。若夫阴阳调和[18]，风雨时适，五谷丰熟，盗贼衰息，人

“夫功之不可以效贤，犹名之不可实也。”二句金玉良言。

举廉让，家行道德之功，命禄贵美[19]，术数所致[20]，非道德之所成也。太史公记功，故高来祀[21]，记录成败[22]，著效明验，揽载高卓[23]，以仪、秦功美，故列其状[24]。由此言之，佞人亦能以权说立功为效[25]。无效，未可为佞也。

王充把苏秦、张仪都看成是佞人，“以权说立功为效”则成了证据。二人都是只有利益、没有原则的人。

难曰：“恶中立功者谓之佞。能为功者，材高知明，思虑远者，必傍义依仁，乱于大贤[26]。故觉佞之篇曰[27]：‘人主好辨[28]，佞人言利[29]；人主好文，佞人辞丽[30]。’心合意同，偶当人主[31]，说而不见其非[32]，何以知其伪而伺其奸乎[33]？”

曰：是谓庸庸之君也，材下知昏，蔽惑不见。若圣贤之君[34]，察之审明，若视俎上之脯[35]，指掌中之理[36]，数局上之棋[37]，摘辕中之马[38]。鱼鳖匿渊[39]，捕渔者知其源；禽兽藏山，畋猎者见其脉[40]。佞人异行于世[41]，世不能见，庸庸之主，无高材之人也。

难曰：“‘人君好辨，佞人言利；人主好文，佞人辞丽。’言操合同，何以觉之？”

曰：《文王官人法》曰[42]：“推其往言，以揆其来行[43]，听其来言，以省其往行，观其阳以考其阴[44]，察其内以揆其外。”是故诈善设节者可知[45]，饰伪无情者可辨[46]，质诚居善者可得[47]，含忠守节者可见也。人之旧性不辨[48]，人君好辨，佞人学求合于上也[49]。人之故能不文[50]，人君好文，佞人意欲称上[51]。上奢，己丽服；上俭，己不饬[52]。今操与古殊[53]，朝行与家别[54]。考乡里之迹[55]，证朝庭之行[56]，察共亲之节[57]，明事君之操[58]，外内不相称，名实不相副，际会发见[59]，奸为觉露也[60]。

通过观察其不同时期的变化、在不同场合的表现，也就是下文所说的“以素故考之”，来识破佞人的伪装。

[**注释**]

[1] 苏秦：战国时期纵横家，据《史记·苏秦列传》记载，他曾劝说齐、楚、燕、赵、韩、魏等六国联合抗秦。约：联盟。从（zòng）：通“纵”，这里指“合纵”，即六国联盟以对抗秦国。 [2] 秦：指战国时期的秦国，在今陕西、甘肃一带。窥兵：这里指采取军事行动。关外：指函谷关（在今河南灵宝东北）以东地区。 [3] 张仪：战国时期纵横家，据《史记·张仪列传》记载，他曾游说六国分别与秦结成联盟。横：这里指“连横”，即秦国与六国分别结成联盟。 [4] 关内：关中，指函谷关以西地区。 [5] 三秦：指战国时期秦国统治的地区，由于秦朝灭亡后，项羽曾把此地分封给秦的三个降将司马欣、章邯、董翳（yì），所以后人称它为三秦。 [6] 竹帛：泛指书籍史册。 [7] 加：超过。 [8] 太史公叙言众贤：司马迁叙述了许多贤人的事迹。太史公，即司马迁（约前 145 或前 135—？），字子长，著有《太史

公书》，即《史记》。[9]仪、秦有篇：指在《史记》中，张仪、苏秦分别有传。[10]无嫉恶之文：没有憎恶他们的话。[11]敌：相等。[12]“曰”，原无，据《论衡注释》说补。本篇文例如此。[13]“夫功之不可以效贤”二句意谓：不能根据一个人功绩的大小来证明他有无贤德，就像不能凭借一个人的名气来断定他的实际一样。[14]排难：帮助别人排除患难、摆脱困境。[15]扰攘（rǎng）：纷乱，战乱。[16]揣摩之术：这里指“合纵”“连横”的主张。揣摩，这里指揣度君主的心理。[17]稷（jì）：后稷，名弃，传说是尧、舜的贤臣。契（xiè）：传说是尧、舜的贤臣。争计：比较计谋。[18]“若夫阴阳调和”六句意谓：至于气候正常，风调雨顺，五谷丰收，盗贼减少或止息，人人讲究廉洁谦让，家家推崇道德这样的功绩。举，行。[19]命禄：即禄命，王充指的是决定一个人贫富贵贱的神秘力量。参见《论衡·命禄篇》。[20]术数：指治国的方略。[21]故高来祀：为了有意向后代加以推崇。来祀，来年，后代。祀，年。[22]“败”，原作“则”，据张宗祥说改。[23]揽载高卓：广泛收录卓越的人物。[24]状：情况，事迹。[25]权：权术。说（shuì）：游说。[26]乱：混淆。[27]觉佞之篇：不详。有人认为可能是《论衡》的佚篇，但无确据。[28]辨：通“辩”，辩论。[29]言利：巧舌如簧。[30]辞丽：文章华美。[31]偶当人主：投合君主的心意。[32]说（yuè）而不见其非：（君主）喜爱他，因而就看不到他的错误。说，通“悦”。[33]伺：察觉。[34]“若圣”，原作“后又”，据孙人和、张宗祥说改。《太平御览》卷四〇二引《论衡》文作“圣贤之君”。[35]俎（zǔ）：切肉的砧板。脯（fǔ）：干肉。[36]指掌中之理：指出手掌上的纹理。理，纹理。[37]局：棋盘。棋：棋子。[38]摘：指点。辕：车辕。[39]匿：潜藏。渊：深水潭。[40]畋（tián）：打猎。

脉：来龙去脉，行踪。 [41] 佞人异行于世：佞人操行不同于一般人。 [42]《文王官人法》：指《大戴礼记·文王官人》。文王，周文王。 [43] 推其往言以揆（kuí）其来行：根据他从前说过的话，来衡量他后来的行为。原作“推其往行以揆其来言”，据黄晖、刘盼遂说改。揆，判断，衡量。 [44] 阳：指表面现象。阴：指隐蔽行动。 [45] 设节：伪装清高。 [46] 无情：不真实。情，真实。 [47] 质诚：质朴诚实。居善：为善。 [48] 旧性：原来的性格。 [49] 上：君主。 [50] 人之故能不文：有的人本来没有文才。故能，原有的才能。 [51] 称（chèn）上：迎合君主。 [52] 饬（chì）：通“饰”，修饰，打扮。 [53] 古：通“故”，过去。 [54] 朝行与家别：在朝廷上的行为和在家里的行为不一样。 [55] 迹：行为。 [56] 庭：通“廷”，一作“廷”。 [57] 共（gōng）亲：供养父母。共，通“供”。 [58] 明：弄清。 [59] 际会：恰巧，正好。见（xiàn）：同“现”。 [60] 为：通“伪”，伪装。觉露：暴露。

问曰：“人操行无恒[1]，权时制宜[2]，信者欺人[3]，直者曲挠[4]。权变所设[5]，前后异操；事有所应[6]，左右异语。儒书所载，权变非一[7]。今以素故考之[8]，毋乃失实乎[9]？”

曰：贤者有权[10]，佞者有权。贤者之有权[11]，反经，后有善；佞人之有权，亦反经，后有恶。故贤人之权，为事为国[12]；佞人之权，为身为家。观其所权，贤佞可论；察其发动，邪正可名[13]。

同样权变，贤者为公，佞者为私。根据目的，区别贤佞。

[注释]

[1] 人操行无恒：人的操行不能固定不变。 [2] 权时制宜：斟酌形势的变化，采取适当的措施。权，衡量，斟酌。 [3] 信者欺人：诚实的人有时也会欺骗人。信，诚实。 [4] 直者曲挠（náo）：正直的人有时也会不正直。曲挠，不正直。挠，曲。 [5] “权变所设”二句意谓：一个人为了实行权宜之计，前后的行动可能不一样。 [6] “事有所应”二句意谓：为了适应情况的需要，对不同的人可能说不同的话。 [7] 非一：不止一种。 [8] 素：平素。故：原来的。 [9] 毋乃：只怕是。 [10] 权：权宜之计。 [11] “贤者之有权”三句意谓：贤人实行权宜之计，违反常规，后来有好的结果。反经，违反常规，原无，据马宗霍说补。“善”，原作“应”，据马宗霍说改。 [12] 事：职事。 [13] 可名：可以判定。

问曰：“佞人好毁人，有诸[1]？”

曰：佞人不毁人。如毁人，是谗人也。何则？佞人求利，故不毁人。苟利于己，曷为毁之？苟不利于己[2]，毁之无益。以计求便[3]，以数取利[4]，利取便得[5]，妒人共事[6]，然后危人[7]。其危人也，非毁之；而其害人也，非泊之[8]。誉而危之[9]，故人不知；厚而害之[10]，故人不疑。是故佞人危人[11]，人危而不怨[12]；害人，人败而不仇[13]，隐情匿意为之功也[14]。如毁人，人亦毁之，众不亲，士不附也，安能得容世取利于上[15]？

佞人害人，还让人不知不觉，甚至觉得他好。

[注释]

[1]诸:“之乎”的合音。 [2]“于己”,原作“己于”,据黄晖说乙。本句与上文“苟利于己”相对为文。 [3]便:利,好处。 [4]数:术数,权术。 [5]利取便得:利益和好处到手了。“取”,原作“则”,据孙人和说改。吴承仕疑“利则”当作“则利”。 [6]妒人共事:嫉妒别人和他一起当官。 [7]危:危害。 [8]泊:同“薄”,薄待。 [9]誉:称赞。 [10]厚:厚待。 [11]“人危人”,原无,据吴承仕、孙人和说补。危人:害人。 [12]危:遭遇危险。 [13]“人”,原作“之”,据吴承仕、孙人和说改。败:遭到祸害。 [14]隐情匿意为之功也:这是因为佞人善于隐藏自己的真情实意,做得非常巧妙的缘故啊。功,精善,巧妙。 [15]安能得容世取利于上:怎么能立足于社会而从君主那里得到好处呢?

问曰:“佞人不毁人于世间[1],毁人于将前乎[2]?”

曰:佞人以人欺将[3],不毁人于将。

“然则佞人奈何[4]?”

曰:佞人毁人,誉之;危人,安之。毁危奈何[5]?假令甲有高行奇知[6],名声显闻,将恐人君召问[7],扶而胜己[8],欲故废不言[9],常腾誉之[10]。荐之者众[11],将议欲用[12],问佞人[13],佞人必对曰:“甲贤而不宜召也[14]。何则?甲意不欲留县[15],前闻其语矣,声望欲入府[16],在郡则望欲入州[17]。志高则操与人异，望远则意不顾近[18]。屈而用之[19]，其心不满，不则卧病[20]，贱而命之则伤贤[21]，不则损威[22]。故人君所以失名损誉者，好臣所常臣也[23]。自耐下之[24]，用之可也；自度不能下之[25]，用之不便。”夫用之不两相益[26]，舍之不两相损[27]。人君畏其志[28]，信佞人之言，遂置不用[29]。

佞人的手段很狡猾，在现实生活中，王充恐怕受过其害，所以有此细腻的描写。

［注释］

[1] 世间：这里指一般人面前。 [2] 将：泛指州郡长官。汉代人称州刺史为州将，郡太守为郡将，或单称将，而并非指武将。 [3] 佞人以人欺将：佞人利用别人去欺骗州郡长官。 [4] 然则佞人奈何：那么佞人是怎么做的呢？奈何，怎么办，怎么个做法。 [5] 毁危奈何：怎样诋毁，怎样危害呢？ [6] 甲：指某人。知：通“智”。 [7] 将恐：唯恐。人君：指州郡长官。 [8] 扶而胜己：把甲提拔起来，超过自己。 [9] 欲故废不言：（佞人）想故意使甲被贬斥却又不说他的坏话。 [10] 常腾誉之：反而在外面大力赞扬他。腾誉，大力赞扬。 [11] 荐之者众：向地方长官推荐甲的人越来越多。 [12] 将议欲用：地方长官想用他。 [13]“问佞人”二句：二“佞”字原无，据黄晖说补。下文“信佞人之言，遂置不用”，也有“佞”字。“对”前原有“不”字，据黄晖说删。 [14]“不”，原无，据杨宝忠说补。 [15] 县：汉代地方机构，县上有郡，郡上有州，州是监察机构。 [16] 声：声言，声称。望：希望。府：官署，这里指郡。 [17] 在郡则望欲入州：但是到

了郡里他就又会希望到州里去。 [18] 望远则意不顾近：目光远大的人，其心就不会往近处想。 [19] 屈：屈才。 [20] 不（fǒu）则卧病：否则就装病不干。不，同“否”。 [21] 贱而命之则伤贤：把他放在低下的职位加以使用，就会损伤贤人。 [22] 不则损威：否则又会损害长官的威信。 [23] 好臣所常臣也：喜欢任用有才能的人为臣。“常”，一作“当”。 [24] 耐（néng）：通“能”。下：迁就。 [25] 度（duó）：估计。 [26] 不两相益：双方都没有好处。 [27] 不两相损：双方都没有害处。 [28] 人君畏其志：郡守害怕他志向太高。人君，指郡守。 [29] 置：搁置，放弃。

问曰：“佞人直以高才洪知考正世人乎[1]？将有师学检也[2]？”

曰：佞人自有知以诈人[3]，及其说人主[4]，须术以动上；犹上人自有勇以威人[5]，及其战斗，须兵法以进众[6]。术则从横，师则鬼谷也[7]。传曰[8]：“苏秦、张仪从横习之鬼谷先生[9]，掘地为坑，曰：‘下[10]，能说令我泣出，则耐分人君之地。’苏秦下，说鬼谷先生泣下沾襟[11]。张仪不若[12]。”“苏秦相赵，并相六国。张仪贫贱，往归苏秦。座之堂下[13]，食以仆妾之食[14]，数让激怒[15]，欲令相秦。仪忿恨，遂西入秦。苏秦使人厚送[16]。其后觉知，曰：‘此在其术中[17]，吾不知也，此吾所不及苏君者[18]。’”知深有术，权变锋出[19]，故身尊崇荣显，为世雄杰。深谋佞人有知、有术、有师，苏秦、张仪为其代表。

明术，深浅不能并行[20]，明闇不能并知[21]。

[注释]

[1] 佞人直以高才洪知考正世人乎：佞人的权术仅仅是凭借自己的高才大智来观察和揣摩世人的心理得来的吗？直，仅仅。洪，大。考正，观察，揣摩。“正”，原作“上”，据《论衡注释》、张宗祥说改。 [2] 将有师学检也：还是有老师作为学习的榜样呢？将，或者，还是。检，法式，榜样。 [3] 佞人自有知以诈人：佞人自有才智可以欺人。“佞”，原无，据齐燕铭说补。 [4]“及其说人主”二句意谓：但是等到他游说君主时，就需要一套权术来打动君主。 [5]“以”，原无，据齐燕铭说补。本句与上文“佞人自有知以诈人”相对为文。威：威力，这里指压倒。 [6] 进众：指挥军队进攻。 [7] 鬼谷：鬼谷子，传说是战国时期的隐士，楚国人，隐居鬼谷，教授弟子，著有《鬼谷子》，苏秦、张仪都曾跟他学习纵横之术。 [8] 以下引文出处不详。 [9]《艺文类聚》卷三五及《太平御览》卷四六二、卷四八八引《论衡》文皆作“苏秦、张仪学纵横之术于鬼谷先生”。 [10]“下”三句意谓：下来，如果你能够把我说哭了，你就有本事可以封侯了。“能”，原无，据杨宝忠说补。《太平御览》卷四六二引《论衡》文“下”上有“能”字。耐，通“能”。 [11] 泣下沾襟：哭得眼泪把衣襟都沾湿了。襟，衣襟。 [12] 不若：不如，不及。 [13] 座之堂下：苏秦让张仪坐在堂下——这是一种不礼貌的做法。 [14] 前一个“食（sì）”：通“饲”，给人吃。仆妾之食：指粗劣的饭菜。仆妾，男女奴仆。 [15] 数让激怒：多次责备（张仪）以激怒他。让，责备。 [16] 厚送：赠给厚礼送他去秦国。 [17] 此在其术中：这一次落到他的圈套中。 [18] 以上事参见《史记·张仪列传》。 [19] 锋出：形容高明而出奇。 [20] 深浅：指计谋的奥妙与浅陋。 [21] 明闇（àn）：指权术的明显与隐晦。

问曰：“佞人养名作高[1]，有诸？”

曰：佞人食利专权[2]，不养名作高。贪权据凡[3]，则高名自立矣。称于小人，不行于君子。何则？利义相伐[4]，正邪相反。义动君子，利动小人。佞人贪利名之显，君子不安下则身危[5]。案世为佞者[6]，皆以祸众[7]，不能养其身，安能养其名！上世列传[8]，弃宗养身[9]，违利赴名[10]，竹帛所载，伯成子高委国而耕[11]，於陵子辞位灌园[12]。近世兰陵王仲子[13]，东郡昔庐君阳[14]，寝位久病[15]，不应上征，可谓养名矣。夫不以道进[16]，必不以道出身[17]；不以义止[18]，必不以义立名。佞人怀贪利之心，轻祸重身[19]，倾死为僇矣[20]，何名之养！义废德坏，操行随辱[21]，何云作高[22]！

佞人见利忘义，当然不会养名。但王莽也许是例外。

［注释］

[1]养名：指千方百计博取好名声。作高：抬高自己。 [2]食：嗜好，贪图。专权：擅权。 [3]贪：通“探”，求。据凡：据其凡要。凡，要，这里指要位。 [4]伐：攻击，矛盾。 [5]君子不安下则身危：君子如果不能安居其下，那么就自身难保。 [6]“案”，原作“举”，据黄晖说改。 [7]皆以祸众（zhōng）：都没有好下场。众，通“终”。 [8]上世：上古。列传：列叙臣民事

迹。 [9] 弃宗养身：抛弃尊贵的地位，而修养自身的品德。宗，尊贵。 [10] 违利赴名：抛弃物质利益，而追求好的名声。赴，奔走，追求。 [11] 伯成子高：上古人名，传说是尧立的诸侯，禹在位时，因对禹不满，而辞去诸侯务农。其事参见《庄子·天地》《吕氏春秋·长利》。委国：抛弃领地。 [12] 於（wū）陵子：即陈仲子，战国时期齐国人，隐居於陵（今山东邹平东南），楚王聘请他为相，他拒不应召，逃往别处，为人浇灌菜园。其事参见《孟子·滕文公下》及《史记·鲁仲连邹阳列传》载邹阳于狱中上书。 [13] 兰陵：古县名，在今山东枣庄东南。王仲子：即王良，兰陵人，王莽在位时，称病不仕。其事参见《后汉书·王良传》。 [14] 东郡：郡名，在今山东西南、河南东北，治所在濮阳（今河南濮阳西南）。"郡"，原作"都"，据孙人和、张宗祥说改。昔庐君阳：即昔庐（一作索卢，索、昔音近通用）放，字君阳，东郡人，汉光武帝时官至谏议大夫，因病辞官后不再应征。其事参见《后汉书·独行列传·索卢放》。 [15] 寝：止，引申为放弃。位：官职。 [16] 进：指当官。 [17] 出身：献身。 [18] 止：辞官。 [19] 轻祸重身：不顾后患，只追求自身的富贵。 [20] 倾死为僇（lù）矣：丢掉性命，遭到杀身之祸。僇，通"戮"，杀害。 [21] 随：从而。辱：受辱，被玷污。 [22] 何云作高：何作高之有，怎么还能抬高自己。

问曰："大佞易知乎？小佞易知也？"

曰：大佞易知，小佞难知。何则？大佞材高，其迹易察[1]；小佞知下，其效难省[2]。何以明之？成事[3]：小盗难觉，大盗易知也。攻城袭邑，剽劫虏掠，发则事觉，道路皆知盗也[4]；穿凿垣墙[5]，狸步鼠窃[6]，莫知谓谁[7]。

难曰[8]：“大佞奸深，惑乱其人。如大佞易知[9]，人君何难？《书》曰[10]：‘知人则哲，惟帝难之[11]。’虞舜大圣，驩兜大佞[12]。大圣难知大佞，大佞不忧大圣[13]，何易之有？”

曰[14]：是谓下知之，上知之[15]。上知之，大难小易；下知之，大易小难。何则？大佞材高[16]，论说丽美，因丽美之说[17]，说人主之威[18]，人主心并不能责[19]，知或不能觉；小佞材下，对乡失漏[20]，际会不密[21]，人君警悟，得知其故。大难小易也。

从上面来识别佞人，大佞难知，小佞易知；从下面来识别佞人，大佞易知，小佞难知。

屋漏在上，知者在下。漏大，下见之著；漏小，下见之微。“或曰[22]：‘雍也仁而不佞[23]。’孔子曰：‘焉用佞？御人以口给[24]，屡憎于人[25]。’”误设计数[26]，烦扰农商，损下益上，愁民说主。损上益下，忠臣之说也[27]；损下益上，佞人之义也。“季氏富于周公[28]，而求也为之聚敛而附益之[29]。孔子曰[30]：‘小子鸣鼓而攻之可也[31]。’”聚敛，季氏不知其恶，不知百姓所共非也[32]。

[注释]

[1]其迹易察:他的行踪容易被察觉。 [2]效:效果,这里指留下的痕迹。 [3]成事:已有的事例。 [4]道路:这里指路上的行人,泛指众人。 [5]穿凿:挖。垣(yuán):矮墙。 [6]狸步:形容像狸猫那样步子特别敏捷。狸,狸猫。鼠窃:形容像老鼠偷吃东西那样使人不易觉察。 [7]莫知谓谁:不知道是谁。谓,为。 [8]"难",原无,据《论衡注释》说补。本篇文例如此。 [9]"佞",原作"盗",据黄晖说改。 [10]《书》:《尚书》。 [11]知人则哲,惟帝难之:能够识别好人坏人才算明智,这一点就连帝舜也难以做到。引文见《尚书·皋陶谟》。哲,明智。 [12]驩(huān)兜:传说是尧的臣子。 [13]忧:害怕。 [14]"曰",原无,据吴承仕、刘盼遂、张宗祥说补。本篇文例如此。 [15]是谓下知之,上知之:这就是说,从下面来识别佞人,和由上面来识别佞人是两回事。 [16]"大佞",原作"佞人",据黄晖说改。此句与下文"小佞材下"相对为文。 [17]因:凭着。 [18]说(yuè):通"悦",讨好,原无,据《论衡注释》说补。 [19]"人主心并不能责"二句意谓:君主内心并不能责备他,其才智有时也不能觉察他。"主",原作"立",据刘盼遂说改。 [20]对乡:对答。乡(鄉),通"向(嚮)"。失漏:谬误。 [21]不密:有破绽。 [22]或曰:指有人对孔子说。 [23]雍:冉雍,字仲弓,孔子弟子,小孔子二十九岁,孔子认为他有德行。 [24]御人以口给(jǐ):用狡辩来对付人。御,对抗,对付。口给,口才流利,善于争辩。 [25]屡憎于人:屡屡招人家讨厌。"人",原作"民",据吴承仕说改。引文见《论语·公冶长》。 [26]误设计数:错误地提出一些主张。计数,计谋术数,这里指建议、措施。 [27]说:理论,主张。 [28]季氏:指季康子,春秋时期鲁国大夫。周公:周公旦,其后代封于鲁,这里的周

公是指春秋时期鲁国的公室。 [29] 求：即冉求，字子有，孔子弟子，季康子的家臣。聚敛：搜刮财物。附益：增加。 [30]“孔子曰”原无，据黄晖说补。《论语·先进》有“子曰”。 [31] 小子：孔子对弟子的称呼。以上事参见《论语·先进》。 [32] 不知百姓所共非也：不知道老百姓都反对的呀！

［点评］

从本篇到《状留篇》等八篇，主要是论述人才问题的，是一组有系统的文章。王充首先以本篇论述“佞人”问题，然后用以下七篇论述“才人”问题。在论述“才人”时，王充的思路循着“才人”的“材”“知”“短”“力”等四个方面进展，即先以《程材篇》论其才能行操，次以《量知篇》论其知识学问，次以《谢短篇》论其短处，次以《效力篇》言其效用，接着又以《别通篇》和《超奇篇》特别称赞了“才人”中的鸿儒通人。各种“才人”的优劣既已判定，王充转而以《状留篇》探讨贤儒稽留难进的原因。至此，完成了关于“才人”的论述。

王充之所以要在论述“才人”之前先论述“佞人”问题，是因为对于“才人”来说，其最大的威胁就来自“佞人”。因为“佞人”善于伪装自己，“佞人”的手段非常狡猾，“佞人”害人难以识别，如果不把“佞人”辨识清楚，“才人”就会深受其害，还不知道是怎么被害的。

其实，《论衡》的首篇《逢遇篇》，就是探讨佞人的“遇”和贤者的“不遇”的。本篇因为讨论“才人”问题，所以又涉及了这个话题。对于王充来说，一定是深受佞人之苦，所以才会如此念念不忘，反复地讨论这个问题。

同时，本篇也深刻地揭露了当时的社会现实，从而与《齐世篇》等颂汉诸篇一起，提供了东汉社会更立体的图像。

本篇以各种例子说明，佞人为佞的原因，在于情欲的过度膨胀；佞人得逞的手段，是他们善于巧言令色；佞人总是会得逞，是因为别人疏于防范；佞人最终将失败，还是因为“以情自败”。

本篇也从不同的角度，讨论了如何来识别佞人。文中所提出的鉴别贤佞的方法，也体现了王充重视“效验”的精神，与他在“疾虚妄”“求实诚”时的做法一致：“贤佞异行，考之一验；情心不同，观之一实。”“人有不能行，行无不可检；人有不能考，情无不可知。”“观贤由善，察佞由恶。善恶定成，贤佞形矣。”“观其所权，贤佞可论；察其发动，邪正可名。”也就是说，要听其言而观其行，知其情而考其效，这样就可以鉴别贤佞了。

在人才选拔问题上，如何识别“佞人”，选出“贤人”，的确是个千古难题，直到今天也还是这样。本篇对于佞人的种种揭露，以及王充所提出的鉴别方法，仍值得今人深长思之。

自然篇

天地合气[1]，万物自生[2]，犹夫妇合气，子自生矣。万物之生，含血之类[3]，知饥知寒。见五谷可食，取而食之；见丝麻可衣，取而衣之。或说以为天生五谷以食人[4]，生丝麻以衣人[5]。此谓天为人作农夫、桑女之徒也[6]，不合自然[7]，故其义疑[8]，未可从也[9]。试依道家论之[10]。

扬雄《法言·修身》："天地交，万物生。"

扬雄《法言·五百》："史以天占人，圣人以人占天。"

［注释］

[1] 天地合气：天所施放的阳气和地所施放的阴气互相交合（是为元气）。 [2] 万物自生：万物就自然产生出来了（而非天有意识地创造的）。 [3] 含血之类：含有血气的动物，这里指人类。 [4] 或说：有的说法。食（sì）人：给人吃。食，通"饲"。 [5] 衣（yì）人：给人穿。衣，穿。 [6] 此谓天为人作农夫、

桑女之徒也：这是说天为了人充当农夫和桑女的角色啊。 [7] 不合自然：不符合天道自然的道理。自然，自然而然。 [8] 故其义疑：所以这些主张是值得怀疑的。 [9] 未可从也：不可信从。 [10] 试依道家论之：试按道家的主张来论证这个问题。

天者[1]，普施气万物之中，谷愈饥而丝麻救寒[2]，故人食谷、衣丝麻也[3]。夫天之不故生五谷丝麻以衣食人[4]，由其有灾变不欲以谴告人也[5]。物自生而人衣食之，气自变而人畏惧之。以若说论之[6]，厌于人心矣[7]。如天瑞为故[8]，自然焉在？无为何居？

天道自然无为，“物自生而人衣食之，气自变而人畏惧之”，二句为一篇纲领。

［注释］

[1]“天者”二句意谓：天普遍地散布气，万物是承受了这种气而产生的。施，散布，施放。 [2] 谷愈饥而丝麻救寒：谷子可以充饥，丝麻可以御寒。 [3] 故：所以。 [4] 夫天之不故生五谷丝麻以衣食人：天并不是有意识地生出五谷丝麻来给人吃穿的。故，故意，有意识地。 [5] 由其有灾变不欲以谴告人也：犹如出现了自然灾害也不是天想用它来谴告人一样。由，通“犹”，犹如。其，这里指天。谴告，谴责，告诫。 [6] 若说：这样的说法。 [7] 厌于人心矣：就能使人心服了。厌，合，满意。 [8]“如天瑞为故”三句意谓：如果祥瑞是天有意安排的，那么，自然的道理在哪里呢？无为的道理又在哪里呢？天瑞，王充认为祥瑞是由气自然形成的，所以称之为“天瑞”。参见《论衡·讲瑞篇》。瑞，祥瑞，吉祥的征兆。焉在，在哪里。何居，在哪里。

何以知天之自然也[1]？以天无口目也。案有为者，口目之类也[2]。口欲食而目欲视[3]，有嗜欲于内，发之于外，口目求之，得以为利，欲之为也。今无口目之欲[4]，于物无所求索，夫何为乎？何以知天无口目也？以地知之。地以土为体，土本无口目。天地，夫妇也，地体无口目，亦知天无口目也。使天体乎？宜与地同[5]；使天气乎？气若云烟，云烟之属，安得口目[6]！

王充以地无口目来论证天无口目，以天无口目来论证天道自然无为。杨泉《物理论》："成天地者，气也。"

［注释］

[1]"知"，原无，据刘文典、刘盼遂、张宗祥说补。下文"何以知天无口目也"，句式相似。 [2]案有为者，口目之类也：根据考察，凡是能有意识行动的东西，都是具有口目这类器官的。案，考察。 [3]"口欲食而目欲视"六句意谓：嘴要吃东西，眼睛要看东西，心里产生了欲望，就会表现出来，用嘴和眼睛去寻求，得到了才会满足，这就是欲望所起的作用。嗜欲，欲望。发，表现。 [4]"今无口目之欲"三句意谓：现在天既然没有口目所产生的欲望，对事物无所追求，它又怎么会有意识地行动呢？求索，追求。夫，彼，它。 [5]使天体乎？宜与地同：要说天是体吗？那就该和地一样。 [6]安得口目：哪里来的口目呢？

或曰[1]："凡动行之类，皆本无有为[2]。有欲故动，动则有为。今天动行与人相似，安得无为？"

王充此说影响极大，后来孔融、祢衡的观点，一直到新文学里，都持王充此说。如胡适《我的儿子》："我实在不要儿子，儿子却自己来了。……譬如树上开花，花落偶然结果，那果便是你，那树便是我。树本无心结子，我也无恩于你……"

王充用这个比喻是想说明，天以及它所施放的气是自然无为的，所以老聃才得到了这种气，具有了清静无为的本性。但"师无其说而弟子独言者，未之有也"，以此来比喻却是不甚恰当的。

曰[3]：天之动行也，施气也，体动气乃出，物乃生矣。由人动气也[4]，体动气乃出，子亦生也。夫人之施气也，非欲以生子，气施而子自生矣。天动不欲以生物[5]，而物自生，此则自然也。施气不欲为物，而物自为，此则无为也[6]。谓天自然无为者何？气也，恬澹无欲[7]，无为无事者也，老聃得以寿矣[8]。老聃禀之于天[9]，使天无此气，老聃安所禀受此性？师无其说而弟子独言者[10]，未之有也。

［注释］

[1] 或曰：有人说。 [2] 孙人和说"无"字衍，吴承仕、刘盼遂说"有"字衍，张宗祥说原句无误。 [3] 以下是王充的反驳。 [4] 由：犹。 [5]"天动不欲以生物"三句意谓：天运动不是想要产生万物，而万物却自己产生了，这就是"自然"。 [6]"施气不欲为物"三句意谓：天施气不是想要形成万物，而万物却自己形成了，这就是"无为"。 [7] 恬澹：即恬淡，亦作恬惔，清静。 [8] 老聃（dān）：即李耳，一名重耳，字聃，一字伯阳，春秋时期楚国人，在周朝做过管理藏书的史官，孔子曾向他问礼，道家的创始人，著《老子》。一说老子即太史儋，或老莱子。其事参见《史记·老子韩非列传》。 [9] 禀：禀受。之：指气。 [10]"师无其说而弟子独言者"二句意谓：老师没有讲过的，弟子却能够独自讲出来，这样的事情从来没有过。

或复于桓公[1]，公曰："以告仲父[2]。"左右曰[3]："一则仲父，二则仲父，为君乃易乎？"桓公曰："吾未得仲父，故难；已得仲父，何为不易[4]！"夫桓公得仲父，任之以事，委之以政[5]，不复与知[6]。皇天以至优之德与王政而谴告人[7]，则天德不若桓公[8]，而霸君之操过上帝也。

齐桓公有了管仲都能无为而治，何以天而不如齐桓公乎？

［注释］

[1] 复：复命，报告。桓公：齐桓公（？—前643），即姜小白，春秋时期齐国国君，前685—前643年在位，春秋五霸之一。 [2] 仲父：即管仲（？—前645），名夷吾，字仲，又字敬仲，齐国大夫，辅佐齐桓公成为春秋五霸之一，齐桓公尊称他为仲父。 [3]"左右曰"四句意谓：左右的臣子说："一次（有人）来报告，说去找仲父，二次（有人）来报告，又说去找仲父，做君主就那么容易吗？" [4] 以上事参见《韩非子·难二》。 [5] 委：委托。政：政务。 [6] 不复与（yù）知：自己不再过问。与，参与。 [7] 皇天以至优之德与王政而谴告人：如果皇天以它最高的道德参与王政而谴告人们。皇，大。以，凭借。 [8]"则天德不若桓公"二句意谓：那么老天的德行还不如齐桓公，而霸君的操行反而要超过上帝了。霸君，在诸侯中称霸的君主，这里指齐桓公。

或曰："桓公知管仲贤，故委任之；如非管仲，亦将谴告之矣。使天遭尧、舜[1]，必无谴告之变[2]。"

曰：天能谴告人君，则亦能故命圣君，择才若尧、舜，受以王命[3]，委以王事，勿复与知。今则不然，生庸庸之君[4]，失道废德，随谴告之，何天不惮劳也[5]！曹参为汉相[6]，纵酒歌乐，不听政治，其子谏之[7]，笞之二百[8]。当时天下无扰乱之变[9]。淮阳铸伪钱[10]，吏不能禁，汲黯为太守[11]，不坏一炉，不刑一人，高枕安卧，而淮阳政清[12]。夫曹参为相，若不为相，汲黯为太守，若郡无人，然而汉朝无事、淮阳刑错者[13]，参德优而黯威重也[14]。计天之威德[15]，孰与曹参、汲黯？而谓天与王政，随而谴告之，是谓天德不若曹参厚，而威不若汲黯重也。蘧伯玉治卫，子贡使人问之[16]：“何以治卫？”对曰：“以不治治之[17]。”夫不治之治，无为之道也。

曹参、汲黯、蘧伯玉都能无为而治，何以天而不如这些人乎？

［注释］

[1]遭：遇到。 [2]变：灾变。 [3]受：通“授”，授予，相付。 [4]庸庸：昏庸无能。 [5]不惮（dàn）劳：不怕劳累、麻烦。惮，怕。 [6]曹参（cān）（？—前190）：字敬伯，西汉初功臣之一，汉惠帝时继萧何为相国，“举事无所变更，一遵萧何约束”，有“萧规曹随”之称。 [7]谏：古代称臣劝君、子劝父、下劝上为“谏”。 [8]笞（chī）：用鞭子或板子打。其事参见《史记·曹

相国世家》。 [9] 变：事变。 [10] 淮阳：郡名，在今河南东部。铸伪钱：盗铸钱，私自造钱。 [11] 汲黯（jí àn）（？—前 112）：字长孺，曾任淮阳太守，好黄老之术，常直言切谏。 [12] 其事参见《史记·汲郑列传》。然史书不言“坏炉”“刑人”，吴承仕疑《论衡》推言之。 [13] 错：通“措”，废置不用。 [14] 参德优而黯威重也：这是因为曹参道德好而汲黯威望高的缘故。 [15]“计天之威德”二句意谓：衡量天的威望与道德，跟曹参、汲黯比较起来，哪个高呢？计，衡量。孰与，相当于“与……相比，怎么样？” [16] 子贡：端木（“木”一作“沐”）赐，字子贡，孔子弟子。 [17] 其事参见《淮南子·主术》。

或曰：“太平之应[1]，河出图[2]，洛出书[3]。不画不就[4]，不为不成。天地出之，有为之验也。张良游泗水之上[5]，遇黄石公，授太公书[6]。盖天佐汉诛秦[7]，故命令神石为鬼书授人[8]，复为有为之效也。”

曰：此皆自然也。夫天安得以笔墨而为图书乎？天道自然，故图书自成。晋唐叔虞、鲁成季友生[9]，文在其手，故叔曰“虞”，季曰“友”。宋仲子生[10]，有文在其手，曰“为鲁夫人”。三者在母之时，文字成矣。而谓天为文字[11]，在母之时，天使神持锥笔墨刻其身乎[12]？自然之化[13]，固疑难知[14]，外若有为，内实自然。是

“自然之化，固疑难知，外若有为，内实自然。”四句足以解释许多难解之谜。但王充的“自然之道”里，没有天的意志，却有鬼的存在。

以太史公纪黄石事[15]，疑而不能实也[16]。赵简子梦上天[17]，见一男子在帝之侧[18]。后出，见人当道[19]，则前所梦见在帝侧者也[20]。论之以为赵国且昌之状也[21]。黄石授书，亦汉且兴之象也。妖气为鬼[22]，鬼象人形，自然之道，非或为之也[23]。

［注释］

[1] 应：瑞应。 [2] 河出图：传说伏羲氏时，黄河中有龙马负图而出，这被认为是圣王出世才会有的吉兆。参见《汉书·五行志上》。河，黄河。 [3] 洛出书：传说大禹治水时，有神龟负文于背在洛水中出现。参见《汉书·五行志上》。洛，洛水，即今洛河。“河出图，洛出书”，这两句话始见于《周易·系辞上》。 [4] “不画不就”四句意谓：图不画不就，书不写不成，天地出示了河图、洛书，就是天有意识地活动的证明。 [5] 张良（？—前186）：字子房，汉高祖刘邦的重要谋臣。“汜水”，原作“泗水”，据黄晖说改。《水经注》卷二五沂水“又南过下邳县西，南入于泗”：“沂水于下邳县北西流，分为二水，一水于城北西南入泗，一水迳城东屈从县南，亦注泗，谓之小沂水。水上有桥，徐、泗间以为圯。昔张子房遇黄石公于圯上，即此处也。”是张良会黄石公于小沂水，而非泗水。小沂水别沂水而复注泗，故曰汜水。 [6] 遇黄石公授太公书：传说张良早年在汜水的桥上，遇到一个神秘老者，自称是穀城山下黄石，送给他一部《太公兵法》，后来张良凭借这部书，辅助刘邦统打败项羽，建立了汉朝。其事参见《史记·留侯世家》《论衡·纪妖篇》。 [7] 盖：发语词。诛：灭。 [8] 神石：传说神秘老者是黄石

变的，故称“黄石公”。鬼书：指《太公兵法》。 [9] 晋唐叔虞：周武王的儿子，名虞，封于唐，后因唐改为晋，所以称晋唐叔虞。据《左传》昭公元年记载，他出生前，周武王托梦给他母亲，让取名“虞”，他生下来，手上有“虞”字，所以就名“虞”了。鲁成季友：春秋时期鲁桓公的小儿子，名友，字成季。据《左传》昭公三十二年记载，他生下来，手上有“友”字。 [10] 宋仲子：春秋时期宋武公的女儿。据《左传》隐公元年记载，她生下来，手上有“为鲁夫人”字样，后来果然嫁给了鲁惠公，生了鲁桓公。 [11] 而：如。 [12] 锥：锥子。 [13] 化：变化。 [14] 固：本来。 [15] 太史公：即司马迁。 [16] 疑：疑惑。实：证实。 [17] 赵简子（？—前 477）：赵鞅，又名志父，亦称赵孟，春秋末期晋国大夫，在晋卿的内讧中打败范氏、中行氏，其后扩大封地，奠定了赵国建立的基础。 [18] 帝：上帝。 [19] 当：挡。当道，拦路。 [20] 其事参见《论衡・纪妖篇》。 [21] 论之：议论这件事的人，实际上就是王充本人。他认为国家将兴或将亡，必有或吉或凶的征兆出现，它们不是天有意识降下的，而是由气自然形成的。参见《论衡・订鬼篇》。且：将。昌：兴起。状：形状，征兆。 [22] 妖气为鬼：王充认为，人死后精神不能为鬼，但他并不否定鬼神的存在，并且认为鬼神是由气自然形成的，是吉凶的一种征兆。参见《论衡・订鬼篇》。 [23] 非或为之也：不是有人特意创造出来的。或，有。

草木之生，华叶青葱[1]，皆有曲折[2]，象类文章。谓天为文字[3]，复为华叶乎？宋人或刻木为楮叶者[4]，三年乃成。列子曰[5]：“使天地三年乃成一叶[6]，则万物之有叶者寡矣[7]。”如列子之言，万物之叶自为生也[8]。自为生也，故能并成[9]。如天为之，其迟当若宋人刻楮叶矣[10]。观鸟兽之毛羽，毛羽之采色，通可为乎[11]？鸟兽未能尽实[12]。春观万物之生，秋观其成，天地为之乎？物自然也？如谓天地为之，为之宜用手，天地安得万万千千手，并为万万千千物乎？诸物在天地之间也，犹子在母腹中也。母怀子气，十月而生，鼻口耳目，发肤毛理[13]，血脉脂腴[14]，骨节爪齿[15]，自然成腹中乎？母为之也？偶人千万[16]，不名为人者[17]，何也？鼻口耳目，非性自然也[18]。武帝幸王夫人[19]，王夫人死，思见其形。道士以方术作夫人形[20]，形成，出入宫门，武帝大惊，立而迎之，忽不复见。盖非自然之真，方士巧妄之伪[21]，故一见恍忽[22]，消散灭亡。有为之化，其不可久行[23]，犹王夫人形不可久见也。道家论自然[24]，不知引物事以验其言行，故自然之说未见信也。

扬雄《法言·问道》："吾于天与，见无为之为矣。""以其不雕刻也；如物刻而雕之，焉得力而给诸？"

王充以草木、鸟兽、季节、怀胎等诸多事例，来论证天道自然无为。

[**注释**]

[1] 华（huā）：同"花"。 [2]"皆有曲折"二句意谓：都有曲折的纹脉，像文字图案一样。 [3]"谓天为文字"二句意谓：要

说（晋唐叔虞等人手中的）文字是天写的，那么花叶也是天造的吗？ [4] 宋：春秋时期宋国，在今河南商丘一带。楮（chǔ）：楮树，树皮纤维为造纸原料。 [5] 列子：列御寇，春秋末期人，著作有《列子》，原书已佚失，今本《列子》是晋时重出并流行的著作。原作“孔子”，或为王充误记，据《论衡注释》、张宗祥说改。《韩非子·喻老》《淮南子·泰族》《列子·说符》均作“列子”。下文“孔子”同改。 [6]“天”，原无，据刘文典、张宗祥说补。《韩非子》《淮南子》《列子》也作“天地”。 [7] 其事参见《韩非子·喻老》《淮南子·泰族》《列子·说符》。 [8] 万物之叶自为生也：万物之叶自生自长。 [9] 并成：同时长成（许多叶子）。 [10] 迟：缓慢。 [11] 通：通“庸”，何。 [12] 鸟兽未能尽实：只用鸟兽作比喻，还不能完全证实这个道理。 [13] 理：皮肤的纹理。 [14] 血：血液。脉：脉络。脂：脂肪。腴（yú）：肥肉。 [15] 骨：骨骼。节：关节。 [16] 偶人：木人、泥人之类的假人。 [17] 不名为人者：不能称为人。名，称。 [18] 性：天生的。 [19] 武帝：汉武帝。幸：宠爱。王夫人：汉武帝的妃子。此事《汉书·外戚传》作“李夫人”，《论衡·乱龙篇》引之；《史记·封禅书》作“王夫人”，此篇引之。 [20] 道士：有道之士，即秦汉时的方士，以求仙、炼丹、卜筮等活动为生的人。方术：法术。 [21] 方士巧妄之伪：方士弄虚作假搞出来的伪象。 [22] 恍忽：同“恍惚”，模糊不清楚。 [23] 久行：长久存在。 [24]“道家论自然”三句意谓：道家论自然的道理，不知道引用具体的事物来证明自己的言行，因而他们所讲的自然之说没有人相信。见，被。

然虽自然[1]，亦须有为辅助。耒耜耕耘[2]，因春播种者[3]，人为之也。及谷入地，日夜长大[4]，人不能为也。或为之者，败之道也[5]。宋

《老子》第六十四章：“是以圣人……以辅万物之自然而不敢为。”

人有闵其苗之不长者[6]，就而揠之[7]，明日枯死[8]。夫欲为自然者[9]，宋人之徒也[10]。

[注释]

[1]“然虽自然”二句意谓：然而万物虽说是自然而然产生的，也还需要人的有意识的行动给予辅助。 [2]耒耜（lěi sì）：古代一种翻土农具。耘（yún）：锄草。 [3]因：顺，趁。 [4]“大”，原作“夫”，据黄晖说改。 [5]败之道：损害它的做法。 [6]闵（mǐn）：同“悯”，忧虑。 [7]就而：从而。揠（yà）：拔。 [8]其事参见《孟子·公孙丑上》。 [9]夫欲为自然者：想要代行自然职能的人。 [10]徒：类。

问曰：“人生于天地，天地无为，人禀天性者，亦当无为，而有为，何也？”

曰：至德纯渥之人[1]，禀天气多，故能则天[2]，自然无为。禀气薄少，不遵道德，不似天地，故曰不肖。不肖者，不似也。不似天地，不类圣贤，故有为也。天地为炉[3]，造化为工，禀气不一，安能皆贤。贤之纯者，黄、老是也。黄者，黄帝也；老者，老子也[4]。黄、老之操，身中恬澹，其治无为，正身共己而阴阳自和[5]，无心于为而物自化，无意于生而物自成。

贾谊《鹏鸟赋》：“天地为炉兮，造化为工。阴阳为炭兮，万物为铜。”

黄老之道合于自然无为的天道。

[**注释**]

[1] 至德纯渥（wò）之人：道德最高尚、最淳厚的人。至德，最高的道德。渥，厚。 [2] 则：效法。则天，以天道为准则。 [3] “天地为炉”二句意谓：天地像熔炉，自然的变化像工匠。造化，创造化育万物，这里指自然变化。 [4]“黄者，黄帝也；老者，老子也”十字，齐燕铭疑是后人注语误入正文。 [5] 正：端正。共（gōng）：通“恭”，恭顺。

《易》曰[1]：“黄帝、尧、舜，垂衣裳而天下治[2]。”垂衣裳者，垂拱无为也[3]。孔子曰：“大哉，尧之为君也！惟天为大，惟尧则之[4]。”又曰：“巍巍乎[5]，舜、禹之有天下也，而不与焉[6]。”周公曰[7]：“上帝引佚[8]。”上帝，谓虞舜也[9]。舜、禹承安继治，任贤使能，恭己无为而天下治。舜、禹承尧之安，尧则天而行，不作功邀名[10]，无为之化自成，故曰“荡荡乎民无能名焉[11]”。年五十者击壤于涂[12]，不能知尧之德，盖自然之化也。《易》曰：“大人与天地合其德[13]。”黄帝、尧、舜，大人也，其德与天地合，故知无为也。

天道无为，故春不为生，而夏不为长，秋不为成[14]，冬不为藏[15]。阳气自出[16]，物自生长；阴气自起[17]，物自成藏。汲井决陂[18]，灌无为之为大于有为之为。

溉园田，物亦生长。霈然而雨[19]，物之茎叶根荄[20]，莫不洽濡[21]。程量澍泽[22]，孰与汲井决陂哉[23]？故无为之为大矣。本不求功，故其功立；本不求名，故其名成。沛然之雨，功名大矣，而天地不为也，气和而雨自集[24]。

［注释］

[1]《易》:《周易》，儒家经书之一。 [2] 引文见《周易·系辞下》。 [3] 垂拱（gǒng）：垂衣拱手，这里指无为。《尚书·武成》：“垂拱而天下治。” [4] 则：效法。 [5] 巍巍：崇高的样子。 [6] 与：参与。引文见《论语·泰伯》。 [7] 周公：姬旦，一称叔旦，因封于周，故称周公，周武王的弟弟。 [8] 引：长。佚（yì）：通“逸”，安逸。引文见《尚书·多士》。 [9]“虞舜”，原作“舜禹”，据黄晖说改。《论衡·语增篇》也作“虞舜”。 [10] 不作功邀名：不刻意去创立功名，不存心去追求名誉。邀，追求。 [11] 荡荡：形容广大的样子。一般解释为尧的功德如此广大，老百姓竟不知道怎样来称赞他了。王充的意思则是，尧的统治体现了自然无为的原则，不故意追求名声，所以没有人能说得出他的功德。引文见《论语·泰伯》。 [12] 击壤：相传尧时的一种游戏，把一块一头削尖的木片放在地上，用一根木棒去敲击它，让它跳到空中，然后用木棒去击打它，击打得越远越好，比赛时最远的就算赢。后世以“击壤”为歌颂上古太平盛世之典。涂：通“途”，道路。 [13] 大人与天地合其德：圣王的德行与天地相符合。大人，指圣王、圣人。引文见《周易·乾卦·文言》。 [14] 成：成熟。 [15] 藏：隐藏。 [16] 阳气：这

里指春夏温暖之气。[17] 阴气：这里指秋冬寒冷之气。[18] 汲井：从井里打水。陂（bēi）：池塘。决陂，掘开池塘，引水灌溉。[19] 霈（pèi）然：形容雨大的样子。[20] 根荄（gāi）：根。荄，草根，原作"垓"，据孙人和、张宗祥说改。[21] 洽濡（qià rú）：湿润。[22] 程量：衡量。澍（shù）：及时雨。泽：滋润。[23] 孰与汲井决陂哉：把下雨滋润万物和汲井水、决池塘水灌溉比较，哪个作用更大呢？孰与，相当于"与……相比，怎么样？"[24] 集：鸟群停止飞翔降落在树上叫"集"，这里指落下。

儒家说夫妇之道取法于天地。知夫妇法天地，不知推夫妇之道以论天地之性，可谓惑矣[1]。夫天覆于上[2]，地偃于下[3]，下气烝上[4]，上气降下，万物自生其中间矣。当其生也，天不须复与也[5]，由子在母怀中[6]，父不能知也[7]。物自生，子自成，天地父母，何与知哉？及其生也，人道有教训之义[8]。天道无为，听恣其性[9]，故放鱼于川，纵兽于山，从其性命之欲也。不驱鱼令上陵[10]，不逐兽令入渊者，何哉？拂诡其性[11]，失其所宜也[12]。夫百姓，鱼兽之类也，上德治之[13]，若烹小鲜[14]，与天地同操也。商鞅变秦法[15]，欲为殊异之功[16]，不听赵良之议[17]，以取车裂之患[18]，

"治大国若烹小鲜"为《老子》中的名言，今人谈治国方略时每喜引用之；然而所谓"小鲜"，却是王充这里说的"夫百姓，鱼兽之类也"！

王充在《论衡》中曾多次肯定商鞅变法的功绩，而这里却用“无为而治”说否定了商鞅变法，显示了王充“随事立说”的思想方法。

德薄多欲，君臣相憎怨也[19]。道家德厚，下当其上[20]，上安其下，纯蒙无为[21]，何复谴告？故曰：政之适也[22]，君臣相忘于治[23]，鱼相忘于水，兽相忘于林，人相忘于世，故曰天也[24]。孔子谓颜渊曰：“吾服汝[25]，忘也；汝之服于我，亦忘也。”以孔子为君[26]，颜渊为臣，尚能不谴告[27]，况以老子为君，文子为臣乎[28]！老子、文子，似天地者也。淳酒味甘[29]，饮之者醉不相知；薄酒酸苦，宾主嚬蹙[30]。夫相谴告，道薄之验也。谓天谴告，曾谓天德不若淳酒乎[31]！

天道自然无为，所以不会“谴告”。

［注释］

[1] 惑：糊涂。 [2] 覆：覆盖。 [3] 偃（yǎn）：仰卧。 [4] 烝（zhēng）：升。 [5] 与：干预。 [6] 由：通“犹”。 [7] 知：过问。 [8] 人道：人世间的道理。 [9] 听恣：听任放纵。 [10] 陵：丘陵。 [11] 拂诡：违背。 [12] 失其所宜也：使它们失去了适宜的环境。 [13] 上德：指具有最高道德的人。 [14] 若烹小鲜：就像煮鱼不要搅动以免弄碎一样，意思是不要人为干预。《老子》第六十章：“治大国若烹小鲜。”烹，烹调。小鲜，鱼。 [15] 商鞅（？—前 338）：即公孙鞅，战国中期卫国人，故又称“卫鞅”，后到秦国辅佐秦孝公，因变法有功，被封于商，号“商君”，所以又叫“商鞅”，其政治主张见于《商君书》。 [16] 欲为殊异

之功：想建立特别优异的功勋。 [17] 赵良：战国时期秦国儒生，曾用“恃德者昌，恃力者亡”这样的话反对商鞅变法，遭到商鞅拒绝。 [18] 车裂：古代的一种酷刑，用五辆车子朝五个方向把人拉裂肢解而死，商鞅后来遭受此刑。 [19] 君：指秦孝公死后继位的秦惠王。臣：指商鞅。其事参见《史记·商君列传》。 [20] 当：应合。 [21] 纯蒙：神完形全，纯朴天真。 [22] 适：适当，完美。 [23] 君臣相忘于治：指在无为之治下，君臣彼此忘怀，各不相扰，逍遥自得。 [24] 天：自然。 [25] “吾服汝”四句意谓：我回想（过去的）你，全都忘记了；你思念（过去的）我，也全都不存在了。引文见《庄子·田子方》，原文为：“吾服女也，甚忘；女服吾也，亦甚忘。”服，思念，回想。 [26] 君：古代对尊长的统称，这里指老师。 [27]“能不”，原作“不能”，据蒋礼鸿说乙。 [28] 文子：传说是老子弟子。 [29] 淳酒：味道纯正的酒。淳，通“醇”。 [30] 嚬蹙（pín cù）：皱眉头，表示不好受的样子。 [31] 曾：岂，难道。

“礼者[1]，忠信之薄，乱之首也。”相讥以礼[2]，故相谴告。三皇之时[3]，坐者于于[4]，行者居居，乍自以为马[5]，乍自以为牛。纯德行而民瞳矇[6]，晓惠之心未形生也[7]。当时亦无灾异，如有灾异，不名曰谴告。何则？时人愚蠢，不知相绳责也[8]。末世衰微，上下相非[9]，灾异时至，则造谴告之言矣。夫今之天，古之天也，非古之天厚，而今之天薄也。谴告之言生于今者，人以心准况之也[10]。“诰誓不及五帝[11]，要盟不及三王[12]，交质子不及五伯[13]。”德弥薄者信弥衰[14]。心险而行诐[15]，则犯约而负教[16]。教约不行[17]，则相谴告。谴告不改，举兵相灭。由此言之，谴告之言，衰乱之语也，而谓之上天为之，斯盖所以疑也[18]。

“谴告之言，衰乱之语也。”王充追究“谴告”说的来历。

[注释]

[1]“礼者”三句意谓：礼是忠信衰微的表现，是乱的开始。引文见《老子》第三十八章：“夫礼者，忠信之薄，而乱之首。” [2]相讥以礼：互相用礼来指责。讥，指责。 [3]三皇：传说中的三个上古帝王，说法不一，一般指伏羲（xī）氏、神农氏、燧（suì）人氏，参见《白虎通·号》。 [4]于于：和下句的“居居”，都是形容悠然自得的样子。 [5]“乍自以为马”二句意谓：时而觉得自己是马，时而觉得自己是牛。乍，时而。 [6]纯德：纯朴的道德。行：风行。瞳矇：愚昧无知。 [7]晓惠：智慧，这里指机巧奸诈。晓，智。惠，通“慧”。形：形成。 [8]绳责：责备。 [9]上下：指君臣之间。 [10]人以心准况之也：这是人们以自己的心理来推论天的缘故。准况，比照，推论。 [11]诰誓不及五帝：诰誓在五帝时是没有的。诰，训诫勉励的文告，如《康诰》《酒诰》。誓，告戒将士的言辞，如《甘誓》《汤誓》。五帝，传说中的五个上古帝王，说法不一，一般指黄帝、颛顼（zhuān xū）、帝喾（kù）、尧、舜。 [12]要（yāo）：强迫，威胁。要盟，以势力威逼对方订立盟约。三王：指夏、商、周三代的开国君主夏禹、商汤、周文王和武王。 [13]交：相互。质子：古代君主把儿子派往别国作人质，这种做法在战国时很普遍。质，抵

押。五伯（bà）：即五霸。五霸所指不一，一般称春秋时齐桓公、晋文公、楚庄王、秦穆公、宋襄公为五霸。伯，通“霸”。引文见《荀子·大略》：“诰誓不及五帝，盟诅不及三王，交质子不及五伯。” [14]弥：愈。 [15]诐（bì）：邪僻。 [16]约：盟约。教：教令，这里指诰、誓。 [17]不行：行不通。 [18]斯盖所以疑也：这就是谴告之说为什么可疑的原因了。

且凡言谴告者[1]，以人道验之也。人道[2]，君谴告臣；上天谴告君也，谓灾异为谴告。夫人道，臣亦有谏君；以灾异为谴告，而王者亦当时有谏上天之义[3]，其效何在[4]？苟谓天德优[5]，人不能谏，优德亦宜玄默，不当谴告。万石君子有过[6]，不言，对案不食，至优之验也。夫人之优者，犹能不言，皇天德大，而乃谓之谴告乎！夫天无为，故不言。灾变时至，气自为之。夫天地不能为，亦不能知也。腹中有寒，腹中疾痛，人不使也[7]，气自为之。夫天地之间，犹人背腹之中也，谓天为灾变，凡诸怪异之类，无小大薄厚，皆天所为乎？牛生马[8]，桃生李，如论者之言，天神入牛腹中为马，把李实提桃间乎？

人有不言之教，天何以就做不到？

［注释］

[1]“且凡言谴告者”二句意谓：况且凡是宣扬谴告的人，都是用人世间的道理来验证的。 [2]“人道”四句意谓：按照人世间的道理，君主可以谴告臣下，便认为上天可以谴告君主，并且说灾异就是（上天的）谴告。 [3]而：则，那么。义：合理的行为。 [4]其效何在：可是它的表现又在哪里呢？ [5]“苟谓天德优”四句意谓：如果说天的道德非常高尚，人不可能规劝它，那么具有高尚道德的天也应该是沉默的，不应该谴告人。玄默，沉静。 [6]“万石（dàn）君子有过”四句意谓：万石君的子孙有了错误，他不说话，只是对着食案不吃饭，这便是道德极高尚的证明。其事参见《史记·万石张叔列传》。万石君，即石奋，西汉人，他和四个儿子都做过二千石的大官，故汉景帝称他为“万石君”。过，过失，错误。案，古时进食用的短足木盘。 [7]人不使也：不是人使它疼的。 [8]“牛生马”五句意谓：牛生马和桃生李这种怪事，按照主张谴告之人的说法，难道是天神钻入牛肚子里造出马，拿着李树的果实放到桃树中间去的吗？把，握持，拿着。提，投掷。

《论衡·自纪篇》：“人面色部七十有余，颊肌明洁，五色分别，隐微忧喜，皆可得察，占射之者，十不失一。”《荀子·非相》：“相人之形状颜色，而知其吉凶妖祥。”王符《潜夫论·相列》：“夫骨法为禄相表，气色为吉凶候。”这些都是吉凶蜚色之说。

牢曰[1]：“子云：‘吾不试[2]，故艺。’”又曰[3]：“吾少也贱，故多能鄙事[4]。”人之贱不用于大者[5]，类多伎能。天尊贵高大，安能撰为灾变以谴告人[6]！

且吉凶蜚色见于面[7]，人不能为，色自发也。天地犹人身，气变犹蜚色，人不能为蜚色，天地安能为气变！然则气变之见，殆自然也[8]。变自见，色自发，占候之家，因以言也[9]。

［注释］

[1] 牢：子牢，郑玄说是孔子弟子，但不见于《史记·仲尼弟子列传》。 [2]“吾不试”二句意谓：我（年轻的时候）没有被君主任用，所以学会了一些技艺。试，用，这里指被任用。 [3] 又曰：孔子又说。 [4] 鄙事：卑贱之事，指下层民众所从事的职业。引文见《论语·子罕》。 [5]“人之贱不用于大者”二句意谓：地位低贱不被重用的人，一般都会掌握多种技能。类，大都，一般。伎，同“技”。 [6] 撰：制造。 [7] 蜚（fēi）色：变色，指脸部变化之色。古人认为，“蜚色”现于面，可预测吉凶。蜚，通“飞”。 [8] 殆：大概。 [9] 占候之家：以看天象变化臆断吉凶为职业的人。

夫寒温、谴告、变动、招致，四疑皆已论矣[1]。谴告于天道尤诡[2]，故重论之，论之所以难别也[3]。说合于人事[4]，不入于道意。从道不随事[5]，虽违儒家之说，合黄、老之义也。

［注释］

[1] 四疑皆已论：王充针对寒温、谴告、变动、招致四种论点，分别写了《寒温篇》《谴告篇》《变动篇》《招致篇》等四篇文章予以驳斥。其中《招致篇》已经佚失，仅留下了篇名。 [2] 诡：违背。 [3] 难：责难。别：辨别。 [4]“说合于人事”二句意谓：谴告说符合人世间的事情，却不符合自然的道理。 [5] 从道不

随事：我的论述服从自然的道理，而不迁就人世间的事情。

［点评］

从《寒温篇》到《感类篇》等十五篇，或从自然现象，或从生物现象，或从灾异角度，或从祥瑞角度，评论了天人感应论的各种表现，构成了一个完整的整体，是一组很有系统的文章。

王充从吉凶两个方面论述了天人感应论以后，又写了本篇和《感类篇》作为补充和总结，本篇末的话尤其显示了这一点："夫寒温、谴告、变动、招致，四疑皆已论矣。谴告于天道尤诡，故重论之。"本篇认为，天地都是自然之物，与人事没有关系，所以不可能有天"谴告"人之事；《感类篇》也认为，圣人感灾变而自戒惧，并非天以灾变谴告人。这两篇实际上是从"天"（本篇）和"人"（《感类篇》）两个方面否定了"谴告"说，否定了天人感应论，为以上十三篇的论述作了总结。

在本篇中，王充指出了产生"谴告"的原因，不是天人感应，而是社会动荡，"谴告"之言其实出于人为："末世衰微，上下相非，灾异时至，则造谴告之言矣。""谴告之言生于今者，人以心准况之也。""谴告之言，衰乱之语也，而谓之上天为之，斯盖所以疑也。"这就说明了天人感应论的起源，也对之做了釜底抽薪。

而从根本上来说，"谴告"之类的虚妄，乃是因为"天道自然""自然无为"，"天"不是有意志的精神现象，而是无意志的物质实体。王充在《变虚篇》中说："夫天，体也，与地无异。”在《道虚篇》中说：“天之与地，皆体也。”在《谈天篇》中说：“如实论之，天，体，非气也。”在本篇中说：“使天体乎？宜与地同。使天气乎？气若云烟。”在王充看来，既然“天”是物质实体，那么也就不会像生物一样，具有耳目口鼻等感觉器官，因而也就没有感觉、感情、欲望，也就不可能有意志、有目的、有人格，以至成为可以与人感应的神灵。天只是自然而然地存在着。这种天地自然论，乃是王充思想的基石。

当然，天永远在运动，由此创造万物：“天地合气，万物自生。”“天者，普施气万物之中。”“天之动行也，施气也，体动气乃出，物乃生矣。”但无论从积极方面还是从消极方面来说，天的运动都是无意识、无目的的：“夫天之不故生五谷丝麻以衣食人，由其有灾变不欲以谴告人也。”“天动不欲以生物，而物自生，此则自然也；施气不欲为物，而物自为，此则无为也。”在《说日篇》中，王充也表达了同样的思想：“天之行也，施气自然也。施气则物自生，非故施气以生物也。”可见这是他一贯的思想，也对目的论做了釜底抽薪。

正因为相信“天道自然”“自然无为”的自然观，所以王充在本篇中，充分表达了他对黄老思想的理解与信服：“说合于人事，不入于道意。从道不随事，虽违儒家之说，合黄老之义也。”黄老思想流行于西汉初期，主张“天道自然”“自然无为”。从王充对它的理解与信服来看，即使汉武帝以后独尊儒术，但它在东汉时期也仍有影响。而从王充反复强调“无为”来看，其实也间接地反映了普通民众对于太平生活的向往。

当然，王充也充分认识到“天道无为”与“人道有为”的区别，在尊重“天道无为”的同时，并不忽略“人道有为”的重要性：“然虽自然，亦须有为辅助。”只是这种“有为辅助”应是有限度的，不能违背自然规律，不能像宋人那样“揠苗助长”，更不能取自然而代之。

齐世篇

语称上世之人，侗长佼好[1]，坚强老寿，百岁左右；下世之人短小陋丑[2]，夭折早死[3]。何则？上世和气纯渥[4]，婚姻以时[5]，人民禀善气而生[6]，生又不伤[7]，骨节坚定，故长大老寿，状貌美好；下世反此[8]，故短小夭折，形面丑恶。

此言妄也[9]。

"此言妄也"，《论衡》的标志性语句之一，痛快淋漓！

[注释]

[1] 语：一般的说法。上世：古代。侗（tǒng）：大。佼：通"姣"，美。 [2] 下世：后世。 [3] 夭折：未成年而死。 [4] 和气：王充指的是一种阴气、阳气协调和谐之气，参见《论衡·气寿篇》《论衡·讲瑞篇》。渥（wò）：厚。 [5] 以时：指按照适当的年龄。 [6] 禀：承受。善气：即和气。 [7] 生又不伤：生下来

又没受过伤害。 [8]反此：情况与此相反。 [9]妄：荒谬，错误。

夫上世治者[1]，圣人也；下世治者，亦圣人也。圣人之德，前后不殊[2]，则其治世，古今不异。上世之天[3]，下世之天也，天不变易，气不改更[4]。上世之民，下世之民也，俱禀元气。元气纯和，古今不异，则禀以为形体者，何故不同？夫禀气等[5]，则怀性均；怀性均，则形体同；形体同，则丑好齐；丑好齐，则夭寿适[6]。

［注释］

[1]治者：把社会治理得很好的人。 [2]不殊：相同。 [3]天：王充所说的“天”是一种物质实体，不是汉儒所说的有意志、能赏罚的“天”。参见《论衡·自然篇》《论衡·谈天篇》。 [4]气：又称元气，天之精气，阴阳之气，王充认为它是构成人和万物的物质元素，是天地自然而然施放出来的。参见《论衡·自然篇》。 [5]“夫禀气等”二句意谓：（古人和今人）所承受的元气是一样的，那么具有的特性也就应该相同。怀，具有。性，特性。 [6]适（dí）：通“敌（敵）”，相等。

一天一地，并生万物，万物之生，俱得一气，气之薄渥[1]，万世若一。帝王治世，百代同道。人民嫁娶，异时共礼[2]。虽言“男三十而娶，女二十而嫁[3]”，法制张设[4]，未必奉行。何以效之[5]？以今不奉行也。礼乐之制，存见于今[6]，今之人民，肯行之乎？今人不肯行，古人亦不肯举[7]。以今之人民，知古之人民也。

《吕氏春秋·察今》：“故察己则可以知人，察今则可以知古，古今一也，人与我同耳。有道之士，贵以近知远，以今知古，以所见知所不见。”

［注释］

[1] 薄渥：指“气”的厚薄程度。 [2]“异时”，原作“同时”，据蒋礼鸿说改。共礼：有相同的礼仪。 [3] 引文见《周礼·地官·媒氏》：“令男三十而娶，女二十而嫁。” [4] 张设：制定。 [5] 效：证明。 [6]“存见”，吴承仕疑当作“见存”。 [7] 举：行。

人，物也[1]；物，亦物也。人生一世，寿至一百岁。生为十岁儿时，所见地上之物，生死改易者多。至于百岁，临且死时[2]，所见诸物，与年十岁时所见，无以异也。使上世下世，民人无有异，则百岁之间足以卜筮[3]。六畜长短[4]，五谷大小[5]，昆虫草木，金石珠玉，蜎蜚蠕动[6]，跂行喙息[7]，无有异者，此形不异也。古之水火，今之水火也。今气为水火也，使气有异，则古之水清火热，而今水浊火寒乎？

《论衡·论死篇》：“人，物也；物，亦物也。”《论衡·四讳篇》：“人，物也；子，亦物也。”《论衡·道虚篇》：“夫人，物也。虽贵为王侯，性不异于物。”《论衡·雷虚篇》：“人在天地之间，物也；物，亦物也。”

以万物古今不异，证厚古薄今之谬。

[注释]

[1]“人，物也”，原无，据孙人和、张宗祥说补。 [2]且：将要。 [3]“百岁”，马宗霍疑当作“百世”，始与上文“上世下世”呼应。卜筮（shì）：这里指推断。卜，用龟甲占卜。筮，用蓍（shī）草算卦。 [4]六畜：马、牛、羊、鸡、狗、猪，这里泛指牲畜。 [5]五谷：稻、黍、稷、麦、菽，这里泛指谷物。 [6]蜎蜚（yuān fēi）：飞翔，这里泛指用翅膀飞行的动物。蜎，小飞虫。蜚，通“飞”。蠕（rú）动：虫体一伸一屈地爬行，这里泛指用身体爬行的动物。 [7]跂（qí）行：这里泛指用腿脚行走的动物。跂，脚。喙（huì）息：这里泛指用嘴呼吸的动物。喙，嘴。息，呼吸。

人生长六七尺[1]，大三四围[2]，面有五色[3]，寿至于百[4]，万世不异。如以上世人民，侗长佼好，坚强老寿，下世反此，则天地初立，始为人时，可长如防风之君[5]，色如宋朝[6]，寿如彭祖乎[7]？从当今至千世之后，人可长如荚英[8]，色如嫫母[9]，寿如朝生乎[10]？王莽之时[11]，长人生长一丈，名曰霸[12]。建武年中[13]，颍川张仲师长二尺二寸[14]。张苍八尺有余[15]，其父不满五尺。俱在今世，或长或短，儒者之言，竟非误也[16]。语称上世使民以宜[17]，伛者抱关[18]，侏儒俳优[19]，如皆侗长佼好，安得伛、侏之人乎[20]？

以归谬法证厚古薄今之谬。

［注释］

[1] 尺：汉代一尺约合今 0.69 市尺。 [2] 围：古代一种计算长度的单位，一围就是两手的拇指与拇指相对、食指与食指相对所构成的圆周长度。 [3] 五色：《周礼·天官·疾医》郑玄注："五色，面貌青、赤、黄、白、黑也。"这里指人的面部由于健康原因或情绪变化而产生的不同气色。 [4] 寿至于百：王充认为正常人的寿命应该是一百岁。参见《论衡·气寿篇》。 [5]"可长"，原作"长可"，据蒋礼鸿说乙。可：岂。防风之君：传说禹时，防风氏的君主身材非常高大，一节骨骼就装满了一车。其事参见《国语·鲁语下》。 [6] 宋朝：春秋时期宋国的公子朝，以貌美闻名。其事参见《论语·雍也》及《左传》昭公二十年、定公十四年。 [7] 彭祖：古代传说人物，据说活了八百岁，被视为长寿的象征。其事参见《神仙传》《列仙传》。 [8] 荚英：这里用来比喻人的身材非常矮小。荚，皂荚。英，花瓣。 [9] 嫫（mó）母：亦作"嫫姆"，传说是黄帝的妃子，相貌极丑，但极有贤德。 [10] 朝（zhāo）生：即木槿。《战国策·秦策五》"君危于累卵，而不寿于朝生"，高诱注："朝生，木槿也，朝荣夕落。"一说指朝蟛，一种朝生暮死的虫子。这里用以比喻生命极其短促。 [11] 王莽：西汉末外戚，后夺取汉政权，建立"新"朝。 [12]"霸"下原有"出"字，据《论衡注释》说删，因巨毋霸出时，尚在王莽时，光武未建元。《汉书·王莽传下》："有奇士，长丈，大十围，……自谓巨毋霸，出于蓬莱东南，五城西北昭如海濒。" [13] 建武：东汉光武帝刘秀的年号，25—56 年。 [14] 颍（yǐng）川：郡名，在今河南中部。参见《汉书·地理志》。"颍川"，原作"颖川"，据《论衡注释》说改。张仲师：东汉人。"二尺二寸"，原作"一丈二寸"，据黄晖说改。《太平御览》卷三七八引何承天《纂文》："汉光武时，颍

川张仲师长二尺二寸。”《梁书·文学下·刘杳传》作“尺二寸”。本篇下文云：“俱在今世，或长或短。”短即指张仲师。 [15] 张苍：西汉人，汉文帝时丞相，据《史记·张丞相列传》记载，张苍父长不满五尺，苍长八尺余，苍子复长，及孙类，长六尺余。“张苍”，原作“张汤”，据《论衡注释》说改。 [16] 竟：终究。非误：错误。 [17] 使民以宜：合理地使唤百姓。宜，合理。 [18] 伛（yǔ）者：驼背的人。抱关：守门，这里指让驼背者当守门人。 [19] 侏（zhū）儒：身材异常矮小的人。俳（pái）优：古代表演曲艺的人，这里指让侏儒当俳优。 [20] 安得：怎么会有。

语称上世之人，质朴易化[1]；下世之人，文薄难治[2]。故《易》曰[3]：“上古之时，结绳以治[4]，后世易之以书契[5]。”先结绳，易化之效[6]；后书契，难治之验也。故夫宓牺之前[7]，人民至质朴，卧者居居[8]，坐者于于，群居聚处，知其母不识其父。至宓牺时，人民颇文，知欲诈愚，勇欲恐怯，强欲凌弱，众欲暴寡，故宓牺作八卦以治之[9]。至商之时[10]，人民文薄，八卦难复因袭，故文王衍为六十四首[11]，极其变[12]，使民不倦[13]。至周之时[14]，人民久薄[15]，故孔子作《春秋》[16]，采毫毛之善[17]，贬纤介之恶[18]，称曰：“周监于二代[19]，郁郁乎文哉[20]！吾从周[21]。”孔子知世浸弊[22]，文薄难治，故加密致之罔[23]，设纤微之禁[24]，检柙守持[25]，备具悉极[26]。

典型的历史退化论。

此言妄也。

［注释］

[1] 易化：容易接受教化。 [2] 文薄：浮华轻薄。 [3]《易》：《周易》，儒家经书之一。 [4] 结绳：用绳子打结以记事。相传大事打大结，小事打小结，是文字产生之前的一种记事方法。 [5] 书契：泛指文字。引文见《周易·系辞下》。 [6]“效”，原作“故”，据黄晖说改。《论衡》多以“效”“验”对言。 [7] 宓（fú）牺：即伏羲，又作宓羲、包牺、庖牺、伏戏，也称牺皇、皇羲，传说中的上古帝王。 [8] 居居：和下句的“于于”，都是形容散淡的样子。 [9] 八卦：即乾、坤、震、巽（xùn）、坎、离、艮（gèn）、兑，分别代表天、地、雷、风、水、火、山、泽。宓牺作八卦，《白虎通·号》：“于是伏羲仰观象于天，俯察法于地，因夫妇，正五行，始定人道。画八卦以治下，下伏而化之，故谓之伏羲也。” [10]“商”，原作“周”，据蒋礼鸿、杨宝忠说改。 [11] 衍：推演，发展。六十四首：指六十四卦，传说周文王通过排列组合，将八卦两两相配，组成六十四种不同的卦，每一卦都有文字说明，这就是《易》的正文，称作“经”。 [12] 极：穷尽。 [13] 倦：懈怠。 [14] 周之时：这里指东周的春秋时期。 [15] 久薄：文薄日久。 [16]《春秋》：儒家经书之一，传说是孔子根据鲁国史书编写的。 [17] 采：采取，这里指表彰。 [18] 纤介：细小。介，通“芥”，小草。“采毫毛之善”二句见《说苑·至公》。 [19] 监

（jiàn）：通“鉴”，借鉴。二代：指夏、商两朝。 [20] 郁郁：形容繁盛、丰富的样子。文：文采，这里指典章制度。 [21] 从：信从，赞成。引文见《论语·八佾》。 [22] 浸：逐渐。弊：衰败。 [23] 密致：致密。罔：同“网”，这里指礼法制度。 [24] 纤微：形容很细致。 [25] 检柙（xiá）：亦作“检押”，纠正，循规蹈矩，为汉代人常用语。扬雄《法言序》：“蠢迪检柙。”旧注：“检柙，犹隐括也。言君子举动则当蹈规矩。”参见《论衡·对作篇》。“检柙”，原作“检狎”，据孙诒让、黄晖、刘盼遂、张宗祥说改。守持：保持，维护。 [26] 备具悉极：完备详尽。

上世之人所怀五常也[1]，下世之人亦所怀五常也。俱怀五常之道，共禀一气而生[2]，上世何以质朴？下世何以文薄？彼见上世之民，饮血茹毛[3]，无五谷之食，后世穿地为井[4]，耕土种谷，饮井食粟[5]，有水火之调[6]；又见上古岩居穴处，衣禽兽之皮[7]，后世易以宫室，有布帛之饰[8]，则谓上世质朴，下世文薄矣。

[注释]

[1] 五常：也称“五典”“五信”，指仁、义、礼、智、信等五种道德规范，一指父义、母慈、兄友、弟恭、子孝等五种行为准则。参见《白虎通·情性》。 [2] 共禀一气而生：王充认为人的道德属性是由具有道德属性的“气”构成的。参见《论衡·率性篇》《论衡·论死篇》。 [3] 饮血茹（rú）毛：喝禽兽的鲜血，吃

带毛的生肉。《礼记·礼运》:“未有火化，食草木之实，鸟兽之肉，饮其血，茹其毛。”茹，吃。 [4] 穿：挖掘。 [5] 粟：这里泛指谷物粮食。 [6] 调：烹调。 [7] 衣（yì）：穿。 [8] 帛：丝织品。饰：衣饰，服装。

夫器业变易[1]，性行不异[2]。然而有质朴、文薄之语者，世有盛衰，衰极久有弊也。譬犹衣食之于人也，初成鲜完[3]，始熟香洁，少久穿败[4]，连日臭茹矣[5]。文质之法[6]，古今所共。一质一文[7]，一衰一盛[8]，古而有之，非独今也。何以效之？传曰[9]：“夏后氏之王教以忠[10]。上教以忠[11]，君子忠，其失也[12]，小人野[13]。救野莫如敬[14]，殷之王教以敬[15]。上教用敬，君子敬，其失也，小人鬼[16]。救鬼莫如文[17]，故周之王教以文。上教以文，君子文，其失也，小人薄[18]。救薄莫如忠[19]。”承周而王者，当教以忠[20]。夏所承唐、虞之教薄[21]，故教以忠。唐、虞以文教，则其所承有鬼失矣[22]。世人见当今之文薄也，狎侮非之[23]，则谓上世朴质，下世文薄。犹家人子弟不谨[24]，则谓他家子弟谨良矣。

王充引用“忠、敬、文”三教循环的说法，目的在于说明古代社会同样有文质，有盛衰，用以驳斥“上世质朴，下世文薄”的观点。

又是“别人家的孩子”。看来此说古已有之。

[**注释**]

[1] 器：器物，指物质生活的条件。业：事业，指各种不同的职业。 [2] 性：本性。行：操行。 [3] 鲜完：鲜亮完整。 [4] 少久：稍久。穿败：破旧。 [5] 连日：日子久了。臭茹：腐臭。 [6] 文质之法：指提倡典章制度与质朴诚信相交替的法则。 [7] 一质一文：有时偏质，有时偏文。 [8] 一衰一盛：有时衰败，有时兴盛。 [9] 传：泛指儒家经书以外或解释经书的书籍。 [10] 夏后氏之王：指夏朝的君主。教：倡导。忠：忠厚，纯朴。 [11] 上：指君主。 [12] 失：缺点，弊病。 [13] 野：粗野。 [14] 救：补救，纠正。敬：指敬奉天神和祖先。 [15] “殷之王”，原作“殷王之”，据吴承仕、黄晖、刘盼遂说乙。上文“夏后氏之王”，下文“周之王”，句式相同。 [16] 鬼：迷信鬼神。 [17] 文：指典章制度。 [18] 薄：文薄，浮华轻薄。 [19] 引文参见《史记・高祖本纪》太史公曰、《说苑・修文》《白虎通・三教》。 [20] “承周而王（wàng）者”二句是指汉代的情况，以及王充依据历史经验，所开出的治病药方。王，统治天下。 [21] 唐：指尧。虞：指舜。 [22] “夏所承唐、虞之教薄”四句，王充是逆推夏以前的情况。 [23] 狎侮：蔑视。非：反对。 [24] 谨：规规矩矩。

语称上世之人重义轻身，遭忠义之事[1]，得己所当赴死之分明也，则必赴汤趋锋[2]，死不顾恨[3]。故弘演之节[4]，陈不占之义[5]，行事比类[6]，书籍所载，亡命捐身[7]，众多非一。今世趋利苟生[8]，弃义妄得[9]，不相勉以义，不相激以行[10]，义废身不以为累[11]，行隳事不以相畏[12]。

此言妄也。

［注释］

[1]“遭忠义之事”二句意谓：遇到应该效忠尽义的事情，清楚地认识到为此而牺牲生命是自己的本分。分（fèn），本分。 [2]赴汤趋锋：形容无所畏惧，不怕死。汤，沸水。锋，锋刃。 [3]顾：顾惜。恨：悔恨。 [4]弘演之节：弘演，春秋时期卫国大夫，以忠君著称。据《吕氏春秋·忠廉》记载，卫懿公时，弘演出使他国。狄人攻卫，杀死懿公，吃了他的肉，扔了他的肝。弘演回国，对着懿公的肝，汇报出使的情况，然后剖腹掏出自己的内脏，装入懿公的肝而死。王充对其的驳斥，参见《论衡·儒增篇》。 [5]陈不占之义：陈不占，春秋时期齐国人。据《新序·义勇》记载，陈不占听到齐庄公被崔杼（zhù）杀害的消息后，为了尽忠，不顾车夫劝阻，赶到出事地点，结果被战斗的声音吓死了。其事又见《太平御览》卷四一八引《韩诗外传》。 [6]行事：以往的事例。比类：相类似的。 [7]亡：丧失。捐：抛弃。 [8]趋：贪求。 [9]弃义妄得：抛弃礼义，非分地追求利益。 [10]行：操行。 [11]义废身不以为累：礼义被自己废弃了，不以为有害。累，害。 [12]行隳（huī）事不以相畏：操行被（自己所做的）事情败坏了，也不感到害怕。隳，败坏。畏，害怕。

夫上世之士，今世之士也，俱含仁义之性，则其遭事并有奋身之节。古有无义之人，今有建节之士[1]，善恶杂厕，何世无有？述事者好高古而下今[2]，贵所闻而贱所见。辨士则谈其久者[3]，文人则著其远者。近有奇而辨不称，今有异而笔

“述事者好高古而下今，贵所闻而贱所见。”二句乃洞观之言。

不记。若夫琅邪兒子明[4]，岁败之时[5]，兄为饥人欲食[6]，自缚叩头，代兄为食[7]。饿人美其义，两舍不食[8]。兄死，收养其孤[9]，爱不异于己之子。岁败谷尽，不能两活[10]，饿杀其子，活兄之子。临淮许君叔亦养兄孤子[11]，岁仓卒之时[12]，饿其亲子，活兄之子，与子明同义。会稽孟章父英为郡决曹掾[13]。郡将挝杀非辜[14]，事至覆考[15]。英引罪自予[16]，卒代将死[17]。章后复为郡功曹[18]，从役攻贼，兵卒北败[19]，为贼所射，以身代将，卒死不去[20]。此弘演之节、陈不占之义何以异？当今著文书者，肯引以为比喻乎？比喻之证，上则求虞、夏，下则索殷、周，秦汉之际，功奇行殊，犹以为后[21]，又况当今在百代下，言事者目亲见之乎？

《后汉书·赵孝传》载赵孝事相类："及天下乱，人相食。孝弟礼为饿贼所得，孝闻之，即自缚诣贼，曰：'礼久饿羸瘦，不如孝肥饱。'贼大惊，并放之。"

王羲之《兰亭集序》："后之视今，亦犹今之视昔。"

［注释］

[1]建节：树立节操。 [2]高：推崇。下：贬低。 [3]辨：通"辩"，议论。久：古老。 [4]琅邪（láng yá）：郡名，在今山东诸城一带。兒（ní）子明：倪萌，字子明，西汉末年人。《初学记》卷十七引《东观汉记》："倪萌，字子明，齐国临淄人也。"此云琅邪人，误。兒，同"倪"。 [5]岁败：凶年，歉收的年头，灾荒的年头。 [6]"欲"，原作"所"，据黄晖说改。《意林》引作"兄曾为饥人欲食"。饥人：

饥饿的人。[7]代兄为食：（请求）代替哥哥被吃掉。[8]其事见《初学记》卷十七引《东观汉记》："（倪萌）仁孝敦笃，不好荣贵，常勤身田农。遭岁仓卒，兵革并起，人民馁饿相啖。与兄俱出城采蔬，为赤眉贼所得，欲杀啖之。诣贼叩头言：'兄年老羸瘠，不如萌肥健，愿代兄。'贼义而不啖。"[9]孤：死去父亲的孩子。[10]两活：同时养活两个孩子。[11]临淮：郡名，在今江苏北部及安徽东北部一带。许君叔：东汉初年人。[12]仓卒（cù）：荒乱。[13]会（kuài）稽：郡名，东汉前期包括今江苏南部、浙江大部和福建全部。孟章：东汉时会稽郡人。英：孟英，字公房，孟章之父。决曹掾（yuàn）：官名，郡的属吏，主管刑事案件。[14]郡将：泛指郡长官。挝（zhuā）：拷打。非辜：无罪的人。[15]覆考：复审。[16]英引罪自予：把罪过归于自己。[17]卒：终于。[18]功曹：郡的属吏，掌管对官吏的考核任免。[19]北败：败北。一作"比败"，连败。[20]卒死不去：到死不离开。[21]犹以为后：尚且认为时代离得太近。犹，尚且。后，近。

画工好画上代之人，秦汉之士，功行谲奇[1]，不肯图[2]。不肯图今世之士者[3]，尊古卑今也。贵鹄贱鸡[4]，鹄远而鸡近也。使当今说道深于孔、墨，名不得与之同；立行崇于曾、颜[5]，声不得与之钧[6]。何则？世俗之性，贱所见，贵所闻也。有人于此，立义建节，实核其操[7]，古无以过[8]，为文书者，肯载于篇籍，表以为行事乎[9]？作奇论，造新文，不损于前人[10]，好事

"世俗之性，贱所见贵所闻也。"二句乃至理名言。

王充所言固然不错，但当世著作汗牛充栋，也的确需要时间来汰选。

王充这里举的例子是扬雄及其著作，但其实也包含有自己的委屈。

者肯舍久远之书，而垂意观读之乎[11]？杨子云作《太玄》[12]，造《法言》[13]，张伯松不肯壹观[14]。与之并肩[15]，故贱其言。使子云在伯松前，伯松以为金匮矣[16]。

［注释］

[1] 谲（jué）奇：卓异，突出。 [2] 图：绘画。 [3] "不肯图"，原无，据刘盼遂说补。 [4] 鹄（hú）：天鹅。 [5] 曾、颜：曾参、颜回，都是孔子弟子。 [6] 钧：通"均"。 [7] 实核其操：考核他的操行。实核，核实。 [8] 古无以过：古人没有能超过他的。 [9] 表以为行事乎：把他当作和以往的事例一样来表彰吗？表，表扬。 [10] 损：逊色。 [11] 垂意：留意。 [12] 杨子云：即扬子云，即杨（扬）雄（前53—18），字子云，蜀郡成都（今属四川）人，著有《太玄》《法言》《方言》等书，以及《长杨赋》《甘泉赋》《羽猎赋》等辞赋。《太玄》：亦称《太玄经》，共十卷，体裁模拟《周易》，内容则是儒、道、阴阳三家的混合体。 [13]《法言》：共十三卷，体裁模拟《论语》，内容以儒家思想为主，兼采道家思想。 [14] 张伯松：张竦（sǒng），西汉末年人，王莽时封为淑德侯。壹：同"一"。 [15] 并肩：这里指同时代。 [16] 金匮：金属制的藏书匣，这里借指十分珍贵的文献。

语称上世之时，圣人德优，而功治有奇[1]。故孔子曰："大哉，尧之为君也！唯天为大[2]，唯尧则之[3]。荡荡乎民无能名焉[4]！巍巍乎其有成功也[5]！焕乎其有文章也[6]！”舜承尧，不堕洪业[7]；禹袭舜，不亏大功[8]。其后至汤[9]，举兵伐桀[10]，武王把钺讨纣[11]，无巍巍荡荡之文，而有动兵讨伐之言。盖其德劣而兵试[12]，武用而化薄。化薄，不能相逮之明验也[13]。及至秦[14]，兵革云扰[15]，战力角势[16]，秦以得天下。既得天下，无嘉瑞之美[17]，若“协和万国”“凤皇来仪”之类[18]，非德劣不及、功薄不若之征乎[19]？

此言妄也。

［注释］

[1] 功治有奇：治理国家有卓越的功绩。 [2] 唯天为大：只有天最高大。 [3] 则：效法。 [4] 荡荡：广大的样子。名：形容，称赞。 [5] 巍巍：高大的样子。 [6] 焕：光辉灿烂。文章：指典章制度。引文见《论语·泰伯》。 [7] 堕（huī）：通“隳”，败坏。 [8] 亏：损害。 [9] 汤：商朝的第一个君主。 [10] 桀：夏朝的最后一个君主。 [11] 武王：周武王。把：握，拿着。钺（yuè）：古代的一种兵器。纣：殷纣王。 [12] 盖其德劣而兵试：大概因为他们的道德（比尧、舜）差，所以才使用武力。试，使用。 [13] 逮（dài）：及。 [14]“秦”下原有“汉”字，据黄晖说删。下文“秦以得天下”，亦只以“秦”承之。 [15] 兵革：指战争。云扰：形容战争频繁。 [16] 战力：以武力互相争斗。角势：较量势力强弱。角，较量。 [17] 嘉瑞：祥瑞，吉祥的征

兆。 [18]协和万国：使上万个国家和睦相处。这是歌颂尧的话，见《尚书·尧典》。凤皇来仪：这是歌颂舜的话，见《尚书·益稷》。来仪，来朝。 [19]征：征兆，证明。

“世俗之性，好褒古而毁今，少所见而多所闻。”三句乃至理名言。

夫天地气和即生圣人[1]，圣人之治即立大功。和气不独在古先，则圣人何故独优？世俗之性，好褒古而毁今，少所见而多所闻[2]；又见经传增贤圣之美[3]，孔子尤大尧、舜之功[4]，又闻尧、舜禅而相让[5]，汤、武伐而相夺[6]，则谓古圣优于今，功化渥于后矣。夫经有褒增之文，世有空加之言，读经览书者所共见也。孔子曰：“纣之不善，不若是之甚也[7]。是以君子恶居下流[8]，天下之恶皆归焉[9]。”世常以桀、纣与尧、舜相反，称美则说尧、舜，言恶则举纣、桀。孔子曰：“纣之不善，不若是之甚也。”则知尧、舜之德，不若是其盛也。尧、舜之禅，汤、武之诛，皆有天命，非优劣所能为，人事所能成也。使汤、武在唐、虞，亦禅而不伐；尧、舜在殷、周，亦诛而不让。盖有天命之实，而世空生优劣之语。经言“协和万国”，时亦有丹水[10]；“凤皇来仪”，时亦有有苗[11]。兵皆动而并用[12]，则知德亦何优劣而小大也[13]。

王充挑战正统历史观。

[注释]

[1] 夫天地气和即生圣人：天释放的阳气与地释放的阴气协调和谐就产生了圣人。 [2] 少：轻视，贬低。多：重视，赞扬。 [3] 增：夸张。美：指美德。 [4] 尤：特别。大：夸大。 [5] “舜”，原作“禹”，据黄晖、刘盼遂、张宗祥说改。上下文皆尧、舜连言，无以尧、禹连言者，且禹亦非禅让。禅（shàn）：禅让，帝王主动让位于别人。 [6] 伐：讨伐。夺：争夺。 [7] 不若是之甚也：不像书上记载的那么严重。 [8] 下流：下游，这里指处于众恶所归的不利地位。 [9] 焉：于此，指处于“下流”地位的人。引文见《论语·子张》，但这话是子贡说的，而不是孔子说的。 [10] 丹水：古河名，即今丹江，是汉江最长支流，传说尧曾在丹水流域与南方的少数民族打过仗。其事参见《吕氏春秋·召类》。“丹水”，原作“丹朱”，据黄晖说改。《论衡·儒增篇》：“尧伐丹水。” [11] 有苗：传说是舜时南方的一个部族，即三苗，舜和它发生过战争。 [12] 兵皆动而并用：既然古今帝王都动了兵，用了武。 [13] 则知德亦何优劣而小大也：就可以知道他们的智慧道德也没有什么好坏与大小的差别了。

世论桀、纣之恶甚于亡秦，实事者谓亡秦恶甚于桀、纣[1]。秦、汉善恶相反，犹尧、舜、桀、纣相违也。亡秦与汉皆在后世，亡秦恶甚于桀、纣，则亦知大汉之德不劣于唐、虞也。唐之“万国”[2]，固增而非实者也。有虞之“凤皇”[3]，

逻辑上好像不能这么类推的，但这也正是王充写作本篇的动机之所在。

为了歌颂今朝，不惜承认符瑞，这是王充的弱点。

宣帝已五致之矣[4]。孝明帝符瑞并至[5]。夫德优故有瑞，瑞钧则功不相下。宣帝、孝明如劣不及尧、舜，何以能致尧、舜之瑞？光武皇帝龙兴凤举[6]，取天下若拾遗[7]，何以不及殷汤、周武？世称周之成、康不亏文王之隆[8]，舜巍巍不亏尧之盛功也，方今圣朝[9]，承光武，袭孝明，有浸酆溢美之化[10]，无细小毫发之亏[11]，上何以不逮舜、禹[12]，下何以不若成、康？世见五帝、三王事在经传之上[13]，而汉之记故尚为文书[14]，则谓古圣优而功大，后世劣而化薄矣！

这里王充对东汉王朝也有溢美之辞。

[注释]

[1] 实事者：这里可能是指东汉人邹伯奇，王充曾说他“论桀、纣不如亡秦”，参见《论衡·感类篇》。王充也曾说过“二世之恶，隆盛于纣”，参见《论衡·语增篇》。 [2] 万国：指上文所说的“协和万国”。 [3] 凤皇：指上文所说的“凤皇来仪”。 [4] 宣帝：汉宣帝刘询，前 74—前 49 年在位。五致之：汉宣帝时已经五次招来凤凰。参见《论衡·指瑞篇》。 [5] 孝明帝：汉明帝。 [6] 光武皇帝：汉光武帝。龙兴凤举：古代用以形容帝王的兴起。 [7] 拾遗：捡起遗物，这里形容极其容易。 [8] 成、康：周成王、周康王。隆：指盛大的功业。 [9] 圣朝：指当时在位的汉章帝。 [10] 浸酆：更加兴盛。酆，同“丰”，丰盛。 [11] 亏：缺点。 [12] 上：往上追溯。 [13] 五帝：传说中的五个上古帝王，说法不一，一般

指黄帝、颛顼（zhuān xū）、帝喾（kù）、尧、舜。三王：指夏、商、周三代的开国君主夏禹、商汤、周文王和武王。 [14] 记故：记事。“尚”下原有校语“一有‘书’字”。文书：指一般的文书档案，还没有整理成书。

［点评］

《齐世篇》《宣汉篇》《恢国篇》《验符篇》《须颂篇》《佚文篇》等六篇，是一组系统地对汉王朝歌功颂德的文章。王充盖先以本篇驳斥厚古薄今的历史观，次以《宣汉篇》称颂汉代功德，次以《恢国篇》进一步“恢而极之”，次以《验符篇》证明汉代在符瑞方面超越前代，次以《须颂篇》说明汉代的功德有待鸿笔之臣称颂，最后，从鸿笔之臣引申到汉代文化，以《佚文篇》从文化方面称颂汉代功德。

本篇集中反映了王充的历史观。王充的历史观有两个特征，一个是命定论的，一个是厚今薄古的。

王充的历史观有命定论的色彩，其理论基础是元气论，为的是反对历史退化论。如有人认为“气”是有时间性的，是有古今变化的；王充则认为“气”是没有时间性的，是没有古今变化的：“上世之天，下世之天也，天不变易，气不改更。上世之民，下世之民也，俱禀元气。元气纯和，古今不异。”这就破除了对于古代的迷信，动摇了历史退化论的根基。但有时王充不免矫枉过正，强调了“时”“数”，却忽略了“政”“教”：“世之治乱，在时不在政；国之安危，在数不在教。贤不贤之君，明不明之政，无能损益。”（《治期篇》）这就走向另一个极端了。

王充的历史观是厚今薄古的，至少也是古今同视的。这种历史观，在《论衡》其他各篇中也有所表现，而在本篇中表现得最为充分。本篇从四个方面驳斥了今不如昔论：一是“语称上世之人侗长佼好，坚强老寿，百岁左右；下世之人短小陋丑，夭折早死”，王充以古今元气不变说破之；二是“语称上世之人，质朴易化；下世之人，文薄难治”，王充以文质盛衰循环说破之；三是“语称上世之人重义轻身，……今世趋利苟生，弃义妄得”，王充以“善恶杂厕，何世无有”说破之；四是“语称上世之时，圣人德优，而功治有奇”，后来则一代不如一代，王充以“世空生优劣之语”说破之。

在本篇中，王充还揭示了厚古薄今论者的心理根源，即“世俗之性，贱所见贵所闻也”，“世俗之性，好褒古而毁今，少所见而多所闻”；而儒学经传则更是推波助澜，“述事者好高古而下今，贵所闻而贱所见。辨士则谈其久者，文人则著其远者。近有奇而辨不称，今有异而笔不记”。对于世俗之性和儒学经传，王充的批评可谓一针见血。

王充对于今不如昔论的有些驳斥，在今天看来也是很有道理的。比如，“度土境则周狭于汉”（《宣汉篇》），汉代疆域的开拓确实远超前代，在中国历史上属于强盛时期，各种典章制度也更为完备，这都是符合历史事实的。又如，在将汉代之文与先秦之文相比时，王充对汉代之文给予更多的肯定，这在推动文学发展方面也是有意义的。总之，作为生活于东汉初社会相对安定时期的人，王充对自己所处的时代抱有自豪感，这是可以理解且无可厚非的。

不过，王充的厚今薄古历史观也有局限性，即比较容易与歌功颂德合流，成为对本朝歌功颂德的工具。如《宣汉篇》认为汉兴以来已有太平，其标志就是汉有符瑞（儒者认为没有），和五帝三王时一样，“论符瑞则汉盛于周”；《恢国篇》中所用来“恢”汉的根据，都是瑞应之类无根之事；《验符篇》则连篇累牍地罗列了汉代出现的符瑞，以证明汉德丰隆超越前代；本篇则说，“有虞之‘凤皇’，宣帝已五致之矣”，“孝明帝符瑞并至”，“方今圣朝，承光武，袭孝明，有浸酆溢美之化，无细小毫发之亏”，等等，不免有点颂扬过分了。《宣汉篇》说：“非以身生汉世，可褒增颂叹，以求媚称也，核事理之情，定说者之实也。”实则两层意思都有吧。

论死篇

世谓人死为鬼[1]，有知，能害人。试以物类验之，人死不为鬼，无知，不能害人。何以验之？验之以物。人，物也；物，亦物也。物死不为鬼，人死何故独能为鬼[2]？世能别人不为物[3]，则为鬼不为鬼尚难分明；如不能别，则亦无以知其能为鬼也。

以“物”死不为鬼，类推“人”死不为鬼。以下皆论证人死不为鬼。

［注释］

[1] 以下两处“人死”，原均作“死人”，据吴承仕、孙人和说乙。《世说新语·方正》刘孝标注引《论衡》文皆作“人死”。 [2] 独：唯独。 [3]“世能别人不为物”四句意谓：（因为物死后是肯定不会变为鬼的，所以）世人如果能够辨明人与物的区别，那么对于人死后是否会变为鬼可能还难以弄明白；如果不

能够辨明人与物的区别，那么也就无从知道人死后会变为鬼了。“世能别人不为物”，原作“世能别人物不能为鬼”，据蒋礼鸿说改。别，辨别。

人之所以生者，精气也[1]，死而精气灭。能为精气者，血脉也。人死血脉竭，竭而精气灭，灭而形体朽，朽而成灰土，何用为鬼[2]？人无耳目，则无所知，故聋盲之人，比于草木。夫精气去人，岂徒与无耳目同哉？朽则消亡，荒忽不见，故谓之鬼神。人见鬼神之形，故非死人之精也。何则？鬼神，荒忽不见之名也。人死精神升天[3]，骸骨归土，故谓之鬼神[4]。鬼者，归也[5]；神者，荒忽无形者也。

“鬼”“神”的本义就是“荒忽不见”，所以说它是有形之物是很荒唐的。

[注释]

[1] 精气：精神之气。王充认为，气是构成人和万物的元素，分为阴气和阳气，阴气构成人的骨肉，阳气构成人的精神，所以有时又称阳气为精气。参见《论衡·订鬼篇》。 [2] 何用：靠什么。 [3] 精神：这里指精气。王充认为，精气在自然界中是无知的，构成人的精神后才是有知的。人死后，精气离开人体，仍旧回到无知的自然界中。在本篇中，王充对“精神”和“精气”这两个概念有时是混用的。升天：指精气又回到自然界的元气中去。 [4]“神”，原无，据黄晖说补。上下文均以“鬼神”并言。《孔

子家语·哀公问政》称孔子曰："众生必死，死必归土，此之谓鬼；魂气归天，此谓神。" [5] 鬼者，归也：《太平御览》卷八八三引《韩诗外传》："人死曰鬼，鬼者，归也。精气归于天，肉归于土，血归于水，脉归于泽，声归于雷，动则归于风，眠归于日月，骨归于木，筋归于山，齿归于石，膏归于露，发归于草，呼吸之气复归于人。"

"鬼""神"分别是"阴气""阳气"的代名词。

或说：鬼神，阴阳之名也[1]。阴气逆物而归[2]，故谓之鬼；阳气导物而生[3]，故谓之神。神者，伸也[4]，申复无已[5]，终而复始。人用神气生[6]，其死复归神气。阴阳称鬼神，人死亦称鬼神。气之生人，犹水之为冰也。水凝为冰，气凝为人；冰释为水，人死复神[7]。其名为神也，犹冰释更名水也。人见名异[8]，则谓有知，能为形而害人，无据以论之也[9]。

[注释]

[1] 阴阳：指阴气和阳气。 [2] 逆：违背，阻止。归：指人死后形体归于地。阴阳五行家认为，地属阴，又认为阴气主杀，所以说阴气阻止万物和人生长，使他们死后形体归于地。 [3] 导：引导，助长。阴阳五行家认为，天属阳，又认为阳气主生，所以说阳气助长万物和人生长，使他们获得生命。 [4] 伸：通"申"，舒展，指万物和人获得生命。《五行大义·论诸神》："神，申也。万物皆有质，碍屈而不申。神是清虚之气，无所拥滞，故曰申也。" [5] 申

复无已：意谓阳气和阴气结合构成有生命的东西，又离开阴气构成的形体回到自然界，如此无止境地循环下去。申，通“伸”。复，还原。 [6]“人用神气生”二句意谓：人靠阳气获得生命，死后形体中的阳气又回到大自然的阳气中去。神气，即阳气。 [7] 神：指“神气”。 [8] 名异：名称不同。意即活时称“人”，死后称“神”。 [9] 无据以论之也：没有根据乱发议论。

人见鬼若生人之形[1]。以其见若生人之形[2]，故知非死人之精也。何以效之[3]？以囊橐盈粟米[4]，米在囊中，若粟在橐中，满盈坚强，立树可见[5]，人瞻望之[6]，则知其为粟米囊橐。何则？囊橐之形若其容[7]，可察也。如囊穿米出[8]，橐败粟弃[9]，则囊橐委辟[10]，人瞻望之，弗复见矣[11]。人之精神藏于形体之内，犹粟米在囊橐之中也。死而形体朽，精气散，犹囊橐穿败，粟米弃出也。粟米弃出，囊橐无复有形，精气散亡，何能复有体而人得见之乎？

王充认为鬼是有的，但不是死人变的，而是另外一种东西。所以如果鬼像人的形状，那就反而说明它不是死人变的，而是本来就长成那样子的。

形、神须臾不能分离，所以人死不能为鬼。

[注释]

[1] 生人：活人。 [2] 以：根据。 [3] 效：证明。 [4] 囊橐（tuó）：两种口袋，大者称囊，小者称橐。盈：装满。 [5] 立树：竖立。 [6] 瞻望：从远处看。 [7] 囊橐之形若其容：囊橐的外形就像里面所装的东西。若，如。容，容受，内容。 [8] 穿：

破。 [9] 败：坏。弃：洒。 [10] 委辟：指口袋瘪了，可以折叠。委，通“萎”。辟，通“襞（bì）”，折叠。 [11] 弗复：不再。

禽兽之死也，其肉尽索[1]，皮毛尚在，制以为裘，人望见之，似禽兽之形。故世有衣狗裘为狗盗者[2]，人不觉知，假狗之皮毛[3]，故人不意疑也[4]。今人死，皮毛朽败，虽精气尚在，神安能复假此形而以行见乎[5]？夫死人不能假生人之形以见[6]，犹生人不能假死人之魂以亡矣。六畜能变化象人之形者[7]，其形尚生，精气尚在也。如死，其形腐朽，虽虎兕勇悍[8]，不能复化。鲁公牛哀病化为虎[9]，亦以未死也。世有以生形转为生类者矣[10]，未有以死身化为生象者也。

物种之间可以转化，但生死界限无法逾越。

［注释］

[1] 索：尽。 [2] 衣（yì）：穿。狗盗：装扮成狗的小偷。 [3] 假：借。 [4] 意疑：怀疑。 [5] 神安能复假此形而以行见（xiàn）乎：精神又怎么能再借这个烂掉的形体来活动和现形呢？安，怎么。行，活动。见，同“现”。 [6] “夫死人不能假生人之形以见”二句意谓：死人不能借活人的形体出现，就像活人不能借死人的精神使自己的形体消失一样。魂，指精神。 [7] 六畜：马、牛、羊、鸡、狗、猪。王充认为六畜可以变化为人形，但必须是活着的六畜，而不能是死了的。参见《论衡・订鬼篇》。 [8] 兕（sì）：雌犀牛。

悍：凶暴。 [9] 公牛哀：春秋时期鲁国人，据《淮南子·俶（chù）真》记载，他卧病七日后，变成了老虎，他哥哥去看他，被他扑杀了。 [10]“世有以生形转为生类者矣”二句意谓：世上有活的形体转化为另一类活的形体的现象，却从来没有以死的身体变成活的形象这种事情。

天地开辟，人皇以来[1]，随寿而死[2]，若中年夭亡，以亿万数。计今人之数，不若死者多。如人死辄为鬼，则道路之上，一步一鬼也。人且死见鬼[3]，宜见数百千万[4]，满堂盈廷[5]，填塞巷路，不宜徒见一两人也。

自古以来，鬼满为患，满堂盈廷，填塞巷路，道路之上，一步一鬼——想想也可笑！然于否定人死为鬼，却是非常有力的类推。

［注释］

[1] 人皇：传说中的“三皇”（天皇、地皇、人皇）之一，据说是最早的人。 [2] 寿：寿限。王充认为正常人一般能活百岁左右。参见《论衡·气寿篇》。随寿而死，指活到百岁左右而死。 [3] 且：将要。 [4] 宜：应该。 [5] 廷：通“庭”，院子。

人之兵死也[1]，世言其血为磷[2]。血者，生时之精气也。人夜行见磷，不象人形，浑沌积聚[3]，若火光之状。磷，死人之血也，其形不类生人之形也[4]。其形不类生人之形，精气去人[5]，何故象人之体？

[**注释**]

[1] 兵死：被兵器杀死。 [2] 磷：指磷火。夜间在坟地间常见的蓝绿色火光，是磷所发的光，迷信的人称为“鬼火”。古人认为磷是血生成的，如《淮南子·泛论》“久血为磷”，高诱注：“血精在地，暴露百日则为磷，遥望炯炯，若燃火也。”《博物志·杂说上》：“斗战死亡之处，其人马血积年化为磷。” [3] 浑沌：模糊不清。 [4] 后一个“形”，原作“血”，据黄晖说改。 [5] 去：离开。

人见鬼也，皆象死人之形，则可疑死人为鬼[1]，或反象生人之形。病者见鬼，云甲来[2]，甲时不死[3]，气象甲形[4]。如死人为鬼，病者何故见生人之体乎？

[**注释**]

[1] “可疑”，杨宝忠疑为“不疑”之误。 [2] 甲：泛指某人。 [3] 时：当时。不死：未死。 [4] 气：指阳气。王充认为，单独的阳气只能幻化成瞬间即逝的人的样子，而不能构成真正的人。参见《论衡·订鬼篇》。

以死灰不能复燃，类推死人不能为鬼。

天地之性[1]，能更生火[2]，不能使灭火复燃；能更生人，不能令死人复见。能使灭灰更为燃火[3]，吾乃颇疑死人能复为形。案火灭不能复燃以况之[4]，死人不能复为鬼，明矣。

[注释]

[1] 天地：自然。性：本性。 [2] 更：重新。 [3]“能使灭灰更为燃火”二句意谓：如果能使死灰复燃，我才不会怀疑死人能变成活着时的样子。颇疑，不疑。 [4] 案：根据。况：比拟，对照。

夫为鬼者，人谓死人之精神。如审鬼者死人之精神[1]，则人见之，宜徒见裸袒之形，无为见衣带被服也[2]。何则？衣服无精神，人死，与形体俱朽，何以得贯穿之乎[3]？精神本以血气为主，血气常附形体，形体虽朽，精神尚在，能为鬼可也。今衣服，丝絮布帛也，生时血气不附着，而亦自无血气，败朽遂已，与形体等[4]，安能自若为衣服之形[5]？由此言之[6]，见鬼衣服象人，则形体亦象人矣。象人，则知非死人之精神也。

《世说新语·方正》（参见《晋书·阮修传》）记载，时人皆以为人死有鬼，只有阮宣子认为没有：“今见鬼者，云著生时衣服；若人死有鬼，衣服有鬼邪？”正如刘孝标《世说新语》注所指出的，这乃是从《论衡》这里学来的说法。

[注释]

[1] 审：确实。 [2] 无为：不应该。衣（yì）：系。被：披，穿。 [3] 贯：穿，这里指系。 [4] 等：一样。 [5] 自若：照旧。 [6]“由此言之”五句意谓：由此说来，见到鬼穿的衣服像人，那么形体也就像人了。既然形体像人，就可以知道鬼不是死

人的精神变的。“见鬼衣服象人”的“人”原作“之”，据吴承仕、孙人和说改。下二句“之”字同改。《世说新语·方正》刘孝标注引《论衡》文“之”字皆作“人”。

以下皆论证人死无所知。

夫死人不能为鬼，则亦无所知矣。何以验之？以未生之时无所知也。人未生，在元气之中；既死，复归元气。元气荒忽，人气在其中[1]。人未生无所知，其死归无知之本[2]，何能有知乎？人之所以聪明智惠者[3]，以含五常之气也[4]；五常之气所以在人者，以五藏在形中也[5]。五藏不伤，则人智惠；五藏有病，则人荒忽[6]，荒忽则愚痴矣。人死，五藏腐朽，腐朽则五常无所托矣，所用藏智者已败矣，所用为智者已去矣。形须气而成[7]，气须形而知。天下无独燃之火[8]，世间安得有无体独知之精？

[注释]

[1] 人气在其中：指构成人的气。 [2] 本：本原，指原始状态。 [3] 惠：通“慧”。 [4] 五常：也称“五典”“五信”，指仁、义、礼、智、信等五种道德规范，一指父义、母慈、兄友、弟恭、子孝等五种行为准则。参见《白虎通·情性》。五常之气，王充指的是分别具有仁、义、礼、智、信这些道德属性的气。 [5] 五藏（zàng）：即五脏，指心、肝、肺、脾、肾。王充认为五常之

气是寄托在五脏之中的。藏，同“脏”。 [6] 荒忽：指神智不清。 [7]“形须气而成”二句意谓：躯体要靠精气才能形成人，精气要靠依附于躯体才能产生知觉。须，待，靠。 [8]“天下无独燃之火”二句意谓：天下没有离开物体而独自燃烧的火，世间又怎能有脱离形体而独自产生知觉的精气呢？独，独自。

人之死也，其犹梦也[1]。梦者[2]，殄之次也；殄者[3]，死之比也。人殄不悟则死矣[4]。案人殄复悟，死复来者[5]，与梦相似，然则梦、殄、死[6]，一实也[7]。人梦不能知觉时所作，犹死不能识生时所为矣[8]。人言谈有所作于卧人之旁[9]，卧人不能知，犹对死人之棺，为善恶之事，死人不能复知也。夫卧，精气尚在，形体尚全，犹无所知，况死人精神消亡，形体朽败乎？

睡着了都无知无觉，更何况是死了呢。

［注释］

[1] 梦：指睡着了。 [2]“梦者”二句意谓：睡着了和昏迷差不多。殄（tiǎn），昏迷。次，差不多。 [3]“殄者”二句意谓：昏迷和死亡类似。比，类似。 [4] 悟：通“寤”，苏醒。 [5]“复（復）”，原作“从（從）”，据吴承仕、孙人和说改。 [6] 然则：既然这样，那么。 [7] 一实也：是同一回事。 [8] 识（zhì）：记得。 [9] 卧人：睡着的人。

人为人所殴伤[1]，诣吏告苦以语人[2]，有知如人死有知，则破案不就易如反掌了吗？

之故也。或为人所杀，则不知何人杀也，或家不知其尸所在。使死人有知，必恚人之杀己也[3]，当能言于吏旁，告以贼主名，若能归语其家，告以尸之所在。今则不能，无知之效也。

［注释］

[1]“殴”，原作“敺”，据张宗祥、马宗霍说改。下文“敺”字同改。 [2] 诣（yì）吏告苦以语人：到官吏那里去告状诉苦，并向人叙述这件事。诣，到。 [3] 恚（huì）：怨恨。

世间死者，令生人殄而用其言[1]，及巫叩元弦[2]，下死人魂[3]，因巫口谈[4]，皆夸诞之言也。如不夸诞[5]，物之精神为之象也。

［注释］

[1] 令生人殄而用其言：使活人昏迷，再借他的嘴说话。“令”，原作“今”，据吴承仕、孙人和说改。 [2] 叩：弹。元弦：可能是祭祀舞神时用的一种弦乐器，也可能是巫师用来引魂的法器。张宗祥说此言穷幽索冥以致魂也。 [3] 下：召来。 [4] 因巫口谈：通过巫的口说话。 [5]“如不夸诞”二句意谓：如果不是荒诞无稽的，那就是老物精所造成的虚像（总之不是死人之精在显灵）。物之精神，指老物精的精神，王充认为活着的老物精（如六畜）的精神可以变成人形。参见《论衡·订鬼篇》。

或曰[1]：不能言也[2]。夫不能言，则亦不能知矣。知用气，言亦用气焉。人之未病也[3]，智惠精神定矣[4]；病则惛乱[5]，精神扰也[6]。夫死，病之甚者也。病，死之微，犹惛乱，况其甚乎[7]！精神扰，自无所知[8]，况其散也[9]！

病人都神志不清，更何况死人呢。

［注释］

[1] 或：有的人。 [2] 不能言也：（人死了仍有知觉，只是）不能说话而已。 [3]“病”，原作“死”，据黄晖说改。“未病”与下文“病”正反相承。 [4] 精神：指神志。定：安定，平静。 [5] 惛：糊涂。 [6] 扰：乱。 [7] 其：指病。 [8] 自：犹自，尚且。 [9] 况其散也：何况死后精神散了呢！

人之死，犹火之灭也。火灭而耀不照[1]，人死而知不惠，二者宜同一实，论者独谓死有知[2]，惑也[3]。人病且死，与火之且灭何以异？火灭光消而烛在，人死精亡而形存。谓人死有知，是谓火灭复有光也。

人死如灯灭，人死如烛灭。《初学记》卷十四引杨泉《物理论》：“人含气而生，精尽而死。死犹澌也，灭也。譬火焉，薪尽而火灭，则无光矣。故灭火之余，无遗炎矣；人死之后，无遗魂矣。”

［注释］

[1] 耀：光。照：亮。 [2]“独”，原作“犹”，据杨宝忠说改。 [3] 惑：糊涂。

隆冬之月，寒气用事[1]，水凝为冰；逾春气温[2]，冰释为水。人生于天地之间，其犹冰也。阴阳之气，凝而为人；年终寿尽[3]，死还为气。夫春水不能复为冰，死魂安能复为形？

［注释］

[1]用事：主事。 [2]逾：越。温：暖。 [3]年：指活的岁数。

妒夫媢妻[1]，同室而处，淫乱失行[2]，忿怒斗讼[3]。夫死妻更嫁[4]，妻死夫更娶，以有知验之，宜大忿怒[5]；今夫妻死者寂寞无声，更嫁娶者平忽无祸[6]，无知之验也。

［注释］

[1]媢（mào）：嫉妒。《说文解字》女部：“妒，妇妒夫也。”“媢，夫妒妇也。” [2]失行：行为不正。 [3]讼：争辩是非。 [4]更：改，再。 [5]大：十分，非常。 [6]平忽：平静。

孔子葬母于防[1]，既而雨甚至[2]，防墓崩。孔子闻之，泫然流涕曰[3]：“古者不修墓[4]。”遂不复修[5]。使死有知，必恚人不修也。孔子知之，宜辄修墓[6]，以喜魂神[7]，然而不修，圣人

《战国策·秦策二》“秦宣太后爱魏丑夫”条云：“秦宣太后爱魏丑夫。太后病将死，出令曰：‘为我葬，必以魏子为殉。’魏子患之。庸芮为魏子说太后曰：‘以死者为有知乎？’太后曰：‘无知也。’曰：‘若太后之神灵明知死者之无知矣，何为空以生所爱葬于无知之死人哉？若死者有知，先王积怒之日久矣，太后救过不赡，何暇乃私魏丑夫乎？’太后曰：‘善。’乃止。”

王充发挥孔子的意思以迎合己说，然孔子的“泫然流涕”着实让人感动。

明审[8]，晓其无知也。

［注释］

[1] 防：指防山，在今山东曲阜东。 [2] 既而雨甚至：不久下起了暴雨。既而，不久。甚，极大。 [3] 泫然：落泪的样子。 [4] 古者不修墓：古代不把墓堆得高起来。修墓，把墓堆高，做成坟头。 [5] 遂不复修：孔子合葬父母的时候，虽知道“古者不修墓”，但又说自己是“东西南北之人”，不可以回家时找不到父母的墓，所以就把墓堆得高四尺，结果立刻就被大雨冲塌了。孔子觉得是自己违反了古制，所以说了“古者不修墓”后，就不再重新堆高父母的墓了。其事参见《礼记·檀弓上》。 [6] 辄：立即。 [7] 喜：讨好。 [8] 明审：明白道理。

枯骨在野，时呻鸣有声[1]，若夜闻哭声，谓之死人之音，非也。何以验之？生人所以言语吁呼者[2]，气括口喉之中[3]，动摇其舌，张歙其口[4]，故能成言。譬犹吹箫笙，箫笙折破，气越不括[5]，手无所弄[6]，则不成音。夫箫笙之管，犹人之口喉也；手弄其孔，犹人之动舌也。人死，口喉腐败，舌不复动，何能成言？然而枯骨时呻鸣者[7]，人骨自有能呻鸣者焉[8]。或以为秋气也[9]，是与夜鬼哭无以异也。秋气为呻鸣之变[10]，自有所为[11]。依倚死骨之侧[12]，人则谓枯骨遍野，与鬼满为患同一归谬法。

之骨尚有知，呻鸣于野。草泽暴体以千万数[13]，呻鸣之声，宜步属焉[14]。

［注释］

[1] 呻鸣：呼叫，原作“鸣呼”，据刘盼遂说改。下文“呻鸣”二字多次连用。 [2] 吁：叹气。 [3] 括：包含，闭塞。 [4] 歙（xī）：收，合。 [5] 越：散。 [6] 弄：把玩，这里指按。 [7] 时：有时候。 [8] 人骨自有能呻鸣者焉：人的骨头自有发出哀鸣的道理。 [9]“气”，原无，据吴承仕、孙人和、张宗祥说补。 [10] 秋气为呻鸣之变：秋气形成哀鸣这种怪异的声音。 [11] 自有所为：自有它的道理。 [12] 依倚死骨之侧：这种声音紧挨着枯骨。依倚，依靠，依附。 [13] 草泽：泛指荒野。暴：同“曝”，露。 [14] 宜步属（zhǔ）焉：应该每走一步都能听得到。属，连续。步属，这里指一步一声。

以植物枯者不能复青，类推人死后不能再言。

夫有能使不言者言[1]，未有言者死能复使之言。言者死[2]，不能复使之言，犹物生以青为色[3]，或予之也[4]；物死青者去，或夺之也。予之物青，夺之青去，去后不能复予之青，物亦不能复自青。声色俱通[5]，并禀于天。青青之色，犹枭枭之声也[6]。死物之色不能复青，独为死人之声能复自言[7]，惑也。

[注释]

[1] 不言者：不会说话的人。 [2] “死”，原作“亦”，据张宗祥说改。 [3] 物：指植物。生：指活的时候。“色”，原作“气”，据刘盼遂说改。青是物之色，并非其气。下文“青青之色”“死物之色不能复青”，皆作“色”。 [4] 或：有一种力量，这里指自然。 [5] 声色俱通：声音与颜色的道理是相通的。 [6] 枭（xiāo）枭：呼喊的声音。 [7] 为：认为。

人之所以能言语者，以有气力也。气力之盛，以能饮食也。饮食损减则气力衰，衰则声音嘶[1]。困不能食[2]，则口不能复言。夫死，困之甚，何能复言？或曰：“死人歆肴食气[3]，故能言。”夫死人之精，生人之精也。使生人不饮食，而徒以口歆肴食之气，不过三日则饿死矣。或曰：“死人之精，神于生人之精[4]，故能歆气为音。”夫生人之精在于身中，死则在于身外。死之与生何以殊[5]？身中身外何以异？取水实于大盎中[6]，盎破水流地，地水能异于盎中之水乎？地水不异于盎中之水，身外之精何故殊于身中之精！

不吃饭就没力气，光闻味道是不行的；没力气就说不出话，因此死人不会说话。

[注释]

[1] 嘶：沙哑。 [2] 困：病笃。 [3] 歆肴（xīn yáo）食气：享用饭菜的气味。歆，指鬼神享受供物。肴，肉类。食，饭类。 [4] 神

于生人之精：比活人的精气更神灵。 [5] 殊：不同。 [6] 实：装满。盎（àng）：古代一种腹大口小的器皿。

以下皆论证人死不能害人。

人死不为鬼，无知，不能语言，则不能害人矣。何以验之？夫人之怒也用气，其害人用力，用力须筋骨而强，强则能害人。忿怒之人，呴呼于人之旁[1]，口气喘射人之面[2]，虽勇如贲、育[3]，气不害人。使舒手而击[4]，举足而蹶[5]，则所击蹶无不破折[6]。夫死，骨朽筋力绝，手足不举，虽精气尚在，犹呴吁之时无嗣助也[7]，何以能害人也？凡人与物所以能害人者，手臂把刃[8]，爪牙坚利之故也。今人死，手臂朽败，不能复持刃，爪牙隳落[9]，不能复啮噬[10]，安能害人？儿之始生也，手足具成，手不能搏，足不能蹶者，气适凝成[11]，未能坚强也。由此言之，精气不能坚强，审矣[12]。气为形体，形体微弱，犹未能害人，况死，气去精神绝。微弱犹未能害人，寒骨谓能害人者邪[13]？死人之气不去邪[14]？何能害人？

［注释］

[1] 呴（hǒu）：通"吼"。 [2] 喘射：喷射。 [3] 贲（bēn）、育：

孟贲、夏育，孟贲是战国时期的大力士，据说他水行不避蛟龙，陆行不避虎兕，发怒吐气，声响动天，与秦武王比试举鼎，秦武王折断膝盖骨而死。夏育是周代卫国的勇士，传说能力举千钧，生拔牛尾。[4]舒：伸。[5]蹶（jué）：踢，踏。[6]破折：皮破骨折。[7]呴吁：同“呴呼”。嗣（sì）助：继之以手足。[8]把：拿。刃：锋利的器具。[9]隳（huī）：毁坏。[10]啮噬（niè shì）：咬。[11]适：刚刚。[12]审：明白，清楚。[13]寒骨：朽骨。邪（yé）：疑问助词。[14]死人之气不去邪：难道死人的气没有离开躯体吗？

鸡卵之未孚也[1]，溟涬于㲉中[2]，溃而视之[3]，若水之形。良雌伛伏[4]，体方就成。就成之后，能啄蹶之。夫人之死，犹溟涬之时[5]，溟涬之气，安能害人？

[注释]

[1]孚：孵化，原作“字”，据黄晖、蒋礼鸿说改。[2]溟（hòng）涬：浑沌，自然未分之象。㲉（kòu）：蛋壳。[3]溃：打破。[4]伛（yǔ）：通“煦”，暖。伛伏，指孵卵。[5]犹溟涬之时：犹如回到溟涬之时。

人之所以勇猛能害人者，以饮食也。饮食饱足则强壮勇猛，强壮勇猛则能害人矣。人病不能饮食，则身羸弱[1]，羸弱困甚，故至于死。病困之时，仇在其旁，不能咄叱[2]，人盗其物，不能禁夺，羸弱困劣之故也[3]。夫死，羸弱困劣之甚者也，何能害人？

［注释］

[1] 羸（léi）：瘦弱，虚弱，原作“嬴”，据吴承仕、张宗祥说改。下句“羸”字同改。 [2] 咄（duō）叱：大声呵叱。 [3] 困劣：困乏无力。

有鸡犬之畜，为人所盗窃，虽怯无势之人[1]，莫不忿怒，忿怒之极，至相贼灭[2]。败乱之时，人相啖食者[3]，使其神有知[4]，宜能害人。身贵于鸡犬[5]，己死重于见盗，忿怒于鸡犬，无怨于食己，不能害人之验也。

［注释］

[1] 怯：胆怯。势：力。 [2] 贼：害。 [3] 啖（dàn）：吃。 [4] 其：指被吃掉的人。 [5]“身贵于鸡犬”五句意谓：人的身体比鸡犬宝贵，自己被杀死比鸡犬被偷走更严重，然而（活着）可对鸡犬被偷表示愤怒，（死后）却连人家把自己吃掉也不怨恨，这就证明人死后是不能害人的。见，被。

蝉之未蜕也[1]，为复育[2]；已蜕也，去复育之体，更为蝉之形。使死人精神去形体，若蝉之去复育乎？则夫为蝉者不能害为复育者。夫蝉不能害复育，死人之精神何能害生人之身？

［注释］

[1] 蜕（tuì）：脱去皮壳。 [2] 复育：蝉的幼虫。

梦者之义疑[1]。或言[2]："梦者[3]，精神自止身中为吉凶之象。"或言："精神行[4]，与人物相更。"令其审止身中[5]，死之精神，亦将复然[6]。令其审行[7]，人梦杀伤人[8]，若为人所复杀，明日视彼之身，察己之体，无兵刃创伤之验。夫梦用精神，精神[9]，死之精神也。梦之精神不能害人，死之精神安能为害？

梦中不能害人，人死更不能害人。

［注释］

[1] 梦者之义疑：做梦的道理很难解释。义，道理。 [2]"或"，原作"惑"，据吴承仕、张宗祥说改。 [3]"梦者"二句意谓：所谓梦，是人的精神在自己身体内产生的或吉或凶的虚像。止，停留。象，幻象。《周礼·春官·占梦》："以日、月、星、辰占六梦之吉凶。"或为《论衡》此语所本。 [4]"精神行"二句意谓：（梦）是人的精神离开了自己的身体（梦游），与别人及物相接触而产生的。相更，相交，相遇。 [5] 令其审止身中：假设（做梦时）精神确实留在身体中。"令"，原作"今"，据吴承仕、孙人和、张宗祥说改。下句"今"字同改。 [6] 死之精神亦将复然：那么

死人的精神也应该停留在身体中（而不能害人）。 [7] 令其审行：假设（做梦时）精神确实离开了身体。 [8] “梦杀伤人”四字原重，据刘盼遂、《论衡注释》、张宗祥说删。 [9] 精神：指做梦时的精神。

人死犹如釜底抽薪。

火炽而釜沸，沸止而气歇，以火为主也。精神之怒也乃能害人，不怒不能害人。火猛灶中，釜涌气蒸；精怒胸中，力盛身热。今人之将死，身体清凉[1]，凉益清甚[2]，遂以死亡。当死之时，精神不怒，身亡之后，犹汤之离釜也，安能害人？

［注释］

[1] 清：通“凊”，寒。下句“清”字同此。 [2] 益：增长。甚：厉害。

物与人通[1]，人有痴狂之病，如知其物然而理之[2]，病则愈矣。夫物未死，精神依倚形体，故能变化[3]，与人交通[4]；已死，形体坏烂，精神散亡，无所复依，不能变化。夫人之精神，犹物之精神也。物生[5]，精神为病；其死，精神消亡。人与物同，死而精神亦灭，安能为害祸？设谓人贵[6]，精神有异，成事[7]，物能变化[8]，人则不能，是反人精神不若物，物精神奇于人也。

"物"奇于"人"，"物"死不能害人，"人"死更不能害人。

［注释］

[1] 物与人通：指老物精和人发生关系。物，鬼魅，老物精。通，发生关系。王充认为老物精和人发生关系，就会使人得病。参见《论衡·订鬼篇》。 [2] 如知其物然而理之：如果知道是哪种老物精使他害这样的病而去治它。然，如此。理，治。 [3] 变化：指老物精变成人形。 [4] 与人交通：与人发生关系。 [5]"物生"二句意谓：老物精产生了，其精神能使人害病。 [6] 设谓人贵：假设说人（比老物精）高贵。 [7] 成事：已有的事例。 [8]"物能变化"四句意谓：老物精能够变化，人却不能，这样说来，人的精神反而不如老物精的精神，老物精的精神反比人的精神更神灵。最后一个"神"字原无，据孙人和说补。

水火烧溺，凡能害人者，皆五行之物[1]。金伤人，木殴人[2]，土压人，水溺人，火烧人。使人死[3]，精神为五行之物乎，害人；不为乎，不能害人。不为物则为气矣。气之害人者，太阳之气为毒者也[4]。使人死[5]，其气为毒乎，害人；不为乎，不能害人。

［注释］

[1] 五行之物：指金、木、水、火、土五种元素构成的东西。 [2]"殴"，原作"毆"，据黄晖、张宗祥说改。 [3]"使人死"三句意谓：如果人死后，人的精神变成"五行之物"的话，就会害人。 [4] 太阳之气：极盛的阳气，王充认为它有毒，能害人。参见《论衡·言毒篇》《论衡·订鬼篇》。 [5] 使人死：如果人死了。

总结全文。王充还是那个意思：鬼是有的，但不是死人变的。王充的进步和局限都体现在这里了。

夫论死不为鬼，无知，不能害人，则夫所见鬼者，非死人之精，其害人者，非其精所为，明矣。

［点评］

从本篇到《祭意篇》等十六篇，系统地论述了各种迷信陋俗，是一组有系统的文章。其中前四篇《论死篇》《死伪篇》《纪妖篇》《订鬼篇》自成一组，专门讨论人死是否为鬼的问题，而最终目的则是为了通过否定人死为鬼，反对厚葬，提倡薄葬，正如《对作篇》所说的："《论死》《订鬼》，所以使俗薄丧葬也。""今著《论死》及《死伪》之篇，明死无知，不能为鬼，冀观览者将一晓解约葬，更为节俭。"

从思想脉络来看，本篇先从理论上阐述了"人死不为鬼，无知，不能害人"的思想，并以各种类推来论证这一思想，然后以《死伪篇》对史书所载世上所传十四个"人死为鬼，有知，能害人"的事例逐一加以批驳，又以《纪妖篇》考订史书所载八种离奇古怪的迷信传说。考订评论具体事例以后，王充又作《订鬼篇》，从理论上对世上所传各类鬼说进行评论，同时系统地阐述了《死伪篇》《纪妖篇》中关于鬼神的观点。从结构来看，这四篇文章有纲领，有例证，有总结，很有体系，而本篇正为其中的纲领。

正如本篇所说：“世谓人死为鬼，有知，能害人。”这是一种活人与死人可以神秘互渗的观念，这种观念使古代社会形成了厚享与厚葬死人的习俗。这种习俗在中国的确源远流长，直到今天也还随处可以见到。除了人死为鬼以外，在中国还存在着人死为仙、得道或尸解等各种传说，这也同样反映了古代中国人认为生死可以互渗的观念，也导致了神仙道教的广泛传播。本篇以及其他相关各篇，既为这种习俗留下了宝贵的资料，又在王充的批判中，体现了理性精神的进步。

本篇从结构上来说，先提出“人死不为鬼，无知，不能害人”的总纲，然后以各种例子，分别论述“人死不为鬼”“人死无知”“人死不能害人”这三层意思。其中如以“计今人之数，不若死者多。如人死辄为鬼，则道路之上，一步一鬼也；人且死见鬼，宜见数百千万，满堂盈廷，填塞巷路，不宜徒见一两人也”来否定人死为鬼，以“妒夫娼妻，同室而处，淫乱失行，忿怒斗讼。夫死妻更嫁，妻死夫更娶，以有知验之，宜大忿怒；今夫妻死者寂寞无声，更嫁娶者平忽无祸，无知之验也”来否定人死有知，以“有鸡犬之畜，为人所盗窃，虽怯无势之人，莫不忿怒，忿怒之极，至相贼灭。败乱之时，人相啖食者，使其神有知，宜能害人。身贵于鸡犬，己死重于见盗，忿怒于鸡犬，无怨于食己，不能害人之验也”来否定人死能害人。这些都是很精彩的例子。

而王充写作本篇及其他相关文章，其目的虽是为了通过否定人死为鬼，来反对厚葬，提倡薄葬，但其实际意义却远大于此。这是因为，他认为“神”不能离开“形”而独立存在，所以事实上也就否定了灵魂不灭论。后来到了南北朝时期，进步的思想家们更将其发扬光大，以之来反对佛教的因果报应论。

当然，王充一边不相信人死为鬼，一边又相信鬼的存在，这也显示了其理性精神的局限：“夫论死不为鬼，无知，不能害人，则夫所见鬼者，非死人之精，其害人者，非其精所为，明矣。”后来南朝的范缜等人，也继承了王充的思想，一边不相信人死为鬼，一边又相信鬼的存在。

书解篇

或曰："士之论高[1]，何必以文[2]？"

[注释]

[1] 高：高明。 [2] 以：凭借。文：这里指文采。

答曰[1]：夫人有文质乃成[2]。物有华而不实[3]，未有实而不华者[4]。《易》曰："圣人之情见乎辞[5]。"出口为言，集札为文[6]，文辞施设[7]，实情敷列[8]。夫文德[9]，世服也。空书为文[10]，实行为德，著之于衣为服[11]。故曰：德弥盛者文弥缛[12]，德弥彰者文弥明[13]。大人德扩[14]，其文炳[15]；小人德炽[16]，其文斑[17]。官尊而文繁，德高而文积[18]。华而睆者[19]，大夫之簀[20]，曾子寝疾[21]，命元起易[22]。由此言之，衣服以品贤[23]，贤以文为差[24]。愚杰不别，须文以立折[25]。非唯于人，物亦咸然。龙鳞有文，于蛇为神；凤羽五色，于鸟为君；虎猛，毛蚡蜦[26]；龟知[27]，背负文。四者体不质[28]，于物为圣贤。且夫山无林，则为土山；地无毛，则为泻土[29]；人无文，则为仆人[30]。土山无麋鹿，泻土无五谷，人无文德，不为圣贤。上天多文而后土多理[31]，二气协和[32]，圣贤禀受，法象本类[33]，故多文彩[34]。瑞应符命[35]，莫非文者。晋唐叔虞[36]，鲁成季友[37]，惠公夫人号曰仲子[38]，生而怪奇，文在其手[39]。张良当贵[40]，出与神会，老父授书[41]，卒封留侯[42]。河神[43]，故出图[44]；洛灵[45]，故出书[46]。竹帛所记怪奇之物[47]，不出潢洿[48]。物以文为表，人以文为基。棘子成欲弥文[49]，子贡讥之[50]。谓文不足奇者，子成之徒也[51]。

“圣贤”之词用于动物，王充很有想象力。

章炳麟《国故论衡》中卷《文学总略》：“文德之论，发诸王充《论衡》。”王充的“文德”之论，强调“文”对于“德”的重要性。

[注释]

[1] 答曰：这是王充的回答。以下“答曰”均同。 [2] 夫人有文质乃成：人要具备文，才能成就质。质，本质，原初形

态。[3] 华(huā):同“花”,开花。实:结果。[4]“未”,原无,据杨宝忠说补。[5] 见(xiàn):同“现”。引文见《周易·系辞下》。[6] 札:古代书写用的竹简、木简,原作“扎”,据黄晖说改。《论衡注释》、杨宝忠说“扎”同“札”。[7] 施设:陈列。[8] 敷列:陈列,罗列。“列”,原作“烈”,据裘锡圭说改。[9]“夫文德”二句意谓:文德是彰身之服。文德,体现德行的文采,即礼仪规定的文饰,主要表现在衣服上。世,身。[10] 空书为文:只见诸文字叫“文”。[11] 著:附着,装饰。[12] 弥:越。缛:繁,多彩。[13] 彰:明显。“文”,原作“人”,据黄晖说改。[14] 大人:指官大位尊之人。扩:充,盈。[15] 炳:鲜明。[16] 小人:对“大人”而言,指比大人地位低的君子。参见《论衡·佚文篇》引《周易·革卦·象辞》:“大人虎变其文炳,君子豹变其文蔚。”炽:盛。王充引用这两句话的意思是,大人和君子的德行有差别,他们按礼仪规定所享用的文饰也就有差别。参见《论衡·佚文篇》。[17] 斑:华丽。[18] 积:厚,盛。[19] 睆(huàn):光滑,漂亮。[20] 箦(zé):竹席。[21] 曾子:即曾参,孔子弟子。寝疾:病重卧床不起。[22] 命元起易:据《礼记·檀弓上》记载,曾参临死还躺在季孙氏赏给他的席子上,一个伺候他的童子反复说,那是大夫用的竹席吧,曾参认为自己不是大夫,赶忙叫儿子曾元换掉。刚换了席子还没有躺稳,曾参就咽气了。元,曾元,曾参的儿子。易,更换。[23] 品:区分。[24] 差:区别。[25] 立折:判断,断定。[26] 蚡蝓:同“纷纶”,毛色花纹丰富的样子。[27] 龟知(zhì):古人用龟甲占卜吉凶,因此就认为龟有智,能先知。知,通“智”。[28] 不质:有文。[29] 泻(瀉):通“潟(xì)”。泻土,不生草木的盐碱地。[30] 仆人:无文之人。仆,通“朴”,质实无文。[31] 文:即天文,指日月星辰等。后土:大地。理:纹理,指山川陵谷等。《意林》引《论衡》佚文："天有日月辰星谓之文，地有山川陵谷谓之理。" [32] 二气：指阴阳二气。 [33] 法象：仿效。本类：指天地。 [34] 文彩：文采。 [35] 瑞应：祥瑞。符命：指预示帝王受命于天的吉兆。 [36] 晋唐叔虞：周武王的儿子，名虞，封于唐，后因唐改为晋，所以称晋唐叔虞。据《左传》昭公元年记载，他生下来，手上有"虞"字。参见本书《自然篇》注。 [37] 鲁成季友：春秋时期鲁桓公的小儿子，名友，字成季。据《左传》昭公三十二年记载，他生下来，手上有"友"字。参见本书《自然篇》注。 [38] 惠公：鲁惠公，春秋时期鲁国君主。仲子：宋仲子，春秋时期宋武公的女儿。 [39] 据《左传》隐公元年记载，宋仲子生下来，手上有"为鲁夫人"字样，后来果然嫁给了鲁惠公，生鲁桓公。参见本书《自然篇》注。 [40] 张良（？—前 189）：字子房，汉高祖刘邦的主要谋臣。 [41] 老父授书：传说张良在下邳（今江苏睢宁北）时，遇见黄石变成的老人黄石公，送给他一部《太公兵法》，后来他熟读此书，辅助刘邦打天下。汉朝建立后，被封为留侯。其事参见《史记·留侯世家》《论衡·纪妖篇》。 [42] 留侯：张良的封爵。"留"是他的封地，在今江苏沛县东南。 [43] 河：黄河。 [44] 图：指河图，传说伏羲时，有图从黄河中出现。 [45] 洛：洛水，即今洛河，在河南西部。 [46] 书：指洛书，传说大禹治水时，有书从洛水中出现。 [47] 竹帛：古代书写用的竹简和丝织品，这里泛指书籍。 [48] 洿：同"污"。潢洿，小水坑。 [49] 棘子成：卫国大夫。弥：通"弭（mǐ）"，止，取消。文：指礼节仪式。 [50] 子贡：端木（"木"一作"沭"）赐，字子贡，孔子弟子。棘子成认为君子只要有好的本质就行了，不需要礼仪之类的形式。子贡讥讽他说，如果把毛去掉，虎豹皮和犬羊皮就没法区别了。其事参见《论语·颜渊》。 [51] 徒：类。

著作者为文儒[1]，说经者为世儒[2]。二儒在世，未知何者为优。或曰：“文儒不若世儒。世儒说圣人之经，解贤者之传，义理广博，无不实见，故常在官位[3]，位最尊者为博士[4]，门徒聚众，招会千里[5]，身虽死亡，学传于后；文儒为华淫之说[6]，于世无补，故无常官，弟子门徒，不见一人，身死之后，莫有绍传[7]。此其所以不如世儒者也。”

章炳麟《国故论衡》下卷《原儒》：“所谓文儒者，九流六艺太史之属；所谓世儒者，即今文家。以此为别，似可就部。然世儒之称，又非可加诸刘歆、许慎也。”

［注释］

[1] 文儒：指学识渊博、能撰文著书的儒生。 [2] 说：解释。世儒：指治今文经学的儒生。 [3] 常在官位：有固定的官职可做。“常在官位”，原作“在官常位”，据裘锡圭说乙。 [4] 博士：指汉武帝时开始设立的教授儒家经书的五经博士。 [5] 招会千里：招引和会集了千里之外的人。 [6] 华淫之说：华而不实的议论。淫，过分。 [7] 莫有绍传：没有人继承他的学业。绍传，继承。绍，继续。

答曰：不然。夫世儒说经意，文儒说圣情[1]，共起并验[2]，俱追圣人[3]，事殊而务同[4]，言异而义钧[5]，何以谓之文儒之说无补于世？世儒业易为，故世人学之多；其事可析第[6]，故官廷设其位。文儒之业，卓绝不循[7]，人寡其书，业虽不讲[8]，门虽无人[9]，书文奇伟，世人亦传。彼虚说[10]，此实篇[11]，折累二者[12]，孰者为贤[13]？案古俊乂著作辞说[14]，自用其业，自明于世[15]。世儒当时虽尊，不遭文儒之书[16]，其迹不传。周公制礼乐[17]，名垂而不灭[18]；孔子作《春秋》[19]，闻传而不绝[20]。周公、孔子[21]，难以论言。汉世文章之徒，陆贾、司马迁、刘子政、杨子云[22]，其材能若奇[23]，其称不由人[24]。世传《诗》家鲁申公[25]，《书》家千乘欧阳、公孙[26]，不遭太史公[27]，世人不闻。夫以业自显[28]，孰与须人乃显？夫能纪百人[29]，孰与廑能显其名？

王充自居于“文儒”，故扬“文儒”而贬“世儒”。

［注释］

[1]“经意文儒说”，原无，据杨宝忠说补。今本脱此五字，则“世儒”失所比较。 [2]共起并验：出于同一个动机，同样有效验。 [3]追：追随。 [4]务：努力。 [5]钧：通“均”，相同。 [6]其事可析第：事情可以分出高下来。“其”，原作“非”，据裘锡圭说改。析第，区分等级高低。 [7]卓绝不循：卓越非凡，不循常规。 [8]讲：教授。 [9]门虽无人：门下虽无弟子。 [10]彼：指世儒。虚说：无稽之言。 [11]此：指文儒。实篇：内容实在之文。 [12]折累：判断衡量。折，判断。累，重叠，比较。 [13]孰者：哪一个。 [14]案：考察。俊乂（yì）：贤能

的人。 [15] 明：显明，这里指成名。 [16] 不遭文儒之书：不被文儒写到书里去。书，写进书里。 [17] 周公制礼乐：《礼记·明堂位》："武王崩，成王幼弱，周公践天子之位，以治天下。六年，朝诸侯于明堂，制礼作乐，颁度量，而天下服。七年，致政于成王。" [18] 垂：流传。 [19]《春秋》：儒家经书之一。传说孔子依据鲁国旧史写成《春秋》。 [20] 闻：名声。 [21] "周公、孔子"二句意谓：周公、孔子（是少有的圣人），很难以他们为例来论证文儒的优越。 [22] 陆贾：战国末期楚国人，从汉高祖定天下，是汉高祖的重要谋臣，常被派往各诸侯处为说客，擅政论、辞赋，著有《新语》。刘子政（约前 77—前 6）：刘向，名更生，字子政，汉皇族楚元王（刘交）四世孙，西汉著名经学家、目录学家、文学家，曾校阅群书，撰成《别录》，是我国目录学之祖；撰有《洪范五行传》《新序》《说苑》《列女传》等；所作《九叹》《五经通义》，大都已散佚。杨子云：杨（扬）雄（前 53—18），字子云，蜀郡成都（今属四川）人，王莽时校书天禄阁，著有《太玄》《法言》《方言》等书，以及《长杨赋》《甘泉赋》《羽猎赋》等辞赋。 [23] 其材能若奇：他们的才能好像奇人一样。 [24] 其称不由人：他们的名声不是靠别人得来的。称，名声。 [25]《诗》：《诗经》，儒家经书之一。申公：申培，又称申培公，鲁（今山东曲阜一带）人，汉文帝时为博士，他注释的《诗》被称为《鲁诗》。 [26]《书》：《尚书》，儒家经书之一。千乘（shèng）：郡名，在今山东北部。欧阳：欧阳生，西汉千乘郡人，字和伯，以精通《尚书》闻名。公孙：可能是指公孙弘，然据史籍记载，公孙弘以精通《春秋公羊传》著名，而不是《尚书》，故孙人和、张宗祥皆说"公孙"上当有脱文。 [27] 太史公：即司马迁，他在《史记·儒林列传》中，记载了申公、欧阳生、公孙弘等人的事迹。 [28] "夫以业自显"二句意谓：凭自己的学业出名的人，相比于依赖别人出名的人，哪个更好呢？孰与，相当于"与……相比，怎么样？" [29] "夫能纪百人"二句意谓：能够记载一百个人事迹的人，相比于仅仅能使自己出名的人，哪个更高明呢？廑（jǐn），通“仅（僅）”。

或曰：“著作者，思虑闲也[1]，未必材知出异人也[2]。居不幽，思不至。使著作之人，总众事之凡[3]，典国境之职[4]，汲汲忙忙，何暇著作[5]？试使庸人积闲暇之思[6]，亦能成篇八十数[7]。文王日昃不暇食[8]，周公一沐三握发[9]，何暇优游为丽美之文于笔札？孔子作《春秋》，不用于周也；司马长卿不预公卿之事[10]，故能作《子虚之赋》[11]；杨子云任中郎之官[12]，故能成《太玄》[13]，就《法言》[14]。使孔子得王[15]，《春秋》不作；长卿、子云为相，《赋》《玄》不工[16]。”

［注释］

[1]“闲”，原作“间（xián）”，据黄晖说改。下文“间”字同改。“间”“闲”义同，《论衡》混用，本不必改，改之以方便今天的读者。 [2]知（zhì）：通“智”。 [3]总：总揽。凡：要领。 [4]典：掌管。 [5]“何”，原作“或”，据孙人和、张宗祥说改。然马宗霍说“或”有“何”义，不必改字。 [6]试：假使。 [7]成篇八十数：写成八十多篇文章，这里暗指《论衡》。 [8]日昃（zè）不暇食：传说周文王因为忙于处理国家大事，太阳偏西了还没有工夫吃饭。其事参见《尚书·无逸》。昃，太阳偏西。 [9]一沐（mù）三握发：传说周公礼贤下士，忙于接待，洗一次头就要中

断三回。其事参见《史记·鲁周公世家》。沐，洗头。 [10] 司马长卿：司马相如，西汉辞赋家，代表作有《子虚赋》等。预：参预。公卿：三公九卿，泛指高级官吏。 [11]《子虚之赋》：即《子虚赋》，司马相如的代表作之一，全文保存于《史记》《汉书》本传中，《文选》所收，前半题为《子虚赋》，后半题为《上林赋》。 [12] 杨子云任中郎之官：杨子云担任中郎这样一个闲官。“任”，原作“存”，据张宗祥说改。中郎，皇帝的侍从官，比较清闲。 [13]“太玄”下原有“经”字，据杨宝忠说删。《太玄》：扬雄著，共十卷，体裁模拟《周易》。 [14] 就：完成。《法言》：扬雄著，共十三卷，体裁模拟《论语》。 [15] 使孔子得王：假使孔子能当上王。 [16]《赋》：即上文说的《子虚之赋》。《玄》：即上文说的《太玄》。“工”下原有“籍”字，据黄晖、杨宝忠、张宗祥说删。蒋礼鸿说“工籍”当作“著”。

答曰：文王日昃不暇食，此谓演《易》而益卦[1]。周公一沐三握发，为周改法而制[2]。周道不弊[3]，孔子不作[4]，非思虑闲也[5]，周法阔疏[6]，不可因也[7]。夫禀天地之文，发于胸臆，岂为闲作于暇日哉[8]？感伪起妄[9]，源流气烝[10]。管仲相桓公[11]，致于九合[12]；商鞅相孝公[13]，为秦开帝业。然而二子之书[14]，篇章数十。长卿、子云，二子之伦也。俱感，故才并；才同，故业钧。皆士而各著[15]，不以思虑闲也。

事弥多而见弥博[16]，官弥剧而识弥渥[17]。居不幽则思不至，思不至则笔不利[18]。嚚顽之人[19]，有幽室之思，虽无忧，不能著一字。盖人材有能，无有不暇。有无材而不能思，无有知而不能著。有鸿材欲作而无起[20]，无细知以闲而能记。盖奇有无所因[21]，无有不能言；有无所睹[22]，无不暇造作。

“没有时间”永远不是借口。

[**注释**]

[1] 谓：通“为”。演：推演。益卦：传说周文王曾把伏羲制作的八卦两两相配而成六十四卦。益，增加。王充说周文王因演《易》而不暇食，未知所据，是另一种说法。 [2]《韩诗外传》卷三第三十一章、《史记·鲁周公世家》《说苑·敬慎》等记载周公一沐三握发，一饭三吐哺，都说是为了礼贤天下士，王充却说是为了替周朝改定法度，制礼作乐，未知所据，是另一种说法。而：如，若。 [3] 周道：指周代的礼仪制度。弊：败坏。 [4] 作：著书，指撰写《春秋》。 [5]“非”，原作“休”，据黄晖说改。 [6] 阔疏：粗略。 [7] 不可因也：不能再沿用了。因，因袭，沿用。 [8] 岂为闲作于暇日哉：哪里是因为闲着没事干而写作于空闲的日子呢？“于”，原作“不”，据黄晖说改。 [9] 感伪起妄：痛感于虚妄。 [10] 源流气烝：就像水源必然外流、蒸汽必然上升一样（非写不可）。烝，同“蒸”。 [11] 管仲：春秋时期齐桓公的辅佐。桓公：即齐桓公（？—前643），前685—前643年在位，春秋五霸之一。 [12] 九合：指多次召集诸侯开

会结盟。九，形容次数多。 [13] 商鞅：战国时期秦孝公的辅佐，曾主持变法。孝公：即秦孝公，前 361—前 338 年在位。 [14] 二子之书：指《管子》《商君书》。其实二书都是后人所编，并非本人所撰。 [15] 士：通“仕”，做官。 [16]“事”上原有“问”字，据杨宝忠说删。 [17] 官弥剧而识弥渥：职务越繁忙，见识也就越丰富。官，职务。剧，繁忙。“渥”，原作“泥”，据张宗祥说改。黄晖说当改作“深”，意思接近。 [18] 利：流利。 [19] 嚚（yín）：顽固。顽：愚笨。 [20]“有鸿材欲作而无起”二句意谓：有才智很高想写作而缺少感触的人，没有才智很低却因有闲而能记录成文的人。起，感触，即上文“感伪起妄”的“起”。细知，小才。第二个“无”字原无，“闲”，原作“间”，均据黄晖说补、改。 [21]“盖奇有无所因”二句意谓：奇才只有缺少感触无从下笔的，没有不擅长写作的。 [22]“有无所睹”二句意谓：只有观察不到无从下笔的，没有缺少时间写作的。“有”上原有“两”字，据黄晖说删。

或曰：“凡作者精思已极，居位不能领职。盖人思有所倚着[1]，则精有所尽索[2]。著作之人，书言通奇[3]，其材已极，其知已罢[4]。案古作书者，多位布散槃解[5]。辅倾宁危[6]，非著作之人所能为也。夫有所偪[7]，有所泥[8]，则有所自[9]，篇章数百。吕不韦作《春秋》[10]，举家徙蜀[11]；淮南王作道书[12]，祸至灭族[13]；韩非著治术[14]，身下秦狱[15]。身且不全，安能辅国？夫有长于彼，安能不短于此？深于作文，安能不浅于政治？”

世人所说写作与遇祸的因果关系，与司马迁《报任安书》所说的正相反。

［注释］

[1] 倚着：偏重。 [2] 精：精力。尽索：竭尽。 [3] 通奇：通达奇特。 [4] 罢（pí）：通“疲”，疲惫不堪，消耗殆尽。 [5] 多位布散槃解（xiè）：大多数都处在闲散无事的地位。布散，闲散。槃，通“般”“盘”，盘桓，快乐。解，通“懈”，松懈，无所事事。 [6] 辅倾宁危：辅佐行将倾覆的国家，安定危局。 [7] 偪：同“逼”，催逼，推动。 [8] 泥：坚持。 [9] 则有所自：就会有所开始。 [10] 吕不韦（？—前 235）：卫国人，战国末期曾任秦相，以图谋叛乱罪被秦王政撤职罢官，贬居洛阳，后畏罪自杀。《春秋》：指《吕氏春秋》，亦称《吕览》，是吕不韦召集门客编撰的，为杂家代表作。 [11] 举：全。徙：迁徙，这里指流放。其事参见《史记·吕不韦列传》。 [12] 淮南王：刘安（前 179—前 122），汉高祖之孙，袭父封为淮南王，好读书鼓琴，善为文辞，才思敏捷，曾招致宾客方术之士数千人，集体编撰《鸿烈》（后称《淮南鸿烈》，也称《淮南子》）。道书：指《淮南子》，为杂家代表作，《汉书·艺文志》著录内二十一篇，外三十三篇，内篇论道，外篇杂说，现仅存内二十一篇。 [13] 灭族：古代刑罚之一。《尚书·泰誓上》：“罪人以族。”伪孔传：“一人有罪，刑及父母兄弟妻子。”刘安后以谋反事发自杀。其事参见《史记·淮南衡山列传》。 [14] 韩非（约前 280—前 233）：战国末期韩国贵族，与李斯同学于荀卿，法家代表人物，曾建议韩王变法图强，不受重用，著《孤愤》《五蠹》《内外储》《说林》《说难》等十余万言，著有《韩非子》二十卷。治术：治理国家的政治主张，这里指《韩非子》。 [15] 身下秦狱：韩非的文章传到秦国，受到秦王的重视，便猛攻韩国，韩王派韩非使秦，秦王想要任用他，然遭李斯、姚贾陷害，韩非自杀于秦狱中。其事参见《史记·老子韩非列传》。

答曰：人有所优，固有所劣；人有所工，固有所拙。非劣也，志意不为也；非拙也，精诚不加也。志有所存，顾不见泰山；思有所至，有身不暇徇[1]。世称干将之利[2]，刺则不能击，击则不能刺，非刃不利，不能一旦二也[3]。羿弹雀则失鹨[4]，射鹊则失雁；方员画不俱成[5]，左右视不并见，人材有两为，不能成一。使干将置刺而更击[6]，羿舍鹊而射雁，则下射无失矣[7]。人委其篇章[8]，专为政治[9]，则子产、子贱之迹不足侔也[10]。古作书者，多立功不用也[11]？管仲、晏婴[12]，功书并作；商鞅、虞卿[13]，篇治俱为。高祖既得天下，马上之计未改[14]，陆贾造《新语》[15]，高祖粗纳采。吕氏横逆，刘氏将倾，非陆贾之策，帝室不宁[16]。盖材知无不能，在所遭遇，遇乱则以其知立功[17]，有起则以其材著书者也[18]。出口为言，著文为篇。古以言为功者多，以文为败者希[19]。吕不韦、淮南王以他为过[20]，不以书有非；使客作书，不身自为[21]，如不作书[22]，犹蒙此章章之祸。蒙祸之人古今连属[23]，未必皆著作材知极也。邹阳举疏[24]，免罪于梁[25]；徐乐上书[26]，身拜郎中[27]。材能以其文为功于人，何嫌不能营卫其身[28]？韩蚤信公子非[29]，国不倾危。及非之死[30]，李斯妒奇，非以著作材极[31]，不能复有为也。春物之伤[32]，或死之也[33]，残物不伤[34]，秋亦大长；假令非不死[35]，秦未可知。故才人能令其行可尊，不能使人必法己；能令其言可行，不能使人必采取之矣。

遇祸并非由于写作，而是由于其他原因。

［注释］

[1]"有身"，黄晖疑"有"字衍，刘盼遂、张宗祥疑二字误倒，马宗霍疑当作"则身"，意思相同。徇：谋求，照顾。 [2]"世"，原作"也"，据黄晖、杨宝忠说改。干将：传说中的古代名剑。利：锋利。 [3]不能一且二也：不能一物两用，同时派两种用途。"且"，原作"旦"，据黄晖说改。 [4]"羿"，原作"蛢"，据孙诒让说改。下文"羿"字同改。羿以善射著称。"鹖"，原作"鹲"，据孙诒让说改。 [5]方员画不俱成：方和圆不能一笔同时画成。员，通"圆"。 [6]置刺：舍刺。"置"，原作"寡"，据杨宝忠说改。更：改。 [7]则下射无失矣：就一定能砍下来，一定能射中，而不会失误了。下射，砍下，射下。 [8]委：放弃。 [9]"政"，原作"攻"，据吴则虞、黄晖、刘盼遂、张宗祥说改。"政治"本连文，此正承上文而言。 [10]则子产、子贱之迹不足侔（móu）也：那么子产和子贱的事迹就不值得一比了。子产（？—前522），公孙侨，字子产，一字子美，春秋时期郑国大夫，锐意改

革，使郑国有了新气象。子贱，虙（fú）（一作“宓”）不齐，字子贱，孔子弟子，小孔子三十岁（一说小四十九岁），有政治才能，孔子称他为君子。迹，事迹。不足侔，不值得一比。侔，等，齐。 [11] 也：同“耶”，表设问语气。 [12] 晏婴：春秋时期齐国大夫，传说他著《晏子春秋》，其实是后人收集他的言行编成的。 [13] 虞卿：战国时人，曾游说赵孝成王联齐、魏抗秦，被采用，拜上卿，由于食邑在“虞”，故称为“虞卿”，著有《虞氏春秋》，已佚。 [14] 马上之计：指使用武力的主张。“改”，原作“败”，据张宗祥说改。 [15] 陆贾造《新语》：《史记·郦生陆贾列传》：“陆生时时前说称《诗》《书》，高帝骂之曰：‘乃公居马上而得之，安事《诗》《书》！’陆生曰：‘居马上得之，宁可以马上治之乎？……’高帝不怿而有惭色，乃谓陆生曰：‘试为我著秦所以失天下，吾所以得之者何，及古成败之国。’陆生乃粗述存亡之征，凡著十二篇。每奏一篇，高帝未尝不称善，左右呼万岁，号其书曰《新语》。” [16] 帝室不宁：汉高祖刘邦死后，吕后、吕产、吕禄等人图谋篡权，陆贾与丞相陈平、太尉周勃等多方计议，终于消灭诸吕，兴复汉室。其事参见《史记·郦生陆贾列传》。 [17]“以其”，原无，据蒋礼鸿说补。 [18] 有起：有感触。 [19] 希：少。 [20] 吕不韦、淮南王以他为过：吕不韦、淮南王由于别的事情犯罪。他，其他。 [21] 身：亲身。 [22]“如不作书”二句意谓：即使不著书，也还是要蒙受这种大灾祸的。章章，显著。章，同“彰”。 [23]“蒙祸之”，原无，据张宗祥说补。连属（zhǔ）：接连不断。“连”，原作“违”，据黄晖、刘盼遂说改。 [24] 邹阳：西汉人。举疏：上疏，上书。 [25] 梁：指梁孝王刘武。据《史记·鲁仲连邹阳列传》记载，由于羊胜等人的陷害，邹阳曾被梁孝王逮捕下狱，后邹阳在狱中上书表白，得到释放，成为上客。 [26] 徐乐：西汉人，因上书汉武帝阐明自己的主张，官拜郎中。 [27] 郎中：皇帝的侍从官。 [28] 何嫌：何疑，不容怀疑。营卫：保护。 [29] 韩：指战国末期韩国君主韩王安。蚤：通“早”。公子非：指韩非，因他出身韩国贵族，故称“公子非”。 [30]“及非之死”二句意谓：至于韩非之死，乃是由于李斯妒贤嫉能。“妒”，原作“如”，据《论衡注释》说改。 [31] 非：不是。 [32] 物：指植物。 [33] 或死之也：有的因此死了。 [34]“残物不伤”二句意谓：有些被摧残过的植物，如果不再受伤害，到秋天也会长大成熟。 [35]“假令非不死”二句意谓：如果韩非不死，秦朝的前途就很难说了（也许不会那么快就灭亡）。

《盐铁论·相刺》：“故玉屑满箧，不为有宝；诗书负笈，不为有道。”

或曰：“古今作书者非一，各穿凿失经之实[1]，传违圣人质[2]，故谓之蕞残[3]，比之玉屑。故曰：‘蕞残满车，不成为道；玉屑满箧[4]，不成为宝。’前人近圣，犹为蕞残，况远圣从后复重为者乎[5]？其作必为妄，其言必不明，安可采用而施行？”

[注释]

[1] 穿凿：牵强附会。“失”，原作“夫”，据黄晖、刘盼遂、张宗祥说改。 [2] 传：通“转”。质：实。 [3] 蕞（zuì）残：支离破碎之物。蕞，细小。 [4] 箧（qiè）：箱子。 [5] 况远圣从后复重为者乎：何况远离圣人，随前人之后又重新来写书的人呢？

《博物志·文籍考》：“圣人制作曰经，贤者著述曰传。”

答曰：圣人作其经，贤者造其传[1]。述作者之意，采圣人之志，故经须传也。俱贤所为，何以独谓经传是，他书记非[2]？彼见经传传经之文[3]，经须而解，故谓之是；他书与经相违[4]，更造端绪，故谓之非。若此者，韪是于五经[5]，使言非五经，虽是，不见听。使五经从孔门出，到今常令人不缺灭[6]，谓之纯壹，信之可也。今五经遭亡秦之奢侈[7]，触李斯之横议[8]，燔烧禁防[9]，伏生之徒[10]，抱经深藏。汉兴，收五经，经书缺灭而不明，篇章弃散而不具。晁错之辈[11]，各以私意，分拆文字[12]，师徒相因相授，不知何者为是。亡秦无道，败乱之也。秦虽无道，不燔诸子。诸子尺书[13]，文篇具在，可观读以正说，可采掇以示后人。后人复作，犹前人之造也。夫俱鸿而知[14]，皆传记所称[15]，文义与经相薄[16]，何以独谓文书失经之实？由此言之，经缺而不完，书无佚本[17]，经有遗篇，折累二者[18]，孰为蕞残？《易》据事象[19]，《诗》采民以为篇[20]，《乐》须民欢[21]，《礼》待民平[22]。四经有据，篇章乃成。《尚书》《春秋》，采掇史记[23]。史记与书无异[24]，以民、事一意[25]。六经之作皆有据[26]。由此言之，书亦为本，经亦

“知屋漏者在宇下”以下三句，前二句为第三句打比方，但一为生活常识，一为政治常识，也很有意味，其价值反超第三句。

诸子的价值有过于五经处。

为末[27]，末失事实，本得道质。折累二者，孰为玉屑？知屋漏者在宇下，知政失者在草野，知经误者在诸子。诸子尺书，文明实是[28]。说章句者，终不求解扣明[29]，师师相传，仍为章句者[30]，非通览之人也[31]。

［注释］

[1]传:《释名·释典艺》:“传，传也，以传示后人也。” [2]书记:著作。 [3]经传（zhuàn）传（chuán）经之文:经之传是传述经之文的。 [4]“经”，原作“书”，据马宗霍、杨宝忠说改。 [5]韪（wěi）是于五经:以五经为是非标准。韪，是，对。 [6]到今常令人不缺灭:到今尚不缺灭，意谓未遭秦火焚烧。“常”，或为“尚”字形误。“令人”，或为“今”字讹衍。 [7]奢侈:浪费，糟蹋。 [8]横议:蛮横地议论，指李斯主张焚烧儒家经书，不准保存流传。 [9]燔（fán）:烧。禁防:指禁止儒家经书流传。 [10]伏生:伏胜，精通《尚书》，秦时做过博士。“徒”，原作“休”，据孙诒让说改。 [11]晁错:汉初政治家，汉文帝时曾奉命跟伏生学经书，由伏生口授《尚书》。 [12]分拆文字:指进行支离破碎、牵强附会的解释。 [13]尺书:指儒家经书以外的一般书籍，这里主要是指诸子之书。经书写在二尺四寸长的竹简上，其他书写在一尺二寸长的竹简上，故称作“尺籍”或“短书”。 [14]夫俱鸿而知:都一样博学而有智慧。俱，指解释经书的人和诸子百家两方面。鸿，通“洪”，大，指博学。 [15]传记:解释经书的著作。称:称道。 [16]相薄:不相上下。薄，接近。 [17]书无佚本:诸子百家的书没有散失不全的。 [18]“折

累二者”二句意谓：衡量经子二者，到底谁是蔂残？折累，判断，衡量。“孰为”，原作“孰与”，据裘锡圭说改。下文“折累二者，孰为玉屑”句式同。 [19]《易》据事象：《易》根据事物的表象写成。 [20]《诗》采民以为篇：《诗》是采自民间的。 [21]《乐》须民欢：《乐》的成书有赖于百姓的欢欣鼓舞。《乐》，儒家经书之一，已佚。须，待。“民”，原作“不”，据吴承仕、孙人和、张宗祥、马宗霍说改。 [22]《礼》待民平：《礼》的成文全靠百姓安居乐业（讲究礼节）。 [23]史记：指古代史官的记载。 [24]史记与书无异：史记和诸子百家的书没有区别。“与书无异”，原作“兴无异书”，据黄晖说改。 [25]以民、事一意：与有赖于百姓和事象的经书的写成同一道理。以，与。一，同。 [26]六经之作皆有据：六经之作都有所依据。 [27]书亦为本，经亦为末：史记虽不是“经”，但为《尚书》《春秋》二经所本，所以说“书亦为本，经亦为末”。 [28]文明实是：文义明白，事实正确。 [29]终不求解扣明：始终不想求得彻底理解，弄个一清二楚。扣，同“叩”，考，问，一作“何”，义同。 [30]“仍”，原作“初”，据刘盼遂说改。既言“师师相传”，不得云“初为章句”。 [31]非通览之人也：不是学识渊博、通晓古今的人。

[点评]

本篇是关于当时受到冷遇的诸子书的论述，与论述五经篇数、时代、书名、流传、内容、史实、训诂等问题的《正说篇》，论述此外一些重要著作的《案书篇》，构成了关于“书”或文献的姐妹篇。

针对人们“士之论高，何必以文”的疑问，王充反复强调了文对于人的重要性。王充认为，文是人的内在本质的表现，又是人的学问才华的标志，人的内在品质不同，文也就不同；人的贤愚可以用文为标准来加以划分和区别，有文之人是优秀的，无文之人是不优秀的，而圣人则是文之最优者；不仅人类是这样，天地万物也莫不如此。总而言之，王充认为“物以文为表，人以文为基”，高度肯定了文对于人的重要性。

在表彰肯定有文之人的同时，本篇中，王充又对当时社会上流行的两种否定有文之人的看法提出了批评。一种流行看法认为：“著作者思虑闲也，未必材知出异人也。”王充反驳说，著作之人不是因为思虑闲，而是因为有才能，思虑闲不过是辅助因素而已；没有才能的人，“有幽室之思，虽无忧，不能著一字”。所以，“盖人材有能，无有不暇。有无材而不能思，无有知而不能著”。另一种流行看法认为，著作之人才竭于作书，而没有能力从政。王充则认为：“材知无不能，在所遭遇，遇乱则以其知立功，有起则以其材著书者也。”并以陆贾败诸吕及作《新语》为例，说明立功与立言可以并行不悖。王充批评这两种否定有文之人的流行看法，旨在维护著作之人（当然也包括他自己）的地位。

在王充的时代，经典具有至高无上的地位，学习和传授经典的人为数众多，故一般人都认为说经之“世儒”高于写作之“文儒”。王充则不同意世人的这种看法，他先公平地指出“文儒”与“世儒”均有补于世，接着又强调“文儒”比“世儒”更高。这首先是因为“世儒”之事迹有待“文儒”之记载才能流传，而“文儒”之事迹则只靠自己之书便能流传；其次也是因为“世儒”比“文儒”易为，“世儒”之文是“虚说”，而“文儒”之文是“实篇”，故“折累二者，孰者为贤”的答案，自不难作出了。

在王充的时代，一般的流行看法重经艺而轻诸子，但王充的看法却与此不同。他认为诸子有补于经传，经传有赖于诸子，世人的见解，乃是只以五经之是非为是非的表现，其实经传的情况却并不太妙。在这样的情况下，同为古代著作的诸子便值得重视了，而且，诸子因其完整而价值更应在经传之上。何况从成书时间先后来说，经传与诸子本末正好相反。总之，王充认为诸子的作用是异常重要的，因而对忽视诸子的说经世儒的抱残守缺提出了批评。“六经之作皆有据。由此言之，书亦为本，经亦为末；末失事实，本得道质。折累二者，孰为玉屑？知屋漏者在宇下，知政失者在草野，知经误者在诸子。诸子尺书，文明实是”。王充高度肯定了诸子书的价值，而相对贬低经书的价值，倒置本末，石破天惊，说出了当时一般写作者不敢说的真话。

案书篇

儒家之宗，孔子也。墨家之祖，墨翟也[1]。且案儒道传而墨法废者[2]，儒之道义可为，而墨之法议难从也[3]。何以验之？墨家薄葬右鬼[4]，道相乖反违其实[5]，宜以难从也[6]。乖违如何？使鬼非死人之精也[7]，右之未可知[8]；今墨家谓鬼审死人之精也[9]，厚其精而薄其尸，此于其神厚而于其体薄也，薄厚不相胜，华实不相副，则怒而降祸，虽右其鬼[10]，终以死恨[11]。人情欲厚恶薄，神心犹然。用墨子之法，事鬼求福[12]，福罕至而祸常来也。以一况百[13]，而墨家为法，皆若此类也，废而不传，盖有以也[14]。

神心就是人心，这是宗教的本质。

《论衡·薄葬篇》云："墨家之议，自违其术。"墨子薄葬右鬼，果然自相矛盾，难免求福得祸，被王充抓住了漏洞。

此段论墨家衰微的原因。

[注释]

[1] 墨翟（约前 468—前 376）：墨子，战国初期鲁国人，墨家创始人，其思想学说见于《墨子》。 [2] 且案儒道传而墨法废者：且来考察一下为什么儒家之道流传而墨家之法废弃不用。且，连词。案，考察。 [3] 议：通“义”。 [4] 右：尊崇，信奉，古代以右为尊。 [5] 道相乖反违其实：主张自相矛盾，违背实际情况。“相乖”，原作“乖相”，据杨宝忠说乙。乖反，矛盾，背离。 [6] 宜：当然。 [7] 使：假使。精：精神。 [8] 右之未可知：尊崇鬼还不知道有无效果。 [9] 审：确实。“审”下原无“死”字，据孙人和、张宗祥说补。上文有“使鬼非死人之精也”，与此相应。 [10]“右”，原作“有”，据黄晖说改。《论衡·薄葬篇》：“虽右鬼，其何益哉？”语意与此同。 [11] 终以死恨：终会因薄待尸体而遭致怨恨。死，尸体。 [12] 事：侍奉。 [13] 况：推论。 [14] 以：原因。

《春秋左氏传》者[1]，盖出孔子壁中。孝武皇帝时[2]，鲁共王坏孔子教授堂以为宫[3]，得佚《春秋》三十篇，《左氏传》也。公羊高、穀梁寘、胡母氏皆传《春秋》[4]，各门异户，独《左氏传》为近得实[5]。何以验之？《礼记》造于孔子之堂[6]，太史公，汉之通人也，左氏之言与二书合[7]，公羊高、穀梁寘、胡母氏不相合[8]。又诸家去孔子远[9]，远不如近[10]，闻不如见。刘子政玩弄《左氏》[11]，童仆妻子皆呻

《孔子家语·观周》（杜预《春秋左氏经传集解序》孔颖达正义引沈氏说引《严氏春秋》引）：“孔子将修《春秋》，与左丘明乘如周，观书于周史，归而修《春秋》之经，丘明为之传，共为表里。”

《太平御览》卷六一六引桓谭《新论》："刘子政、子骏、伯玉三人，尤珍重《左氏》，教子孙，下至妇女，无不诵读。"

吟之[12]。光武皇帝之时[13]，陈元、范升上书连属[14]，条事是非[15]，《左氏》遂立。范升寻因罪罢[16]。元、升天下极才，讲论是非，有余力矣。陈元言纳[17]，范升章诎[18]，《左氏》得实，明矣。言多怪[19]，颇与孔子"不语怪力"相违返也[20]。《吕氏春秋》亦如此焉[21]。《国语》[22]，《左氏》之外传也[23]。《左氏》传经，辞语尚略，故复选录《国语》之辞以实[24]。然则《左氏》《国语》，世儒之实书也[25]。

此段论《左传》《国语》。

［注释］

[1]《春秋左氏传》：即《左传》，传为春秋末期鲁国史官左丘明所作。 [2] 孝武皇帝：汉武帝。《论衡·正说篇》作"景帝时"，有关的史书记载也互有出入。 [3] 鲁共（gōng）王：汉景帝的儿子。坏：拆毁。 [4] 公羊高：战国初期齐国人，相传是《春秋公羊传》的作者，其实只是子夏之后学、《公羊传》的一代传人而已。穀梁寘（zhì）：即穀梁赤，或云名喜，或云名俶，或云名淑，字元始，战国初期鲁国人，相传受经于子夏，是《春秋穀梁传》的作者。胡母氏："胡母"是复姓，又作"胡毋"，《汉书·儒林传》："胡母生，字子都，齐人也。治《公羊春秋》，为景帝博士，与董仲舒同业，仲舒著书称其德。" [5] 近得实：指比较符合《春秋》的本意。 [6]《礼记》：儒家经书之一，是汉儒解释《礼经》（即流传至今的《仪礼》）的一部著作，因为是"七十子后学者所记"，所以王充说它"造于孔子之堂"，意思是掌握孔子思想

已达登堂入室的程度。 [7] 二书：指《礼记》《史记》。 [8] 不相合：指与《礼记》《史记》不相符合。 [9] 诸家：指《左传》以外解释《春秋》的各家。 [10]“远不如近”二句意谓：诸家都不如左氏距孔子近。 [11] 刘子政：刘向，西汉末年人。玩弄：指欣赏和喜爱。 [12] 童仆：奴仆。童，即“僮”。呻吟：诵读。 [13] 光武皇帝：汉光武帝。 [14] 陈元：字长孙，习《左传》，汉光武帝时任郎。范升：字辩卿，习《梁丘易》，汉光武帝时任博士。“范升”，原作“范叔”，据孙诒让说改。下文“范叔”同改。连属（zhǔ）：接连不断。陈元与范升议立《左氏》博士事，并见《后汉书》二人本传。 [15] 条：条陈。事：这里指光武帝时议立《左传》博士事。《后汉书·陈元传》：“建武初，……时议欲立《左氏传》博士，范升奏以为《左氏》浅末，不宜立。元闻之，乃诣阙上疏。……书奏，下其议，范升复与元相辩难，凡十余上。帝卒立《左氏》学。” [16] 寻：不久。罢：罢官。《后汉书·范升传》：“后升为出妻所告，坐系。得出，还乡里。” [17]“纳”，原作“讷”，据刘盼遂、张宗祥说改。 [18] 诎：同“黜”，排斥，摒弃。 [19] 言多怪：指《左传》中多载有关占卜、占梦之事。 [20] 颇：稍。不语怪力：《论语·述而》：“子不语怪、力、乱、神。”力，暴力。返：通“反”。 [21]《吕氏春秋》：战国末年吕不韦召集门客编撰的一部书。 [22]《国语》：相传为春秋末期左丘明所撰的一部国别史，主要记述西周末年至春秋时期各国当政者的言论。 [23]《左氏》之外传：汉代人大都相信《左传》《国语》都是左丘明所作。前者据认为是解释儒家经书《春秋》的，所以又称《春秋内传》；后者据认为是补《左传》之不足的，所以又称《春秋外传》。 [24] 复：又。实：充实。 [25] 实书：真实可信的书。刘盼遂说“实书”当作“宝书”。

公孙龙著《坚白》之论[1]，析言剖辞，务

《公孙龙子》、邹衍之书与《商君书》《管子》不可并言，《史记》却两记之。

《史记》的《苏秦列传》与《张仪列传》记载互相矛盾。

折曲之言[2]，无道理之较[3]，无益于治。齐有三邹[4]，衍之书瀁洋无涯[5]，其文少验，多惊耳之言。案大才之人，率多侈纵，无实是之验；华虚夸诞，无审察之实。商鞅相秦[6]，作《耕战》之术[7]。管仲相齐[8]，造《轻重》之篇[9]，富民丰国，强主弱敌，与公孙龙、邹衍之书不可并言[10]。而太史公两纪[11]，世人疑惑，不知所从。

案张仪与苏秦同时[12]，苏秦之死，仪固知之，仪知当审[13]，宜从仪言，以定其实，而说不明，两传其文[14]。东海冯商亦作列传[15]，岂《苏秦》商之所为邪[16]？何文相违甚也？

《三代世表》言五帝、三王皆黄帝子孙[17]，自黄帝转相生[18]，不更禀气于天[19]；作《殷本纪》[20]，言契母简狄浴于川[21]，遇玄鸟坠卵[22]，吞之，遂生契焉。及《周本纪》[23]，言后稷之母姜嫄野出[24]，见大人迹[25]，履之[26]，则妊身[27]，生后稷焉。夫观《世表》，则契与后稷，黄帝之子孙也；读殷、周《本纪》，则玄鸟、大人之精气也。二者不可两传，而太史公兼纪不别。案帝王之妃，不宜野出，浴于川水。今言浴于川，吞玄鸟之卵，出于野，履大人之迹，违尊贵之节[28]，误是非之言也[29]。

此段论《史记》中多有互相矛盾的记载。

[注释]

[1] 公孙龙（约前 320—前 250）：字子秉，战国后期赵国人，为名家（逻辑学家）代表人物，提出“离坚白”“白马非马”等著名命题，著有《公孙龙子》。《坚白》：《公孙龙子》中的一篇。 [2] 务：致力于。折曲：曲折。 [3] 较：通“校”，考校，研讨。 [4] 齐：战国时期的齐国，在今山东北部。三邹：指邹忌、邹衍、邹奭（shì），都是齐国人。邹忌曾任齐威王相，邹衍、邹奭都是阴阳五行家，其中邹衍著书言九州。 [5] 衍之书瀇（wǎng）洋无涯：邹衍之书如汪洋大海般茫无涯际。衍，邹衍。“瀇洋”，即“汪洋”。一般“衍”字从上读，这里从胡怀琛、张宗祥说从下读。 [6] 商鞅：战国时期秦孝公的辅佐，曾主持秦国变法。 [7]《耕战》：《商君书》中的一篇，今传本作《农战》。 [8] 管仲：春秋时期齐桓公的辅佐。 [9]《轻重》：《管子》中的一篇。 [10] 此句原作“公赏罚，与邹衍之书并言”，据黄晖说改。邹衍之书：据《汉书·艺文志》阴阳家著录，邹衍的著作有《邹子》四十九篇、《邹子终始》五十六篇，今皆佚失。并言：并称。 [11] 两纪：把他们一起记载了下来。 [12] 张仪（？—前 310）：字季子，战国时期政治家，主张“连横”，即关东六国分别与秦国结好修盟。苏秦：战国时期政治家，主张“合纵”，即关东六国联合起来对抗秦国，曾佩六国相印。 [13]“当”，原作“各”，据马宗霍说改。刘盼遂引章士钊说当作“秦”。张宗祥说“各”为“异辞”之意，不误。审：清楚，明白。 [14] 两传其文：指司马迁在《史记》中记载了有关苏秦之死的两种说法。《苏秦列传》说苏秦在齐国当客卿，齐国大夫与他争宠，派人把他刺

死。《张仪列传》说苏秦在齐国做官，与燕国通谋，事情败露后，被齐王车裂而死。 [15] 东海：郡名，在今山东南部、江苏北部。“冯商”，原作“张商”，据孙人和、张宗祥说改。汉无张商补《史记》者，而据《汉书·艺文志》记载，“冯商所续《太史公》七篇”。然冯商是长安人，非东海人。 [16] 岂《苏秦》商之所为邪：《史记》的《苏秦列传》大概是冯商写的吧？岂，通“其”，表示推测的语气。《苏秦》，指《史记》中的《苏秦列传》。 [17]《三代世表》：《史记》中的一篇，记载从黄帝到西周共和元年（前 841）的世系。 [18] 转相生：辗转相生，一代生一代。 [19] 不更禀气于天：并非另外从天承受了某种精气而出生的。参见《论衡·奇怪篇》。更，另外。 [20]《殷本纪》：《史记》中的一篇，记述商王朝的世系和大事。 [21] 契（xiè）：传说是商朝的始祖。简狄：契的母亲。 [22] 玄鸟：燕子。 [23]《周本纪》：《史记》中的一篇，记述周王朝的世系和大事。 [24] 后稷（jì）：传说是周朝的始祖。姜嫄：后稷的母亲。野出：到野外去。 [25] 大人：巨人。迹：脚印。 [26] 履：踩。 [27] 妊身：怀孕。 [28] 节：礼节。 [29] 误：惑乱。

《新语》[1]，陆贾所造[2]，盖董仲舒相被服焉[3]，皆言君臣政治得失，言可采行，事美足观。鸿知所言[4]，参贰经传[5]，虽古圣之言，不能过增[6]。陆贾之言，未见遗阙[7]；而仲舒之言雩祭可以应天[8]，土龙可以致雨[9]，颇难晓也[10]。夫致旱者[11]，以雩祭、夏郊不祀，岂晋侯之过邪？以政失道，阴阳不和也？晋废夏郊之祀，晋

既然董仲舒很佩服陆贾，而陆贾已经面面俱到了，却并未提到雩祭治龙之事，则董仲舒之说有点可疑。

侯寝疾[12]，用郑子产之言，祀夏郊而疾愈。如审雩不修，龙不治，与晋同祸，为之可也[13]。以政致旱[14]，宜复以政，政亏而复修雩治龙[15]，其何益哉？《春秋》公羊氏之说："亢阳之节[16]，足以致旱[17]。"阴阳相浑，旱湛相报[18]，天道然也，何乃修雩设龙乎[19]？雩祀，神喜哉？或雨至，亢阳不改，旱祸不除，变复之义[20]，安所施哉？且夫寒温与旱湛同，俱政所致，其咎在人[21]。独为亢旱求福，不为寒温求祐，未晓其故。如当复报寒温，宜为雩、龙之事。鸿材巨识[22]，第两疑焉。

王充本来不相信天人感应论的"变复"之说，这里却以之来质疑董仲舒的雩祭治龙之说，虽可能是"以毒攻毒"，但仍不免自相矛盾。

此段论董仲舒雩祭治龙之说，从几个方面对之提出了怀疑。

[注释]

[1]《新语》：陆贾的著作，分上下两卷，共十二篇，主要论述秦亡汉兴及其他朝代兴亡的原因，汉高祖刘邦号为"新语"。 [2] 陆贾：汉高祖刘邦的重要谋臣。 [3] 董仲舒：西汉大儒，据《汉书·艺文志》儒家著录，"董仲舒百二十三篇"。相被服：甚相推服。一说形容受影响之深，如穿衣、盖被一样。 [4] 鸿知（zhì）：有大智慧者。知，通"智"。 [5] 参贰：同"三二"，指可与经传合成为三，或与其中之一合成为二，意思是可以与之并列。 [6] 过增：有所超过和增加。 [7] 阙：通"缺"。 [8] 雩（yú）祭：古代求雨的一种祭祀。应：感应，感动。 [9] 土龙：用土堆制成的龙。参见《论衡·明雩篇》《论衡·乱龙篇》。 [10] 晓：

理解。 [11]“夫致旱者”五句意谓：造成旱灾，是由于不举行雩祭，就像晋侯卧病是由于不祀夏郊呢，还是由于政治不佳，造成气候不好，而带来旱灾呢？“夏郊不祀”，原作“不夏效之祀”，据黄晖说改。夏郊，传说夏代在祭天时以夏禹的父亲鲧配祭，这种祭祀称为“夏郊”。郊，古代君主在都城的南郊祭天叫“郊”。岂，这里表示推测语气。晋侯，指春秋时期晋国国君晋平公。据说有一次晋平公生病，子产认为是由于没有祭祀鲧的缘故，后来按子产的主张祭祀了鲧，于是晋平公的病就好了。阴阳不和，阴气阳气不协调，指气候不好，造成旱灾。 [12] 寝疾：卧病不起。 [13]“可”，原作“再”，据黄晖说改。 [14]“以政致旱”二句意谓：如果是因为政治不善造成旱灾，就应该改善政治以消除灾害。 [15] 亏：损，坏。 [16] 亢阳：阳气过盛，这里指君王骄横。 [17]“致旱”，原作“复政”，据《论衡注释》说改。《论衡·顺鼓篇》：“人君亢阳致旱。” [18] 旱湛相报：旱涝交替发生。湛，大水，涝。 [19] 乃：却。 [20] 变复：灾害消除，回到原状。 [21] 咎：罪过。 [22]“鸿材巨识”二句意谓：高才博学之人，对雩祭可以应天、土龙可以致雨这两种观点姑且存疑吧！第，但，姑且。

董仲舒著书，不称子者[1]，意殆自谓过诸子也[2]。汉作书者多，司马子长、杨子云，河汉也[3]，其余泾渭也[4]。然而子长少臆中之说[5]，子云无世俗之论。仲舒说道术奇矣，比方二家尚矣[6]。谶书云“董仲舒，乱我书”[7]，盖孔子言也。读之者或为“乱我书”者[8]，烦乱孔子之书也；或以为“乱”者，理也，理孔子之书也。共一“乱”字[9]，理之与乱，相去甚远。然而读者用心不同，不省本实，故说误也。夫言“烦乱孔子之书”，才高之语也；其言“理孔子之书”，亦知奇之言也[10]。出入圣人之门，乱理孔子之书，子长、子云无此言焉。世俗用心不实，省事失情，二语不定[11]，转侧不安。案仲舒之书，不违儒家，不反孔子[12]，其言“烦乱孔子之书”者，非也；孔子之书不乱，其言“理孔子之书”者，亦非也。孔子曰：“师挚之始[13]，《关雎》之乱[14]，洋洋乎盈耳哉[15]！”乱者，终孔子言也[16]。孔子生周[17]，始其本；仲舒在汉[18]，终其末。班叔皮续《太史公书》[19]，盖其义也；赋颂篇下其有“乱曰”章[20]，盖其类也。孔子终论[21]，定于仲舒之言。其修雩治龙[22]，必将有义[23]，未可怪也。

关于“乱”字的意思，在“乱”和“理”之外，王充又提出了第三种理解，即“终”。他认为“乱我书”的意思，是说董仲舒总结了孔子学说。

［注释］

[1] 不称子：不把自己的书称为什么子。 [2] 意殆自谓过诸子也：意思大概是觉得自己的书超过了诸子。殆，大概。诸子，《法言·君子》：“诸子者，以其知异于孔子也。” [3] 河汉：黄河、汉水，这里用以形容司马迁、扬雄的学问博大渊深。 [4] 泾渭：泾

河、渭河，这里用以比喻其他人不如司马迁、扬雄。 [5] 臆中：揣测，主观臆断。 [6] 比方二家尚矣：董仲舒比二家更高明。“比”，原作“北”，据黄晖、张宗祥说改。“二”，原作“三”，据黄晖说改。以董仲舒比子长、子云二人，不当言三家。尚，上。 [7] 谶（chèn）书：记载神秘的预言“谶语”的书。董仲舒乱我书：据说这是孔子临死时留下的谶言，其实完全是后人捏造的。在《论衡·实知篇》中，王充力斥此语之妄。 [8] 为：谓。 [9] 共一“乱”字：同样一个“乱”字。 [10] 知（zhì）奇：智奇，与上文“才高”相对。 [11] 二语：指“烦乱”和“整理”两种说法。 [12] 反：违反，原作“及”，据孙诒让说改。张宗祥说“及”亦通。 [13] 师挚：春秋时期鲁国的乐师，名挚。始：乐曲的开端，序曲，一般由太师演奏。师挚之始，由师挚演奏序曲。 [14]《关雎》之乱：当曲终合奏的时候，奏《关雎》的乐章。《关雎》，《诗经》中的第一首诗。乱，乐曲的结尾合奏。 [15] 洋洋：形容乐音丰富优美。盈：充满。引文见《论语·泰伯》。 [16]“终”，原作“於”，据孙人和、张宗祥说改。 [17]“孔子生周”二句意谓：孔子生在周代，开创了儒家学说。 [18]“仲舒在汉”二句意谓：董仲舒生在汉代，总结了（孔子以后的）儒家学说。 [19] 班叔皮：即班彪，曾作《史记后传》数十篇，后经其子班固增删修订，成为《汉书》。其事参见《后汉书·班彪传》。“班叔”，原作“尽也”，据孙诒让、马宗霍说改。《太史公书》：指《史记》。 [20] 有“乱曰”章：先秦两汉辞赋，最后一章常用“乱曰”二字开始。《离骚》“乱曰”王逸注：“乱，理也。所以发理词指，总撮其要也。”王充训“乱”为“终”，与王逸注异。 [21]“孔子终论”二句意谓：孔子学说的最终面貌，是经过董仲舒的阐述而确定下来的。 [22]“治”，原作“始”，据黄晖、张宗祥说改。 [23] 必将有义：一定有它的道理。

颜渊曰：“舜何人也[1]，予何人也。”五帝、三王，颜渊独慕舜者，知己步驺有同也[2]。知德所慕[3]，默识所追[4]，同一实也。仲舒之言道德政治，可嘉美也；质定世事[5]，论说世疑[6]，桓君山莫上也[7]。故仲舒之文可及，而君山之论难追也。骥与众马绝迹[8]，或蹈骥哉[9]。有马于此，足行千里，终不名骥者[10]，与骥毛色异也；有人于此[11]，文偶仲舒[12]，论次君山[13]，终不同于二子者，姓名殊也。故马效千里[14]，不必骥騄；人期贤知[15]，不必孔墨[16]。何以验之？君山之论难追也。两刃相割，利钝乃知；二论相订[17]，是非乃见。是故韩非之《四难》[18]，桓宽之《盐铁》[19]，君山《新论》之类也。世人或疑[20]，言非是伪[21]，论者实之[22]，故难为也。卿决疑讼[23]，狱定嫌罪[24]，是非不决，曲直不立，世人必谓卿狱之吏才不任职。至于论，不务全疑[25]，两传并纪，不肯明处[26]，孰与剖破浑沌[27]，解决乱丝[28]，言无不可知，文无不可晓哉？案孔子作《春秋》，采毫毛之善，贬纤介之恶[29]。可褒，则明其善以义其行[30]；可贬，则明其恶以讥其操。《新论》之义，与《春秋》会

王充对自己很有信心，自拟于董仲舒、桓谭。

此段论桓谭《新论》，给予最高的评价。《太平御览》卷六〇二引桓谭《新论》：“余为《新论》，述辨古今，亦欲兴治也，何异《春秋》褒贬耶？”王充这里一边是表彰桓谭，一边也是在替自己说话。在他心目中，桓谭与自己，其实是超过董仲舒、司马迁而直追孔子的。

一也[31]。

[注释]

[1]“舜何人也”二句意谓：舜是什么样的人，我就做什么样的人。引文见《孟子·滕文公上》。予，我。 [2]知己步驺(zhòu)有同也：是因为知道自己的步调和舜有一致的地方。步驺，步趋，步调。驺，当为“趋”之借字。 [3]知德所慕：有智慧有道德的人所羡慕的。 [4]默识(zhì)：记在心里。识，牢记。 [5]质定：考订。 [6]世疑：指社会上没有定论的疑难问题。 [7]桓君山莫上也：没有比桓君山更高明的了。桓君山，桓谭，汉代思想家，著有《新论》。 [8]骥：好马，千里马。绝迹：足迹绝不相同。 [9]或蹈骥哉：然而有些马还是能赶上千里马。 [10]名：称为，叫做。 [11]有人：王充暗指自己。 [12]偶：配得上。 [13]次：并列。 [14]“故马效千里”二句意谓：所以马能行千里的，名称不一定叫骥或騄。效，实效，指实际上能达到。騄(lù)，騄耳，一种千里马。 [15]人期贤知：人们期望出现贤智之士。 [16]不必孔墨：不一定非孔丘、墨翟不可。 [17]订：校订，对证。 [18]《四难》：指《韩非子》中的《难一》《难二》《难三》《难四》四篇。 [19]桓宽：字次公，西汉汝南郡(今河南上蔡西)人，自幼研习《春秋公羊传》，汉宣帝时被推举为郎，当过庐江郡(今安徽西南)太守。《盐铁》：即《盐铁论》。汉昭帝始元六年(前81)，曾召开盐铁会议，桓宽根据会议记录，把双方互相责难的问题，加以补充和整理，再用对话体的形式编撰，整理成《盐铁论》六十篇。 [20]或：通“惑”。 [21]是：肯定。 [22]实：核实，订正。 [23]卿：这里指“秋官司寇”，汉朝主管司法的廷尉，是九卿之一。然裘锡圭、张宗祥说“卿”为“乡(鄉)”之讹，“乡”有治狱决疑之责。决：判决。讼：诉讼案件，官司。 [24]狱：狱吏，指负责审判的官吏。嫌罪：疑难案件。 [25]不务全疑：不订正疑惑。全，通“诠”，订正。 [26]不肯明处：不肯明确作

出判断。“肯”，原作“宜”，据黄晖说改。《论衡·薄葬篇》：“故其立语，不肯明处。” [27] 孰与：相当于“与……相比，怎么样？”浑沌：形容糊涂不明的事物。 [28] 乱丝：比喻杂乱无章的事物。 [29] 介：通“芥”，小草，形容轻微细小。二句引文见《说苑·至公》。 [30] 此句原作“则义以明其行善”，据蒋礼鸿、《论衡注释》、马宗霍说改。义：认为正确，赞扬。 [31] 会一：合一，一致。会，合。

夫俗好珍古不贵今，谓今之文不如古书。夫古今一也，才有高下，言有是非。不论善恶而徒贵古，是谓古人贤今人也。案东番邹伯奇[1]，临淮袁太伯、袁文术[2]，会稽吴君高、周长生之辈[3]，位虽不至公卿，诚能知之囊橐[4]，文雅之英雄也。观伯奇之《元思》[5]、太伯之《易章句》[6]、文术之《咸铭》[7]、君高之《越纽录》[8]、长生之《洞历》[9]，刘子政、杨子云不能过也[10]。盖才有浅深[11]，无有古今；文有伪真，无有故新。广陵陈子廻、颜方[12]，今尚书郎班固[13]，兰台令史杨终、傅毅之徒[14]，虽无篇章[15]，赋颂记奏，文辞斐炳[16]，赋象屈原、贾生[17]，奏象唐林、谷永[18]，并比以观好[19]，其美一也。当今未显，使在百世之后，

“才有浅深，无有古今；文有伪真，无有故新。”四句金玉良言。王充不仅对自己充满自信，对同时代人也信心十足。

王充与班固同时，班固著《汉书》，据《后汉书·班固传》：“固自永平中始受诏，潜精积思二十余年，至建初中乃成。”王充《论衡》主要写成于建初年间，写本篇时应该尚未见到《汉书》，甚至不清楚班固撰述《汉书》之事，所以才会如此说。

至少就班固而言，王充的预言应验了。

则子政、子云之党也。韩非著书，李斯采以言事[20]；杨子云作《太玄》，侯铺子随而宣之[21]。非、斯同门[22]，云、铺共朝，睹奇见益，不为古今变心易意[23]；实事贪善[24]，不为并肩以迹相轻[25]，好奇无已，故奇名无穷。杨子云反《离骚》之经[26]，非能尽反[27]，一篇文往往见非，反而夺之。

此段论王充同时代文人学者之作，王充给予高度评价并充满信心。

[注释]

[1] 东番：地名，境域不详。邹伯奇：人名。以下几位皆东汉初人。 [2] 临淮：郡名，在今江苏北部、安徽东北角。袁太伯：人名。袁文术：人名。 [3] 会稽：郡名，东汉前期包括今江苏南部、浙江和福建。吴君高：名平，字君高，东汉会稽人，王充的同乡，著有《越纽录》，一说即《越绝书》。周长生：名树，字长生，东汉初人，著有《洞历》，已佚。 [4] 能知之囊橐（tuó）：形容才智博大精深。能知，能智。囊橐，口袋，大者称囊，小者称橐。 [5]《元思》：书名，已佚。 [6]《易章句》：书名，已佚。“章”，原作“童”，据黄晖、张宗祥说改。 [7]《咸铭》：书名，已佚。孙人和、马宗霍说“咸”通“箴”，当作《箴铭》；刘盼遂、张宗祥说“咸”通“函”，当作《函铭》。 [8] 君高：吴平，字君高。《越纽录》：一说即《越绝书》，由袁康、吴平相继撰成。《越绝书·叙外传记》末云：“记陈厥说，略有其人。以去为姓，得衣乃成；厥名有米，覆之以庚。”合之乃“袁康”二字，暗示袁康为该书始作者。又云：“文属辞定，自于邦贤。邦贤以口为姓，丞之以

天；楚相屈原，与之同名。明于古今，德配颜渊。时莫能与，伏窜自容。年加申酉，怀道而终。”“以口为姓，丞之以天；楚相屈原，与之同名”四句，合之乃“吴平”二字，暗示吴平乃该书撰成者。原书二十五卷，历经时代变迁，现仅存十五卷。其所记吴越史地人物，多采异闻传说，与《吴越春秋》所记相出入。 [9]《洞历》：书名，已佚。 [10] 刘子政：刘向，字子政。“政”，原作“攻”，据黄晖说改。过：超过。 [11]“盖”，原作“善”，据孙人和说改。 [12] 广陵：郡名，在今江苏北部。陈子廻、颜方：王充同时代人，生卒年及事迹不详。 [13] 尚书郎：东汉皇帝秘书机构尚书台中担任处理具体事务的官员。 [14] 兰台：汉代宫中藏书的地方，长官称兰台令，属员有兰台令史，负责整理图书。“史”，原无，据张宗祥说补。据《后汉书》杨终、傅毅本传，杨终做过校书郎，傅毅做过兰台令史，二人均未做过兰台令。杨终：字子山，著《春秋外传》十二篇，改定章句十五万言。傅毅：字武仲，著诗赋等凡二十八篇。 [15] 篇章：指大部头的著作。 [16] 斐炳：文采斐然。 [17] 贾生：贾谊，汉初文人、政治家。 [18] 唐林：名林，字子高，西汉人，王莽时做官，封侯，以敢提意见著称。谷永：名永，字子云，西汉人，博通经书，工笔札，善言灾异，前后上书四十余事。 [19] 好：长处。 [20] 李斯：秦始皇的丞相。采：采纳，指采用韩非的某些主张。 [21] 侯铺子：侯芭，字铺子，扬雄弟子，从扬雄习《太玄》《法言》。 [22]“斯”，原作“私”，据孙诒让、黄晖、张宗祥说改。同门：韩非、李斯俱受业于荀卿。 [23] 不为古今变心易意：不因作品产生的时代早晚而改变评价的标准。 [24] 贪：仰慕不已。 [25] 不为并肩以迹相轻：不因为是同时代人而轻视其业绩事迹。此句原作“不远为术并肩以迹相轻”，据《论衡注释》说删“远”字、“术”字。 [26]《离骚》：春秋时期楚国诗人屈原的代表作，后人尊它为《离骚经》。反《离骚》之经，据《汉书·扬雄传》：扬雄写文章凭吊屈原，常采用《离骚》中的话，却反其意而用之，取名《反离骚》。[27]“非能尽反”三句意谓：并非完全反其意而用之，而是《离骚》之中往往有其不赞同者，只针对不赞同者反其意而用之。

此段为全篇总结。也说明王充评论的对象，是所有的既有文献。

《六略》之录万三千篇[1]，虽不尽见，指趣可知[2]。略借不合义者[3]，案而论之。

［注释］

[1]《六略》：西汉末刘歆根据国家藏书编成的目录《七略》，分为辑略、六艺略、诸子略、诗赋略、兵书略、术数略、方技略等七个部分，其中“辑略”是总论，故统计书时只称“六略”，原书虽已失传，但除“辑略”外，其余内容基本保存在《汉书·艺文志》中，共著录书籍一万三千二百六十九卷（卷即篇）。据刘盼遂考算，实际是一万二千九百九十四卷，正合王充所说“万三千篇”之数。[2]指：通“旨”。[3]“略借不合义者”二句意谓：略借其中不合道理的地方，进行考订并加以评论。

［点评］

《正说篇》《书解篇》及本篇是关于“书”或文献的姐妹篇。《正说篇》是关于五经的篇数、时代、书名、流传、内容、史实、训诂等问题的论述，《书解篇》是关于当时受到冷遇的诸子书的论述，本篇则是关于此外一些重要著作的论述。

本篇所提出的“两刃相割，利钝乃知；二论相订，是非乃见”的论辩方法，是很值得重视的。在本篇中，王充指出了墨家主张薄葬却又右鬼的矛盾,《史记》苏秦、张仪二传的“文相违甚”，殷、周《本纪》与《三代世表》的“不可两传”，都是运用这种论辩方法的例子。不仅本篇,《论衡》全书都贯穿着这样的论辩方法，以此来处定是非，究明虚实。这种论辩方法，是王充“疾虚妄”“求实诚”的锐利武器。也正因此，他高度评价了韩非的《四难》、桓宽的《盐铁论》、桓谭的《新论》，因为他们同样运用了这种论辩方法。

本篇还继续发挥了厚今薄古的历史观。按照这种历史观，将东汉之文与西汉之文相比，则东汉之文被给予了更多的肯定。在本篇中，王充肯定了他同时代人和同乡人的一些著作，认为连扬雄和刘向也比不过他们：“观伯奇之《元思》、太伯之《易章句》、文术之《咸铭》、君高之《越纽录》、长生之《洞历》，刘子政、杨子云不能过也。”伯奇是东番邹伯奇，太伯是临淮袁太伯，文术是临淮袁文术，君高是会稽吴君高，长生是会稽周长生，都是王充的同时代人或同乡人，因而受到了王充的高度肯定。

由于辞赋即使“曲终奏雅”“劝百讽一”，也不能像诗歌那样起到功利作用，所以在王充的心目中，它几乎是完全无用的文体。然而在本篇中，他提到一批当代文人时，却对他们的辞赋赞誉有加，认为不亚于先秦和西汉的一些著名文人。这是因为辞赋虽然不能“处定是非”，不能“辩然否之实”，即没有什么功利价值，但从长远来看，从文化整体来看，辞赋却能代表一代人文，成为一个时代的文化点缀，起到文饰当代社会的作用，所以仍具有积极的意义，从而受到了王充的肯定。在这里起决定作用的，并不是辞赋的审美价值，而是其广义上的功利价值。

为了反对厚古薄今的历史观，王充有时难免矫枉过正，顾不上保持客观公正的态度。但是我们应该看到，他这样做，只是为了反对“夫俗好珍古不贵今，谓今之文不如古书”的世俗观念而已，因为这种世俗观念“不论善恶而徒贵古，是谓古人贤今人也”，是非常没有道理的；而在无需矫枉过正的时候，他的主张仍不失为持平之论：“夫古今一也，才有高下，言有是非。”“盖才有浅深，无有古今；文有伪真，无有故新。”以高下、是非、善恶、真伪为标准，而不以古今、故新为标准，这就是非常实事求是的说法了。

本篇末云：“《六略》之录万三千篇，虽不尽见，指趣可知。略借不合义者，案而论之。”可见王充曾博览过当时所有“《六略》之录万三千篇”中的大部分书籍，凡读过《论衡》的人都会承认王充这里说的并非是大话。而在本篇末说这几句话，也就表明《论衡》的正文到此结束了，接着的《对作篇》已是自序，而《自纪篇》则是自传了。

对作篇

或问曰[1]："贤圣不空生[2]，必有以用其心[3]。上自孔、墨之党[4]，下至荀、孟之徒[5]，教训必作垂文[6]，何也？"

此问明关先贤，实涉王充《论衡》。

[注释]

[1] 或：有的人。 [2] 空生：虚度岁月。 [3] 必有以用其心：必定有用其心智的地方。 [4] 孔：孔丘，孔子。墨：墨翟，墨子。 [5] 荀：荀况，荀子。孟：孟轲，孟子。 [6] 垂文：指内容在于教诲、开导的文章。垂，自上施下。

对曰：圣人作经[1]，贤者传记[2]，匡济薄俗[3]，驱民使之归实诚也。案《六略》之书万三千篇[4]，增善消恶，割截横拓[5]，驱役游慢[6]，期便道善[7]，归正道焉。孔子作《春秋》[8]，周民弊也，故采毫毛之善[9]，贬纤介之恶[10]，拨乱世，反诸正，人道浃[11]，王道备[12]，所以检押靡薄之俗者[13]，悉具密致[14]。夫防决不备[15]，有水溢之害[16]；网解不结[17]，有兽失之患[18]。是故周道不弊，则民不文薄[19]；民不文薄，《春秋》不作。杨、墨之学不乱儒义[20]，则孟子之传不造；韩国不小弱[21]，法度不坏废，则韩非之书不为[22]；高祖不辨得天下[23]，马上之计未转[24]，则陆贾之语不奏[25]；众事不失实，凡论不坏乱[26]，则桓谭之论不起[27]。故夫贤圣之兴文也，起事不空为，因因不妄作[28]。作有益于化，化有补于正[29]，故汉立兰台之官[30]，校审其书，以考其言。董仲舒作道术之书[31]，颇言灾异政治所失，书成文具，表在汉室[32]。主父偃嫉之[33]，诬奏其书。天子下仲舒于吏[34]，当谓之下愚[35]。仲舒当死，天子赦之[36]。夫仲舒言灾异之事，孝武犹不罪而尊其身，况所论无触忌之言[37]，核道实之事[38]，考故实之语

《孟子·滕文公下》："杨氏为我，是无君也；墨氏兼爱，是无父也。无父无君，是禽兽也。""杨、墨之道不息，孔子之道不著。"《论衡》之《齐世篇》《定贤篇》《书解篇》诸篇也都表明了这种看法。

《史记·老子韩非列传》："非见韩之削弱，数以书谏韩王，韩王不能用。于是韩非疾治国不务修明其法制，执势以御其臣下，富国强兵而以求人任贤，反举浮淫之蠹而加之于功实之上。……观往者得失之变，故作《孤愤》《五蠹》《内外储》《说林》《说难》十余万言。"

"故夫贤圣之兴文也"以下五句，既是贤圣著述经传的缘起，也是王充写作《论衡》的动机。

乎[39]？故夫贤人之在世也，进则尽忠宣化[40]，以明朝廷[41]；退则称论贬说[42]，以觉俗失[43]。俗失不知还[44]，则去道轻为非[45]；论者不追救[46]，则迷乱不觉悟。

“况所论无触忌之言”以下三句，也是王充为《论衡》辩护之语。

这里的“贤人”，既指垂文的贤圣，也指王充自己。

［注释］

[1]经：经书。 [2]“贤”，原作“艺”，据黄晖、张宗祥说改。《论衡·正说篇》：“圣人作经，贤者作书。”《案书篇》：“圣人作其经，贤者造其传。”传记：解释经书的著作。 [3]匡：纠正。济：挽救。薄俗：不良的风俗，与下文“实诚”对应。 [4]《六略》：西汉末刘歆根据国家藏书编成的目录《七略》，分为辑略、六艺略、诸子略、诗赋略、兵书略、术数略、方技略等七个部分，其中“辑略”是总论，故统计书时只称“六略”，原书虽已失传，但除“辑略”外，其余内容基本保存在《汉书·艺文志》中，共著录书籍一万三千二百六十九卷（卷即篇）。据刘盼遂考算，实际是一万二千九百九十四卷，正合王充所说“万三千篇”之数。 [5]割截：制裁，阻止。横拓：横行，放纵。 [6]驱役：驱使。游慢：游手好闲。 [7]期便道善：希望有利于引导人们向善。道，通“导”，引导。 [8]“孔子作《春秋》”二句意谓：孔子之所以作《春秋》，是因为周代的民风败坏了。弊，败坏。 [9]“采”下原有“求”字，据刘盼遂、杨宝忠说删。毫毛：形容细小。 [10]纤介：形容细小。介，通“芥”，小草。二句引文见《说苑·至公》。 [11]人道：做人的道理。浃（jiā）：彻，周全。 [12]王道：王者治天下之道，这里指儒家的“礼治”。备：完备。 [13]检押：亦作“检柙”，矫正，纠正。靡薄：奢侈轻薄。 [14]悉：全。密致：细密周

到。[15]防：堤岸。决（quē）：通“缺”，残破。备：完整，这里指修好。[16]溢：泛滥。[17]解：散，坏。结：织补。[18]失（yì）：通“逸”，奔逃。[19]文薄：浮华轻薄。[20]“杨、墨之学不乱儒义”二句意谓：如果杨朱、墨翟的学说没有搞乱儒家的本义，那么孟子也就不会著书立说了。杨，指杨朱，又称阳子居，阳生，战国初期魏国人，相传他反对墨子的“兼爱”和儒家的伦理，主张“贵生”“重己”“全性葆真，不以物累形”，重视个人生命的保存，反对别人对自己的侵夺，当然也反对侵夺别人。“儒”，原作“传”，据张宗祥说改。造，作。[21]韩国：战国七雄之一，在今河南中部、山西东南部。[22]韩非：战国末期韩国人，法家的代表人物。其事参见《史记·老子韩非列传》。[23]辨：通“辩”，辩论。[24]马上之计：指用武力征服的主张。转：变。[25]陆贾：汉高祖刘邦的重要谋臣，著有《新语》一书。其事参见《史记·陆贾列传》。参见本书《书解篇》注。[26]凡论：指社会舆论。[27]桓谭之论：指桓谭的著作《新论》。桓谭，汉代思想家。[28]因因：因故。[29]正：通“政”。[30]兰台：汉代宫中藏书的地方。[31]道术之书：这里指董仲舒撰写的《灾异之记》。[32]表在汉室：把写的书呈给汉朝廷。[33]主父偃：西汉人，汉武帝时任郎中。[34]天子下仲舒于吏：汉武帝把董仲舒交给司法官处理。[35]当：判罪。下愚：汉代的一种罪名。[36]其事参见《史记·儒林列传》。[37]所论：指《论衡》所发的议论。触忌之言：指触犯朝廷的言论。[38]核道实之事：对事情是否符合实际道理进行考核。道实之事，符合实际道理的事。[39]“考”，原作“收”，据杨宝忠说改。故实：史实。[40]进：仕进，做官。宣化：宣扬教化。[41]以明朝廷：以显扬朝廷的圣德。[42]退：不做官。称论贬说：著书评论是非。[43]觉：唤醒，这里指矫正。“俗失”，原作“失俗”，据裘锡圭说乙。[44]俗失不知还：世俗的失误（就这么一直延续下去，）不知道回头。“失”，原作“也”，据裘锡圭说改。还，回头。 [45] 去道：离开正道。“去”，原作“立”，据蒋礼鸿说改。 [46] 追救：补救。

是故《论衡》之造也，起众书并失实，虚妄之言胜真美也。故虚妄之语不黜[1]，则华文不见息[2]；华文放流[3]，则实事不见用。故《论衡》者，所以铨轻重之言[4]，立真伪之平[5]，非苟调文饰辞，为奇伟之观也[6]，其本皆起人间有非，故尽思极心，以讥世俗[7]。世俗之性，好奇怪之语，说虚妄之文[8]。何则？实事不能快意，而华虚惊耳动心也。是故才能之士，好谈论者，增益实事，为美盛之语；用笔墨者，造生空文[9]，为虚妄之传。听者以为真然，说而不舍；览者以为实事，传而不绝。不绝，则文载竹帛之上；不舍，则语入贤者之耳[10]。至或南面称师[11]，赋奸伪之说[12]；典城佩紫[13]，读虚妄之书。明辨然否，疾心伤之[14]，安能不论？孟子伤杨、墨之议大夺儒家之论[15]，引平直之说，褒是抑非，世人以为好辩。孟子曰：“予岂好辩哉？予不得已[16]！”今吾不得已也。虚妄显于真，实诚乱

“实事不能快意，而华虚惊耳动心也。”二句乃至理名言。

舌耘笔耕者足戒。

为人师表者足戒。

于伪，世人不悟，是非不定，紫朱杂厕[17]，瓦玉集糅[18]，以情言之，岂吾心所能忍哉！卫骖乘者越职而呼车[19]，恻怛发心[20]，恐上之危也[21]。夫论说者闵世忧俗[22]，与卫骖乘者同一心矣。愁精神而幽魂魄[23]，动胸中之静气，贼年损寿[24]，无益于性[25]，祸重于颜回，违负黄、老之教[26]，非人所贪[27]，不得已，故为《论衡》，文露而旨直[28]，辞奸而情实[29]。其《政务》言治民之道[30]。《论衡》诸篇，实俗间之凡人所能见，与彼作者无以异也[31]。若夫九虚三增、《论死》《订鬼》[32]，世俗所久惑，人所不能觉也。人君遭弊[33]，改教于上；人臣遇惑[34]，作论于下。下实得[35]，则上教从矣[36]。冀悟迷惑之心[37]，使知虚实之分。实虚之分定，而华伪之文灭。华伪之文灭，则纯诚之化日以孳矣[38]。

无需顾忌的时候，王充毫不谦虚，自认为“作者”。

介绍《论衡》的写作动机与宗旨。

［注释］

[1] 黜：废除。 [2] 见：被。息：止息，制止。 [3] 放流：泛滥。 [4] 铨：权衡。 [5] 平：标准。 [6] 非苟调文饰辞为奇伟之观也：不是随意玩弄笔墨，修饰文辞，让人看起来显得奇丽壮观。苟，随意。 [7] “讥”，原作“机”，据《论衡注释》、杨宝忠说改。马宗霍说“机”为“讥”之借字。 [8] 说（yuè）：通

“悦”，喜欢。 [9] 造生：生造。 [10]“语”，原作“误”，据杨宝忠说改。 [11] 南面称师：指做老师的人。南面，面朝南而坐，指居于尊位。 [12] 赋：诵读，传播。 [13] 典城：泛指地方长官。典，掌管。佩紫：汉代相国、丞相、太尉、将军、列侯用的印章上都束有紫色丝带。紫，指印章上的紫色丝带。 [14] 疾：痛。伤：忧伤。 [15] 夺：取代，压倒。 [16] 引文见《孟子·滕文公下》。 [17] 紫朱：比喻真伪。紫，暗红，是间色。朱，大红，是正色。杂厕：混杂在一起。 [18] 集糅：杂糅，混合。 [19] 卫骖乘（cān shèng）者越职而呼车：据《说苑·善说》记载，西周时期卫国的将军桓司马有一次急于上朝，赶车人太慌张，差点惊了马，骖乘急忙帮着叫喊赶马，赶车人说他越职，骖乘说马惊了也会连累到自己，所以怎么能不急着帮忙叫喊呢。骖乘，陪主人乘车的人。 [20] 恻怛（cè dá）：痛惜忧伤。发心：发自内心。 [21] 上：主上，主人，原作“土”，据黄晖、张宗祥说改。 [22] 论说者：指历史上写作经传的圣贤。闵：忧虑。 [23] 幽：闭，苦闷。 [24] 贼：伤害。损：减。 [25] 性：生命，这里指寿命。 [26] 黄、老之教：指汉初主张自然无为的处世哲学。黄，指黄帝，传说中的上古帝王，汉初被尊为道家的创始者。老，指老子，相传是春秋时人，道家的创始人。 [27] 非人所贪：这不是一般人所贪求的事。 [28] 文露而旨直：文辞直白而思路清晰。露，浅显，通俗易懂。旨，思路。 [29] 辞奸而情实：文辞简约而内容真实。奸，简，简约质直。一说即“犯”，直言无忌。 [30]《政务》：王充的著作之一，已经亡佚。 [31] 彼作者：指王充本人。 [32] 九虚：指《论衡》中的《书虚篇》《变虚篇》《异虚篇》《福虚篇》《祸虚篇》《龙虚篇》《雷虚篇》《道虚篇》《感虚篇》等九篇文章。三增：指《论衡》中的《语增篇》《儒增篇》《艺增篇》等三篇文章。《论死》《订鬼》：《论衡》中的两篇文章。 [33]“人君遭弊”二句意谓：君主遇到世风败坏，就要在上面改变政策。 [34]“遇”，原作“愚”，据黄晖说改。“遇惑”与上句的“遭弊”对文。 [35]下实得：如果下边的议论符合实际的道理。“下”，原无，据黄晖、张宗祥说补。 [36]则上教从矣：那么君主改变政策时就会采纳。 [37]冀：希望。悟：唤醒。 [38]孳：孳生，增长。

此问在当时是有挑衅性的。

或曰：“圣人作[1]，贤者述[2]。以贤而作者[3]，非也。《论衡》《政务》，可谓作者[4]？”

［注释］

[1]作：创作，创造性写作。 [2]述：阐释，阐释性写作。 [3]“以贤而作者”二句意谓：以贤者的身份从事于创作，是不对的。 [4]可谓作者：可以说是创作吧？者，同“乎”，表疑问。

《论衡·正说篇》：“伏羲得八卦，非作之；文王得成六十四，非演之也。演作之言，生于俗传。苟信一文，使夫真是几灭不存。”这里王充又因俗传为说，显示其“随事立说”的思想方法。

曰：非作也[1]，亦非述也，论也。论者，述之次也。五经之兴，可谓作矣；太史公书、刘子政序、班叔皮传[2]，可谓述矣；桓君山《新论》、邹伯奇《检论》[3]，可谓论矣。今观《论衡》《政务》，桓、邹之二论也，非所谓作也。所谓作者[4]，造端更为[5]，前始未有，若仓颉作书[6]，奚仲作车是也[7]。《易》言伏羲作八卦[8]，前是未有八卦，伏羲造之，故曰作也。文王图八[9]，自演为六十四[10]，故曰衍[11]。谓《论衡》之成，犹六十四卦，而又非也。六十四卦以状衍增益[12]，其卦溢，其数多。今《论衡》就世俗之书，订其真伪，辩其实虚[13]，非造始更为，无本于前也。儒生就先师之说诘而难之，文吏就狱卿之事覆而考之[14]，谓《论衡》为作，儒生、文吏谓作乎？

上文王充还说“《论衡》诸篇……与彼作者无以异也”，这里又竭力否认《论衡》是“作”，表明王充既自信又惧祸的矛盾心态。

［注释］

[1]“曰非”，原作“非曰”，据孙人和、黄晖、张宗祥说乙。 [2] 太史公书：《史记》的原名。刘子政序：指西汉末年刘向所撰的《新序》。班叔皮传：指东汉初年班彪所著的《史记后传》。 [3] 桓君山：桓谭。“君山”，原作“山君”，据刘盼遂、张宗祥说乙。邹伯奇：东汉人。《检论》：书名，已失传。 [4]“所谓作者”，原无，据杨宝忠说补。 [5] 造端：起头，开创。更为：创作，另起炉灶。 [6] 仓颉：传说是黄帝的史官，发明了文字。书：文字。 [7] 奚仲：传说是夏代人，发明了车子。 [8] 伏羲：传说中的上古帝王。 [9] 文王：周文王。图：画。八：八卦。 [10] 演：推演。 [11] 衍：发挥，扩展。 [12] 六十四卦以状衍增益：六十四卦是根据八卦图像扩展增加出来的。状，图，指八卦。 [13] 辩：通“辨”，辨别。 [14] 文吏：掌握和熟悉文书、法令的官吏。狱卿之事：这里指司法案件。狱，狱吏，这里指负责审讯的官吏。卿，指廷尉，是九卿之一。裘锡圭、张宗祥说当作“乡”。

上书奏记[1]，陈列便宜[2]，皆欲辅政[3]。今作书者，犹上书奏记[4]，说发胸臆，文成手中，其实一也。夫上书谓之奏记[5]，转易其名谓之书。建初孟年[6]，中州颇歉[7]，颍川、汝南[8]，民流四散。圣主忧怀[9]，诏书数至[10]。《论衡》之人[11]，奏记郡守，宜禁奢侈，以备困乏。言不纳用，退题记草[12]，名曰《备乏》[13]。酒縻五谷[14]，生起盗贼，沉湎饮酒，盗贼不绝。奏记郡守，禁民酒。退题记草，名曰《禁酒》[15]。由此言之，夫作书者，上书奏记之文也，谓之造作[16]，上书奏记是作也[17]？

继续回应指己书为“作”的指摘。

[注释]

[1] 上书奏记：指官吏给皇帝、上司写的奏章、报告。 [2] 便宜：应采取的政策和措施。 [3] 辅：辅助，有助于。 [4]“上”，原无，据黄晖、张宗祥说补。 [5]“奏”，原重，据刘盼遂说删一“奏”字。 [6] 建初：汉章帝的年号，76—88 年。孟年：初年。 [7] 中州：即中土、中原，今河南一带。 [8] 颍川：郡名，在今河南中部，参见《汉书·地理志》。“颍”，原作“颖”，据《论衡注释》改。汝南：郡名，在今河南东南部、安徽西北部。 [9] 圣主：这里指汉章帝。 [10] 数（shuò）：屡次。其事参见《后汉书·章帝纪》。 [11]《论衡》之人：《论衡》的作者，指王充自己。 [12] 退题记草：回来把奏记草稿加上一个标题。退，回来。记，奏记。草，草稿。 [13]《备乏》：王充的一篇作品，已失传。 [14] 縻：通“靡”，浪费。 [15]《禁酒》：王充的一篇作品，已失传。 [16]“谓”上原有“记”字，据《论衡注释》说删。 [17]“上书”，原误重，据黄晖说删去其一。

晋之《乘》[1]，而楚之《梼杌》[2]，鲁之《春秋》[3]，卜史名不同也[4]。《易》之“乾坤”[5]，《春秋》之“元”[6]，杨氏之“玄”[7]，卜气号不均也[8]。由此言之，唐林之奏[9]，谷永之章[10]，《论衡》《政务》，同一趋也。汉家极笔墨之林[11]，书论之造，汉家尤多。阳成子张作《乐》[12]，杨子云造《玄》[13]，二经发于台下[14]，读于阙掖[15]，卓绝惊耳，不述而作，材疑圣人[16]，而汉朝不讥。况《论衡》细说微论，解释世俗之疑，辩照是非之理[17]，使后进晓见然否之分。恐其废失，著之简牍，祖经章句之说[18]，先师奇说之类也。其言伸绳[19]，弹割俗传[20]。俗传蔽惑，伪书放流，贤通之人，疾之无已。孔子曰：“诗人疾之不能默，丘疾之不能伏[21]。”是以论也。玉乱于石，人不能别，或若楚之玉尹以玉为石[22]，卒使卞和受刖足之诛[23]。是反为非，虚转为实，安能不言？俗传既过[24]，俗书又伪。若夫邹衍谓今天下为一州[25]，四海之外有若天下者九州[26]。《淮南书》言共工与颛顼争为天子[27]，不胜，怒而触不周之山[28]，使天柱折[29]，地维

《孟子·离娄下》：“晋之《乘》，楚之《梼杌》，鲁之《春秋》。”

“心渍涌，笔手扰，安能不论？”王充忍无可忍的样子，如在眼前。

绝[30]。尧时十日并出，尧上射九日[31]。鲁阳战而日暮[32]，援戈麾日[33]，日为却还。世间书传，多若等类，浮妄虚伪，没夺正是[34]。心渍涌[35]，笔手扰[36]，安能不论？论则考之以心，效之以事，浮虚之事，辄立证验。若太史公之书，据许由不隐[37]，燕太子丹不使日再中[38]，读见之者，莫不称善。

［注释］

[1] 晋：春秋时期的晋国，在今山西、河北西南部和河南北部。《乘》：晋国的史书。　[2] 楚：春秋时期的楚国，在今湖北、湖南北部、河南南部和安徽西南部。《梼杌（táo wù）》：楚国的史书。　[3] 鲁：春秋时期的鲁国，在今山东西南部。《春秋》：鲁国的史书。　[4] 卜史名不同也：只不过赋予“史”的名称不一样。“卜史名”，原作“人事各”，据杨宝忠说改。卜，赋予。　[5] 乾坤，指阴阳二气。乾，八卦之一，代表天、阳。坤，八卦之一，代表地、阴。　[6] 元：开端。《春秋》的“元”，指君位的开始，这里指天地万物的本源。　[7] 杨氏：指杨（扬）雄。玄：《后汉书·张衡传》李贤注引桓谭《新论》：“扬雄作《玄书》，以为玄者，天也，道也。言圣贤制法作事，皆引天道以为本统，而因附续万类、王政、人事、法度，故宓羲氏谓之《易》，老子谓之道，孔子谓之元，而扬雄谓之玄。”　[8] 卜气号不均也：只不过赋予“气”的称号不一样。号，称号。　[9] 唐林：唐子高，西汉人。　[10] 谷永：谷子云，西汉人，博通经书，工笔札，善言灾异，前后上书四十余事，

专攻皇帝与后宫。 [11] 汉家极笔墨之林：汉代文人之多达到了顶峰。笔墨之林，形容写文章的人很多。 [12] 阳成子张：即阳成衡，《论衡·超奇篇》作“阳成子长”，“张”“长”字通，西汉末东汉初人，曾补《史记》，作《乐经》，已佚。 [13]《玄》：指杨（扬）雄所作《太玄》。 [14] 二经：指阳成子张的《乐经》和杨（扬）雄的《太玄》。台：指兰台。阳成子长和杨（扬）雄都曾在兰台做过官。 [15] 阙掖：指皇帝处理政事的地方。阙，宫殿门前两边的高大建筑物。掖，掖门，宫殿两旁的小门。 [16] 疑（nǐ）：通“拟（擬）”，比拟。 [17] 照：明。 [18]“祖经章句之说”二句意谓：《论衡》与对于祖经的章句之学以及前辈学者的奇说同属一类。祖经，指孔子所定之本经。章句之说，即章句之学，指孔门弟子及汉代儒家各派对经书的断句、分段、释义、训诂持不同态度而形成的学问。 [19] 伸绳：伸张法度。绳，绳墨，木工用来取直的工具，这里指法度。 [20] 弹：抨击。割：剖析。俗传：庸俗的书传。 [21] 伏：藏在心里不说。引文见《盐铁论·相刺》。 [22] 玉尹：管理玉工的官吏。“玉”，原作“王”，据黄晖说改。 [23] 卒：终于。卞和：春秋时期楚国的玉工。据《韩非子·和氏》记载，卞和在山中得到一块含玉的石头，先后献给楚厉王和楚武王，都被认为是假的，以欺君之罪被砍掉双脚。楚文王即位后，他抱着这块石头痛哭于荆山下，文王使人剖开石头，果然得到一块宝玉。刖（yuè）：古代把脚剁掉的酷刑。 [24] 过：错误。 [25] 邹衍（约前 305—前 240）：战国末期齐国人，阴阳五行家。他称中国为“赤县神州”，认为中国境内的九州仅是小九州，像中国一样大的州，天下一共九个，是为大九州说。参见《论衡·谈天篇》。 [26] 有若：有如。天下：指中国。 [27]《淮南书》：即《淮南子》。共（gōng）工：传说中的上古诸侯。颛顼（zhuān xū）：传说中的上古帝王。 [28] 不周之山：不周山，传说中的古山名。 [29] 天柱：古代神话中撑天的柱子。 [30] 地维：古代神话中系地的绳子。其事参见《淮南子·天文》。 [31]“尧时十日并出”二句意谓：传说尧时十日并出，尧派羿射下九日。其事参见《淮南子·本经》《论衡·感虚篇》。 [32] 鲁阳：这里指鲁阳公，即鲁阳文子，楚平王孙司马子期之子，春秋时期楚国鲁县（今河南鲁山）县公。楚君自封为王，其守县的大夫都称公，故又称鲁阳公。 [33] 援：执，持。麾：通“挥”。传说鲁阳公在交战时，见太阳就要落山，就向太阳挥戈，太阳就又回到中天。其事参见《淮南子·览冥》《论衡·感虚篇》。 [34] 没夺正是：淹没和压倒了正确的事实。没，淹没。 [35] 濆（fén）涌：形容泉水喷涌而出，这里指心潮澎湃。 [36] 笔手扰：笔和手安静不下来。 [37] 据：证实。许由：传说尧时人，尧要让位给他，他拒不接受，逃走隐居。然《史记·伯夷列传》云：“余登箕山，其上盖有许由冢云。”说明许由并没有隐居，否则其墓不会在箕山上。 [38] 燕太子丹不使日再中：燕太子丹是战国末期燕王喜的儿子，曾长期作为人质滞留在秦国。秦王提出，若燕太子能使西下的太阳回归中天，天降粟，马生角，就放他回国，据说这些奇事后来都出现了。其事参见《论衡·感虚篇》。司马迁在《史记·刺客列传》中认为这种说法“太过”。

《政务》为郡国守相、县邑令长陈通政事所当尚务[1]，欲令全民立化[2]，奉称国恩[3]。《论衡》九虚三增，所以使俗务实诚也[4]；《论死》《订鬼》，所以使俗薄丧葬也。孔子径庭丽级[5]，被棺敛者不省[6]；刘子政上薄葬[7]，奉送藏者不约[8]；光武皇帝草车茅马[9]，为明器者不奸[10]。何也[11]？世书俗言不载信死之语汶浊之也[12]。

今著《论死》及《死伪》之篇，明死无知，不能为鬼，冀观览者将一晓解约葬[13]，更为节俭。斯盖《论衡》有益之验也[14]。言苟有益，虽作何害？仓颉之书[15]，世以纪事；奚仲之车，世以自载[16]；伯余之衣[17]，以辟寒暑[18]；桀之瓦屋[19]，以辟风雨[20]。夫不论其利害，而徒讥其造作，是则仓颉之徒有非，《世本》十五家皆受责也[21]。故夫有益也，虽作无害也；无益[22]，虽无害，何补？

"言苟有益，虽作何害？"王充最终还是自信《论衡》为"作"的。

［注释］

[1] 守：郡守，郡的行政长官。相：国相，诸侯国的行政长官。县邑：郡以下的行政机构。令：县的行政长官。长：邑的行政长官。万户以上为"令"，万户以下为"长"。陈通：陈述。尚：崇尚，重视。务：勉力从事。 [2] 欲令全民立化：要使（守、相、令、长）做到保全百姓，树立教化。全，保全。 [3] 奉称：颂扬。 [4] 所以使俗务实诚也：目的是使一般人努力做到实事求是。 [5] 孔子径庭丽级：《吕氏春秋·安死》："鲁季孙有丧，孔子往吊之。入门而左，从客也。主人以玙璠收，孔子径庭而趋，历级而上。"即孔子本来规规矩矩地走着，但当听说阳虎要用玙璠（君主佩戴的美玉）给季平子装殓时，就不顾自己应守的礼节，急忙跑上去谏阻，表面上是说怕导致掘墓，使尸体暴露，实际上他和仲梁怀一样，是反对用君王的佩玉为季平子装殓的，其目的是要坚持君臣礼节。王充则以为这是孔子坚持薄葬，反对

厚葬。参见《论衡·薄葬篇》。径庭，急急忙忙穿过庭院。按古礼，客人进入大门后，应该绕左侧而行，“径庭”是不合礼节的。径，径直，指直接穿过。庭，庭院。丽级，一步跨一级台阶。按古礼，上台阶应该走一步把双脚并拢一下，“丽级”也是不合礼节的。丽，历，跨。级，台阶。 [6] 被棺敛者不省：被装进棺材的东西并没有俭省。 [7] 刘子政：刘向。上：上书。薄葬：提倡薄葬。 [8] 奉送藏者不约：拿去埋葬的东西并没有节约。 [9] 草车茅马：用茅草扎成车马做随葬品。据《后汉书·光武帝纪》记载，汉光武帝尚薄葬，曾称赞古人用“木车茅马”随葬。 [10] 明器：古代随葬用的器物。奸：简约，一说制止。 [11]“也”，原无，据杨宝忠说补。 [12] 世书俗言不载信死之语汶（mén）浊之也：世书俗语不记载人死之实情，从而蒙蔽了人们。汶浊，昏暗不明，使受蒙蔽。 [13] 冀观览者将一晓解约葬：希望读者对薄葬有一个了解。 [14] 斯盖《论衡》有益之验也：这就是《论衡》这部书有益的证明。斯，这。 [15]“仓颉之书”二句意谓：仓颉创造了文字，使人们可以用来记事。 [16] 载：乘坐。 [17] 伯余：传说中上古帝王黄帝的名字，传说衣服是他发明的。 [18] 辟（bì）：通“避”。 [19] 桀之瓦屋：传说用瓦盖房是夏桀发明的。 [20] 以上四事，参见《淮南子·泛论》《淮南子·修务》。 [21]《世本》：又称《系本》，是战国时期的一部史书，记载了从黄帝到春秋时期诸侯大夫的姓氏、世系、城邑、制作等，原书已失传，今有辑本。十五家：指《世本》中记载的十五个有发明创造的人。 [22]“无益”二句意谓：如果没有益处，虽然无害，又有什么用呢？“无益”，原无，参酌各家之说补。

《汉书·艺文志》：“古有采诗之官，王者所以观风俗，知得失，自考正也。”

古有命使采诗[1]，欲观风俗，知下情也。诗作民间，圣王可云：“汝民也[2]，何发作！”因罪其身，殁灭其诗乎[3]？今已不然[4]，故《诗》传至今[5]。《论衡》、《政务》，其犹诗也，冀望见采，而云有过。斯盖《论衡》之书所以兴也[6]。且凡造作之过[7]，意其言妄而谤诽也。《论衡》实事疾妄[8]，《齐世》《宣汉》《恢国》《验符》[9]，盛褒颂之言[10]，无诽谤之辞。造作如此，可以免于罪矣。

［注释］

[1] 使：使臣。采诗：采集诗歌。“诗”，原作“爵”，据黄晖、马宗霍说改。张宗祥说“爵”言采民间礼俗。 [2]“圣王可云”三句意谓：圣王难道就可以说：“你们是老百姓，怎么可以作诗呢！”发，抒发。张宗祥疑“发”为“敢”之讹。 [3] 殁（mò）灭：消灭。 [4] 已：既。 [5]“至”，原作“亚”，据刘盼遂、张宗祥说改。然马宗霍说“亚”有“至”义，不误。 [6] 斯盖《论衡》之书所以兴也：这就是我写《论衡》的原因。 [7]“且凡造作之过”二句意谓：大凡写书的错误，想必是因为其中言论荒谬而又有诽谤君主的地方吧。意，猜疑。 [8] 实事疾妄：实事求是，痛斥虚妄。 [9]《齐世》《宣汉》《恢国》《验符》：《论衡》中的四篇，皆歌功颂德之文。 [10] 盛褒颂之言：充满歌功颂德之言。“颂”上原有“须”字，有人读作“盛褒、须颂”，认为皆是《论衡》篇名，并以《盛褒》为《论衡》佚篇；然“盛褒颂之言”与“无诽谤之辞”相对为文，“须”字涉《须颂篇》误衍，故据文意删。

［点评］

正如翟灏《四书考异》下编《条考》二二《论语·尧曰》按语所说，“《论衡》以《对作篇》为序”，本篇是《论衡》的序，也是总结性的文章，阐明了《论衡》的文体性质、写作动机、文章风格等。

“作”乃是“述而不作”之作，“圣人作，贤者述”之作；“对”是动词“答对”之意，而非副词“并对”之意。所谓“对作”，回答别人以《政务》《论衡》为“作”的疑问，与《答客难》《解嘲》《答宾戏》等结构相似。本篇说：“或曰：‘圣人作，贤者述。以贤而作者，非也。《论衡》《政务》，可谓作者？’曰：非作也，亦非述也，论也。论者，述之次也。”所谓“对作”，即此问答是也。《史记·太史公自序》云：“余所谓述故事，整齐其世传，非所谓作也，而君比之于《春秋》，谬矣！”此盖本篇命题立意所本，且王充更自谦不敢称“述”，只敢称“论”。

这一方面固然是自谦，一方面也有惧祸之意。本篇一开头就说：“所论无触忌之言，核道实之事，考故实之语。”本篇结束时又说：“且凡造作之过，意其言妄而谤诽也。《论衡》实事疾妄，《齐世》《宣汉》《恢国》《验符》，盛褒颂之言，无诽谤之辞。造作如此，可以免于罪矣！”惧祸之意溢于言表，且贯穿本篇始末。

王充说这些话，有其时代背景。东汉明、章二帝时，由于统治者的政治压力，文坛上弥漫着歌功颂德之风。王充曾以《齐世篇》等文章，对汉朝进行歌功颂德。这里怕《论衡》一书引起无谓的麻烦，于是又引证了一通颂汉之文，反复强调《论衡》“无触忌之言”“无诽谤之辞”。

其实，王充一向自视甚高，常把自己和孔子相比，要不是因为惧祸，他是很乐意把《论衡》抬高到“作”的地位的。因此，他在本篇中又说过“《论衡》诸篇，实俗间之凡人所能见，与彼作者无以异也”，“言苟有益，虽作何害”，“故夫有益也，虽作，无害也”之类的话，表明他还是充满自信的，很乐意加入“作者”的队伍。即使是篇末的“造作如此，可以免于罪矣”，在表达惧祸之意的同时，也不辞《论衡》有“造作”之实。

在本篇中，王充对《论衡》的写作动机和基本特征作了很好的概括，充分说明了《论衡》是“为世用”的实文，以及它与不为世用的华文的对立。他说贤人之在世，进则应该“尽忠宣化，以明朝廷”，退则应该“称论贬说，以觉俗失”，否则“俗失不知还，则去道轻为非；论者不追救，则迷乱不觉悟”。而他之所以要写作《论衡》，乃是“起众书并失实，虚妄之言胜真美也”“其本皆起人间有非”，他对此不免“愁精神而幽魂魄，动胸中之静气”，出于“闵世忧俗”“冀悟迷惑之心，使知虚实之分”的责任心，即使“贼年损寿，无益于性”，也在所不惜了，“尽思极心，以讥世俗”，最终写成了《论衡》这部著作。他反复说“今吾不得已也”“岂吾心所能忍哉”“心渍涌，笔手扰，安能不论”，表明了他具有高度的社会责任感，且对自己著作的价值充满了自信。

至于《论衡》的文章风格，则因为要面向大众，纠正俗失，“铨轻重之言，立真伪之平”“订其真伪，辩其实虚”，所以“非苟调文饰辞为奇伟之观也”，而是“文露而旨直，辞奸而情实”的。关于《论衡》的文章风格，

《自纪篇》中有更详细的说明。

值得注意的是，本篇中还概括了《论衡》的论证方法，也就是“论则考之以心，效之以事，浮虚之事，辄立证验”。

自纪篇

王充者，会稽上虞人也[1]，字仲任。其先本魏郡元城一姓[2]。孙一幾[3]，世尝从军有功[4]，封会稽欧阳亭[5]。一岁仓卒国绝[6]，因家焉[7]，以农桑为业。世祖勇任气[8]，卒咸不揆于人[9]。岁凶[10]，横道伤杀[11]，怨仇众多[12]。会世扰乱[13]，恐为怨仇所擒，祖父汎举家担载[14]，就安会稽[15]，留钱唐县，以贾贩为事[16]。生子二人，长曰蒙，少曰诵，诵即充父。祖世任气，至蒙、诵滋甚[17]，故蒙、诵在钱唐，勇势凌人[18]。末复与豪家丁伯等结怨[19]，举家徙处上虞[20]。

从军人至农民，王充家世一变。

从农民至商人，王充家世二变。

王充家族性格遗传，正在“任气”二字。王充后来治学，不畏权威，怀疑一切，成就一家之学，颇得“任气”之力。

［注释］

[1] 会稽：郡名，在今江苏南部、浙江和福建一带。上虞：县名，在今浙江上虞。 [2] 魏郡：郡名，在今河北南部、河南北部一带。元城：县名，在今河北魏县、河南元城一带。一姓：马宗霍说是“大姓”。 [3] 孙一幾：马宗霍说是“裔孙名一幾者”。 [4] 世尝从军有功：因世有军功。 [5] 欧阳亭：地名，据《汉书·地理志》，会稽郡乌程县有欧阳亭，在今浙江湖州南。“欧”，原无，据吴则虞说补。 [6] 卒（cù）：同“猝”。国绝：失掉了所封的爵位和土地。 [7] 因家焉：于是就在那里落户了。 [8] 世祖：世代祖先。勇任气：勇敢而任性，意气用事。 [9] 卒咸不揆（kuí）于人：最终都得不到别人的容忍。卒，终于。咸，都。揆，理解，谅解。 [10] 岁凶：灾荒年头。 [11] 横道伤杀：因为拦路伤人杀人。 [12] 怨仇众多：冤家仇人众多。 [13] 会：遇上。 [14] 汎：王汎，王充祖父。担载：肩挑、车载，指携带所有财物。“担（擔）”，原作“檐”，通“担”，据黄晖、张宗祥说改。 [15]“就安会稽”二句意谓：逃难到会稽郡钱唐县安顿下来。钱唐县，县名，在今浙江杭州西。 [16] 贾（gǔ）贩：做买卖。事：业。 [17] 滋甚：变本加厉。 [18] 凌：侵。 [19] 末：最后。丁伯：人名。 [20] 徙处：迁居。

个性与众不同，从小看到老，不仅其父奇之，后人也将奇之。

建武三年[1]，充生。为小儿，与侪伦遨戏[2]，不好狎侮[3]。侪伦好掩雀、捕蝉、戏钱、林熙[4]，充独不肯。诵奇之。六岁教书[5]，恭愿仁顺[6]，礼敬具备[7]，矜庄寂寥[8]，有臣人之志[9]。父未尝笞[10]，母未尝非[11]，闾里未尝让[12]。八岁出于书馆[13]。书馆小僮百人以上[14]，皆以过失袒谪[15]，或以书丑得鞭[16]；充书日进，又无过失。手书既成[17]，辞师，受《论语》《尚书》[18]，日讽千字[19]。经明德就[20]，谢师而专门[21]，援笔而众奇[22]。所读文书，亦日博多。才高而不尚苟作[23]，口辩而不好谈对，非其人[24]，终日不言。其论说始若诡于众[25]，极听其终，众乃是之。以笔著文，亦如此焉。操行事上，亦如此焉。

王充成了“别人家的孩子”，自然会遭到别人的嫉妒。这成为他一生的命运，也成就了《论衡》的底色。

所谓文如其人，人如其文。

［注释］

[1] 建武三年：公元 27 年。建武，东汉光武帝的年号，25—56 年。 [2] 侪（chái）伦：伙伴。遨戏：游戏。 [3] 狎（xiá）侮：亲昵随便的嬉戏打闹。 [4] 掩雀、捕蝉、戏钱、林熙：四种儿童游戏的名称。掩，捉。林熙，《淮南子·修务》作“木熙”，攀援树木之类的游戏。熙，通“戏”，游戏。 [5] 书：认字写字。 [6] 恭愿仁顺：恭敬老实，仁爱顺从。 [7] 礼敬具备：对同辈和长辈都很有礼貌。 [8] 矜（jīn）庄：庄重。寂寥：沉默寡言。 [9] 有臣人之志：有臣于人（入仕）之志。“臣”，一作“巨”。巨人，大人。有巨人之志，少年老成。 [10] 笞（chī）：用鞭子或竹板抽打。 [11] 非：责备。 [12] 闾（lǘ）里：街坊邻居。让：指责，非议。 [13] 出于书馆：离家去书馆上学。书馆，汉代的乡里小学，专教儿童识字书写。 [14] 僮：同“童”。 [15] 袒谪（tǎn zhé）：脱去衣服露出皮肉挨打。一说即“担谪”，承受责罚，与下文“得鞭”相对为文。 [16] 或以书丑得鞭：因书法拙劣遭鞭

打。 [17] 手书既成：学会了认字写字。 [18] 受：接受指导，指学习。 [19] 讽：背诵。 [20] 经明德就：经书学懂了，品德修养也养成了。 [21] 谢：辞别。专门：独立钻研学问。 [22] 援笔：执笔，指写文章。 [23] 苟作：随便写作。 [24] 其人：意气相投之人。 [25] 诡于众：与众不同。

王充仕宦衙门的级别越来越高，其所担任的职位却基本不变，俸禄也基本上只有百石。又，以上官职应非连续担任，王充是合并说之。

在县位至掾功曹[1]，在都尉府位亦掾功曹[2]，在太守为列掾五官功曹行事[3]，入州为从事[4]。不好徼名于世[5]，不为利害见将[6]。常言人长，希言人短。专荐未达[7]，解已进者过[8]。及所不善[9]，亦弗誉；有过不解[10]，亦弗复陷。能释人之大过，亦忘夫人之细非[11]。好自周[12]，不肯自彰。勉以行操为基，耻以材能为名。众会乎坐[13]，不问不言；赐见君将，不及不对[14]。在乡里[15]，慕蘧伯玉之节[16]；在朝廷[17]，贪史子鱼之行[18]。见污伤不肯自明[19]，位不进亦不怀恨。贫无一亩庇身[20]，志佚于王公[21]；贱无斗石之秩[22]，意若食万钟[23]。得官不欣，失位不恨。处逸乐而欲不放[24]，居贫苦而志不倦。淫读古文[25]，甘闻异言[26]。世书俗说，多所不安[27]，幽处独居，考论实虚。

王充的仕宦生涯，自认是个模范官员。

业余时间则读书著述。最后四句指《论衡》写作。

[注释]

[1] 在县位至掾（yuàn）功曹：在县衙门里做到了功曹掾史。掾，掾史，汉代政府机构中主要官员之属官的通称。《后汉书·百官志五》：郡“皆置诸曹掾史”，县“各署诸曹掾史”。功曹，郡县主管官吏任免升降的部门，其办事人员称功曹掾史。《后汉书·百官志五》：郡县“有功曹史，主选署功劳”。 [2] 在都尉府位亦掾功曹：在都尉府里也做到了功曹掾史。都尉，郡的军事长官，为郡太守的副手，东汉时临时设置。 [3] 在太守为列掾五官功曹行事：在郡衙门里做到了五官掾，并兼管功曹事务。太守，郡的行政长官。列掾，无固定工作部门的掾史。五官，五官掾，兼管功曹和其他各部门的有关事务。《后汉书·百官志五》：郡“有五官掾，署功曹及诸曹事”。行事，兼理事务。 [4] 入州为从事：在州衙门里做到了从事史。从事，又称从事史，汉代州郡长官自己征聘的属官。《后汉书·百官志四》：“其余部郡国从事，每郡国各一人，主督促文书，察举非法，皆州自辟除，故通为百石云。” [5] 徼（yāo）：通“邀”，求取。 [6] 将：泛指州郡长官。下文“君将”义同。 [7] 专荐未达：专门推荐尚未做官的人。 [8] 解已进者过：（在郡将面前）开脱已经做官者的过错。解，开脱。已进者，已经做官的人，与“未达”相对。 [9]“及所不善”二句意谓：至于自己不满意的人，也不会去称赞他。 [10]“有过不解”二句意谓：人家有过错，即使不为他开脱，也不会再加害。 [11]“忘”，原作“悲”，据黄晖、马宗霍说改，与上句“释”对应。夫：语助词。 [12] 周：谨慎，低调。“自周”与下句“自彰”相对为文。 [13] 乎：于，在。 [14] 不及不对：不问到自己就不回答。 [15] 在乡里：指未做官时。 [16] 蘧（qú）伯玉之节：蘧伯玉，名瑗，字伯玉，春秋时期卫国大夫。据《论语·卫灵公》记载，孔子曾称赞他：“君子哉，蘧伯玉！邦有道，则仕；邦无道，则可卷而怀之。” [17] 在朝廷：指已经做官。 [18] 史子鱼之行：史子鱼，名鳝，字子鱼，春秋时期卫国大夫。据《论语·卫灵公》

记载，孔子曾称赞他："直哉，史鱼！邦有道，如矢；邦无道，如矢。" [19] 见：被。污伤：污蔑中伤。 [20] 一亩：即"一亩之宫"，指简陋的住宅。《礼记·儒行》："儒有一亩之宫，环堵之室，筚门圭窬，蓬户瓮牖。" [21] 佚：通"逸"，安乐。 [22] 斗石：指微薄的俸禄。秩：品级，俸禄。 [23] 食万钟：指享受优厚的俸禄。钟，古代容量单位。春秋时齐国的"公量"以六十四斗为一钟，战国时期魏、秦等国也兼用这种量器。 [24] 欲不放：不放纵欲望。 [25] 淫读：饱读。 [26] 甘闻：乐闻。 [27] 安：妥。

王充的择友观。

充为人清重[1]，游必择友，不好苟交。所友位虽微卑，年虽幼稚，行苟离俗，必与之友。好杰友雅徒，不泛结俗材。俗材因其微过，蜚条陷之[2]，然终不自明，亦不非怨其人。或曰[3]："有良材奇文，无罪见陷，胡不自陈[4]？羊胜之徒[5]，摩口膏舌[6]，邹阳自明[7]，入狱复出。苟有全完之行[8]，不宜为人所缺[9]；既耐勉自伸[10]，不宜为人所屈[11]。"

［注释］

[1] 清重：清高庄重。 [2] 蜚条：匿名帖子，即今之匿名信。蜚，通"飞"。 [3] 或：有人。 [4] 胡不自陈：何不自我申辩？ [5] 羊胜：西汉梁孝王刘武的门客，曾为梁孝王密谋策划夺取帝位，结果失败。后来汉景帝怀疑梁孝王，追捕羊胜等人，羊胜等人被迫自杀。其事参见《汉书·梁孝王传》。 [6] 摩口膏舌：形容一个人嘴巴厉

害，善于挑拨是非，诬陷别人。 [7] 邹阳自明：据《史记·鲁仲连邹阳列传》记载，由于羊胜等人的陷害，邹阳曾被梁孝王逮捕下狱，他从狱中上书表白自己，获得释放，成为上客。 [8] 全完：完美无缺。 [9] 缺：毁伤。 [10] 既耐（néng）勉自伸：既然能够竭力为自己表白。耐，通“能”。伸，表白。 [11] 屈：冤屈。

答曰：不清不见尘[1]，不高不见危，不广不见削[2]，不盈不见亏。士兹多口[3]，为人所陷[4]，盖亦其宜。好进故自明，憎退故自陈。吾无好憎，故默无言。羊胜为谗，或使之也；邹阳得免，或拔之也[5]。孔子称命[6]，孟子言天[7]，吉凶安危，不在于人。昔人见之，故归之于命，委之于时，浩然恬忽[8]，无所怨尤。福至不谓己所得[9]，祸到不谓己所为。故时进意不为丰[10]，时退志不为亏。不嫌亏以求盈[11]，不违险以趋平[12]；不鬻智以干禄[13]，不辞爵以钓名；不贪进以自明，不恶退以怨人。同安危而齐死生[14]，钧吉凶而一败成[15]，遭十羊胜，谓之无伤。动归于天[16]，故不自明。

王充的处世态度。

[注释]

[1] 尘：指污染。 [2] 削：减。 [3] 士兹多口：是士人才

会招致多嘴多舌。这句话出于《孟子·尽心下》，原文是“士憎兹多口”，意思是士人讨厌这种多嘴多舌。 [4]“为人所陷”二句意谓：被人陷害也不奇怪。宜，理当如此。 [5]拔：解救。 [6]孔子称命：据《论语·宪问》记载，孔子的弟子公伯寮在季桓子那里说子路的坏话，鲁国大夫子服景伯把这件事告诉了孔子，并表示能杀掉公伯寮且陈尸朝市，孔子对他说：“道之将行也与，命也；道之将废也与，命也。公伯寮其如命何！” [7]孟子言天：据《孟子·梁惠王下》记载，有一次，鲁平公将要去见孟子，被宠臣臧仓劝阻了，乐正子把这件事告诉了孟子，孟子说：“吾之不遇鲁侯，天也，臧氏之子焉能使予不遇哉！” [8]浩然：胸怀坦荡的样子。恬（tián）忽：坦然，满不在乎。 [9]“福至不谓己所得”二句意谓：有了福，不认为是自己取得的；遭到祸，不认为是自己造成的。 [10]“时进意不为丰”二句意谓：升了官，不因此而志得意满；罢了官，不因此而灰心丧气。 [11]嫌：嫌弃。 [12]违：逃避。 [13]“不鬻（yù）智以干禄”二句意谓：不沽名钓誉。鬻，卖。干，求，取。“钓名”，原作“吊名”，据刘盼遂说改，与“干禄”相对。 [14]同安危而齐死生：把安与危、生与死看作一回事。 [15]钧：通“均”，等同。一败成：把失败和成功看作一回事。 [16]动：动辄，往往。

充性恬澹[1]，不贪富贵。为上所知[2]，拔擢越次[3]，不慕高官。不为上所知，贬黜抑屈[4]，不恚下位[5]。比为县吏[6]，无所择避[7]。或曰：“心难而行易[8]，好友同志[9]，仕不择地[10]，浊操伤行[11]，世何效放[12]？”

［注释］

[1] 恬澹：澹泊，不追求名利。 [2] 上：泛指上级官员。 [3] 拔擢（zhuó）：提拔。越次：越级。 [4] 贬：贬官。黜（chù）：罢免。抑：被压制。屈：受委屈。 [5] 恚（huì）：恨。 [6] 比：频，屡次。 [7] 择：选。避：回避。 [8] 心难而行易：思想难得而行为一般。 [9] 好友同志：喜欢结交气味相投的人。 [10] 仕不择地：贪图做官而不顾职位好坏。地，职位。 [11] 浊操伤行：玷污节操，败坏品行。 [12] 放：通“仿”。

答曰：可效放者，莫过孔子。孔子之仕，无所避矣。为乘田委吏[1]，无於邑之心[2]；为司空相国[3]，无说豫之色[4]。舜耕历山[5]，若终不免；及受尧禅[6]，若本自得[7]。忧德之不丰，不患爵之不尊；耻名之不白[8]，不恶位之不迁[9]。垂棘与瓦同椟[10]，明月与砾同囊[11]，苟有二宝之质，不害为世所同。世能知善，虽贱犹显[12]；不能别白[13]，虽尊犹辱。处卑与尊齐操[14]，位贱与贵比德[15]，斯可矣。

宠辱不惊。

［注释］

[1] 乘田：管苑囿的小吏。委吏：管粮仓的小吏。《孟子·万章下》：“孔子尝为委吏矣，曰：‘会计当而已矣。’尝为乘田矣，曰：‘牛羊茁壮长而已矣。’” [2] 於（wū）邑：同“呜唈”，唉声叹气，

愁闷不乐。 [3] 司空：官名，西周始置，春秋战国汉时沿置，掌工程，后世用作工部尚书的别称。相国：古官名，战国时期各国先后设相，称相国或丞相（唯楚称令尹），为百官之长，相当于后来的宰相。如孔子曾由中都宰为司空，由司空为大司寇，由大司寇行摄相事。其事参见《史记·孔子世家》。 [4] 说（yuè）豫：同“悦悮”，欢喜，快乐。 [5]“舜耕历山”二句意谓：舜在历山耕田，吃的是粗饭和野菜，但他很安心，好像甘心这样过一辈子似的。历山，古山名，其地有异说，不可确指。 [6] 禅（shàn）：君主让位给别人。 [7] 若本自得：好像本来就应该得到的一样。“本”，原作“终”，据蒋礼鸿说改。《孟子·尽心下》：“舜之饭糗（qiǔ）茹草也，若将终身焉。及其为天子也，……若固有之。”“固有之”即“本自得”。 [8] 白：清白。 [9] 迁：升迁。 [10] 垂棘：春秋时期晋国地名，出产美玉，后代指美玉。椟（dú）：匣子。 [11] 明月：指珍珠。《淮南子·泛论》许慎注：“夜光之珠，有似明月，故曰明月。”砾（lì）：碎石。 [12] 显：高贵。 [13] 别白：分辨。 [14] 齐操：操守相同。 [15] 比德：品德相同。

俗性贪进忽退[1]，收成弃败[2]。充升擢在位之时，众人蚁附[3]；废退穷居[4]，旧故叛去。志俗人之寡恩[5]，故闲居作《讥俗》《节义》十二篇[6]。冀俗人观书而自觉[7]，故直露其文，集以俗言[8]。或谴谓之浅。答曰：以圣典而示小雅[9]，以雅言而说丘野[10]，不得所晓[11]，无不逆者[12]。故苏秦精说于赵[13]，而李兑不说[14]；

商鞅以王说秦，而孝公不用[15]。夫不得心意所欲，虽尽尧、舜之言，犹饮牛以酒，啖马以脯也[16]。故鸿丽深懿之言[17]，关于大而不通于小[18]。不得已而强听，入胸者少。孔子失马于野，野人闭不与[19]，子贡妙称而怒[20]，马圄谐说而懿[21]。俗晓形露之言[22]，勉以深鸿之文，犹和神仙之药以治鼽欬[23]，制貂狐之裘以取薪菜也[24]。且礼有所不俟[25]，事有所不须。断决知辜[26]，不必皋陶[27]；调和葵韭[28]，不俟狄牙[29]；闾巷之乐[30]，不用《韶》《武》[31]；里母之祀[32]，不待太牢[33]。既有不须，而又不宜。牛刀割鸡[34]，舒戟采葵[35]，铁钺裁箸[36]，盆盎酌卮[37]，大小失宜，善之者希[38]。何以为辩[39]？喻深以浅。何以为智？喻难以易。贤圣铨材之所宜[40]，故文能为深浅之差。

第一部著作，文风浅显。

[注释]

[1] 贪进忽退：重视做官的人，轻视被贬退的人。 [2] 收：接纳，这里指巴结。成：得志的人。 [3] 蚁附：如蚂蚁成群地爬到食物上一样围在身边。 [4] 废退穷居：被免官而困顿的时候。 [5] 志：记载。寡恩：忘恩负义。 [6]《讥俗》《节义》：王充的第一部著作，共十二篇，已佚。 [7] 冀：希望。 [8] 集：掺

杂。 [9] 雅：通“牙”，或疑为“稚”字之讹，皆指小孩。 [10] 雅言：指古时贵族文人使用的典雅的语言。丘野：指居住在荒僻地区的人。 [11] 不得所晓：他们不知道你讲的是什么。晓，告诉。 [12] 逆：格格不入。 [13] 苏秦：战国时期政治家，主张六国联合抗秦。据《战国策·赵策一》记载，苏秦曾劝说赵国大臣李兑，希望他采纳自己的“合纵”主张，但李兑听信舍人之言而未从。精说（shuì）：以精深的道理游说。 [14] 李兑：战国时期赵国大臣。赵武灵王让位少子何，引起内乱。李兑和公子成一起，发兵保惠文王，杀太子章，进围沙丘宫，逼死主父（武灵王），从此独擅国政，由司寇升任相国，号奉阳君。说（yuè）：通“悦”，高兴。 [15] “商鞅以王说秦”二句意谓：商鞅到秦国后，曾先用“帝道”“王道”劝说秦孝公，秦孝公没有听从他的主张。其事参见《史记·商君列传》。 [16] 啖（dàn）：喂。脯：干肉。 [17] 鸿丽：鸿大华丽。深懿：深奥美妙。 [18] 关于大而不通于小：适用于大人君子，不适用于小人庸夫。关，通“贯”。通，贯通，适用。 [19] 野人：指农夫。闭：关，扣留。 [20] 子贡：端木（“木”一作“沐”）赐，字子贡，孔子弟子。称：说。 [21] 马圄（yǔ）：同“马驭”，马夫。懿：通“忻”，孙诒让说当作“熹”，皆高兴之意。孔子的马吃了农夫的庄稼，农夫扣留了马。子贡用漂亮的言辞去交涉，反而引起对方更大的愤怒；后来孔子的马夫上前，说了些容易入耳的话，农夫听了很高兴，就把马还给了孔子。其事参见《淮南子·人间》《论衡·逢遇篇》。 [22] “形”，原无，据黄晖、张宗祥说补。下文“充书形露易观”“故形露其指，为分别之文”，皆“形露”二字连文。 [23] 和：调和，配制。鼽（qiú）：伤风鼻塞，原作“甀”，据吴承仕、刘盼遂、张宗祥、马宗霍说改。 [24] 制貂狐之裘以取薪菜也：做貂皮狐皮的衣服，穿着去打柴挖野菜。 [25] 且礼有所不偫（zhì）：况且礼仪总有不周备的地方。偫，周备。 [26] 断决知辜：判决罪证明显的人。 [27] 皋陶（gāo yáo）：传说舜时掌管刑罚的大臣，善于判决疑案。[28] 葵韭：指普通的菜。[29] 狄牙：也作“易牙”，齐桓公的宠臣，善调味。[30] 闾巷：指民间。[31]《韶》：传说是舜时的乐曲。《武》：传说是周武王时的乐曲。[32] 里母：里社，古时乡村中供奉土地神的地方。[33] 太牢：古时君主祭祀时，牛、羊、猪俱备，称为“太牢”。[34] 牛刀割鸡：参见《论语·阳货》，原文是“割鸡焉用牛刀”，比喻用力过猛，大材小用。[35] 舒戟（jǐ）：长戟，古代兵器。[36] 铁（fū）：短柄斧子。钺（yuè）：长柄斧子。皆古代兵器。箸（zhù）：筷子。[37] 盎（àng）：瓦罐。酌：斟酒。卮（zhī）：酒杯，这里指酒。[38] 善：称赞。[39] 辩：指口才好。[40]“贤圣铨材之所宜”二句意谓：因为圣贤善于衡量读者接受能力的高低，所以能有针对性地写出深浅不同的文章。铨，称衡，权衡。

充既疾俗情[1]，作《讥俗》之书；又闵人君之政[2]，徒欲治人，不得其宜，不晓其务[3]，愁精苦思，不睹所趋[4]，故作《政务》之书[5]；又伤伪书俗文多不实诚[6]，故为《论衡》之书[7]。夫贤圣殁而大义分[8]，蹉跎殊趋[9]，各自开门[10]。通人观览[11]，不能订诠[12]。遥闻传授[13]，笔写耳取[14]，在百岁之前[15]。历日弥久[16]，以为昔古之事，所言近是[17]，信之入骨，不可自解，故作是论[18]。其文盛[19]，其辩争[20]，浮华虚伪之语，莫不证定[21]。没华虚之文[22]，存敦庞之朴[23]；拨流失之风[24]，反宓戏之俗[25]。

第二部著作，献计献策。

第三部著作，考订虚实。

[**注释**]

[1]疾：痛恨。 [2]闵：忧虑。人君：在上位者，长官。 [3]务：事。 [4]不睹所趋：看不清努力的方向。 [5]《政务》之书：王充的第二部著作，篇数不详，已佚。 [6]伤：痛心。 [7]《论衡》之书：王充的第三部著作，共八十五篇，存，仅阙一篇。 [8]分：分歧。 [9]蹉跎：失时，指耗时长久。殊趋：朝不同的方向发展。 [10]各自开门：各人自立门户，指形成不同的学派。 [11]通人：博古通今之人。 [12]订诠：订正，考定，原作"钉铨"，据孙诒让说改。又作"诠订"，《论衡·薄葬篇》："是非信闻见于外，不诠订于内。" [13]遥闻传授：久远的听闻代代相传。 [14]笔写耳取：有用笔记的，有用耳听的。 [15]在百岁之前：都是些上百年的东西。 [16]弥久：越久。 [17]近是：大都是对的。 [18]是论：指《论衡》。"是"，原作"实"，据《论衡注释》、张宗祥说改。 [19]盛：丰富。 [20]争：激烈。 [21]证定：订正。"证（證）"，原作"澄"，据吴承仕、孙人和、张宗祥说改。《论衡·问孔篇》："证定是非。"《论衡·超奇篇》："莫不证定。"皆作"证定"。然马宗霍说"澄"字亦可通。 [22]没：清除。 [23]敦庞：敦厚。朴：原始的东西，指本质。 [24]拨流失之风：矫正当时流行的不正之风。拨，矫正。 [25]反：同"返"，恢复。宓戏之俗：指淳朴的习俗。《白虎通·号》："于是伏羲仰观象于天，俯察法于地，因夫妇，正五行，始定人道。画八卦以治下，下伏而化之，故谓之伏羲也。"宓戏，又作宓羲、包牺、庖牺、伏戏，也称牺皇、皇羲，即伏羲氏，中国神话中人类的始祖。

充书形露易观。或曰："口辩者其言深，笔敏者其文沉[1]。案经艺之文[2]，贤圣之言，鸿重优雅[3]，难卒晓睹[4]。世读之者，训古乃下[5]。盖贤圣之材鸿，故其文语与俗不通。玉隐石间，珠匿鱼腹，非玉工珠师，莫能采得。宝物以隐闭不见[6]，实语亦宜深沉难测。《讥俗》之书，欲悟俗人，故形露其指[7]，为分别之文[8]；《论衡》之书，何为复然[9]？岂材有浅极[10]，不能为深覆[11]？何文之察[12]，与彼经艺殊轨辙也[13]？”

[注释]

[1] 笔敏者：擅长写文章的人。沉：深沉，含蓄。 [2] 经艺：指《诗》《书》《礼》《乐》《易》《春秋》这六部儒家经书，合称“六经”或“六艺”。 [3] 鸿重：博大精深。 [4] 难卒（cù）晓睹：很难一下子看懂。卒，同“猝”。 [5] 训古乃下：必须靠注释才能读得下去。训古，训诂，注释古书字句音义。 [6] 见（xiàn）：同“现”，外露。 [7] 指：通“旨”，用意。 [8] 分别：分明，通俗易懂。 [9] 何为复然：为什么还要这样呢？ [10] 岂：莫非。 [11] 深覆：深藏不露。“深”，原无，据孙人和、刘盼遂说补，下文“故为深覆”，“深覆典雅，指意难睹”，皆作“深覆”。 [12] 察：明白，浅显。 [13] 殊轨辙：分道扬镳，比喻截然不同。

答曰：玉隐石间，珠匿鱼腹，故为深覆；及玉色剖于石心[1]，珠光出于鱼腹，其犹隐乎[2]？吾文未集于简札之上[3]，藏于胸臆之中，犹玉隐珠匿也。及出荴露[4]，犹玉剖珠出乎，烂若天文之照[5]，顺若地理之晓[6]，嫌疑隐微[7]，尽可名处[8]。且名白[9]，事自定也。《论衡》者，论之平也[10]。口则务在明言，笔则务在露文。高士之文雅，言无不可晓，指无不可睹。观读之者，晓然若盲之开目[11]，聆然若聋之通耳[12]。三年盲子[13]，卒见父母[14]，不察察相识[15]，安肯说喜[16]？道畔巨树，堑边长沟[17]，所居昭察[18]，人莫不知。使树不巨而隐，沟不长而匿，以斯示人，尧、舜犹惑。人面色部七十有余[19]，颊肌明洁，五色分别[20]，隐微忧喜，皆可得察，占射之者[21]，十不失一。使面黝而黑丑[22]，垢重袭而覆部[23]，占射之者，十而失九。

回答“形露易观”的责难，为自己的文风一辩。

［注释］

[1] 及：等到。 [2]“其犹隐乎”，原作“其隐乎犹”，据黄晖、张宗祥说乙。其：通“岂”，难道。 [3] 简：竹简。札：木简。 [4] 荴（fū）露：展露。荴，敷，展开。 [5] 天文：指日月星辰。照：照耀。 [6] 顺：有条理。地理：地的纹理，指山脉河流。晓：清楚。 [7] 嫌疑：不清楚。隐微：不明白。 [8] 名：说出名目。处：作出判断。 [9]“且名白”二句意谓：而且名目弄清楚了，事情自然也就定了。 [10] 平：衡，指秤。 [11] 晓然：形容明

白清楚的样子。 [12] 聆然：听得很真切的样子。 [13] 三年盲子：瞎了三年的孩子。 [14] 卒（cù）见父母：突然睁眼看到父母。卒，同"猝"。 [15] 察察：清清楚楚。 [16] 说（yuè）：通"悦"。 [17] 堑：护城河。 [18] 昭察：明显。 [19] 色：气色。部：部位。古代相面术认为，人的面孔有七十多个部位，根据这些部位的气色变化，可以预测吉凶。 [20] 五色：泛指面部不同的气色。 [21] 占射之者：相面之人。占，观察。射，猜测。 [22] 黝（yǒu）：黑。 [23] 重袭：重叠。部：即上文"人面色部"。

夫文由语也[1]，或浅露分别[2]，或深迂优雅[3]，孰为辩者[4]？故口言以明志，言恐灭遗，故著之文字[5]。文字与言同趋[6]，何为犹当隐闭指意？狱当嫌辜[7]，卿决疑事[8]，浑沌难晓[9]，与彼分明可知[10]，孰为良吏？夫口论以分明为工[11]，笔辩以荴露为通，吏文以昭察为良。深覆典雅，指意难睹，唯赋颂耳[12]。经传之文[13]，贤圣之语，古今言殊，四方谈异也。当言事时，非务难知[14]，使指意闭隐也[15]。后人不晓，世相离远[16]，此名曰语异，不名曰材鸿。浅文读之难晓，名曰不巧[17]，不名曰知明[18]。秦始皇读韩非之书[19]，叹曰："独不得与此人同时[20]！"其文可晓，故其事可思。如深鸿优雅，

《史记·司马相如列传》："上（汉武帝）读《子虚赋》而善之，曰：'朕独不得与此人同时哉！'"王充这里误记为秦王说韩非之语。秦王原话其实是："嗟乎，寡人得见此人与之游，死不恨矣！"（《史记·老子韩非列传》）

须师乃学[21]，投之于地，何叹之有？夫笔著者，欲其易晓而难为[22]，不贵难知而易造[23]；口论务解分而可听[24]，不务深迂而难睹[25]。孟子相贤[26]，以眸子明瞭者[27]；察文[28]，以义可晓。

回答“形露易观”的责难，为自己的文风二辩。

[注释]

[1] 由：通“犹”，如同。 [2] 浅露：浅显明白。 [3] 深迂：拐弯抹角。 [4] 辩者：能言善辩的人。 [5] 著：写，记载。 [6] 趋：趋向，目的。 [7] 狱：狱吏，负责判案的官吏。当：审判定罪。嫌辜：疑难案件。 [8] 卿：这里指廷尉，是九卿之一。 [9] 混沌：含糊不清。 [10] 与彼分明可知：和那个办得一清二楚的相比。 [11] 口论：口头论述。工：工整，完美，原作“公”，据裘锡圭说改。 [12] 赋颂：古代的两种文体。 [13] 经：指儒家的经书。传：指解释经书的著作。 [14] 非务难知：并不是竭力要使人难懂。 [15]“意”，原无，据孙人和说补。 [16] 世相离远：是因为时代相隔太远。 [17] 不巧：笨拙。 [18] 知明：才智高明。 [19] 秦始皇读韩非之书：其事参见《史记·老子韩非列传》。 [20]“独”上原有“犹”字，据黄晖说删。或说“犹”当作“朕”字。“与”，原无，据杨宝忠说补。 [21] 须师乃学：要等老师指导才能学懂。 [22] 难为：写作费力。 [23] 不贵：不以……为贵。 [24] 口论务解分而可听：口头论说要力求解释明白，能够使人听懂。 [25] 睹：了解。 [26] 孟子相贤：其事参见《孟子·离娄上》。 [27] 以眸子明瞭者：以瞳仁清亮与否为标准。 [28]“察文”二句意谓：考察文章的好坏，要以说理是否透彻为标准。

充书违诡于俗[1]。或难曰[2]：“文贵夫顺合众心，不违人意，百人读之莫谴[3]，千人闻之莫怪。故《管子》曰：‘言室满室，言堂满堂[4]。’今论说不与世同[5]，故文刺于俗[6]，不合于众。”

［注释］

[1]违诡：违反，不合。 [2]难：责难。 [3]莫：没有人。 [4]言室满室，言堂满堂：引文见《管子·牧民》，大意是：无论在室内还是在堂上发言，都能使在座的所有人满意。 [5]“论”，原作“殆”，据杨宝忠说改。蒋礼鸿说当作“造”。 [6]刺（là）：违背。

答曰：论贵是而不务华[1]，事尚然而不高合[2]。论说辩然否[3]，安得不谲常心[4]，逆俗耳？众心非而不从[5]，故丧黜其伪而存定其真[6]。如当从众顺人心者，循旧守雅[7]，讽习而已[8]，何辩之有[9]？孔子侍坐于鲁哀公[10]，公赐桃与黍，孔子先食黍而后啖桃[11]，可谓得食序矣[12]，然左右皆掩口而笑，贯俗之日久也[13]。今吾实犹孔子之序食也，俗人违之，犹左右之掩口也。善雅歌[14]，于郑为不悲[15]；礼舞[16]，于赵为不好[17]。尧、舜之典[18]，伍伯不肯观[19]；孔、墨之籍[20]，季、孟不肯读[21]。宁危之计[22]，黜于闾巷；拨世之言[23]，訾于品俗[24]。有美味于斯，俗人不嗜，狄牙甘食[25]；有宝玉于是，俗人投之[26]，卞和佩服[27]。孰是孰非，可信者谁？礼俗相背，何世不然？鲁文逆祀[28]，去者三人；定公顺祀[29]，畔者五人[30]。盖独是之语[31]，高士不舍，俗夫不好；感众之书[32]，贤者欣颂[33]，愚者逃顿[34]。

回答“违诡于俗”的责难，为自己的文风三辩。

[注释]

[1] 是：正确。华：花哨。 [2] 尚：崇尚。然：正确。高：推崇。合：迎合。 [3] 辩：通“辨”，辨别。然否：是非。 [4] 谲（jué）：违背。 [5] 众心非而不从：因为众人的意见是错误的，而我不愿顺从。 [6] 丧：消除。黜：排斥。所以要去伪存真。 [7] 雅：传统，常规。 [8] 讽习：背诵熟读。 [9] 何辩之有：哪里还谈得上辨别是非呢？ [10] 侍坐：陪坐。鲁哀公：春秋末期鲁国君主，前 494—前 468 年在位。 [11]“啖”前原无“后”字，据孙人和、张宗祥说补。《韩非子・外储说左下》：“先饭黍而后啖桃。”《孔子家语・子路初见》：“先食黍而后食桃。”并有“后”字。 [12] 食序：进食的先后次序。据《韩非子・外储说左下》记载，鲁哀公给孔子桃和黍，孔子先吃黍而后吃桃，众人掩口而笑。哀公说，黍是擦桃用的，不是让你吃的。孔子答道，五谷之中黍为上，六种水果桃为下，按照礼制，我应该先吃黍。其事又参见《孔子家语・子路初见》。 [13] 贯：通“惯”，习惯。 [14] 雅歌：正声，指正规音乐。 [15] 郑：春秋时期的郑国。古人以音悲为善，当

时郑、卫两国民间乐曲流行，故不以雅歌为善。“不”，原作“人”，从黄晖说改。[16]礼舞：指举行各种典礼时用的舞蹈。[17]赵：战国时期的赵国，在当时以地方舞蹈闻名。[18]尧、舜之典：指《尚书》中的《尧典》《舜典》，泛指经典。[19]伍伯（bà）：即五霸，所指不一，一般称春秋时期的齐桓公、晋文公、楚庄王、宋襄公、秦穆公为五霸。[20]孔、墨之籍：孔子和墨子的书，泛指诸子书。[21]季、孟：指鲁国的季孙氏、孟孙氏，此处犹如俗言张三、李四。[22]“宁危之计”二句意谓：有关国家安危的计谋，老百姓是不关心的。宁，安宁，平定。[23]拨世之言：矫正世俗的言论。[24]訾（zǐ）：诋毁。品俗：流俗。[25]甘：爱好。[26]投：抛弃。[27]卞和：春秋时期楚国著名的玉工，善于鉴别宝玉。佩服：佩戴。[28]鲁文：鲁文公，春秋时期鲁国君主。逆祀：据《公羊传》文公二年记载，鲁文公违反正常的祭祖顺序，在祖庙中把自己生父鲁僖公的神主牌位移到鲁闵公之上。[29]“去者三人，定公顺祀”，原无，据裘锡圭、《论衡注释》、马宗霍说补。《公羊传》定公八年、《论衡·定贤篇》皆有此二句。去，离开。鲁国有三个臣子，因为不满于“逆祀”，以礼上谏而不从，因而离开了。定公，鲁定公，春秋时期鲁国君主。顺祀，按照礼法进行祭祀，即将鲁僖公的神主牌位移到鲁闵公之下。[30]畔：通“叛”，离开。鲁国有五个臣子，因为已经习惯于“逆祀”，对“顺祀”反倒不满，不以礼上谏而不从，因而也离开了。[31]盖独是之语：有独到见解的话。“独”，原作“犹”，据孙人和、张宗祥说改。[32]“感”，原作“惑”，据《论衡注释》、张宗祥说改。[33]颂：通“诵”，记诵。[34]逃顿：即“逃遁”。《论衡》“遁”“钝”均作“顿”。

充书不能纯美[1]。或曰：“口无择言[2]，笔无择文[3]。文必丽以好[4]，言必辩以巧。言瞭于耳[5]，则事味于心；文察于目[6]，则篇留于手[7]。故辩言无不听[8]，丽文无不写。今新书既在论譬[9]，说俗为戾[10]，又不美好，于观不快。盖师旷调音[11]，曲无不悲；狄牙和膳[12]，肴无澹味。然则通人造书，文无瑕秽[13]。《吕氏》《淮南》[14]，悬于市门[15]，观读之者，无訾一言。今无二书之美，文虽众盛[16]，犹多谴毁。"

[注释]

[1]纯美：完美。 [2]口无择言：说话没有失言。择，通"斁（dù）"，败坏。 [3]笔无择文：作文没有败笔。《孝经·卿大夫章》："口无择言，身无择行。"王充仿之而更换第二句。 [4]以：而。 [5]"言瞭于耳"二句意谓：言语动听，才能有所回味。瞭，明白，这里指动听。味，回味。 [6]察：清楚，这里指值得看。 [7]留于手：爱不释手。 [8]"故辩言无不听"二句意谓：所以雄辩的议论，人们没有不爱听的；华丽的文章，人们没有不爱传抄的。写，传抄。 [9]新书：近作，指《论衡》。论譬：用譬喻的方式发议论。 [10]为：通"伪"。戾：乖戾，不合常理。 [11]师旷：春秋时期晋国著名的乐师。调音：奏乐。 [12]和膳：烹调食物。 [13]瑕秽：瑕疵。 [14]《吕氏》：指《吕氏春秋》。《淮南》：指《淮南子》。 [15]"悬于市门"三句意谓：《吕氏春秋》撰成后，吕不韦把它公布在秦都咸阳的市门上，并挂出千金，扬言谁能改动一字，便赏给谁，时人惧怕吕不韦的权势，没有一个人敢改动它。其事参见《史记·吕不韦列传》。《淮南子》撰成后，据说也曾公布在都市门上，并悬赏千金，但当时也没有

人敢改动它。见《全后汉文》卷十三引桓谭《新论》。訾，非议，批评。 [16]“文虽众盛”二句意谓：文章虽又多又长，但还是要遭到许多人的谴责和反对。

答曰：夫养实者不育华[1]，调行者不饰辞[2]。丰草多落英[3]，茂林多枯枝。为文欲显白其为[4]，安能令文而无谴毁？救火拯溺，义不得好[5]；辩论是非，言不得巧。入泽随龟[6]，不暇调足[7]；深渊捕蛟，不暇定手[8]。言奸辞简[9]，指趋妙远[10]；语甘文峭[11]，务意浅小[12]。舀谷千钟[13]，糠皮太半；阅钱满亿[14]，穿决出万[15]。大羹必有澹味[16]，至宝必有瑕秽[17]；大简必有不好[18]，良工必有不巧。然则辩言必有所屈[19]，通文犹有所黜。言金由贵家起[20]，文粪自贱室出[21]。《淮南》《吕氏》之无累害[22]，所由出者家富官贵也。夫贵，故得悬于市；富，故有千金副[23]。观读之者，惶恐畏忌，虽见乖不合[24]，焉敢谴一字！

回答“不能纯美”的责难，为自己的文风四辩。

[注释]

[1] 实：果实。华（huā）：同“花”。 [2] 调行者不饰辞：修养操行的人不在言辞上下功夫。调，调理，修养。 [3] 落英：落

花。“落”，原作“华”，据黄晖说改。丰草落英，正反成义，与“茂林枯枝”句式相同，比喻华实不能得兼。[4]显白其为：公开表明其意图。[5]义：同“仪”，仪表，姿态。[6]随：追逐。[7]调足：调整步伐。[8]不暇定手：顾不上决定用哪只手去抓。[9]奸（gān）：通“干”，犯，直率。简：直截了当。[10]指：通“旨”。指趋，宗旨。[11]峭：通“俏”，华美。[12]务意浅小：内容浅薄无聊。[13]“舀”，原作“稻”，据孙人和、张宗祥说改。[14]阅：数。一说即“穴”，穴钱，窖藏之钱。[15]穿决出万：钱孔开裂的超出一万。穿，孔穴，指圆钱中心的方孔。决，开裂。[16]大羹：即太羹，古代用以祭祀的不加佐料的肉汤。[17]至宝：最珍贵的宝玉。[18]大简：指编连成册的竹简，借指大文章、大著作。“不”，原作“大”，据黄晖说改。此句与下句“良工必有不巧”对文。[19]屈：理亏，说理不周。[20]言金由贵家起：一言千金是由于它出自权贵。[21]文粪自贱室出：文如粪土是由于它出自平民。[22]“《淮南》《吕氏》之无累害”二句意谓：《淮南》《吕氏》之所以不遭受攻击责备，是因为它们都出自富家贵官。累害，毁伤损害，攻击责备。[23]副：相配。[24]乖：错讹。

充书既成，或稽合于古[1]，不类前人[2]。或曰：“谓之饰文偶辞[3]，或径或迂[4]，或屈或舒[5]。谓之论道，实事委琐[6]，文给甘酸[7]，谐于经不验[8]，集于传不合[9]；稽之子长不当[10]，内之子云不入[11]。文不与前相似，安得名佳好[12]，称工巧？”

［注释］

[1] 稽：稽考。合：对照。 [2] 类：似，相同。 [3] 饰文：修饰文字。偶辞：排比字句。 [4] 径：直截了当。迂：迂回曲折。 [5] 屈：拐弯抹角。舒：平铺直叙。 [6] 委琐：琐碎。 [7] 此句疑有脱误，大意是：文章中尽是些杂七杂八的东西。 [8] 谐：耦合，对照。经：儒家经书。验：符合。 [9] 集：杂，放在一起，指比较。传：传书。 [10] 子长：即司马迁，字子长。不当：不适当。 [11] 内：同“纳”。子云：扬雄，字子云，西汉末文人。不入：格格不入。 [12] 名：称为。

答曰：饰貌以强类者失形[1]，调辞以务似者失情[2]。百夫之子[3]，不同父母，殊类而生[4]，不必相似，各以所禀[5]，自为佳好。文必有与合，然后称善，是则代匠斲不伤手[6]，然后称工巧也。文士之务，各有所从，或调辞以巧文，或辩伪以实事。必谋虑有合，文辞相袭[7]，是则五帝不异事[8]，三王不殊业也[9]。美色不同面，皆佳于目；悲音不共声，皆快于耳。酒醴异气[10]，饮之皆醉；百谷殊味，食之皆饱。谓文当与前合，是谓舜眉当复八采[11]，禹目当复重瞳[12]。

“饰貌以强类者失形，调辞以务似者失情”，二句可为好模拟者戒。

《老子》第七十四章：“夫代大匠斲者，希有不伤其手矣。”

回答“不类前人”的责难，为自己的文风五辩。

［注释］

[1] 饰貌：修饰容貌。强类：强求类似。失形：指失去自身面

貌。 [2] 调辞：修饰文辞。务似：同“强类”。失情：指扭曲本来的意思。 [3] 百夫：众人。 [4] 殊类：不同的族类。 [5] 禀：承受。 [6] 代匠斲（zhuó）不伤手：代替好木匠去砍削木材的人，很少有不伤手的。斲，砍削。 [7] 袭：沿用。 [8] 不异事：不做不同的事。 [9] 不殊业：不建立不同的功业。 [10] 酒醴（lǐ）异气：一般的酒与甜酒气味不同。醴，甜酒。 [11] 八采：传说尧的眉毛有八种颜色。参见《白虎通·圣人》。 [12] 重（chóng）瞳：传说舜的每只眼球里有两个瞳人。参见《白虎通·圣人》。

充书文重[1]。或曰：“文贵约而指通[2]，言尚省而趍明[3]。辩士之言要而达[4]，文人之辞寡而章[5]。今所作新书出万言[6]。繁不省，则读者不能尽[7]；篇非一，则传者不能领[8]。被躁人之名[9]，以多为不善。语约易言，文重难得[10]。玉少石多，多者不为珍；龙少鱼众，少者固为神[11]。”

［注释］

[1] 文重：指文章篇幅多、分量大。 [2] 约：简练。 [3] 趍（qū）：同“趋”“趣”，趋向，旨趣。 [4] 要而达：扼要却通达。 [5] 寡而章：简洁却鲜明。 [6] 新书：指《论衡》。出万言：超出一万字。 [7] 尽：读完。 [8] 传者：传诵的人。领：接受。 [9]“被躁人之名”二句意谓：你之所以蒙受“躁人”的坏名声，是因为文章写得太多就不好。被，受。躁人，指性情浮躁而说话不得要领的人。《周易·系辞下》：“吉人之辞寡，躁人之

辞多，诬善之人其辞游，失其守者其辞屈。” [10] 得：得当，恰当。 [11] 固：本来。神：神奇。

答曰：有是言也[1]。盖实言无多[2]，而华文无寡[3]。为世用者[4]，百篇无害；不为用者，一章无补。如皆为用，则多者为上，少者为下。累积千金，比于一百，孰为富者？盖文多胜寡，财富愈贫[5]。世无一卷，吾有百篇[6]；人无一字，吾有万言。孰者为贤？今不曰所言非[7]，而云泰多；不曰世不好善，而云不能领。斯盖吾书所以不得省也[8]。夫宅舍多[9]，土地不得小；户口众，簿籍不得少[10]。今失实之事多，华虚之语众，指实定宜[11]，辩争之言，安得约径[12]？韩非之书，一条无异[13]，篇以十第[14]，文以万数。夫形大，衣不得褊[15]；事众，文不得褊。事众文饶[16]，水大鱼多；帝都毂击[17]，王市肩磨[18]。书虽文重，所论百种。按古太公望[19]，近董仲舒，传作书篇百有余；吾书亦才出百[20]，而云泰多。盖谓所以出者微[21]，观读之者，不能不谴呵也[22]。河水沛沛[23]，比夫众川，孰者为大？

回答“文重”的责难，为自己的文风六辩。

虫茧重厚[24]，称其出丝[25]，孰者为多[26]？

［注释］

[1] 有是言也：是有这样的话。 [2] 实言无多：充实的文章不嫌多。“实”，原作“寡”，据黄晖说改。“实言无多”与“华文无寡”相对为文。 [3] 华文无寡：空虚的文章不嫌少。 [4] 为世用者：对世道人心有用的文章。 [5]“富”，原作“寡”，据黄晖、刘盼遂、张宗祥说改。愈：胜过。 [6] 百篇：王充的著作至少有四种，总篇数超过一百，但流传下来的只有《论衡》八十五篇（其中一篇有目无文）。 [7]“今不曰所言非”四句意谓：如今不说我的文章哪里不对，却笼统说太多；不说世人不喜欢好文章，却说不能接受。 [8] 斯盖吾书所以不得省也：这正是我的著作不能写得太简略的原因啊。 [9] 宅舍：房屋。 [10] 簿籍：指户口册。 [11] 指实：指明真实情况。定宜：判断是非。 [12] 约径：简约直接。 [13] 一条无异：主题只有一个。 [14] 篇以十第：篇数却要以十为单位来计算。今本《韩非子》共有五十五篇。 [15] 褊（biǎn）：狭小。 [16] 饶：丰富。 [17] 轂（gǔ）击：车碰车，形容车多，原作“谷（轂）多”，据杨宝忠说改。 [18] 肩磨：通“肩摩”，肩碰肩，形容人多。“轂击”“肩摩”，秦汉常连用，形容都市的热闹繁华。 [19] 太公望：姜尚。《汉书·艺文志》道家著录《太公》二百三十七篇，其中谋八十一篇，言七十一篇，兵八十五篇。 [20] 出百：超过一百篇。 [21] 微：卑贱。 [22] 谴呵：斥责。 [23] 河：黄河。沛沛：形容水势大。 [24] 虫茧：蚕茧。 [25] 称：量轻重。出丝：缫出的蚕丝。 [26]“孰者为多”，原作“孰为多者”，据黄晖、张宗祥说乙。

充仕数不耦[1]，而徒著书自纪[2]。或戏曰[3]：

“所贵鸿材者[4]，仕宦耦合，身容说纳[5]，事得功立[6]，故为高也。今吾子涉世落魄[7]，仕数黜斥，材未练于事[8]，力未尽于职[9]，故徒幽思属文，著记[10]美言，何补于身？众多欲以何趋乎？”

［注释］

[1]仕：做官。数（shuò）：屡次。耦：遇合，受上司赏识。[2]纪：通“记”，记载。[3]戏：戏弄，嘲笑，原作“亏”，据孙诒让说改。[4]所贵鸿材者：有大才的人之所以可贵。[5]身容：本身受重用。说（shuì）纳：主张被采纳。[6]事得功立：能建立功业。[7]吾子：指王充。[8]材未练于事：才干未在处理事务中表现出来。[9]力未尽于职：能力也未在所任职务上显示出来。[10]幽思：苦思冥想。属（zhǔ）文：连缀文字，撰写文章。著记：著书立说。

答曰：材鸿莫过孔子。孔子才不容[1]，斥逐[2]，伐树[3]，滰淅[4]，见围[5]，削迹[6]，困饿陈、蔡[7]，门徒菜色[8]。今吾材不逮孔子[9]，不偶之厄[10]，未与之等[11]，偏可轻乎[12]？且达者未必知[13]，穷者未必愚[14]。遇者则得[15]，不遇失之。故夫命厚禄善[16]，庸人尊显；命薄禄恶，奇俊落魄[17]。必以偶合称材量德，则夫专城食土者材贤孔、墨[18]。身贵而名贱，则居洁而行墨[19]，食千钟之禄[20]，无一长之德[21]，乃可戏也[22]。若夫德高而名白[23]，官卑而禄泊[24]，非才能之过，未足以为累也[25]。士愿与宪共庐[26]，不慕与赐同衡[27]；乐与夷俱旅[28]，不贪与跖比迹[29]。高士所贵，不与俗均[30]，故其名称不与世同。身与草木俱朽，声与日月并彰[31]，行与孔子比穷[32]，文与扬雄为双[33]，吾荣之[34]。身通而知困[35]，官大而德细[36]，于彼为荣，于我为累。偶合容说[37]，身尊体佚[38]，百载之后，与物俱殁，名不流于一嗣[39]，文不遗于一札[40]，官虽倾仓[41]，文德不丰，非吾所臧[42]。德汪濊而渊懿[43]，知滂沛而盈溢[44]，笔泷漉而雨集[45]，言溶瀶而泉出[46]，富材羡知[47]，贵行尊志，体列于一世[48]，名传于千载，乃吾所谓异也[49]。

曹丕《典论·论文》："盖文章经国之大业，不朽之盛事。年寿有时而尽，荣乐止乎其身，二者必至之常期，未若文章之无穷。"

[注释]

[1]不容：不为当世所容。[2]斥逐：被贬斥、驱逐。[3]伐树：前492年，孔子从卫国前往陈国，路过宋国时，在一棵大树下与弟子们演习周礼，宋国的司马桓魋赶来要杀孔子，孔子与弟子们慌忙逃走，桓魋便把那棵树砍掉了。《庄子·让王》《庄子·天运》："伐树于宋。"[4]滰淅（jiàng xī）：漉干淘过的米。前517年，孔子在齐国时，有人要杀他，他听到后来不及

做饭，匆匆忙忙地把刚淘过的米漉干，带着逃走了。其事参见《孟子·万章下》《史记·孔子世家》。“滰淅”，原作“接淅”，据孙诒让、张宗祥说改。 [5] 见围：被围。前 496 年，孔子从卫国到陈国去，曾在匡这个地方，被当地人围困了五天。其事参见《论语·子罕》《史记·孔子世家》。 [6] 削迹：一次，孔子到卫国去游说，卫国人很厌恶孔子，孔子刚离开卫国，就把他的车辙印铲平了。《庄子·让王》《庄子·天运》：“削迹于卫。” [7] 陈：春秋时期小国，在今河南淮阳一带。蔡：春秋时期小国，在今河南新蔡一带。困饿陈、蔡，前 489 年，孔子从陈、蔡到楚国去，途中被陈、蔡人包围，七天没吃上一顿饱饭。其事参见《论语·卫灵公》《荀子·宥坐篇》《史记·孔子世家》。 [8] 菜色：饥饿的脸色。古人认为吃肉的人脸发光，吃菜的人脸发乌。 [9] 逮（dài）：及。 [10] 不偶：不遇，不得志。厄：厄运，灾难。 [11] 未与之等：不与孔子相同。 [12] 偏可轻乎：偏偏就可以因此而轻视我吗？ [13] 达者：官运亨通的人。知（zhì）：通“智”。 [14] 穷：穷困，指不得志。 [15] 遇者则得：碰巧得到赏识就得志。 [16] 命、禄：均指“禄命”，王充认为这是人胚胎于母体时，承受了不同的气，而先天形成并决定命运的。 [17] 奇俊：才能出众的人。 [18] 专城食土者：指地方长官和有爵位封地的人。贤：超过。 [19] 则：或者。居：所处的地位。墨：肮脏，卑鄙。 [20] 食：享受。 [21] 无一长之德：没有一点优良的品德。 [22] 戏：嘲笑。 [23] 白：清白，一说显赫。 [24] 泊：通“薄”，少。 [25] 累：亏，缺陷。 [26] 宪：指孔子的弟子原宪，是一个安贫乐道的人。共庐：同住一屋。 [27] 赐：即端木（“木”一作“沐”）赐。衡：车前横木，此处代指车。同衡，同乘一车。 [28] 夷：指商末孤竹君长子伯夷，他反对周武王伐纣，商朝灭亡以后，不吃周朝的粮食，饿死在首阳山。俱旅：同其进退。 [29] 跖（zhí）：春秋时期有名的大盗，时人习称“盗跖”，柳下惠的兄弟。比迹：同走一路。 [30] 均：同。 [31] 彰：明，光辉灿烂。 [32] 行：行迹。比穷：同样穷困不得志。 [33] 为双：成双，并列。 [34] 荣之：以此为荣。 [35] 通：显达。知困：才智贫乏。 [36] 细：薄。 [37] 容说（yuè）：指受到重用和宠幸。说，通“悦”。 [38] 佚：通“逸”，安适。 [39] 嗣：世，代。 [40] 札：简札。 [41] 官：指俸禄。倾仓：满仓，形容俸禄多。 [42] 臧：赞赏。 [43] 汪濊（huì）：深广。渊懿：深厚美好。 [44] 滂沛：水势盛大，形容富于才智。 [45] 笔泷漉（lóng lù）而雨集：下笔洋洋洒洒，像大雨倾注似的。泷漉，雨势很大。 [46] 潏滱（jué kū）：泉水涌出的样子，形容口若悬河。“潏”，原作“溶”，据孙人和、张宗祥说改。 [47] 羡：有余。 [48] 体列于一世：身体虽然只活了一世。 [49] 异：奇异，杰出。

充细族孤门[1]。或啁之曰[2]：“宗祖无淑懿之基[3]，文墨无篇籍之遗，虽著鸿丽之论，无所禀阶[4]，终不为高。夫气无渐而卒至曰变[5]，物无类而妄生曰异[6]，不常有而忽见曰妖[7]，诡于众而突出曰怪[8]。吾子何祖？其先不载[9]。况未尝履墨涂，出儒门[10]，吐论数千万言[11]，宜为妖变[12]，安得宝斯文而多贤[13]？”

[注释]

[1] 细族孤门：与豪族高门相对而言，指社会地位低微的家族门第。 [2] 啁（cháo）：同“嘲”，嘲笑。 [3] 宗祖：祖祖辈辈。淑：

善。基：根基。［4］禀阶：承受，凭借，这里指家学渊源。［5］渐：逐渐发展，指发展的过程。卒（cù）：同“猝”。变：灾变。［6］无类：因变异而不能归类。妄：胡乱。异：怪异。［7］忽见（xiàn）：突然出现。见，同“现”。［8］诡：异。［9］其先不载：你的祖先未见记载。［10］况未尝履墨涂，出儒门：何况不曾走墨家之路，出儒家之门。涂，通“途”。［11］“数千万”，杨宝忠说当作“数十万”。［12］宜为妖变：应该算作妖变。［13］宝：珍视。多：推崇。贤：赞美。

答曰：鸟无世凤皇[1]，兽无种麒麟[2]，人无祖圣贤[3]，物无常嘉珍[4]。才高见屈[5]，遭时而然。士贵故孤兴[6]，物贵故独产。必当因祖有以效贤[7]，是则醴泉有故源[8]，而嘉禾有旧根也。屈奇之士见[9]，倜傥之辞生[10]，俗度不与协[11]，庸角不能程[12]。是故罕发之迹[13]，记于牒籍[14]；希出之物，勒于鼎铭[15]。五帝不一世而起，伊、望不同家而出[16]。千里殊迹[17]，百载异发[18]。士贵雅材而慎兴[19]，不因高据以显达[20]。母骊犊骍[21]，无害牺牲[22]；祖浊裔清[23]，不牓奇人[24]。鲧恶禹圣[25]，叟顽舜神[26]。伯牛寝疾[27]，仲弓洁全[28]；颜路庸固[29]，回杰超伦[30]；孔、墨祖愚，丘、翟圣贤；杨家不通[31]，卓有子云[32]；桓氏稽王充是反“血统论”的先驱，古代正人君子最看不惯此段，从唐代刘知幾到清人，都据此而责难王充“不孝”。

古[33]，遹出君山[34]。更禀于元[35]，故能著文。

［注释］

[1]世：世代相传。 [2]种：传种接代。 [3]祖：祖祖辈辈。 [4]常：恒，永久。嘉珍：美好珍奇。 [5]“才高见屈”二句意谓：才高者受压制，是时运造成的。 [6]士贵故孤兴：人才高贵，所以单独出现。 [7]必当因祖有以效贤：如果一定要靠祖先才能产生贤人。此句原作“文孰常在有以放贤”，文意难解，据杨宝忠说改。《酉阳杂俎》续集卷四“贬误”引《论衡》文作“必当因祖有以效贤”。 [8]醴（lǐ）泉：甘泉，古人认为是一种瑞物。“醴”，原作“澧”，据孙人和、刘盼遂、张宗祥说改。然马宗霍说“澧”即“醴”之借字，不烦改。 [9]屈（jué）：通“崛”，特殊的样子。 [10]倜傥（tì tǎng）：卓越不凡。 [11]俗度不与协：世俗的尺度不能度量它。此句原作“度不与俗协”，据蒋礼鸿说乙。俗度，世俗的尺度。协，适合。 [12]庸角不能程：普通的量器不能衡量它。庸角，普通的量器。程，衡量。 [13]罕发之迹：罕见的事迹。 [14]牒：古代记事用的薄木板。 [15]勒于鼎铭：传说禹铸九鼎，曾将许多罕见之物的形象刻在鼎上。其事参见《左传》宣公三年、《论衡·儒增篇》。 [16]伊、望：伊尹、姜太公吕尚。 [17]千里殊迹：地区相距千里，事迹各不相同。 [18]百载异发：时代相隔百年，产生的人才不一样。 [19]愤兴：积满发动，这里指出人头地。“愤”，原作“慎”，据蒋礼鸿说改。 [20]高据：出身高贵。 [21]骊：通“犁”，黄黑杂色的牛。骍（xīng）：纯赤色的牛。周朝以赤色为贵，所以祭祀时也用赤色的牲畜。 [22]牺牲：古代用以祭祀的牲畜的总称，要求用毛色纯的，不用毛色杂的。《论语·雍也》：“犁牛之子骍且角，虽欲勿用，山川其舍诸？”意谓父母虽不善，不碍其子之美。 [23]裔：后代。 [24]不牓（fáng）奇人：不妨碍后代成为奇人。牓，通

“妨”，妨碍。 [25] 鲧（gǔn）：传说是禹的父亲，因治洪水失败而被舜处死。禹：传说是夏朝的第一个君主，接替父亲治水而成功。 [26] 叟：指瞽（gǔ）叟，传说是舜的父亲，曾企图谋害舜。顽：愚昧。 [27] 伯牛：冉耕，字伯牛，孔子弟子。寝疾：厉疾，癞病，麻风病。伯牛因患恶疾而避不见人，其事参见《论语·雍也》。 [28] 仲弓：冉雍，字仲弓，伯牛的儿子，也是孔子弟子。洁全：皮肤健康清洁。 [29] 颜路：颜回的父亲。庸固：庸俗笨拙。 [30] 回：颜回，即颜渊，字子渊，孔子弟子。超伦：超群。 [31] 杨家：指杨（扬）雄家族。不通：不显达。 [32] 卓：卓越，绝伦。子云：扬雄，字子云。 [33] 桓氏：指桓谭家族。稽古：即“稽故”“稽固”，滞留不进，官运不通，原作“稽可”，据《论衡注释》、张宗祥说改。杨宝忠、马宗霍说当作“稽固”，义同。 [34] 遹（yù）出：脱颖而出。遹，通“矞（yù）”，用锥子穿透东西。君山：即桓谭，字君山。 [35] 元：指元气。王充认为人及万物的区别，在于各自先天禀气的不同。

祖先的经历在王充身上重演。

充以元和三年徙家[1]，辟难杨州部丹阳、九江、庐江[2]。后入为治中[3]。材小任大，职在刺割[4]，笔札之思，历年寝废[5]。章和二年[6]，罢州家居[7]。年渐七十，时可悬舆[8]。仕路隔绝，志穷无如[9]。事有否然[10]，身有利害。发白齿落，日月逾迈[11]。俦伦弥索[12]，鲜所恃赖[13]。贫无供养，志不娱快。历数冉冉[14]，庚辛域际[15]，虽惧终徂[16]，愚犹沛沛[17]，乃作《养性》之书[18]，凡十六篇。养气自守，适食节酒[19]，闭

第四部著作，养生之道。

明塞聪[20]，爱精自保，适辅服药引导[21]，庶冀性命可延[22]，斯须不老[23]。既晚无还[24]，垂书示后[25]。上自黄、唐[26]，下臻秦、汉而来[27]，折衷以圣道[28]，析理于通材[29]，如衡之平[30]，如鉴之开[31]，幼老生死古今，罔不详该[32]。惟人性命[33]，长短有期，人亦虫物，生死一时。年历且讫[34]，孰使留之？犹入黄泉，消为土灰。命以不延，吁叹悲哉！

"上自黄、唐"以下八句，是王充对自己一生所有著作的概括，而尤其适用于《论衡》。

最后十句是王充对人终有一死的慨叹。刘盼遂推测说是王充自撰的绝命之辞。

[注释]

[1] 元和三年，公元86年。元和，汉章帝的年号，84—86年。 [2] 辟：通"避"。"难"：原作"诣"，据黄晖、刘盼遂说改。杨州部：即扬州部。汉武帝分全国为十三个监察区，叫十三刺史部，简称十三部，又称十三州，扬州部为其中之一。东汉时，州逐渐变成郡的上级行政单位。丹阳：郡名，属扬州部，在今安徽东南部。九江：郡名，属扬州部，在今安徽中部和东部。庐江：郡名，属扬州部，在今安徽西南部。东汉扬州部一共有六郡，此外还有豫章、吴、会稽三郡。 [3] 治中：即"治中从事史"，是州刺史自己征聘的属官，主管官吏任免升降等事宜，所以王充说自己"职在刺割"。《后汉书·百官志四》："功曹从事主州选署及众事。"《后汉书·百官志五》：州"其功曹从事为治中从事"。《后汉书·王充传》："刺史董勤辟为从事，转治中，自免还家。"可能初聘是在其他部门，然后才转任治中从事。 [4] 刺割：检举弹劾。 [5] 寖：渐。 [6] 章和二年：公元88年。章和，汉章帝的

年号，87—88 年。 [7] 罢：这里指辞官。罢州，指辞去扬州治中从事史的官职。 [8] 悬舆：把车子吊起来不再乘坐，指告老退休。 [9] 无如：无奈。 [10] 否（pǐ）然：顺利与不顺利。 [11] 日月逾迈：日子一天天过去。 [12] 俦（chóu）伦：同辈的朋友。弥索：越来越稀少。 [13] 鲜：少。恃：依赖。 [14] 历数：岁月。冉冉：慢慢地过去。 [15] 庚：指庚寅年（汉和帝永元二年，90）。辛：指辛卯年（汉和帝永元三年，91）。域际：交接之际。 [16] 终徂：指死亡。 [17] 沛沛：形容心潮激荡，充满活力。 [18]《养性》之书：又作《养生》之书，王充的第四部，也是最后一部著作，共十六篇，已佚。 [19] 适食节酒：饭不过饱，酒不过量。"节"，原作"则"，据刘盼遂说改。古"则""即"同声通用，"节（節）"从"即"声。 [20] 闭明塞聪：闭塞视听，指不问世事。 [21] 引导：即"导引"，古代的一种健身术，通过活动肢体，使身体健康。 [22] 庶：庶几，也许可能。冀：希望。 [23] 斯须不老：不至于很快就老死。斯须，须臾，短时间。 [24] 既晚无还：已是晚年，无法回到过去。 [25] 垂：传下去。 [26] 黄、唐：黄帝、唐尧。以下八句原在"消为土灰"后，据蒋礼鸿说移此，具体说明所垂者为何书。 [27] 臻：到。而：以。 [28] 折衷：取正。 [29] 枅（xī）：同"析"，分解，剖开。通材：博古通今之人。 [30] 如衡之平：像用秤称东西那样公平。 [31] 鉴：镜子。开：明亮。 [32] 罔：无。该：具备。 [33] 惟：句首语气词，无意义。 [34] 年历且讫：寿命将尽。"且"，原作"但"，据裘锡圭说改。"讫"，原作"记"，据孙诒让说改。

[点评]

正如翟灏所说："《自纪》一篇，则附传也。"（《四书考异》下编《条考》二二《论语·尧曰》按语）本篇相当于王充的自传，对于了解王充的生平、思想、著述等，是最宝贵的第一手材料。

从写作时间上来说，本篇应是王充的绝笔之作，写于《养性》之书完成以后，可能写于永元四五年间（92、93），对自己的一生与著述作了全面的总结。此后不久，王充可能就去世了。

本篇可以分为三大部分，从开头到“处卑与尊齐操，位贱与贵比德，斯可矣”为第一部分，王充介绍了自己的家世、游学、仕宦、操行、交游等，借此展现了自己的思想、性格、操守、价值观；从“俗性贪进忽退，收成弃败”到“更禀于元，故能著文”为第二部分，王充介绍了自己三部著作的写作动机与内容特征，并为自己的文风作了辩护，借此全面阐明了自己对于文章的看法；从“充以元和三年徙家”到结尾为第三部分，王充介绍了自己元和三年以后十余年间的生活、思想及最后一部著作《养性》之书的写作，对自己的一生作了总结。

本篇最受后人诟病的一点，是所谓的“不孝”，也就是说了父祖辈的一些“坏话”。对此的批评始自唐代的刘知幾，其《史通·序传篇》说：“王充《论衡》之《自纪》也，述其父祖不肖，为州闾所鄙，而已答以瞽顽舜神，鲧恶禹圣。夫自叙而言家世，固当以扬名显亲为主，苟无其人，阙之可也。至若盛矜于己，而厚辱其先，此何异证父攘羊，学子名母？必责以名教，实三千之罪人也！”入清后，更是招致骂声一片，如四库馆臣说：“至于述其祖父顽很，以自表所长，傎亦甚焉！”（《四库全书总目》卷一二〇子部杂家类《论衡》提要）钱大昕说："《自纪》之作，訾毁先人，既已身蹈不韪。"（《潜研堂文集》卷二七《跋〈论衡〉》）又说："其答'或人之啁'，称'鲧恶禹圣，叟顽舜神。颜路庸固，回杰超伦。孔、墨祖愚，丘、翟圣贤'，盖自居于圣贤，而訾毁其亲。可谓有文无行，名教之罪人也！充而称孝，谁则非孝？"（《十驾斋养新录》卷六"王充"条）杭世骏说："扬己以丑其祖先，……《论衡》之书虽奇，而不孝莫大。"（《道古堂文集》卷二二《论王充》）但从今天来看，王充说话坦率，刻画父祖传神，本篇仍不失为自传名篇，在中国自传史上甚有影响。

但莫伯骥从自传的虚构性角度，对本篇的可信度提出了疑问："郭氏登峰编《历代自叙传文抄》一百四十篇，《论衡·自纪》亦在其中。……金王若虚《文辨》第四云：'古人或作自传，大抵姑以托兴云尔，如五柳、醉吟、六一之类可也。子由著《颍滨遗老传》，历述平生出处言行之详，且诋訾众人之智以自见，始终万数千言，可谓好名而不知体矣……'按此可知自传文有时固不甚可信也。"（《五十万卷楼群书跋文》子部一《〈论衡〉通津草堂本跋》）他所引王若虚批评苏辙《颍滨遗老传》语，无疑有影射本篇之意，因为本篇也多有自夸与訾人的内容。我们今天自不必重复指摘王充"不孝"的老调，却不妨从诸如"虚构性"的角度去重新认识本篇，因为王充精心构撰本篇，确实是为了向后人传达自己心目中的自我形象。

王充以本篇总结了自己的生活经历与创作道路，并非为《论衡》一书而作；但因王充的主要著作是《论衡》，所以他将本篇附丽于《论衡》。古人自有这种做法，翟灏又说："《周易·序卦》与《诗》《书》之序，旧俱列篇第数中，而退居于策尾。今《诗》《书》序分题于各篇章，传注家所移置耳。周秦两汉书籍，如《庄子·天下》《史记·自序》《淮南子·要略》《越绝书·叙外传记》《潜夫论·叙录》《盐铁论·大论》《文心雕龙·序志篇》，皆属斯列。若《汉书》之《叙传》、《华阳国志》之《序志》后语，大序后复有小序也。《论衡》以《对作篇》为序，其后更有《自纪》一篇，则附传也。"后世也继承了这一做法，如葛洪《抱朴子外篇》的《自叙篇》，便是模仿王充此篇而作，且附丽于《抱朴子外篇》的。

此外，汉代文人喜欢写自传，也是为了供史官采掇之用，如《史记》的《司马相如列传》，就是用了司马相如的自传写成的。王充作本篇，恐怕也出于同样的目的。后来史家撰《后汉书》的《王充传》，也正是采用了本篇而作成的。

主要参考文献

论衡 《四部丛刊初编》影印明通津草堂本 1922年

论衡 上海 上海人民出版社 据通津草堂本排印 1974年

宋本论衡 北京 国家图书馆出版社 《国学基本典籍丛刊》本 2017年

论衡注释 北京大学历史系《论衡》注释小组撰 北京 中华书局 1979年

论衡校释 吴承仕撰 北京 北京师范大学出版社 《吴检斋遗书》本 1986年

论衡举正 孙人和撰 上海 上海古籍出版社 1990年

论衡校释 黄晖撰 附《论衡集解》 刘盼遂撰 北京 中华书局 《新编诸子集成》本 1990年

论衡全译 袁华忠 方家常撰 贵阳 贵州人民出版社 《中国历

代名著全译丛书》本 1993年

论衡索引 程湘清等编 北京 中华书局 1994年

论衡研究 邵毅平撰 韩国蔚山 蔚山大学校出版部 1995年 上海 复旦大学出版社 2009年修订版 2018年修订第二版

论衡校笺 杨宝忠撰 石家庄 河北教育出版社 1999年

论衡析诂 郑文撰 成都 巴蜀书社 1999年

论衡词典 时永乐 王景明编 北京 人民出版社 2005年

论衡校注 张宗祥撰 上海 上海古籍出版社 《中华要籍集释丛书》本 2010年

论衡校读笺识 马宗霍撰 北京 中华书局 《新编诸子集成续编》本 2010年

王充年谱 黄晖撰 收入其《论衡校释》附编二

王充卷 蒋祖怡撰 郑州 中州书画社 1983年

王充年谱 蒋祖怡撰 收入其《王充卷》

王充年谱 钟肇鹏撰 济南 齐鲁书社 1983年

无何集 （清）熊伯龙撰 北京 中华书局 1979年

札迻 （清）孙诒让撰 附《札迻正误》 胡怀琛撰 北京 中华书局 《学术笔记丛刊》本 1989年

论衡斠补 刘文典撰 收入其《三余札记》（卷二） 合肥 黄山书社 《安徽古籍丛书》本 2011年

论衡校录（校宋本） 杨守敬撰 黄晖《论衡校释》引

论衡校录（校元本） 朱宗莱撰 黄晖《论衡校释》引

论衡校录（手校本） 胡适撰 黄晖《论衡校释》引

论衡札记（稿本） 齐燕铭撰 黄晖《论衡校释》引

《论衡》的构成及其唯物主义的特点 吴则虞撰 载《哲学研究》1962年第4期

读《论衡集解》 蒋礼鸿撰 载《杭州大学学报》1962年第2期

读《论衡校释》 蒋礼鸿撰 载《杭州大学学报》1979年第1—2期 第3期

论衡札记 裘锡圭撰 载《文史》第5辑 北京 中华书局 1978年

论衡札记 郭在贻撰 收入其《训诂丛稿》 上海 上海古籍出版社 1985年

《论衡集解》识疑 陈霞村撰 载《文献》1993年第1期

《中华传统文化百部经典》已出版图书

书名	解读人	出版时间
周易	余敦康	2017 年 9 月
尚书	钱宗武	2017 年 9 月
诗经（节选）	李　山	2017 年 9 月
论语	钱　逊	2017 年 9 月
孟子	梁　涛	2017 年 9 月
老子	王中江	2017 年 9 月
庄子	陈鼓应	2017 年 9 月
管子（节选）	孙中原	2017 年 9 月
孙子兵法	黄朴民	2017 年 9 月
史记（节选）	张大可	2017 年 9 月
传习录	吴　震	2018 年 11 月
墨子（节选）	姜宝昌	2018 年 12 月
韩非子（节选）	张　觉	2018 年 12 月
左传（节选）	郭　丹	2018 年 12 月
吕氏春秋（节选）	张双棣	2018 年 12 月
荀子（节选）	廖名春	2019 年 6 月
楚辞	赵逵夫	2019 年 6 月
论衡（节选）	邵毅平	2019 年 6 月
史通（节选）	王嘉川	2019 年 6 月
贞观政要	谢保成	2019 年 6 月
战国策（节选）	何　晋	2019 年 12 月
黄帝内经（节选）	柳长华	2019 年 12 月
春秋繁露（节选）	周桂钿	2019 年 12 月
九章算术	郭书春	2019 年 12 月
齐民要术（节选）	惠富平	2019 年 12 月
杜甫集（节选）	张忠纲	2019 年 12 月
韩愈集（节选）	孙昌武	2019 年 12 月
王安石集（节选）	刘成国	2019 年 12 月
西厢记	张燕瑾	2019 年 12 月

书　名	解读人	出版时间
聊斋志异（节选）	马瑞芳	2019年12月
礼记（节选）	郭齐勇	2020年12月
国语（节选）	沈长云	2020年12月
抱朴子（节选）	张松辉	2020年12月
陶渊明集	袁行霈	2020年12月
坛经	洪修平	2020年12月
李白集（节选）	郁贤皓	2020年12月
柳宗元集（节选）	尹占华	2020年12月
辛弃疾集（节选）	王兆鹏	2020年12月
本草纲目（节选）	张瑞贤	2020年12月
曲律	叶长海	2020年12月
孝经	汪受宽	2021年6月
淮南子（节选）	陈　静	2021年6月
太平经（节选）	罗　炽	2021年6月
曹操集	刘运好	2021年6月
世说新语（节选）	王能宪	2021年6月
欧阳修集（节选）	洪本健	2021年6月
梦溪笔谈（节选）	张富祥	2021年6月
牡丹亭	周育德	2021年6月
日知录（节选）	黄　珅	2021年6月
儒林外史（节选）	李汉秋	2021年6月
商君书	蒋重跃	2022年6月
新书	方向东	2022年6月
伤寒论	刘力红	2022年6月
水经注（节选）	李晓杰	2022年6月
王维集（节选）	陈铁民	2022年6月
元好问集（节选）	狄宝心	2022年6月
赵氏孤儿	董上德	2022年6月
王祯农书（节选）	孙显斌	2022年6月
三国演义（节选）	关四平	2022年6月
文史通义（节选）	陈其泰	2022年6月

书　　名	解读人	出版时间
汉书（节选）	许殿才	2022 年 12 月
周易略例	王锦民	2022 年 12 月
后汉书（节选）	王承略	2022 年 12 月
通典（节选）	杜文玉	2022 年 12 月
资治通鉴（节选）	张国刚	2022 年 12 月
张载集（节选）	林乐昌	2022 年 12 月
苏轼集（节选）	周裕锴	2022 年 12 月
陆游集（节选）	欧明俊	2022 年 12 月
徐霞客游记（节选）	赵伯陶	2022 年 12 月
桃花扇	谢雍君	2022 年 12 月
法言	韩敬、梁涛	2023 年 12 月
颜氏家训	杨世文	2023 年 12 月
大唐西域记（节选）	王邦维	2023 年 12 月
法书要录（节选） 历代名画记	祝　帅	2023 年 12 月
耶律楚材集（节选）	刘　晓	2023 年 12 月
水浒传（节选）	黄　霖	2023 年 12 月
西游记（节选）	刘勇强	2023 年 12 月
乐律全书（节选）	李　玫	2023 年 12 月
读通鉴论（节选）	向燕南	2023 年 12 月
孟子字义疏证	徐道彬	2023 年 12 月
嵇康集	崔富章	2024 年 12 月
白居易集（节选）	陈才智	2024 年 12 月
李清照集（节选）	诸葛忆兵	2024 年 12 月
近思录	查洪德	2024 年 12 月
林则徐集	杨国桢	2024 年 12 月